संख्याएँ जो आपका जीवन बदल दें

वैदिक और आधुनिक न्यूमरोलॉजी में पूर्ण निपुणता

Vedic & Modern Numerology Mastery

ओम प्रकाश बंग

संख्याएँ जो आपका जीवन बदल दें
वैदिक और आधुनिक न्यूमरोलॉजी में पूर्ण निपुणता

लेखक: ओम प्रकाश बंग

Made with ♥ on the Notion Press Platform
www.notionpress.com

स्व-प्रकाशित:

ओम प्रकाश बंग,
हैदराबाद, तेलंगाना, भारत

पेपरबैक ISBN: 979-8-90392-153-9

हार्डकेस ISBN: 979-8-90392-154-6

मूल्य:

पेपरबैक: ₹ 699/- USD 24.99

हार्डकेस: ₹ 799/- USD 29.99

अस्वीकरण

Disclaimer

यह पुस्तक शैक्षिक एवं सूचनात्मक उद्देश्य से है। लेखक, प्रकाशक (Notion Press सहित), संपादक, वितरक या अन्य सहयोगी इस पुस्तक नें दी गई जानकारी के उपयोग या दुरुपयोग से उत्पन्न किसी भी प्रत्यक्ष, अप्रत्यक्ष, आकस्मिक, परिणामी या विशेष क्षति (भावनात्मक, आर्थिक, स्वास्थ्य, संबंध या अन्य किसी भी प्रकार की) के लिए उत्तरदायी नहीं होंगे। इस पुस्तक को पढ़कर आप स्वीकार करते हैं:

- आप जानकारी का उपयोग अपनी जोखिम और विवेक पर कर रहे हैं।
- आपके निर्णय और कार्यों की पूरी ज़िम्मेदारी आपकी है।
- अंक ज्योतिष आध्यात्मिक मार्गदर्शन है, चिकित्सा, वित्तीय, कानूनी या व्यक्तिगत मामलों में पेशेवर सलाह का विकल्प नहीं।
- किसी भी गंभीर समस्या के लिए योग्य चिकित्सक, वित्तीय सलाहकार या विशेषज्ञ से परामर्श लें।

लेखक की कामना है कि यह ज्ञान आपको स्पष्टता, सशक्तिकरण और सकारात्मक परिवर्तन दे।

ध्यान दें:

यह पुस्तक जीवन में संख्याओं के माध्यम से आत्म-खोज और सकारात्मक बदलाव के लिए एक मार्गदर्शक है, न कि किसी भी प्रकार की चिकित्सा, वित्तीय, कानूनी या मनोवैज्ञानिक सलाह का स्थान लेने वाली। किसी भी गंभीर मुद्दे के लिए योग्य चिकित्सक, वित्तीय सलाहकार, वकील या विशेषज्ञ से परामर्श अवश्य लें।

आभार

संख्याओं का पवित्र ज्ञान ऋषियों, वैदिक विद्वानों, तांत्रिक साधकों, अंक ज्योतिषियों और समर्पित पंडितों की पीढ़ियों से संरक्षित रहा है, जिन्होंने तिथियों, नामों और कंपनों में छिपी ब्रह्मांडीय भाषा का अन्वेषण किया। मैं सभी उन गुरुओं, ग्रंथों, मौखिक परंपराओं और जीवंत अभ्यास करने वालों के प्रति गहन श्रद्धा से नमन करता हूँ, जिन्होंने इस मार्ग को मेरे लिए प्रकाशित किया।

वैदिक अंक ज्योतिष, मूलांक–भाग्यांक, दशा चक्र, योग और कर्मिक सबकों की मेरी मूल समझ दक्षिण भारत की समृद्ध परंपराओं, और ज्योतिष के शाश्वत शास्त्रों से प्राप्त हुई है। मैं इन संस्थाओं, गुरुओं और विद्वानों के प्रति हृदय से कृतज्ञ हूँ, जिन्होंने सहस्राब्दियों से इस ज्ञान की रक्षा की है। मोबाइल संख्या न्यूमरोलॉजी, नाम स्पेलिंग सुधार, घर/वाहन/व्यवसाय संख्या संरेखण, प्रोनोलॉजी और वार्षिक ग्रिड विधियों जैसे व्यावहारिक और आधुनिक अनुप्रयोगों ने अंक ज्योतिष को सरल, जीवन परिवर्तनकारी और आम लोगों की पहुँच में ला दिया।

यह हिंदी पुस्तक मेरी मूल अंग्रेजी पुस्तक **“Numbers That Shape Your LIFE”** का अनुवाद है। इसकी सभी गणनाएँ, व्याख्याएँ, योग, उपाय और आधुनिक अनुप्रयोग उसी पुस्तक से लिए गए हैं।

इन पृष्ठों में कोई भी त्रुटि, सरलीकरण या कमी मेरी अपनी है। संख्याओं की गहन सुंदरता और परिवर्तनकारी शक्ति का सारा श्रेय उन प्राचीन ऋषियों को जाता है, जिन्होंने गहन ध्यान और आकाशीय अवलोकन से यह दैवीय ज्ञान प्राप्त किया, तथा उन अटूट परंपराओं को, जिन्होंने पंडितों, विद्वानों, शिक्षकों और साधकों के माध्यम से इसे समय के साथ संरक्षित, अनुकूलित और साझा किया। गहन श्रद्धा, विनम्रता और कृतज्ञता के साथ,

ओम प्रकाश बंग

हैदराबाद, भारत, अप्रैल 2026

प्रस्तावना

प्रिय पाठक,

संख्याएँ जो आपका जीवन बदल दें में आपका हार्दिक स्वागत है — यह यात्रा उन पवित्र संख्याओं की है जो सहस्राब्दियों से मानवता का मार्गदर्शन करती आई हैं। संख्याएँ केवल चिह्न नहीं हैं — वे कंपन हैं, ब्रह्मांडीय कोड हैं, जीवंत ऊर्जाएँ हैं जो नियति, कर्म, व्यक्तित्व, समय और परिवर्तन के पैटर्न फुसफुसाती हैं। जन्म के क्षण से संख्याएँ बोलना शुरू कर देती हैं — हमारी जन्म तिथि, नाम, मोबाइल नंबर, घर का पता, वाहन पंजीकरण और यहाँ तक कि नई शुरुआत के दिन के माध्यम से। यह पुस्तक आपको निमंत्रण देती है कि आप इस भाषा को सुनें, समझें और सचेत रूप से उसके साथ संरेखित हों — ताकि जीवन सामंजस्य, उद्देश्य और अनुग्रह से भरे प्रवाह में चले।

मेरा अंक ज्योतिष में प्रवेश हैदराबाद में कई वर्ष पहले हुआ, जब प्राचीन वैदिक ज्ञान आधुनिक जीवन के व्यावहारिक प्रश्नों से मिला। मैंने सम्मानित गुरुओं के मार्गदर्शन में अध्ययन किया, शास्त्रों में डूबा, वैदिक ग्रिड, चीनी लो शू जादुई वर्ग, पश्चिमी पाइथागोरियन प्रणाली और नवीनतम अनुप्रयोगों — मोबाइल न्यूमरोलॉजी, नाम स्पेलिंग सुधार, प्रोनोलॉजी और व्यवसाय नामकरण — का प्रयोग किया। प्रत्येक क्लाइंट परामर्श और व्यक्तिगत प्रयोग ने इस ज्ञान को परिष्कृत किया, जो अब आपके हाथों में है।

यह पुस्तक सभी के लिए है — जिज्ञासु नवागंतुक से लेकर गंभीर अभ्यासी तक, जो वैदिक, लो शू, पाइथागोरियन और आधुनिक तकनीकों को सटीक, करुणामय रीडिंग में एकीकृत करना चाहते हैं। साथ ही उन सभी के लिए जो बेहतर मोबाइल नंबर, घर नंबर, वाहन संख्याया व्यवसाय नाम चुनकर अपने मूलांक और भाग्यांक का समर्थन करना चाहते हैं।

आप यहाँ पाएँगे: · मूलांक, भाग्यांक, वैदिक ग्रिड, 45 वर्ष दशा चक्र, लो शू स्तर, कर्मिक सबक और प्रोनोलॉजी की स्पष्ट, चरणबद्ध गणनाएँ · व्यावहारिक आधुनिक उपकरण: मोबाइल संख्याग्रिड, घर/वाहन/व्यवसाय संख्या विश्लेषण, नाम विश्लेषण, स्पेलिंग सुधार · जन्मदिन वर्षगांठ पर आधारित वार्षिक ग्रिड विधि (अंतर दशा एवं प्रत्यंतर दशा) · वैदिक मंत्र, रंग, दान, वास्तु दिशा और जीवनशैली से बने उपाय, साथ ही नैतिक दिशानिर्देश और बचने योग्य भूलें

यह पुस्तक कठोर भविष्यवाणियों की नहीं — सशक्तिकरण की है। संख्याएँ संभावनाएँ दर्शाती हैं — प्रतिक्रिया आप चुनते हैं। हर गायब संख्या एक कर्मिक निमंत्रण है, हर संरेखित नाम या मोबाइल संख्या सुगमता और पूर्णता की ओर एक कदम।

यह पुस्तक आपके मार्ग पर एक दीपक बने। गहन कृतज्ञता और विनम्रता के साथ,

ओम प्रकाश बंग

हैदराबाद, भारत, अप्रैल 2026

Contents

अध्याय १ – अंक शास्त्र का आधार और इतिहास

प्राचीन ज्ञान में जड़ें

अवलोकन

संख्याओं ने सभ्यता के उदय से ही मानवता को मोहित किया है। ये केवल गिनती के साधन नहीं हैं—ये कंपन, ऊर्जाएँ और छिपे हुए अर्थ लिए हुए हैं, जिनमें बहुत-सी प्राचीन संस्कृतियों का विश्वास था कि ये हमारे जीवन, व्यक्तित्व, नियति और यहाँ तक कि ब्रह्मांड के स्वयं के खाका को प्रकट कर सकती हैं। अंक ज्योतिष—संख्याओं और उनके प्रतीकात्मक महत्व का रहस्यमयी अध्ययन—गणित, आध्यात्मिकता, ज्योतिष और आत्म-खोज को जोड़ता है। चाहे जन्म तिथियों के लयबद्ध पैटर्न के माध्यम से, नामों की अनुनाद, या घड़ियों और रसीदों पर बार-बार दिखने वाली दोहराई जाने वाली संख्याओं की संयोगपूर्णता के द्वारा—संख्याएँ एक सार्वभौमिक भाषा बोलती हैं जो हमें सुनने के लिए आमंत्रित करती हैं।

यह पुस्तक अंक ज्योतिष को किसी एक सख्त व्यवस्था के रूप में नहीं, अपितु विभिन्न परंपराओं से रचित एक समृद्ध और रंगीन ताना-बाना मानकर अन्वेषण करती है। इस उद्घाटन अध्याय में हम अंक ज्योतिष की मूलभूत नींव रखते हैं—प्रमुख सभ्यताओं में इसकी उत्पत्ति का पता लगाते हुए तथा आधुनिक प्रयोग की आधारशिला बनने वाली मुख्य प्रणालियों की तुलना करते हुए। आरंभ हम ऐतिहासिक जड़ों से करते हैं:

- **Pythagorean Numerology,** जिसे ग्रीक दार्शनिक Pythagoras (लगभग 570–495 ईसा पूर्व) का श्रेय दिया जाता है। उन्होंने कहा था कि "सब कुछ संख्या है" (all is number) और संख्याओं को वास्तविकता के मूलभूत निर्माण-खंडों के रूप में देखा। यह व्यवस्था आज के अधिकांश Western numerology की आधारशिला बनी हुई है।
- **Chaldean Numerology**, ज्ञात सबसे पुरानी प्रणालियों में से एक, जो प्राचीन मेसोपोटामिया (बेबीलोनिया) में लगभग ४,००० वर्ष पहले शुरू हुई। यह

अत्यंत रहस्यमयी, कंपन-आधारित है तथा शुरुआती ज्योतिष से गहराई से जुड़ी हुई है।

- **Vedic/Indian Numerology**, प्राचीन भारतीय शास्त्रों, ज्योतिष (वैदिक ज्योतिष), अंक शास्त्र तथा पुराण आदि ग्रंथों में जड़ें रखती है। यह संख्याओं को ग्रहीय प्रभावों और कर्म चक्रों से जोड़ती है, तथा जीवन मार्ग की गहन समझ प्रदान करती है।
- **Chinese/Lo Shu Numerology**, जो एक पौराणिक ४,००० वर्ष पुरानी "Magic Square" पर आधारित है—जो एक पवित्र कछुए की खोल पर मिली Lo Shu Grid थी। यह व्यवस्था संख्याओं को फेंग शुई की दिशाओं, पंच तत्वों तथा जीवन ऊर्जाओं के साथ जोड़ती है।

अब हम मुख्य संख्या-गणना पद्धतियों की तुलना करते हैं:

- **Pythagorean** विधि अक्षरों को क्रम से मूल्य देती है (A=1, B=2, ..., I=9, J=1, वगैरह) और जन्म तिथि को एकल अंक में घटाकर जीवन पथ और नियति की जानकारी देती है।
- **Chaldean** विधि ध्वनि के कंपनों पर आधारित अलग मैपिंग अपनाती है (वर्णमाला क्रम के बजाय) और आमतौर पर अक्षरों के लिए 9 को शामिल नहीं करती, इसे पवित्र मानकर।
- **Vedic** विधि जन्म तिथि से निकलने वाली संख्याओं पर जोर देती है—**मूलांक** (जन्म के दिन से प्राप्त मूल संख्या) और **भाग्यांक** (पूरी तारीख से प्राप्त भाग्य संख्या)—जिनकी व्याख्या ग्रहों के प्रभावों से गहराई से जुड़ी होती है।

इसके पश्चात हम ० से ९ तक की संख्याओं के मूल अर्थ की पड़ताल करते हैं, जिसमें उनकी ग्रहीय संबद्धताएँ (खासकर वैदिक परंपरा में), स्वाभाविक ऊर्जाएँ और कंपन शामिल हैं:

1 — सूर्य: नेतृत्व, स्वतंत्रता, पहल करना

2 — चंद्रमा: सामंजस्य, अंतर्ज्ञान, संवेदनशीलता

3 — बृहस्पति: रचनात्मकता, विस्तार, आशावाद

4 — राहु/यूरेनस: अनुशासन, स्थिरता, नवाचार (या चुनौतियाँ)

5 — बुध: स्वतंत्रता, अनुकूलनशीलता, संवाद

6 — शुक्र: प्रेम, सौंदर्य, जिम्मेदारी

7 — केतु/नेप्च्यून: आध्यात्मिकता, आत्मनिरीक्षण, बुद्धिमत्ता

8 — शनि: कर्म, महत्वाकांक्षा, सहनशक्ति

9 — मंगल: करुणा, पूर्णता, मानवतावाद

पश्चिमी (Western) अंक ज्योतिष में Uranus को संख्या 4 और Neptune को संख्या 7 से जोड़ा जाता है, जबकि वैदिक प्रणाली में इन्हें राहु और केतु से संबंधित माना जाता है।

हम मास्टर नंबर्स (11, 22, 33, 44) की भी बात करते हैं, जो बहुत तेज़ आध्यात्मिक कंपन लिए होते हैं और हमेशा एकल अंक में नहीं घटाए जाते।

आज की तेज़-रफ़्तार दुनिया में बहुत से लोग सबसे पहले अंक ज्योतिष से बार-बार दिखने वाले या "**Angle**" नंबर्स के ज़रिए जुड़ते हैं—जैसे 11:11 (जागृति और संरेखण), 222 (संतुलन और विश्वास), 333 (रचनात्मक सहायता ascended masters से), 1234 (कदम-दर-कदम आगे बढ़ना), या 9999 (समापन जो बदलाव की ओर ले जाता है)। ये संयोग ब्रह्मांड, मार्गदर्शकों या उच्च आत्मा से आने वाले हल्के संदेश माने जाते हैं, जो हमें अपने विचारों, चुनावों या जीवन के चरण पर ध्यान देने के लिए कहते हैं। अंत में, यह अध्याय विभिन्न प्रणालियों के बीच मुख्य अंतर बताता है:

- वैदिक प्रणाली ग्रहों के जुड़ाव, कर्म ऋण, दशा अवधि और भविष्यवाणी वाले जीवन चक्रों पर जोर देती है।
- Lo Shu प्रणाली 3x3 Magic Square मैजिक ग्रिड से गायब/मजबूत स्तर (मन, शरीर, आत्मा) का विश्लेषण करती है और फेंग शुई तत्वों जैसे KUA दिशाओं को देखती है।
- Pythagorean प्रणाली नाम से निकलने वाली संख्याओं (Expression, Soul Urge, Personality) और जीवन-पथ चक्रों पर ज्यादा ध्यान देती है।

इन उत्पत्तियों और अंतरों को समझकर आपको स्पष्टता मिलती है कि आगे के अध्यायों में आने वाली प्रणालियाँ—वैदिक, Lo Shu, Pythagorean, नाम अंक ज्योतिष और मोबाइल अंक ज्योतिष—एक-दूसरे से विरोध नहीं करतीं, बल्कि

पूरक हैं। ये एक ही गहरे सत्य को अलग-अलग नजरिए से दिखाती हैं: संख्याएँ ऊर्जा के निशान हैं जो आपके सफर को आकार देती हैं।

यह बुनियादी जानकारी आगे आने वाले व्यावहारिक और जीवन बदलने वाले उपयोगों के लिए आधार तैयार करती है। संख्याओं की दुनिया में आपका स्वागत है—काश ये आपके रास्ते को रोशन करें।

अंक ज्योतिष की ऐतिहासिक जड़ें

अंक ज्योतिष की जड़ें बहुत पुरानी हैं। ये अलग-अलग महाद्वीपों और हजारों सालों से फैली हुई हैं। हर परंपरा में संख्याओं को सिर्फ़ गिनती का साधन नहीं माना जाता—ये ईश्वरीय कोड, ब्रह्मांडीय कंपन या भाग्य और खुद को समझने की कुंजी मानी जाती हैं।

Pythagorean Numerology

यह सबसे प्रसिद्ध प्रणाली है, जिसका श्रेय प्राचीन ग्रीक दार्शनिक और गणितज्ञ **Pythagoras** को दिया जाता है (लगभग 570–495 ईसा पूर्व)। वे सामोस द्वीप पर पैदा हुए थे। Pythagoras ने इटली के क्रोटन शहर में एक गुप्त स्कूल बनाया, जहाँ गणित, दर्शन, संगीत और रहस्यवाद सब जुड़े हुए थे। उन्होंने कहा था कि "सब कुछ संख्या है" यानी संख्याएँ ही दुनिया की असली नींव और संरचना हैं। कहानियों के अनुसार, Pythagoras ने संगीत में गणितीय सामंजस्य खोजा (जैसे ऑक्टेव के अनुपात) और सोचा कि संख्याएँ ग्रहों की गति से लेकर इंसान के स्वभाव तक सब कुछ नियंत्रित करती हैं। उनके अनुयायी संख्याओं को बहुत सम्मान देते थे—जैसे 1 को एकता और ईश्वर, 2 को द्वंद्व और स्त्रीत्व। Pythagoras ने कुछ नहीं लिखा, लेकिन उनके विचारों ने बाद में प्लेटो और आज की पश्चिमी अंक ज्योतिष को बहुत प्रभावित किया। आज इसमें नाम और जन्म तिथि से अंक घटाकर जीवन पथ, भाग्य और व्यक्तित्व पता लगाया जाता है।

Chaldean Numerology

यह सबसे पुरानी ज्ञात प्रणालियों में से एक है। इसकी शुरुआत प्राचीन मेसोपोटामिया (खासकर बेबीलोनिया) में हुई, जहाँ चाल्डियन लोग (जो ज्योतिषी और पुजारी थे) 9 वीं से 6 वीं शताब्दी ईसा पूर्व तक फले-फूले। इसकी जड़ें 4,000 साल से भी ज्यादा पुरानी हो सकती हैं। उन्होंने संख्याओं को ग्रहों के प्रभाव और ध्वनि के कंपनों से जोड़ा, न कि अक्षरों के क्रम से। अक्षरों को उनके उच्चारण और ब्रह्मांडीय ऊर्जा के आधार पर संख्या दी जाती थी। 9 को पवित्र मानकर आमतौर

पर अक्षरों से नहीं जोड़ा जाता। यह प्रणाली भविष्य बताने, नाम विश्लेषण और घटनाओं की भविष्यवाणी के लिए इस्तेमाल होती थी, और बेबीलोनियन ज्योतिष के साथ मिलकर काम करती थी। यह ज्यादा गुप्त और ग्रह-आधारित लगती है।

Vedic/Indian Numerology (अंक शास्त्र)

यह भारत की प्राचीन आध्यात्मिक परंपराओं से जुड़ी है। वैदिक अंक ज्योतिष वेदों, ज्योतिष (वैदिक ज्योतिष), पुराणों और अन्य ग्रंथों से आती है। संख्याएँ हिंदू ब्रह्मांड में बहुत गहरी हैं—ये सृष्टि, समय चक्र (युग, दशा) और कर्म को नियंत्रित करने वाले सिद्धांत हैं। हर अंक 1 से 9 तक एक ग्रह से जुड़ा है (जैसे 1-सूर्य, 2-चंद्रमा, 8-शनि)। ये व्यक्तित्व, जीवन की घटनाएँ, स्वास्थ्य और भाग्य पर असर डालते हैं। मुख्य गणना में **मूलांक** (जन्म के दिन से) और **भाग्यांक** (पूरी जन्म तिथि से) निकाले जाते हैं, जो कर्म पैटर्न और जीवन उद्देश्य बताते हैं। यह ज्योतिष के साथ मिलकर दशा, उपाय और संतुलन पर जोर देती है, तथा धर्म और आध्यात्मिक विकास की बात करती है।

Chinese/Lo Shu Numerology

यह परंपरा प्राचीन चीन से आई है और इसका मुख्य केंद्र **Lo Shu Square** (या Luo Shu) है—एक 3×3 का जादुई वर्ग (magic square)। इसमें हर पंक्ति, कॉलम और तिरछी रेखा का जोड़ 15 आता है, जो पूर्ण सामंजस्य का प्रतीक है। कहानी के अनुसार 4,000 साल से ज्यादा पहले, महान राजा Yu (जिन्होंने बाढ़ को काबू किया था) के समय Lo नदी से एक दिव्य कछुआ निकला। उसके खोल पर यह रहस्यमयी पैटर्न था। इसे स्वर्ग का उपहार माना गया, जो ब्रह्मांड की व्यवस्था और संतुलन दिखाता है।

Lo Shu ने फेंग शुई Feng Shui, I Ching (जिसमें ट्राइग्राम Trigram हैं) और चीनी अंक ज्योतिष की नींव रखी। इसमें संख्याओं को दिशाओं, तत्वों (लकड़ी, आग, पृथ्वी, धातु, पानी), ऋतुओं और जीवन ऊर्जा से जोड़ा जाता है। इस ग्रिड से व्यक्ति की ताकत, असंतुलन और गायब संख्याएँ देखी जाती हैं। इससे शुभ दिशाएँ (Kua संख्या से), व्यक्तिगत चक्र और पर्यावरण का सामंजस्य तय किया जाता है। यह दूसरी प्रणालियों से अलग है क्योंकि यह जगह (spatial) और व्यावहारिक है, सिर्फ़ व्यक्ति पर केंद्रित नहीं।

ये चार मुख्य परंपराएँ—Pythagorean, Chaldean, Vedic और Chinese/Lo Shu—आज की अंक ज्योतिष की सबसे बड़ी जड़ें हैं। ये अलग-

अलग संस्कृतियों में अलग-अलग समय पर बनीं, लेकिन इनमें एक समान विश्वास है: संख्याएँ संयोग से नहीं होतीं; इनमें अर्थ और कंपन होता है जो जीवन को प्रभावित करता है। आगे के हिस्सों में हम इनकी गणना विधियों की तुलना करेंगे और देखेंगे कि ये कैसे एक ही गहरे सत्य को अलग-अलग तरीके से दिखाती हैं।

मुख्य संख्या गणना विधियों की तुलना

अब हम इन बुनियादी प्रणालियों में इस्तेमाल होने वाली मुख्य संख्या-गणना विधियों की तुलना करते हैं। तीनों का लक्ष्य एक ही है—जन्म तिथि और नाम जैसी जटिल जानकारी को अर्थपूर्ण एकल अंक (या मास्टर नंबर) में बदलना। लेकिन इनकी विधियाँ, मुख्य फोकस और दार्शनिक आधार बहुत अलग हैं। इन अंतरों को समझने से पता चलता है कि कुछ प्रणालियाँ ज्यादा भविष्यवाणी वाली, कुछ व्यक्तित्व पर केंद्रित और कुछ कर्म-आधारित क्यों लगती हैं।

Pythagorean Numerology

Pythagorean प्रणाली को अक्सर Western या modern numerology भी कहते हैं। यह आजकल अंग्रेजी बोलने वाले देशों में सबसे ज्यादा इस्तेमाल होती है। यह अक्षरों को अंग्रेजी वर्णमाला के क्रम से आसानी से संख्या देती है:

1	2	3	4	5	6	7	8	9
A	B	C	D	E	F	G	H	I
J	K	L	M	N	O	P	Q	R
S	T	U	V	W	X	Y	Z	

नाम के लिए: हर अक्षर को उसकी संख्या में बदलो, सब जोड़ो, और कुल को एक अंक में घटाओ (अगर 11, 22 या 33 जैसा मास्टर संख्या न हो तो)। इससे मुख्य संख्याएँ निकलती हैं जैसे:

- Expression/Destiny Number (पूरा नाम से)
- Soul Urge/Heart's Desire (स्वरों से)
- Personality Number (व्यंजनों से)

जन्म तिथि के लिए: दिन, महीना और साल को जोड़कर (या अलग-अलग) घटाकर Life Path Number निकालते हैं। यह जीवन का उद्देश्य और मुख्य सबक बताता है। यह विधि सीधी, तार्किक है और व्यक्तिगत विकास, चक्र (Pinnacles और Challenges) तथा खुद को समझने पर जोर देती है।

Chaldean Numerology

इसके उलट, Chaldean प्रणाली पुरानी, ज्यादा रहस्यमयी और कंपन पर आधारित है, न कि अक्षर क्रम पर। यह अक्षरों की ध्वनि और ऊर्जा के आधार पर संख्या देती है, जो प्राचीन हिब्रू और बेबीलोनियन प्रभाव से आई है। खास बात: इसमें अक्षरों को सिर्फ 1 से 8 तक संख्या दी जाती है—9 को पवित्र (ईश्वरीय/पूर्णता) मानकर किसी अक्षर से नहीं जोड़ा जाता (हालाँकि कुल जोड़ में 9 आ सकता है)। मानक Chaldean चार्ट कुछ ऐसा है:

1	2	3	4	5	6	7	8
A	B	C	D	E	U	O	F
I	K	G	M	H	V	Z	P
J	R	L	T	N	W		
Q		S		X			
Y							

नाम की गणना Pythagorean जैसी ही है (जोड़कर घटाना), लेकिन संख्या अलग होने से एक ही नाम के लिए परिणाम बहुत अलग आ सकते हैं। Chaldean नाम की कंपन और भविष्यवाणी में ज्यादा सटीक मानी जाती है, खासकर करियर, चुनौतियों और छिपे प्रभावों के लिए, क्योंकि यह ध्वनि और ब्रह्मांडीय ऊर्जा से जुड़ी है।

Vedic Numerology (भारतीय अंक शास्त्र)

वैदिक अंक ज्योतिष अलग रास्ता अपनाती है: यह ज्यादातर जन्म तिथि पर केंद्रित है, नाम पर कम (हालाँकि कुछ जगह नाम भी देखा जाता है)। मुख्य दो संख्याएँ हैं:

- **मूलांक** (Root या Driver Number): सिर्फ जन्म के दिन को एक अंक में घटाओ (जैसे 14 तारीख → 1+4=5; 23 → 2+3=5)। यह आपका मूल स्वभाव, खूबियाँ, ताकत और जीवन में सहज तरीका बताता है।
- **भाग्यांक** (Destiny या Conductor Number): पूरी जन्म तिथि से (दिन + महीना + साल), एक अंक में घटाकर (जैसे 14-05-1985 → 1+4 + 0+5 + 1+9+8+5 = 33 → 3+3=6)। यह जीवन उद्देश्य, मौके, कर्म सबक और कुल भाग्य दिखाता है।

हर अंक का एक ग्रह स्वामी होता है (1=सूर्य, 2=चंद्रमा, 3=बृहस्पति आदि), जो वैदिक ज्योतिष (Jyotish) से जुड़ा है। वैदिक में दशा अवधि और कर्म संकेत भी देखे जाते हैं, इसलिए यह भविष्यवाणी और उपाय (जैसे रत्न, मंत्र, जीवनशैली बदलाव) के लिए बहुत इस्तेमाल होती है।

मुख्य अंतर एक नजर में

- अक्षर संख्या: Pythagorean = क्रम से; Chaldean = ध्वनि/कंपन से (1-8); Vedic = नाम पर कम जोर (जन्म तिथि मुख्य)।
- मुख्य केंद्र: Pythagorean = नाम से व्यक्तित्व + जीवन चक्र; Chaldean = नाम की कंपन + भविष्यवाणी; Vedic = जन्म तिथि से कर्म + ग्रहीय समय।
- घटाने के नियम: सब 1-9 तक घटाते हैं (मास्टर संख्या बचाते हैं), लेकिन Vedic में मास्टर संख्या कम महत्वपूर्ण।
- सांस्कृतिक नजरिया: Pythagorean आधुनिक और मनोवैज्ञानिक लगती है; Chaldean प्राचीन और गुप्त; Vedic कर्म और ज्योतिष आधारित।

ये विधियाँ एक-दूसरे के विरोधी नहीं हैं—कई लोग इन्हें मिलाकर इस्तेमाल करते हैं (जैसे Vedic से भाग्य, Pythagorean से नाम गुण, Chaldean से नाम सुधार)। आगे के अध्यायों में हम हर एक को गहराई से देखेंगे और समझेंगे कि ये कैसे एक-दूसरे को पूरा करके आपके ऊर्जा के खाके की पूरी तस्वीर बनाती हैं।

संख्याएँ ० से ९

अब हम ० से ९ तक की संख्याओं के मुख्य अर्थ देखते हैं। इनमें ग्रहीय संबंध (खासकर वैदिक परंपरा में), उनकी स्वाभाविक ऊर्जा और कंपन शामिल हैं। हर संख्या एक अलग तरह की ऊर्जा है, जो व्यक्तित्व, जीवन की घटनाएँ, ताकत, कमजोरियाँ और रोज़मर्रा के फैसले (जैसे रंग, रत्न, दिन, अनुकूल संख्याएँ) को प्रभावित करती है। ये संबंध मुख्य रूप से वैदिक अंक शास्त्र से आते हैं, जहाँ संख्याएँ नवग्रहों (नौ ग्रहों) से जुड़ी हैं। शुभ चीजें (रंग, रत्न आदि) कमजोरियों को संतुलित करने या अच्छी ऊर्जा बढ़ाने के उपाय हैं—उस ग्रह के दिन उस रंग/रत्न को पहनें, या, फोन नंबर, घर का संख्या आदि में अनुकूल संख्याएँ चुनें।

संख्या ० – अनंत शून्य / ब्रह्मांडीय संभावना

- ग्रहीय संबंध: कोई एक ग्रह नहीं; ब्रह्म (सार्वभौमिक चेतना) या सभी ग्रहों की कुल ऊर्जा; कभी-कभी राहु/केतु से जुड़ा।
- मुख्य कंपन: अनंतता, पूर्णता, बढ़ावा देना, आध्यात्मिक क्षमता, वह शून्य जिसमें सब कुछ समाया है।
- अच्छे गुण: दूरदर्शी, गहरा आध्यात्मिक, अनुकूल, अंतर्ज्ञानी, वैराग्यपूर्ण बुद्धि।
- चुनौतियाँ: जमीन से कटाव, फैसला न ले पाना, भागना, दिशाहीन या अकेला महसूस करना।

जीवन क्षेत्रों में महत्व:

- व्यक्तित्व: दार्शनिक, रहस्यमयी, अंतर्मुखी; अक्सर "अलग" महसूस करते हैं।
- करियर: शोध, आध्यात्मिकता, हीलिंग, तकनीक, रचनात्मक नवाचार।
- रिश्ते: स्वतंत्रता और आत्मिक जुड़ाव चाहिए; दूर-दूर लग सकते हैं।
- स्वास्थ्य: मानसिक/भावनात्मक असंतुलन, नर्वस सिस्टम, नींद की समस्या।
- धन: अनिश्चित; भौतिकता से वैराग्य।

शुभ चीजें:

- रंग: सफेद, चाँदी, बैंगनी, पारदर्शी / क्रिस्टल।
- रत्न: हीरा, स्फटिक (या कोई नहीं—ध्यान पर फोकस)।
- दिन: कोई भी, खासकर शनिवार या गुरुवार।
- अनुकूल संख्याएँ: सभी के साथ अच्छी (बढ़ाती है); खासकर 1, 7, 9

संख्या 1 – सूर्य (सूर्य)

- ग्रहीय संबंध: सूर्य।
- मुख्य कंपन: नेतृत्व, व्यक्तित्व, जीवन शक्ति, नई शुरुआत।
- अच्छे गुण: आत्मविश्वासी, महत्वाकांक्षी, अग्रणी, निर्णायक, आकर्षक।
- चुनौतियाँ: अहंकार, दबंग, अधीर, घमंडी।

जीवन क्षेत्रों में महत्व:

- व्यक्तित्व: स्वाभाविक नेता, मूल विचारक, आत्मनिर्भर।
- करियर: सरकारी नौकरी, राजनीति, बिजनेस, मैनेजमेंट, रचनात्मक क्षेत्र।
- रिश्ते: प्रभावशाली लेकिन वफादार; प्रशंसा पसंद।

- स्वास्थ्य: हृदय, आँखें, रीढ़, जीवन शक्ति की कमी।
- धन: पहल से अच्छा धन कमाने वाले।

शुभ चीजें:

- रंग: लाल, नारंगी, सुनहरा, केसरिया।
- रत्न: माणिक । (Ruby)
- दिन: रविवार। Sunday
- अनुकूल संख्याएँ: 1, 2, 3, 4, 5, 9 (ज्यादातर के साथ अच्छी; खासकर 3, 5, 9)।

संख्या 2 – चंद्रमा (चंद्र)

- ग्रहीय संबंध: चंद्रमा।
- मुख्य कंपन: सामंजस्य, भावना, अंतर्ज्ञान, द्वंद्व।
- अच्छे गुण: संवेदनशील, कूटनीतिक, पालनहार, कलात्मक, सहानुभूतिपूर्ण।
- चुनौतियाँ: मूडी, अनिर्णायक, ज्यादा निर्भर, चालाक।

जीवन क्षेत्रों में महत्व:

- व्यक्तित्व: शांति बनाने वाले, ग्रहणशील, भावनात्मक समझ।
- करियर: काउंसलिंग, कला, आतिथ्य, मनोविज्ञान, पानी से जुड़े काम।
- रिश्ते: रोमांटिक, सुरक्षा और भावनात्मक गहराई चाहते हैं।
- स्वास्थ्य: पेट, फेफड़े, तरल पदार्थ, मानसिक उतार-चढ़ाव।
- धन: साझेदारी में बेहतर; आय में उतार-चढ़ाव।

शुभ चीजें:

- रंग: सफेद, चाँदी, हल्के पेस्टल, दूधिया।
- रत्न: मोती।
- दिन: सोमवार। Monday
- अनुकूल संख्याएँ: 1, 2, 3, 4, 7 (1, 3, 7 के साथ सामंजस्य; 5, 8 से बचें)।

संख्या 3 – बृहस्पति (गुरु)

- ग्रहीय संबंध: बृहस्पति।
- मुख्य कंपन: विस्तार, बुद्धि, रचनात्मकता, आशावाद।
- अच्छे गुण: मिलनसार, उदार, दार्शनिक, अभिव्यक्तिपूर्ण, भाग्यशाली।

- चुनौतियाँ: फिजूलखर्ची, बिखराव, ज्यादा आत्मविश्वास, लिप्तता।

जीवन क्षेत्रों में महत्व:

- व्यक्तित्व: खुशमिजाज, ज्ञानी, संवाद करने वाले।
- करियर: पढ़ाना, कानून, प्रकाशन, फाइनेंस, मनोरंजन।
- रिश्ते: स्नेहपूर्ण, मजेदार, बौद्धिक जुड़ाव।
- स्वास्थ्य: जिगर, जांघें, वजन बढ़ना, डायबिटीज।
- धन: स्वाभाविक रूप से समृद्ध; विकास में अच्छे।

शुभ चीजें:

- रंग: पीला, बैंगनी, जामुनी।
- रत्न: पुखराज (Yellow Sapphire)।
- दिन: गुरुवार। Thursday
- अनुकूल संख्याएँ: 1, 2, 3, 5, 6, 9 (1, 5, 6, 9 के साथ बहुत अच्छी)।

संख्या 4 – राहु

- ग्रहीय संबंध: राहु।
- मुख्य कंपन: अनुशासन, नवाचार, भौतिकता, अचानक बदलाव।
- अच्छे गुण: व्यावहारिक, मेहनती, व्यवस्थित, असामान्य सोच।
- चुनौतियाँ: कठोर, विद्रोही, चिंतित, बाधाएँ।

जीवन क्षेत्रों में महत्व:

- व्यक्तित्व: व्यवस्थित, जमीन से जुड़े, कभी-कभी विचित्र।
- करियर: इंजीनियरिंग, टेक, रियल एस्टेट, शोध, मैनेजमेंट।
- रिश्ते: वफादार, स्थिरता चाहिए; धीरे खुलते हैं।
- स्वास्थ्य: हड्डियाँ, जोड़, त्वचा, नर्वस तनाव।
- धन: स्थिर निर्माण; लंबे समय में सफलता।

शुभ चीजें:

- रंग: इलेक्ट्रिक नीला, Gray, मिट्टी के रंग।
- रत्न: गोमेद (Hessonite)।
- दिन: शनिवार (या संतुलन के लिए बुधवार)।
- अनुकूल संख्याएँ: 1, 4, 5, 6, 8 (1, 5, 6, 8 के साथ अच्छी)।

संख्या 5 – बुध

- ग्रहीय संबंध: बुध।
- मुख्य कंपन: अनुकूलन, बुद्धि, स्वतंत्रता, संवाद।
- अच्छे गुण: बहुमुखी, चतुर, जिज्ञासु, प्रभावशाली, साहसी।
- चुनौतियाँ: बेचैन, असंगत, सतही, आवेगी।

जीवन क्षेत्रों में महत्व:

- व्यक्तित्व: गतिशील, बहु-प्रतिभाशाली, तेज़ सीखने वाले।
- करियर: मीडिया, व्यापार, यात्रा, Information Technology, Sales, लेखन।
- रिश्ते: मजेदार, विविधता और मानसिक चिंगारी चाहिए।
- स्वास्थ्य: नर्वस System, फेफड़े, बोलचाल, त्वचा।
- धन: तेज़ कमाई; जोखिम ले सकते हैं।

शुभ चीजें:

- रंग: हरा, पन्ना के शेड्स।
- रत्न: पन्ना (Emerald)।
- दिन: बुधवार। Wednesday
- अनुकूल संख्याएँ: 1, 3, 5, 6 (1, 3, 6 के साथ बहुत अच्छी)।

संख्या 6 – शुक्र

- ग्रहीय संबंध: शुक्र।
- मुख्य कंपन: प्रेम, सौंदर्य, सामंजस्य, जिम्मेदारी।
- अच्छे गुण: आकर्षक, कलात्मक, पालनहार, कूटनीतिक, कामुक।
- चुनौतियाँ: दिखावा, कब्ज़ा, लिप्तता, अनिर्णायक।

जीवन क्षेत्रों में महत्व:

- व्यक्तित्व: सौंदर्य प्रेमी, परिवार-केंद्रित, सामंजस्यपूर्ण।
- करियर: डिज़ाइन, फैशन, आतिथ्य, हीलिंग, लग्ज़री।
- रिश्ते: समर्पित, रोमांटिक; संतुलन चाहते हैं।
- स्वास्थ्य: किडनी, प्रजनन, गला, शुगर की समस्या।
- धन: आराम की ओर आकर्षित; सौंदर्य से जुड़े व्यापार में अच्छे।

शुभ चीजें:

- रंग: सफेद, गुलाबी, हल्का नीला, पेस्टल।
- रत्न: हीरा (Diamond)।
- दिन: शुक्रवार। Friday
- अनुकूल संख्याएँ: 3, 5, 6, 9 (3, 5, 9 के साथ मजबूत)।

संख्या 7 – केतु

- ग्रहीय संबंध: केतु।
- मुख्य कंपन: आध्यात्मिकता, आत्मनिरीक्षण, रहस्यवाद, वैर ग्य।
- अच्छे गुण: विश्लेषणात्मक, बुद्धिमान, अंतर्ज्ञानी, स्वतंत्र, परफेक्शनिस्ट।
- चुनौतियाँ: अलग-थलग, संशयी, अकेला, चिंतित।

जीवन क्षेत्रों में महत्व:

- व्यक्तित्व: खोजी, विचारक, असामान्य।
- करियर: शोध, गूढ़ विद्या, विज्ञान, दर्शन, हीलिंग।
- रिश्ते: अकेलेपन की जरूरत; गहरे आध्यात्मिक बंधन।
- स्वास्थ्य: नर्वस/मानसिक, त्वचा, रहस्यमयी बीमारियाँ।
- धन: वैराग्यपूर्ण; अनिश्चित धन।

शुभ चीजें:

- रंग: हल्का हरा, बैंगनी, धुएँ जैसा ग्रे।
- रत्न: लहसुनिया (Cats Eye)।
- दिन: मंगलवार (या शनिवार)।
- अनुकूल संख्याएँ: 2, 4, 7 (2, 4 के साथ अच्छी)।

संख्या 8 – शनि

- ग्रहीय संबंध: शनि।
- मुख्य कंपन: कर्म, अनुशासन, सहनशक्ति, न्याय।
- अच्छे गुण: महत्वाकांक्षी, मजबूत, जिम्मेदार, रणनीतिक।
- चुनौतियाँ: नकारात्मक, देरी से सफलता, डर, कठोरता।

जीवन क्षेत्रों में महत्व:

- व्यक्तित्व: गंभीर, मेहनती, निष्पक्ष।

- करियर: कानून, प्रशासन, इंजीनियरिंग, राजनीति।
- रिश्ते: वफादार; परीक्षाओं से सीखते हैं।
- स्वास्थ्य: हड्डियाँ, दाँत, पुरानी बीमारियाँ।
- धन: धीरे लेकिन स्थायी धन।

शुभ चीजें:

- रंग: गहरा नीला, काला, गहरा ग्रे।
- रत्न: नीलम (Blue Sapphire)।
- दिन: शनिवार। Saturday
- अनुकूल संख्याएँ: 4, 5, 6, 8 (4, 5, 6 के साथ अच्छी)।

संख्या 9 – मंगल

- ग्रहीय संबंध: मंगल।
- मुख्य कंपन: कर्म, साहस, पूर्णता, मानवतावाद।
- अच्छे गुण: दयालु, गतिशील, दृढ़, आदर्शवादी।
- चुनौतियाँ: आक्रामक, आवेगी, गुस्सैल, बेचैन।

जीवन क्षेत्रों में महत्व:

- व्यक्तित्व: जोशीला, रक्षक, ऊर्जावान।
- करियर: सेना, खेल, सर्जरी, सामाजिक कार्य, कला।
- रिश्ते: गहन, वफादार; परिपक्वता चाहिए।
- स्वास्थ्य: खून, मांसपेशियाँ, दुर्घटना, सूजन।
- धन: साहसी काम; उदार।

शुभ चीजें:

- रंग: लाल, गहरा लाल, मूंगा के शेड्स।
- रत्न: मूंगा (Red Coral)।
- दिन: मंगलवार। Tuesday
- अनुकूल संख्याएँ: 1, 3, 6, 9 (1, 3, 6 के साथ मजबूत)।

ये चीजें व्यावहारिक उपाय हैं—उस दिन उस रंग को पहनें, रत्न (ज्योतिषी से सलाह लेकर) इस्तेमाल करें, या महत्वपूर्ण फैसलों में अनुकूल संख्याएँ चुनें। आगे के अध्यायों में हम इन्हें ग्रिड, दशा, मोबाइल संख्या और उपायों में लागू करेंगे ताकि व्यक्तिगत मार्गदर्शन मिल सके।

मास्टर संख्या / नंबर्स (Master Numbers)

11, 22, 33 और 44 तेज़ आध्यात्मिक कंपन और विशेष व्याख्या

अंक ज्योतिष में ज्यादातर संख्याओं को मूल व्याख्या के लिए एकल अंक (1–9) में घटा दिया जाता है, क्योंकि यह मूल कंपन दिखाता है। लेकिन कुछ दोहरी संख्याएँ—जिन्हें **मास्टर नंबर्स** कहते हैं—बहुत ऊँची आध्यात्मिक ऊर्जा, बढ़ी हुई क्षमता और कर्म संबंधी महत्व रखती हैं। इन्हें हमेशा घटाया नहीं जाता; बल्कि इनकी पूरी दोहरी संख्या (11, 22, 33 आदि) में व्याख्या की जाती है (और अक्सर उनके घटे हुए एकल अंक के साथ भी संतुलन के लिए देखा जाता है)।

मुख्य मास्टर नंबर्स सभी प्रणालियों में 11, 22 और 33 माने जाते हैं। कुछ आधुनिक और विस्तारित परंपराओं में (खासकर Pythagorean / पश्चिमी अंक ज्योतिष में) 44 को भी मास्टर संख्या माना जाता है, हालाँकि यह पहली तीन जितना सार्वभौमिक नहीं है।

पारंपरिक वैदिक अंक ज्योतिष में मास्टर नंबर्स को मान्यता है, लेकिन इन्हें पश्चिमी तरीके जितना "विशेष" नहीं माना जाता। वैदिक में इन्हें अक्सर घटाया जाता है, पर जब ये मूलांक, भाग्यांक या ग्रिड में आते हैं तो इनके बढ़े हुए ग्रहीय या कर्म प्रभाव को ध्यान में रखा जाता है। मास्टर नंबर्स पुरानी आत्माओं, ऊँचे आध्यात्मिक मिशन, बड़ी जिम्मेदारियों और तेज़ कंपन का प्रतीक हैं। ये असाधारण उपहार देते हैं, लेकिन इनके साथ बहुत तेज़ चुनौतियाँ भी आती हैं—इन्हें उनके मूल अंक की "दोगुनी शक्ति" समझें, साथ में एक आध्यात्मिक परत।

जिन लोगों के मुख्य स्थान (जीवन पथ Life Path, अभिव्यक्ति Expression, जन्म दिन Birth Day आदि) में मास्टर संख्या होते हैं, वे अक्सर बहुत मजबूत उद्देश्य महसूस करते हैं, लेकिन उनका रास्ता भारी या ज्यादा माँग वाला लग सकता है।

मास्टर संख्या 11 – प्रकाशक / दूरदर्शी

घटाकर: 2 (1+1=2) – लेकिन 11 का कंपन बहुत ज्यादा तेज़ और प्रमुख रहता है।

- ग्रहीय संबंध: अक्सर चंद्रमा (अंतर्ज्ञान) से जुड़ा + उच्च आध्यात्मिक प्रभाव (कुछ लोग इसे यूरेनस या नेप्च्यून से जोड़ते हैं नवाचार और ज्ञानोदय के

लिए)। वैदिक में यह चंद्रमा की संवेदनशीलता को आध्यात्मिक अंतर्दृष्टि के साथ बढ़ाता है (केतु से आध्यात्मिकता जुड़ती है)।

- मुख्य कंपन: बहुत तेज़ अंतर्ज्ञान, आध्यात्मिक समझ, प्रेरणा, ज्ञानोदय, मानसिक संवेदनशीलता, आदर्शवाद।

अच्छे गुण और उपहार

बहुत गहरा अंतर्ज्ञानी, सहानुभूतिपूर्ण और समझदार—बिना बताए ही "जान" लेते हैं। दूरदर्शी विचारक, प्रेरणादायक नेता, स्वाभाविक हीलर या शिक्षक। रचनात्मक, आदर्शवादी, आध्यात्मिक रूप से जागृत; उच्च बुद्धि का माध्यम बनते हैं। जब संतुलित हों तो बहुत आकर्षक संवाद करने वाले।

चुनौतियाँ

नर्वस तनाव, चिंता, खुद पर शक, बहुत ज्यादा संवेदनशीलता। अव्यावहारिक होना, भागना, या भावनाओं/ऊर्जाओं से अभिभूत होना। सपनों को हकीकत में उतारने में मुश्किल; असफलता या अस्वीकृति का डर।

जीवन क्षेत्रों में महत्व

व्यक्तित्व: सपने देखने वाले, समझदार, रोज़मर्रा की दुनिया में अक्सर "अलग" महसूस करते हैं। करियर: आध्यात्मिकता, काउंसलिंग, लेखन, कला, हीलिंग पेशा, नवाचार, पढ़ाना, मानसिक/मीडियम काम। रिश्ते: गहरे आत्मिक जुड़ाव; आध्यात्मिक/भावनात्मक गहराई चाहते हैं लेकिन कमजोर दिखने से डरते हैं। स्वास्थ्य: नर्वस सिस्टम, सिरदर्द, चिंता से जुड़ी समस्याएँ। जीवन सबक: अंतर्ज्ञान पर भरोसा करें लेकिन जमीन पर रहें—प्रेरणा और व्यावहारिकता में संतुलन बनाएँ।

मास्टर संख्या 22 – मास्टर बिल्डर

घटाकर: 4 (2+2=4) – लेकिन बहुत ऊँचे स्तर पर काम करता है।

- ग्रहीय संबंध: राहु/यूरेनस (नवाचार) + शनि (संरचना); वैदिक में राहु की भौतिक महारत को अनुशासन से बढ़ाता है।
- मुख्य कंपन: व्यावहारिक आदर्शवाद, बड़े पैमाने पर चीजें हकीकत में बदलना, मानवता के लिए निर्माण।

अच्छे गुण और उपहार

सपनों को ठोस रूप देने की असाधारण क्षमता। व्यवस्थित, अनुशासित, बड़े सिस्टम या प्रोजेक्ट के वास्तुकार। मानवतावादी; लंबे समय तक चलने वाली विरासत बनाते हैं (बिजनेस, संस्थाएँ, आविष्कार)। 11 की अंतर्ज्ञान को व्यावहारिकता के साथ जोड़ते हैं।

चुनौतियाँ

बहुत ऊँची उम्मीदों से दबाव; बहुत कुछ हासिल करने का बोझ। कठोरता, काम की लत, असफलता का डर, या ज्यादा भौतिकवादी होना। अगर क्षमता का इस्तेमाल न हो तो 4 की मुश्किल ऊर्जा में आ जाते हैं (निराशा, सीमाएँ)।

जीवन क्षेत्रों में महत्व

व्यक्तित्व: महत्वाकांक्षी, व्यवस्थित, भारी जिम्मेदारी महसूस करते हैं। करियर: आर्किटेक्चर, इंजीनियरिंग, बड़े बिजनेस, परोपकार, बदलाव वाले प्रोजेक्ट में नेतृत्व। रिश्ते: वफादार, सहायक; बड़े लक्ष्य साझा करने वाले साथी चाहते हैं। स्वास्थ्य: तनाव से जुड़ी (पीठ, हड्डियाँ), थकान। जीवन सबक: दृष्टि और अमल में संतुलन—आध्यात्मिक सार खोए बिना निर्माण करें।

मास्टर संख्या 33 – मास्टर टीचर / हीलर

घटाकर: 6 (3+3=6) – लेकिन बहुत गहरी निस्वार्थ सेवा की ऊर्जा के साथ।

- ग्रहीय संबंध: बृहस्पति बढ़ा हुआ (करुणा, बुद्धि) + शुक्र/मंगल से हीलिंग और त्याग का प्रभाव।
- मुख्य कंपन: निःशर्त प्रेम, निस्वार्थ सेवा, आध्यात्मिक शिक्षण, सामूहिक स्तर पर हीलिंग, ईसा मसीह जैसी करुणा।

अच्छे गुण और उपहार

बहुत गहरी सहानुभूति, पालनहार, हीलिंग उपस्थिति। स्वाभाविक शिक्षक, काउंसलर या बहुतों के लिए आध्यात्मिक मार्गदर्शक। रचनात्मकता का इस्तेमाल मानवता को ऊपर उठाने में। प्रेम, क्षमा और प्रेरणा बिखेरते हैं।

चुनौतियाँ

शहीद बन जाना, खुद को बहुत ज्यादा कुर्बान करना, को-डिपेंडेंसी। भावनात्मक बोझ, दूसरों का दर्द बहुत गहराई से महसूस करना। अगर व्यक्त न हो तो 6 की मुश्किल विशेषताएँ (ज्यादा जिम्मेदारी, नाराज़गी)।

जीवन क्षेत्रों में महत्व

व्यक्तित्व: दयालु, बुद्धिमान, दूसरों की मदद का आह्वान महसूस करते हैं। करियर: पढ़ाना, हीलिंग (डॉक्टर, थेरेपिस्ट), चैरिटी, सामाजिक कला, आध्यात्मिक नेतृत्व। रिश्ते: बहुत प्यार करने वाले; हीलिंग की जरूरत वाले लोगों को आकर्षित करते हैं लेकिन सीमाएँ बनानी पड़ती हैं। स्वास्थ्य: हृदय, रक्त संचार, ज्यादा देने से भावनात्मक/प्रतिरक्षा समस्या। जीवन सबक: खुद को खोए बिना सेवा करें—करुणा में स्वस्थ सीमाएँ अपनाएँ।

मास्टर संख्या 44 (कम आम / उभरता हुआ)

घटाकर: 8 (4+4=8) – अनुशासन और शक्ति का बढ़ा हुआ रूप।

- ग्रहीय संबंध: शनि/राहु की दोगुनी तीव्रता—भौतिक और कर्म संरचनाओं पर महारत।
- मुख्य कंपन: सिस्टम के मास्टर, अनंत अनुशासन, अटूट नींव बनाना, आध्यात्मिक शक्ति।

अच्छे गुण और उपहार

असाधारण सहनशक्ति, रणनीतिक महारत, लंबे समय तक चलने वाली संस्थाएँ बनाने की क्षमता। ·बड़े पैमाने पर अराजकता को व्यवस्था में बदलना।

चुनौतियाँ

बहुत ज्यादा दबाव, अलग-थलग होना, शक्ति और नियंत्रण के कर्म परीक्षण। बहुत कठोर बनने का खतरा।

जीवन क्षेत्रों में महत्व

व्यक्तित्व: शक्तिशाली, मजबूत, बड़े प्रभाव के लिए नियति महसूस करते हैं। · करियर: उच्च स्तर का मैनेजमेंट, वैश्विक प्रोजेक्ट, विरासत बनाना। जीवन सबक: शक्ति का इस्तेमाल जिम्मेदारी से और बड़े भले के लिए करें।

मास्टर नंबर्स - महत्वपूर्ण टिप्पणी

- गणना में (जीवन पथ, अभिव्यक्ति आदि), अगर अंतिम घटाने से पहले मास्टर संख्या आता है तो उसे रखें (जैसे जन्म तिथि का जोड़ 29 → 2+9=11 → 11/2 रखें, सिर्फ 2 न करें जब तक व्यक्ति मास्टर कंपन न जी रहा हो)।
- हर व्यक्ति मास्टर संख्या की पूरी क्षमता नहीं जीता—कई लोग घटे हुए अंक की ऊर्जा में जीते हैं जब तक आध्यात्मिक परिपक्वता न आए।
- ये संख्या उपहारों के साथ बड़ी परीक्षाएँ लाते हैं—अक्सर तीव्र जीवन अनुभव उच्च गुण विकसित करने के लिए।

आगे के अध्यायों में हम देखेंगे कि मास्टर नंबर्स ग्रिड, दशा, नाम कंपन और दोहराई जाने वाली पैटर्न (जैसे 11:11 संयोग) में कैसे दिखते हैं और ब्रह्मांड के संदेश को बढ़ाते हैं। अगर आपके चार्ट में मास्टर संख्या है तो यह एक महत्वपूर्ण आध्यात्मिक कार्य वाली आत्मा का संकेत है—इसे जागरूकता और विनम्रता से अपनाएँ।

मुख्य प्रणालियों के बीच प्रमुख अंतर

Pythagorean, Chaldean, Vedic और Lo Shu अंक ज्योतिष सब मानते हैं कि संख्याएँ जीवन को प्रभावित करने वाली कंपन ऊर्जा रखती हैं, लेकिन इनका फोकस / केंद्र, गणना तरीका, सांस्कृतिक मूल और उपयोग बहुत अलग हैं। ये अंतर हर प्रणाली को कुछ खास सवालों या जीवन क्षेत्रों के लिए सबसे उपयुक्त बनाते हैं। नीचे मुख्य अंतरों की स्पष्ट तुलना है

1. **वैदिक Numerology (भारतीय / अंक शास्त्र)**
   - मुख्य केंद्र: जन्म तिथि के अंक और कर्म भाग्य।
   - मुख्य गणनाएँ
     - मूलांक (Root/Driver Number) – जन्म के दिन से।
     - भाग्यांक (Destiny/Conductor Number) – पूरी जन्म तिथि से।
     - 3×3 वैदिक ग्रिड। (Vedic Grid)
   - मुख्य जोर
     - मजबूत ग्रहीय स्वामित्व (1=सूर्य, 2=चंद्रमा, 3=बृहस्पति आदि)।
     - कर्म ऋण, सबक और पिछले जन्म के प्रभाव।

- योग और 45 साल के दशा चक्र (महादशा, अंतरदशा, प्रत्यंतरदशा) से भविष्यवाणी।
- वैदिक ज्योतिष (ज्योतिष) के साथ जुड़ाव – स्वास्थ्य, करियर, रिश्ते और उपाय।

- ताकत
  - बहुत भविष्यवाणी करने वाली और उपाय देने वाली।
  - जीवन चक्र, कर्म पैटर्न और आध्यात्मिक विकास पर फोकस।
- सबसे अच्छी किसके लिए
  - लंबे समय का भाग्य, घटनाओं का समय, कर्म चुनौतियाँ और ग्रहीय उपाय (रत्न, मंत्र, रंग) समझने के लिए।

2. **Lo Shu Numerology (चीनी / फेंग शुई ग्रिड)**

- मुख्य केंद्र: ऊर्जा संतुलन और जगह का सामंजस्य।
- मुख्य टूल: 3×3 मैजिक स्क्वेयर (Lo Shu ग्रिड) – जन्म तिथि से 1–9 संख्याएँ तय जगह पर रखी जाती हैं।
- मुख्य जोर
  - स्तर का विश्लेषण (क्षैतिज: मन/शरीर/आत्मा; खड़ी: विचार/ भावना/ क्रिया)।
  - गायब संख्याएँ (असंतुलन) और मजबूत/दोहराई संख्याएँ (ताकत) देखना।
  - Kua संख्या से शुभ/अशुभ दिशाएँ, तत्व और व्यक्तिगत फेंग शुई।
  - 9 साल के व्यक्तिगत चक्र और रोज़/महीना/साल के ग्रिड से समय।
- ताकत
  - जगह और पर्यावरण आधारित—घर/ऑफिस की लेआउट, दिशा और ऊर्जा प्रवाह बताती है।
  - रोज़मर्रा की जिंदगी और शारीरिक स्वास्थ्य के लिए व्यावहारिक।
- सबसे अच्छी किसके लिए
  - फेंग शुई (Feng Shui) बदलाव, गायब ऊर्जा के उपाय, व्यक्तिगत दिशाएँ और रहने की जगह में सामंजस्य के लिए।

3. **Pythagorean Numerology (पश्चिमी / आधुनिक)**

- मुख्य केंद्र: नाम की कंपन और व्यक्तिगत जीवन पथ।
- मुख्य गणनाएँ

- पूरा नाम से: Expression/Destiny Number, Soul Urge (स्वर), Personality (व्यंजन)।
    - जन्म तिथि से Life Path Number।
    - अतिरिक्त चक्र: Pinnacles, Challenges, Essence, Transits।
- मुख्य जोर
    - क्रमिक अक्षर-संख्या (A=1, B=2 आदि)।
    - मनोवैज्ञानिक और आत्म-विकास की जानकारी।
    - जीवन चरण और व्यक्तिगत विकास चक्र।
- ताकत
    - गहरा व्यक्तित्व विश्लेषण और खुद को समझना।
    - नाम आधारित जानकारी (नाम बदलने या व्यापार नाम के लिए आदर्श)।
- सबसे अच्छी किसके लिए
    - भीतरी प्रेरणा, प्रतिभा, बाहरी व्यक्तित्व और जीवन उद्देश्य चक्र समझने के लिए।

4. **Chaldean Numerology (प्राचीन मेसोपोटामिया / बेबीलोनियन)**
    - मुख्य केंद्र: नाम की कंपन और ध्वनि आधारित ऊर्जा।
    - मुख्य गणनाएँ
        - ध्वनि कंपन पर आधारित अक्षर-संख्या मैपिंग (वर्णमाला क्रम नहीं)।
        - अक्षरों के लिए सिर्फ 1–8 (9 पवित्र है, अक्षरों को नही दी जाती)।
    - मुख्य जोर
        - रहस्यमयी, गुप्त और कंपन केंद्रित।
        - नाम विश्लेषण और छिपे प्रभावों में बहुत सटीक।
        - ज्योतिष के साथ मिलकर भविष्यवाणी के लिए इस्तेमाल।
    - ताकत
        - नाम सुधार और बिजनेस/ब्रांड नाम के लिए सटीक।
        - छिपी चुनौतियाँ और मौके बताती है।
    - सबसे अच्छी किसके लिए
        - नाम आधारित भाग्य, कंपन सटीकता, सूक्ष्म ऊर्जा बदलाव के लिए।

तुलना तालिका

पहलू	**वैदिक** Vedic Numerology	Lo Shu (चीनी)	Pythagorean (पश्चिमी)	Chaldean
मुख्य केंद्र	जन्म तिथि + ग्रहीय कर्म	ऊर्जा ग्रिड + फेंग शुई	नाम + जीवन पथ चक्र	नाम की कंपन
मुख्य संख्याएँ	मूलांक, भाग्यांक	Lo Shu ग्रिड, KUA	अभिव्यक्ति, आत्मा की प्रेरणा, जीवन पथ	कंपाउंड नाम संख्याएँ
ग्रहीय संबंध	मजबूत (नवग्रह)	तत्व और दिशाएँ	कम	कुछ ज्योतिष संबंध
भविष्यवाणी	दशा, योग	व्यक्तिगत चक्र, ग्रिड	शिखर, चुनौतियाँ	नाम आधारित
नाम vs तिथि	तिथि मुख्य	ग्रिड के लिए तिथि	नाम मुख्य	नाम मुख्य
सबसे अच्छा उपयोग	भाग्य, समय, उपाय	घर/ ऑफिस सामंजस्य	व्यक्तित्व, आत्म-विकास	नाम सुधार, कंपन

ये एक-दूसरे को कैसे पूरा करती हैं ये प्रणालियाँ मुकाबला नहीं करतीं, बल्कि एक ही ऊर्जा सत्य को अलग-अलग नजरिए से दिखाती हैं:

- वैदिक से कर्म समय और ग्रहीय उपाय लें।
- Lo Shu से पर्यावरण संतुलन और दिशाएँ लें।
- Pythagorean से गहरा नाम और व्यक्तित्व विश्लेषण लें।
- Chaldean से सटीक कंपन नाम विश्लेषण लें।

व्यवहार में कई आधुनिक अंक ज्योतिषी इन्हें मिलाकर इस्तेमाल करते हैं—जैसे मोबाइल संख्या की वैदिक संगतता, घर के संख्या की Lo Shu ग्रिड, और व्यापार नाम की Chaldean कंपन देखते हैं। यह समग्र तरीका ज्यादा गहरा और बहुआयामी मार्गदर्शन देता है।

आगे के अध्यायों में हम हर प्रणाली को विस्तार से देखेंगे और बताएंगे कि इन्हें कैसे मिलाकर सबसे ज्यादा जानकारी प्राप्त की जा सकती है।

निष्कर्ष: संख्याओं की शाश्वत भाषा

इस आधारभूत अध्याय को समाप्त करते हुए यह स्पष्ट हो जाता है कि अंक ज्योतिष कोई पुरानी जिज्ञासा या आधुनिक स्वयं सहायता (Self help) फैशन नहीं है—यह एक सार्वभौमिक भाषा है जो हजारों सालों से, अलग-अलग सभ्यताओं, महाद्वीपों और संस्कृतियों में मानवता से बात करती आई है।

प्राचीन ग्रीस में पाइथागोरस की गणितीय रहस्यवाद से लेकर मेसोपोटामिया में चाल्डियन पुजारियों द्वारा संरक्षित कंपन रहस्यों तक, भारत की वैदिक परंपराओं में निहित कर्म और ग्रहीय बुद्धि से लेकर प्राचीन चीन में दिव्य कछुए की खोल पर प्रकट हुए सामंजस्यपूर्ण मैजिक स्केयर तक—एक ही गहरा सत्य बार-बार दोहराया जाता है: संख्याएँ जीवित हैं। इनमें कंपन, लय और अर्थ होता है। ये ब्रह्मांडीय व्यवस्था, व्यक्तिगत भाग्य और हमारे अस्तित्व के ऊर्जा खाके को दर्शाती हैं।

हमने जिन प्रणालियों का अन्वेषण किया, हर एक अपना अलग नजरिया देती है:

- **Pythagorean** हमें सिखाती है कि संख्याएँ नाम और जीवन-पथ चक्रों के माध्यम से खुद को समझने और व्यक्तिगत विकास की कुंजी हैं।
- **Chaldean** हमें ध्वनि की सूक्ष्म शक्ति और नामों में छिपी कंपनों की याद दिलाती है।
- **Vedic** संख्याओं को सीधे ग्रहों, कर्म और दशा-योगों के माध्यम से समय की पूर्वानुमानित लय से जोड़ती है।
- **Lo Shu** दिखाती है कि संख्याएँ जगह में कैसे प्रकट होती हैं—हमारे घरों, दिशाओं और रोज़मर्रा के माहौल में—सामंजस्य लाती हैं या असंतुलन उजागर करती हैं।

फिर भी, विधि और जोर में इतने अंतर होने के बावजूद ये सभी परंपराएँ एक ही मूल सत्य पर मिलती हैं: आप ब्रह्मांड के साथ लगातार ऊर्जा की बातचीत में हैं, और संख्याएँ उसकी सबसे स्पष्ट बोली हैं।

चाहे आपने सबसे पहले घड़ी पर 11:11 जैसी दोहराई जाने वाली संख्याएँ देखी हों, कुछ तारीखों या फोन नंबरों की ओर आकर्षित हुए हों, या बस यह महसूस किया हो कि आपकी जन्म तिथि में कोई गहरी कहानी छिपी है—ये संयोग नहीं हैं।

ये निमंत्रण हैं। सुनने, समझने और जीवन को आकार देने वाली धाराओं के साथ अधिक जागरूकता से जुड़ने के निमंत्रण।

आगे के अध्यायों में हम इतिहास और सिद्धांत से निकलकर जीवंत अभ्यास की ओर बढ़ते हैं। आप सीखेंगे कि अपना मूलांक और भाग्यांक कैसे निकालें, Lo Shu ग्रिड कैसे बनाएँ, शक्तिशाली नाम संख्याएँ कैसे प्राप्त करें, मोबाइल संख्या की सामंजस्यता कैसे जाँचें, दोहराई जाने वाली पैटर्न कैसे समझें, उपाय कैसे अपनाएँ और विभिन्न प्रणालियों से जानकारी कैसे जोड़ें।

यह कोई सैद्धांतिक ज्ञान नहीं है। यह एक ऐसा टूलकिट है जो आपको ज्यादा आत्म-जागरूकता, बेहतर समय, बेहतर रिश्ते, करियर में संरेखण, स्वास्थ्य सहायता और आध्यात्मिक विकास दे सकता है।

अब ये संख्याएँ सीधे आपसे बात करने को तैयार हैं। पन्ना पलटिए। आपकी संख्याएँ इंतज़ार कर रही हैं। यात्रा में आपका स्वागत है।

अध्याय २ – वैदिक अंक ज्योतिष

आपके जीवन का कर्म चित्र

The Karmic Map of Your Life

अवलोकन

भारतीय अंक ज्योतिष के हृदय में आपका स्वागत है—**वैदिक अंक ज्योतिष**, जिसे पारंपरिक रूप में **अंक शास्त्र** या "संख्याओं का विज्ञान" भी कहते हैं।

यह प्राचीन वेदों, ज्योतिष और कर्म दर्शन की गहरी बुद्धि पर आधारित है। वैदिक अंक ज्योतिष संख्याओं को सिर्फ़ प्रतीक नहीं मानता, बल्कि उन्हें जीवंत ग्रहीय ऊर्जाएँ मानता है जो आपके व्यक्तित्व, भाग्य, घटनाओं के समय और कर्म यात्रा को आकार देती हैं।

पश्चिमी प्रणालियों के उलट, जो नाम की कंपनों पर ज्यादा जोर देती हैं, वैदिक अंक ज्योतिष में **जन्म तिथि के अंक** सबसे केंद्र में होते हैं। यह आपके जन्म के दिन से आपकी मूल प्रकृति बताता है और पूरी तिथि से आपके जीवन के बड़े उद्देश्य को उजागर करता है। हर अंक नौ ग्रहों (नवग्रहों) में से एक का स्वामी होता है, जिससे अंक ज्योतिष सीधे ज्योतिष, कर्म और उपायों से जुड़ जाता है। यही वजह है कि यह दुनिया की सबसे भविष्यवाणी करने वाली और व्यावहारिक प्रणालियों में से एक है। इस अध्याय में हम वैदिक अंक ज्योतिष के पूरे ढाँचे को चरणबद्ध तरीके से समझेंगे:

- **मुख्य गणनाएँ** हम हर वैदिक अंक ज्योतिषी की शुरुआत करने वाली दो सबसे महत्वपूर्ण संख्याओं से शुरू करते हैं:
    - **मूलांक** (Root Number / Driver Number / Psychic Number) — जन्म के दिन से निकाला जाता है
    - **भाग्यांक** (Destiny Number / Conductor Number / Life Path Number) — पूरी जन्म तिथि से निकाला जाता है

- **मूलांक और भाग्यांक का संबंध** इन दोनों संख्याओं का आपस में कैसे संबंध है, यह आपके जीवन की मुख्य कहानी बताता है — आप स्वाभाविक रूप से कौन हैं (मूलांक) और जीवन आपको क्या बनने के लिए बुला रहा है (भाग्यांक)। हम सामंजस्यपूर्ण, चुनौतीपूर्ण और तटस्थ संयोजनों की व्यावहारिक व्याख्या करेंगे।
- **स्वभाव, ताकत, कमजोरियाँ और जीवन के मुख्य विषय** हर मूलांक और भाग्यांक (1 से 9) के विस्तृत चित्र — व्यक्तित्व के गुण, स्वाभाविक प्रतिभाएँ, बार-बार आने वाले जीवन पैटर्न, भावनात्मक प्रवृत्तियाँ और कर्म सबक।
- **जन्म ग्रिड और वर्तमान / Progress Grid** वैदिक जन्म ग्रिड (3×3 layout जिसमें आपकी पूरी जन्म तिथि की संख्याएँ बिखरी होती हैं) का परिचय और यह समय के साथ कैसे बदलता है। साथ ही हम देखेंगे कि वर्तमान दशा अवधियाँ आपके जीवन में अभी कौन-सी संख्याएँ ज्यादा सक्रिय कर रही हैं।
- **करियर और पेशे का मार्गदर्शन** आपके मूलांक और भाग्यांक के अनुसार कौन से क्षेत्र, भूमिकाएँ और उद्योग सबसे अच्छे हैं — और कब कर्मिक रूप से करियर बदलने का समय होता है।
- **स्वास्थ्य और रोग संकेत + उपाय** हर अंक से जुड़ी आम स्वास्थ्य कमजोरियाँ, ग्रहीय दोष और सरल-शक्तिशाली उपाय (रंग, रत्न, भोजन, जीवनशैली बदलाव) ताकि कमजोर क्षेत्र मजबूत हों।
- **रिश्ते और संगतता** दोस्ती, प्रेम और विवाह में सामंजस्य की बुनियाद — कौन-सी संख्याएँ आपकी ओर स्वाभाविक रूप से आकर्षित होती हैं, सहयोग करती हैं या चुनौती देती हैं।
- **जन्मदिन और महीने का महत्व** हर तारीख रेंज (1–9, 10–19, 20–31) की ऊर्जा और जन्म महीने का अतिरिक्त प्रभाव। हम दो अंकों वाली तिथियों की ऊर्जा को भी गहराई से देखेंगे।
- **मुख्य / शुभ तत्व** हर अंक के लिए साथी संख्याएँ, महत्वपूर्ण जीवन वर्ष, अनुकूल दिन, अच्छे महीने, कमजोर/बचने वाले समय, शुभ रंग, रत्न, धातु, दिशाएँ आदि।
- **45 वर्ष की दशा प्रणाली** वैदिक अंक ज्योतिष का सबसे शक्तिशाली भविष्यवाणी साधन — महादशा, अंतरदशा और प्रत्यंतरदशा कैसे निकालें और

समझें। हम दशकों में आने वाले बड़े जीवन घटनाओं, चरम और अवसरों का समय बताएंगे।

- **योग, कर्म संख्याएँ और कर्म ऋण** विशेष संयोजन (योग) जो असाधारण भाग्य या आध्यात्मिक क्षमता दिखाते हैं, साथ ही कर्म ऋण संख्याएँ (13/4, 14/5, 16/7, 19/1) और इनके सबक कैसे हल किए जाते हैं।
- **उपाय — सामान्य और विशिष्ट** अच्छी संख्याओं को मजबूत करने और दोषपूर्ण को शांत करने के व्यावहारिक वैदिक उपाय — मंत्र, यंत्र, दान/सेवा, रंग चिकित्सा, रत्न, उपवास के दिन, नाम सुधार (अगर जरूरी हो) और जीवनशैली बदलाव।

इस अध्याय के अंत तक आप ये सब कर पाएँगे:

- अपना मूलांक और भाग्यांक निकालना और पूरी तरह समझना
- अपना जन्म ग्रिड पढ़ना और वर्तमान ऊर्जा प्रभाव समझना
- अपने जीवन के सबसे मजबूत विषय, करियर मार्ग, रिश्ते पैटर्न (Pattern) और स्वास्थ्य प्रवृत्तियाँ पहचानना
- दशा समय का इस्तेमाल बेहतर फैसले लेने के लिए करना
- किसी भी क्षेत्र में बेहतर परिणाम के लिए लक्षित उपाय अपनाना

वैदिक अंक ज्योतिष न सिर्फ़ निदान करता है बल्कि उपाय भी बताता है — यह दिखाता है कि कुछ पैटर्न क्यों बार-बार दोहराते हैं और उन्हें कैसे सामंजस्यपूर्ण बनाया जाए। यह गहराई से कर्मीय है, फिर भी बहुत सशक्तिकरण करने वाला है। जब आप अपने अंकों को समझ जाते हैं तो आप ग्रहीय ऊर्जाओं के साथ जागरूक होकर काम कर सकते हैं, बजाय उनकी दया पर निर्भर रहने के। आइए शुरू करते हैं उन दो संख्याओं से जो आपके पूरे सफर की कुंजी हैं: आपका **मूलांक** और **भाग्यांक**।

मुख्य गणनाएँ

हम उन दो सबसे महत्वपूर्ण संख्याओं से शुरू करते हैं जिनसे हर वैदिक अंक ज्योतिषी शुरुआत करता है। ये आपके पूरे अंक ज्योतिष प्रोफाइल की नींव हैं और आपके व्यक्तित्व तथा भाग्य का मूल खाका दिखाती हैं।

1. **मूलांक** (Root Number / Driver Number / Psychic Number)
    - सिर्फ़ जन्म के दिन से निकाला जाता है।
    - यह आपकी मूल प्रकृति, मुख्य व्यक्तित्व, सहज व्यवहार, रोज़मर्रा की सोच-क्रिया और वह "ड्राइवर" दिखाता है जो आपके कार्यों को आगे बढ़ाता है।
    - इसे अपना आंतरिक इंजन समझें—जन्म से मिली मूल ऊर्जा।
    - **गणना**: जन्म की तारीख लें। अगर दो अंकों की है तो दोनों अंकों को जोड़कर एकल अंक (1–9) में घटाएँ। पारंपरिक वैदिक में मास्टर संख्या (11, 22 आदि) आमतौर पर घटाए जाते हैं, जब तक कोई विशेष आध्यात्मिक संदर्भ न हो।
2. **भाग्यांक** (Destiny Number / Conductor Number / Life Path Number)
    - पूरी जन्म तिथि (दिन + महीना + साल) से निकाला जाता है।
    - यह जीवन का उद्देश्य, कुल भाग्य, अवसर, चुनौतियाँ, कर्म पथ और जीवन की मुख्य दिशा बताता है।
    - इसे "कंडक्टर" समझें—जो बड़े जीवन घटनाओं को संचालित करता है और जिस सफर को पूरा करना है।
    - **गणना**: दिन, महीना और साल के सभी अंकों को अलग-अलग जोड़ें (या तीनों को पहले जोड़कर), फिर कुल को एकल अंक (1–9) में घटाएँ। वैदिक परंपरा में बीच में मास्टर संख्या आएँ तो भी अंत में एकल अंक तक घटाते हैं।

उदाहरण तिथि: 11 अगस्त 1986 (11-08-1986)

- चरण 1: मूलांक जन्म का दिन = 11 → 1 + 1 = 2 → मूलांक = 2 (चंद्रमा द्वारा शासित – भावुक, अंतर्ज्ञानी, कूटनीतिक ऊर्जा इस व्यक्ति को चलाती है।)
- चरण 2: भाग्यांक पूरी तिथि तोड़कर: दिन = 11 → 1 + 1 = 2 महीना = अगस्त = 8 साल = 1986 → 1 + 9 + 8 + 6 = 24 → 2 + 4 = 6 (वैकल्पिक सीधा तरीका: सभी अंक एक साथ जोड़ें → 1+1 + 0+8 + 1+9+8+6 = 34 → 3 + 4 = 7) → भाग्यांक = 7 (केतु द्वारा शासित – आध्यात्मिक, आत्मनिरीक्षण, विश्लेषणात्मक भाग्य पथ।)

इस उदाहरण की त्वरित व्याख्या

- मूलांक 2: यह व्यक्ति स्वाभाविक रूप से संवेदनशील, सहयोगी, शांति बनाने वाला और भावनात्मक रूप से जुड़ा होता है। अंतर्ज्ञान और सामंजस्य से आगे बढ़ता है, लेकिन असंतुलित होने पर अनिर्णय या मूड स्विंग्स हो सकते हैं।
- भाग्यांक 7: जीवन का सफर आंतरिक बुद्धि, शोध, आध्यात्मिकता और गहरे सत्य की खोज की ओर है। चुनौतियाँ अलगाव या संशय हो सकती हैं; इनाम वैराग्य और अंतर्दृष्टि से मिलते हैं।

ये दो संख्याएँ मिलकर आपके चार्ट Chart की मुख्य गतिशीलता बनाती हैं: मूलांक बताता है कि आप खुद को कैसे चलाते हैं, जबकि भाग्यांक बताता है कि जीवन आपको कहाँ ले जा रहा है। इनका संबंध—सामंजस्यपूर्ण, तटस्थ या चुनौतीपूर्ण—जीवन के कई विषयों का स्वर तय करता है (अगले हिस्से में विस्तार से देखेंगे)।

गणना के महत्वपूर्ण टिप्पणी (Note)

- हमेशा ग्रेगोरियन कैलेंडर की जन्म तिथि इस्तेमाल करें (चंद्र या कोई वैदिक समायोजित तिथि नहीं)।
- चरणबद्ध तरीके से घटाएँ जब तक एकल अंक (1–9) न मिले। वैदिक में मूलांक/भाग्यांक में मास्टर संख्या आमतौर पर नहीं रखे जाते (पश्चिमी प्रणालियों के उलट), लेकिन बीच के जोड़ में आने पर सूक्ष्म तीव्रता जोड़ सकते हैं।
- शून्य (0) अंतिम मूलांक या भाग्यांक में नहीं आता, लेकिन तिथि में आने पर अन्य अंकों को बढ़ावा दे सकता है।

मूलांक और भाग्यांक हाथ में आने के बाद वैदिक अंक ज्योतिष का बाकी हिस्सा इन्हीं दो स्तंभों पर टिका होता है—व्यक्तित्व गुण, करियर मार्ग, स्वास्थ्य प्रवृत्तियाँ, रिश्तों की संगतता, दशा से समय और शक्तिशाली उपाय। अब हम देखते हैं कि ये दोनों संख्याएँ आपस में कैसे जुड़ती हैं और मिलकर क्या बताती हैं।

मूलांक–भाग्यांक संबंध

वैदिक अंक ज्योतिष की असली ताकत तब सामने आती है जब हम देखते हैं कि आपका मूलांक (Root/Driver Number) और भाग्यांक (Destiny/Conductor

Number) एक-दूसरे से कैसे जुड़ते हैं। ये दोनों मिलकर आपके जीवन की मुख्य धुरी बनाते हैं:

- **मूलांक** = आप स्वाभाविक रूप से कौन हैं — आपकी सहज व्यक्तित्व, डिफ़ॉल्ट प्रतिक्रियाएँ, आंतरिक प्रेरणाएँ और रोज़मर्रा में खुद को "चलाने" का तरीका।
- **भाग्यांक** = जीवन आपको क्या बनने के लिए बुला रहा है — आपका कर्म उद्देश्य, सीखने वाले सबक, बड़े जीवन घटनाओं की दिशा और पूर्णता का अंतिम पथ।

इनका संबंध बताता है कि आपकी मूल प्रकृति आपके भाग्य की ओर आसानी से बहती है (सामंजस्यपूर्ण), विरोध का सामना करती है और सचेत प्रयास चाहिए (चुनौतीपूर्ण), या बीच का संतुलित रास्ता है (तटस्थ)। यह गतिशीलता लगभग हर क्षेत्र को प्रभावित करती है: करियर संतुष्टि, रिश्तों के पैटर्न, स्वास्थ्य, सफलता का समय और आने वाली बाधाएँ या सहायता।

तीन प्रकार के संबंध

1. **सामंजस्यपूर्ण संयोजन** जब मूलांक और भाग्यांक एक ही संख्या के हों, या स्वाभाविक रूप से मित्र/संगत ग्रुप में हों, तो जीवन ज्यादा सुगम और संरेखित महसूस होता है। आपकी प्राकृतिक प्रवृत्तियाँ भाग्य का विरोध नहीं करतीं, बल्कि सहयोग करती हैं।

मित्र/सामंजस्यपूर्ण ग्रुप (वैदिक परंपरा में ग्रहीय मित्रता के आधार पर):

- ग्रुप A: 1, 2, 3, 9 (सूर्य–चंद्रमा–बृहस्पति–मंगल परिवार)
- ग्रुप B: 3, 5, 6, 9 (बृहस्पति–बुध–शुक्र–मंगल रचनात्मक/विस्तार परिवार)
- ग्रुप C: 5, 6 (बुध–शुक्र – बौद्धिक + सामंजस्यपूर्ण)
- विशेष मजबूत जोड़े: 1–3, 1–5, 1–9, 2–7, 3–6, 3–9, 5–6, 6–9

उदाहरण और व्यावहारिक व्याख्या:

- मूलांक 1 + भाग्यांक 1 → स्वाभाविक नेता, जिसका जीवन पथ पूरी तरह नेतृत्व और स्वतंत्रता का है। बहुत मजबूत इच्छाशक्ति; सफलता आत्म-निर्भरता से आती है।
- मूलांक 3 + भाग्यांक 9 → रचनात्मक, आशावादी व्यक्ति जो मानवतावादी या विस्तार वाले भूमिकाओं के लिए नियत है। करिश्मा + करुणा = स्वाभाविक शिक्षक, कलाकार या सामाजिक प्रभावक।
- मूलांक 6 + भाग्यांक 6 → प्रेमपूर्ण, जिम्मेदार स्वभाव जो परिवार, सौंदर्य, हीलिंग या सेवा-उन्मुख सफलता के भाग्य से पूरी तरह मेल खाता है।

जीवन अनुभव: आसान उपलब्धियाँ, कम आंतरिक संघर्ष, "प्रवाह में" महसूस होना, असली स्वभाव से काम करने पर तेज़ परिणाम।

2. **चुनौतीपूर्ण संयोजन** जब मूलांक और भाग्यांक शत्रु (ग्रहीय दुश्मन) हों या सीधे विरोध में हों, तो अंदरूनी तनाव रहता है। आपकी प्राकृतिक प्रकृति को विकसित होना, अनुकूलन करना या विरोध पर विजय पाना पड़ता है ताकि भाग्य पूरा हो। ये संयोजन सबसे गहन विकास लाते हैं—लेकिन शुरुआती जीवन में सबसे ज्यादा संघर्ष भी।

शत्रु/चुनौतीपूर्ण ग्रुप:

- 1 और 8 (सूर्य–शनि – अहंकार vs. अनुशासन/कर्म)
- 2 और 4/8 (चंद्रमा–राहु/शनि – भावना vs. भौतिकता/कठोरता)
- 4 और 2/7 (राहु–चंद्रमा/केतु – भ्रम vs. संवेदनशीलता/ आध्यात्मिकता)
- 7 और 4/8 (केतु–राहु/शनि – वैराग्य vs. भौतिकता)
- 8 और 1/2 (शनि–सूर्य/चंद्रमा – प्रतिबंध vs. जीवन शक्ति/भावना)

उदाहरण और व्यावहारिक व्याख्या:

- मूलांक 1 + भाग्यांक 8 → मजबूत इच्छाशक्ति वाला महत्वाकांक्षी व्यक्ति, जिसका भाग्य धैर्य, कड़ी मेहनत, देरी और कर्म परिपक्वता माँगता है। शुरुआती जीवन में रुकावट या अधिकार संघर्ष महसूस हो सकता है; बाद में सफलता स्थायी और शक्तिशाली होती है।

- मूलांक 2 + भाग्यांक 8 → संवेदनशील, भावुक स्वभाव जो अनुशासन, जिम्मेदारी और सीमाओं का सामना करने वाले भाग्य से मिलता है। मूडी और बोझिल महसूस हो सकता है; विकास सीमाएँ सीखने और मजबूती से आता है।
- मूलांक 7 + भाग्यांक 4 → गहरा आध्यात्मिक, अंतर्मुखी व्यक्ति जिसका पथ संरचना, व्यावहारिकता और भौतिक जमीन माँगता है। दिनचर्या से विरोध हो सकता है; भाग्य ठोस कुछ बनाने के लिए धकेलता है।

जीवन अनुभव: बार-बार बाधाएँ, "दो दिशाओं में खिंचाव" महसूस होना, देरी से सफलता, लेकिन सबक सीखने पर बहुत गहरा व्यक्तिगत विकास। यहाँ उपाय बहुत महत्वपूर्ण हो जाते हैं।

3. **तटस्थ संयोजन** जो संख्याएँ न तो बहुत मित्र हैं और न ही शत्रु—वे बीच के क्षेत्र में आती हैं। जीवन न तो बहुत आसान होता है और न ही बहुत संघर्षपूर्ण—प्रगति व्यक्तिगत प्रयास, समय (दशा) और बाहरी कारकों पर ज्यादा निर्भर करती है।

सामान्य तटस्थ जोड़े:

- 1–4, 1–6, 1–7
- 2–3, 2–5, 2–6, 2–9
- 3–4, 3–7, 3–8
- 4–5, 4–6, 4–9
- 5–7, 5–8, 5–9
- 6–7, 6–8
- 7–9
- 8–9

उदाहरण और व्यावहारिक व्याख्या:

- मूलांक 5 + भाग्यांक 1 → बहुमुखी, स्वतंत्रता प्रेमी स्वभाव जो नेतृत्व के भाग्य से मिलता है। गतिशील, स्वतंत्र भूमिकाओं में सफल हो सकता है लेकिन बिखरी ऊर्जा को केंद्रित लक्ष्यों में लगाना पड़ता है।
- मूलांक 4 + भाग्यांक 9 → व्यावहारिक, अनुशासित व्यक्ति जो मानवतावादी या पूर्णता वाले काम के लिए नियत है। स्थिर प्रयास से अर्थपूर्ण प्रभाव पड़ता है; दिनचर्या और आदर्शवाद में संतुलन जरूरी।

○ मूलांक 7 + भाग्यांक 9 → विश्लेषणात्मक, आध्यात्मिक मन जो करुणामय, क्रिया-उन्मुख भाग्य से मिलता है। शोध, हीलिंग या शिक्षण में गहराई और सेवा का अच्छा संयोजन।

जीवन अनुभव: मध्यम प्रवाह—सफलता लगातार मेहनत से आती है, न कि भाग्य या संघर्ष से। लचीलापन और दशा अवधियों की जागरूकता बहुत फर्क डालती है।

मूलांक → भाग्यांक संगतता का त्वरित संदर्भ तालिका

मूलांक ↓	सबसे अच्छा भाग्यांक (सामंजस्यपूर्ण)	चुनौतीपूर्ण भाग्यांक	तटस्थ / काम चलाऊ
1	1, 3, 5, 9	8	2, 4, 6, 7
2	2, 3, 7	4, 8	1, 5, 6, 9
3	3, 6, 9	—	1, 2, 4, 5, 7, 8
4	5, 6	2, 7	1, 3, 8, 9
5	1, 5, 6	—	2, 3, 4, 7, 8, 9
6	3, 6, 9	—	1, 2, 4, 5, 7, 8
7	2, 7	4, 8	1, 3, 5, 6, 9
8	5, 6	1, 2	3, 4, 7, 9
9	1, 3, 6, 9	—	2, 4, 5, 7, 8

मुख्य निष्कर्ष

आपका मूलांक–भाग्यांक संबंध कोई स्थिर नियति नहीं है—यह एक गतिशील नक्शा है। सामंजस्यपूर्ण जोड़े स्वाभाविक गति देते हैं; चुनौतीपूर्ण जोड़े सबसे बड़ा आत्मिक विकास लाते हैं (सचेत प्रयास और उपायों से); तटस्थ जोड़े अच्छे समय (दशा) और संरेखित कार्यों से बहुत अच्छा जवाब देते हैं।

अगले हिस्सों में हम हर अंक के विस्तृत व्यक्तित्व चित्र, करियर संरेखण, स्वास्थ्य संकेत, रिश्तों के पैटर्न और—सबसे महत्वपूर्ण—दशा समय देखेंगे, जो बताते हैं कि आपका भाग्य कब सुगमता से खुलेगा या कब अतिरिक्त ध्यान माँगेगा।

मूलांक–भाग्यांक संबंध (उदाहरण पर लागू: 11 अगस्त 1986)

जन्म तिथि 11-08-1986 के लिए:

- मूलांक = 2 (दिन 11 → 1+1 = 2) → चंद्रमा (चंद्र) द्वारा शासित: भावुक, अंतर्ज्ञानी, संवेदनशील, कूटनीतिक, पालनहार, साझेदारी-उन्मुख ऊर्जा। यह "ड्राइवर" है—व्यक्ति रोज़मर्रा में कैसे सोचता, प्रतिक्रिया देता और जीवन जीता है।
- भाग्यांक = 7 (पूरी तिथि के अंक: 1+1 + 0+8 + 1+9+8+6 = 34 → 3+4 = 7) → केतु (चंद्रमा का दक्षिण नोड) द्वारा शासित: आत्मनिरीक्षण, आध्यात्मिक, विश्लेषणात्मक, वैराग्यपूर्ण, शोध-उन्मुख, गहरे सत्य और आंतरिक बुद्धि की खोज। यह "कंडक्टर" है—कर्म दिशा जिसमें जीवन व्यक्ति को ले जा रहा है।

यह मूलांक 2 + भाग्यांक 7 का संयोजन बनाता है— वैदिक अंक ज्योतिष में उत्कृष्ट और सामंजस्यपूर्ण जोड़ी।

संबंध की प्रकृति ग्रहीय गतिशीलता

- चंद्रमा (2) और केतु (7) वैदिक ज्योतिष में गहराई से जुड़े हैं — केतु खुद चंद्रमा का दक्षिण नोड (South Node) है।
- दोनों में भावनात्मक/आध्यात्मिक तरंगदैर्ध्य समान है, इसलिए कुछ तरीकों से स्वाभाविक सामंजस्य है (दोनों अंतर्मुखी और अंतर्ज्ञानी हैं)।
- लेकिन केतु वैराग्य, विघटन और मोक्ष की ताकत है, जबकि चंद्रमा लगाव, पालन और मन की उतार-चढ़ाव वाली ताकत है। → इससे एक अंतर्निहित खिंचाव बनता है: व्यक्ति की प्राकृतिक भावनात्मक जरूरत (सुरक्षा, रिश्ते, आराम – चंद्रमा/मूलांक 2) अक्सर जीवन की बार-बार आने वाली पुकार से टकराती है (अकेलापन, वैराग्य, आध्यात्मिक खोज और छोड़ना – केतु/भाग्यांक 7)।

कुल वर्गीकरण

- तटस्थ लेकिन चुनौतीपूर्ण छाया वाला: केतु का वैराग्य चंद्र के लगाव से टकराता है। इससे व्यक्ति को रिश्तों में निकटता की चाह लेकिन आध्यात्मिक एकांत की आवश्यकता महसूस होती है। । शुरुआती जीवन में भावनात्मक

उतार-चढ़ाव, अलगाव या "दुनिया से अलग" महसूस होना आम है। मध्य जीवन (35–50 वर्ष) में यह आध्यात्मिक जागृति में बदल जाता है।

- पूरी तरह शत्रु नहीं (जैसे 1–8, 2-4 या 2–8 जहाँ टकराव ज्यादा है), लेकिन सचेत एकीकरण की जरूरत है।
- इस 2–7 धुरी वाले कई लोग कहते हैं कि वे "नजदीकी चाहते हैं लेकिन जगह की जरूरत है।"

मूलांक 2 + भाग्यांक 7 के लिए व्यावहारिक जीवन व्याख्या

मुख्य जीवन कहानी

आपका स्वाभाविक तरीका कोमल, सहानुभूतिपूर्ण, रिश्तों पर केंद्रित और सामंजस्य की तलाश वाला है (मूलांक 2)। आप दूसरों की भावनाओं को गहराई से महसूस करते हैं, संघर्ष से बचते हैं, स्वीकृति या साझेदारी की तलाश करते है, और दिनचर्या, घर, परिवार या करीबी बंधनों में आराम पाते हैं। फिर भी जीवन आपको विपरीत दिशा में खींचता रहता है: अकेलापन, आत्मनिरीक्षण, आध्यात्मिक सवाल, भावनात्मक निर्भरता से स्वतंत्रता और भौतिक/सुरक्षा आधारित लगाव से छूटना (भाग्यांक 7)। → मुख्य कर्म सबक है भावनात्मक जुड़ाव और आंतरिक स्वतंत्रता में संतुलन सीखना — बिना चिपके प्यार करना, गहराई से महसूस करना बिना अभिभूत हुए, और सुरक्षा दूसरों से नहीं बल्कि खुद के भीतर ढूँढना।

संयुक्त चित्र स्वभाव, ताकत, कमजोरियाँ और जीवन के मुख्य विषय

मुख्य व्यक्तित्व (मूलांक 2 – रोज़मर्रा का ड्राइवर)

आप स्वाभाविक रूप से कोमल, संवेदनशील, अंतर्ज्ञानी और भावनात्मक रूप से समझदार हैं। आप लोगों और स्थितियों को आसानी से पढ़ लेते हैं, अक्सर शब्दों से पहले ही अनकही भावनाएँ महसूस कर लेते हैं। कूटनीति आपके स्वभाव में है — आप संघर्ष से नफरत करते हैं और मध्यस्थता करना, शांत करना और सामंजस्य लाना पसंद करते हैं। आपके अंदर एक गहरा संसार है: सपने, कल्पना, रचनात्मकता और सौंदर्य, कला, संगीत, पानी या पालन करने वाले माहौल से गहरा जुड़ाव। आप समायोजक, और प्रियजनों (खासकर माँ, घर या भावनात्मक "परिवार") के रक्षक होते हैं। जीवन में आपका तरीका ग्रहणशील और अनुकूल होता है।

भाग्य पथ (भाग्यांक 7 – कर्म कंडक्टर)

आपका जीवन आंतरिक सत्य, आध्यात्मिक गहराई, आत्मनिरीक्षण, विश्लेषण और अंततः वैराग्य की ओर उन्मुख है। आप यहाँ सतह से परे जवाब ढूँढने आए हैं — चाहे दर्शन, आध्यात्मिकता, शोध, विज्ञान, तत्वमीमांसा, मनोविज्ञान या गूढ़ ज्ञान के माध्यम से। केतु का प्रभाव आपको महत्वपूर्ण समय पर अकेलापन, भौतिक लगाव पर सवाल और विवेक विकसित करने की ओर धकेलता है। अंतिम दिशा मोक्ष-उन्मुख है: आंतरिक मुक्ति, अनुभव से प्राप्त बुद्धि और दूसरों की मदद अंतर्दृष्टि से करना, न कि भौतिक साधनों से।

मूलांक 2 + भाग्यांक 7 का आपसी संबंध

यह एक तटस्थ से चुनौतीपूर्ण आध्यात्मिक संयोजन है जिसमें बहुत गहन क्षमता है। **चंद्रमा (2)** भावनात्मक सुरक्षा, नजदीकी, संबंध और पालन की चाह रखता है। **केतु (7)** बार-बार लगाव तोड़ता है, दूरी बनाता है और आंतरिक अकेलेपन तथा निर्भरता-रहित होने की पुकार करता है। → जीवन एक निरंतर आंतरिक संवाद जैसा लगता है: "मुझे लोगों की जरूरत है / मुझे लोगों की जरूरत से मुक्त होने की जरूरत है।"

कर्म कार्य है → भावनात्मक परिपक्वता के साथ आध्यात्मिक वैराग्य विकसित करना — बिना चिपके गहराई से प्यार करना, बिना अभिभूत हुए महसूस करना और सुरक्षा बाहर से नहीं बल्कि भीतर से ढूँढना।

ताकत

असाधारण अंतर्ज्ञान और सहानुभूति — आप स्वाभाविक हीलर, काउंसलर, थेरेपिस्ट, ज्योतिषी, आध्यात्मिक मार्गदर्शक, लेखक या कलाकार बन सकते हैं जो आत्माओं को छू लेते हैं।

- गहरा विश्लेषणात्मक मन + भावनात्मक संवेदनशीलता → मनोविज्ञान, शोध, जाँच-पड़ताल या हृदय और अंतर्दृष्टि दोनों वाली किसी भी फील्ड में उत्कृष्ट।
- स्वाभाविक मानसिक या ध्यान क्षमता; इस संयोजन वाले कई लोगों को जीवंत सपने, संयोग या आध्यात्मिक अनुभव होते हैं।
- अकेलेपन में मजबूती — एक बार स्वीकार करने पर अलगाव शक्ति और स्पष्टता का स्रोत बन जाता है।

कमजोरियाँ / चुनौतियाँ

- भावनात्मक उथल-पुथल: मूड स्विंग्स, आसानी से आहत होना या दूसरों की ऊर्जा से अभिभूत होना।
- रिश्तों में खिंचाव: नजदीकी की चाहत फिर अचानक जगह की जरूरत, जो साथी को भ्रमित कर सकती है।
- आहत होने पर पीछे हटना या भागना (कल्पना, आध्यात्मिकता या अलगाव में शरण लेना)।
- शुरुआती जीवन में माँ, घर या भावनात्मक सुरक्षा के उतार-चढ़ाव (केतु प्रभाव से चंद्रमा प्रभावित)।

बार-बार आने वाले जीवन प्रतिरूप (Pattern)

- गहन भावनात्मक जुड़ाव के चक्र फिर जरूरी वैराग्य या अलगाव (रिश्ते, नौकरी, जगहें)।
- बचपन में माँ/परिवार का मजबूत प्रभाव, निर्भरता vs. स्वतंत्रता के सबक के साथ।
- आध्यात्मिक या आत्मनिरीक्षण की ओर बार-बार निमंत्रण । अस्तित्व के सवाल या "भौतिक दुनिया में न फिट होने" का एहसास बार-बार।
- "अर्थ का संकट" के क्षण जो गहन व्यक्तिगत सफलता की ओर ले जाते हैं।

भावनात्मक प्रवृत्तियाँ

- बहुत ग्रहणशील और सहानुभूतिपूर्ण — दूसरों की भावनाएँ स्पंज की तरह सोख लेते हैं।
- भावनात्मक आधार से कटने पर उदासी या पुरानी यादें।
- विलय होना चाहना (चंद्रमा) और अलग होना चाहना (केतु) के बीच आंतरिक संघर्ष।
- परिपक्वता के साथ (खासकर 32–36 के बाद) भावनाएँ शांत और ज्यादा करुणामय हो जाती हैं।

कर्म सबक

- बिना लगाव के प्यार करना और बिना ठंडे हुए अलग होना सीखें। स्वस्थ भावनात्मक सीमाएँ विकसित करें — सहानुभूति दें लेकिन खुद को न खोएँ।

- बाहरी स्वीकृति या सुरक्षा से ज्यादा आंतरिक मार्गदर्शन पर भरोसा करें।
- संवेदनशीलता को कमजोरी नहीं बल्कि आध्यात्मिक शक्ति में बदलें।

रिश्ते और संगतता

- ऐसे साथी ढूँढें जिनके अंक जमीन से जुड़े लेकिन आध्यात्मिक रूप से खुले हों (जैसे 3, 5, 6, 9) जो आपकी जगह की जरूरत का सम्मान करें।
- मजबूत 4 या 8 वाले साथियों से चुनौती (आपकी संवेदनशील 2–7 प्रकृति के लिए बहुत भौतिक/कठोर)।
- विवाह अक्सर 30–35 के बाद बेहतर होता है जब केतु की परिपक्वता चंद्रमा की भावनात्मक उतार-चढ़ाव को संतुलित करती है।

समय संबंधी जानकारी (दशा प्रभाव – पूर्वावलोकन)

- चंद्रमा महादशा के समय रिश्ते, घर, माँ, भावनाएँ पर जोर → ज्यादा "2" ऊर्जा। केतु महादशा के समय आध्यात्मिकता, वैराग्य, अचानक बदलाव, → ज्यादा "7" ऊर्जा (अक्सर परिवर्तनकारी लेकिन उथल-पुथल वाली)।
- तनाव सबसे ज्यादा चंद्रमा दशा में केतु की उप-दशा (और इसके उलट) में दिखता है।

जीवन के मुख्य विषय (11-08-1986 वाले व्यक्ति के लिए सारांश)

- भावनात्मक गहराई से आध्यात्मिक बुद्धि की ओर विकास।
- दर्द और उससे ऊपर उठने की समझ से खुद और दूसरों को ठीक करना।
- बाहरी निर्भरता से आंतरिक स्वामित्व की यात्रा।
- भावनात्मक या अस्तित्व संबंधी भ्रम में फँसे दूसरों के लिए शांत लेकिन गहन मार्गदर्शक बनने की क्षमता।

इस संयोजन को सामंजस्यपूर्ण बनाने के त्वरित उपाय

- चंद्रमा (मूलांक ड्राइवर) को मजबूत करें:

  सोमवार को चाँदी में मोती या मूनस्टोन पहनें, शिवलिंग या चंद्रमा को दूध + चावल चढ़ाएँ, सफेद/चाँदी/हल्का नीला पहनें, पानी के पास समय बिताएँ, सोमवार को 108 बार "ॐ चन्द्राय नमः" जपें।
- केतु (भाग्यांक कंडक्टर) को शांत करें:

मंगलवार या शनिवार को चाँदी में लहसुनिया (कैट्स आई) पहनें (पहले ज्योतिषी से सलाह लें), कुत्तों को भोजन दें, "ॐ केतवे नमः" जपें, रोज़ मौन ध्यान या Mindfulness करें।

- दोनों को जोड़ने के लिए:

  भावनाओं + आध्यात्मिक अंतर्दृष्टि का नियमित जर्नलिंग, हल्का योग या प्राणायाम (Ida इड़ा/ Pingala पिंगला नाड़ी संतुलन), अनाथालय या वृद्धाश्रम में दान (चंद्रमा + केतु)।

यह 2–7 धुरी एक सुंदर आध्यात्मिक संयोजन है — यह ऐसी आत्मा देता है जो गहराई से महसूस करती है लेकिन भावनात्मक निर्भरता से ऊपर उठने के लिए नियत है। जीवन "संबंध" और "छोड़ना" के बीच नृत्य जैसा लग सकता है, लेकिन संतुलन मिलने पर (आमतौर पर 36 के आसपास शनि की परिपक्वता और अनुकूल बृहस्पति या शुक्र दशा में) यह गहन बुद्धि, करुणा और आंतरिक शांति पैदा करता है।

नोट / टिप्पणी: **परिशिष्ट १ - मूलांक** और **भाग्यांक** की व्याख्या ।

मूलांक और भाग्यांक को समझना महत्वपूर्ण है, जैसा कि 2-7 जोड़ी के उदाहरण में वर्णित तरीके से किया गया है, और इसमें जीवन चक्र के विभिन्न चरणों को ध्यान में रखना चाहिए।

मूलांक 2 + भाग्यांक 7 वाला व्यक्ति शुरुआती जीवन में भावनात्मक खिंचाव और सुरक्षा की तलाश प्रमुख रहती है, लेकिन मध्य और उत्तरार्ध में गहन आध्यात्मिक जागृति और वैराग्य के साथ भावनाएँ करुणा में बदल जाती हैं — जीवन एक भावुक से मुक्त आत्मा की यात्रा बन जाता है।

अब आइए इसे उलटकर समझें

मूलांक 7 + भाग्यांक 2 वाला व्यक्ति शुरुआती जीवन में आध्यात्मिक एकांत और वैराग्य की प्रबल पुकार रहती है, लेकिन मध्य और उत्तरार्ध मे भावनात्मक गहराई और रिश्तों की जरूरत मजबूत होती है — जीवन एक वैराग्यी से भावुक, करुणामय संतुलित आत्मा की यात्रा बन जाता है।

जन्म दिनांक और महीना

उदाहरण: 11 अगस्त 1986

- **जन्म का दिन = 11** (कंपाउंड 11 → घटाकर 2 बनता है)।
    - **दो अंकों वाली ऊर्जा**: मास्टर अंतर्ज्ञान, मानसिक संवेदनशीलता, बहुत तेज़ भावनात्मक जागरूकता, शुरुआती जीवन से ही आध्यात्मिक पुकार।
    - **मूलांक 2 में अतिरिक्त तीव्रता जोड़ता है**: यह व्यक्ति शुद्ध दिन-2 वाले से ज्यादा आध्यात्मिक रूप से जुड़ा और अंतर्ज्ञानी होता है। अक्सर जीवंत सपने, संयोग या बचपन से रहस्यवाद में रुचि होती है।
- **महीना = अगस्त (8 – शनि)**:
  संवेदनशील चंद्रमा (मूलांक 2) और आध्यात्मिक केतु (भाग्यांक 7) में अनुशासन, जिम्मेदारी और कर्म परिपक्वता जोड़ता है। व्यक्ति बाहर से गंभीर/आरक्षित लग सकता है, भावनात्मक/आध्यात्मिक विकास धीमा लेकिन स्थायी होता है। शनि का प्रभाव धैर्य और सबक लाता है — चंद्रमा–केतु के खिंचाव को संतुलित करने में मदद करता है।

इस जानकारी का उपयोग कैसे करें

- जन्म दिन की रेंज / Range + दो अंकों वाली ऊर्जा + महीने का प्रभाव को मूलांक/भाग्यांक के साथ मिलाकर पूरा चित्र बनाएँ।
- उदाहरण (11-08-1986) के लिए:
  दिन 11 (मास्टर अंतर्ज्ञानी ऊर्जा) + अगस्त (8 - शनि अनुशासन) + मूलांक 2 + भाग्यांक 7 = बहुत संवेदनशील, आध्यात्मिक रूप से प्रतिभाशाली व्यक्ति जिसका पथ अनुशासित आत्मनिरीक्षण से भावनात्मक महारत और अंततः आंतरिक स्वतंत्रता की ओर है।

ये परतें आपके मुख्य अंकों को और समृद्ध करती हैं — इनका उपयोग खुद को बेहतर समझने, समय के फैसले लेने और लक्षित उपायों (जैसे अगस्त जन्म वालों के लिए शनि उपाय) के लिए करें।

नोट: जन्म दिन, महीना और महत्व के लिए परिशिष्ट 2 देखें।

बैक सीटर संख्या (Back Seater Number) – अवधारणा और गणना

कुछ अंक ज्योतिष प्रणालियों में (खासकर कुछ भारतीय और चाल्डियन प्रभाव वाली आधुनिक वैरिएंट में), **बैक सीटर संख्या** (या "बैक सीट" / "सपोर्टिंग वर्ष डिजिट / Supporting Year Digit") जन्म वर्ष के आखिरी दो अंकों (YY Format फॉर्मेट) से निकलने वाली सूक्ष्म सहायक कंपन है।

यह एक "छिपा ड्राइवर" या द्वितीय प्रभाव की तरह काम करता है जो व्यक्तित्व गुण, फैसला लेने के तरीके और जीवन की लय को धीरे-धीरे आकार देता है — खासकर बाद के वर्षों में — जबकि पूरी जन्म तिथि (दिन + महीना + साल) मुख्य जीवन पथ देती है।

बैक सीटर संख्या कैसे निकालें

- जन्म वर्ष के सिर्फ आखिरी दो अंक लें (YY)। उन दोनों अंकों को जोड़ें।
- जोड़ को एकल अंक में घटाएँ (जब तक 11 या 22 या 33 मास्टर संख्या न हो, ज्यादातर प्रणालियाँ पूरी तरह घटाती हैं)।

उदाहरण: जन्म दिनांक 11-08-1986

- वर्ष के आखिरी दो अंक = 86; जोड़: 8 + 6 = 14
- घटाकर: 1 + 4 = 5 → बैक सीटर संख्या= 5 (बुध द्वारा शासित)

नोट: यह मुख्यधारा का मानक अंक ज्योतिष शब्द नहीं है (व्यक्तिगत वर्ष / Personal Year या पिनेकल चक्रों / Pinnacle Cycle के उलट)।

45 वर्ष की दशा प्रणाली

वैदिक अंक ज्योतिष का सबसे खास और शक्तिशाली भविष्यवाणी साधन है 45 वर्ष की दशा चक्र। यह प्रणाली नौ ग्रहों को उनकी अंक ज्योतिष मूल्य के अनुसार महादशा अवधि देती है (सूर्य=1 वर्ष, चंद्रमा=2 वर्ष, ..., मंगल=9 वर्ष), ताकि कुल चक्र ठीक 45 वर्ष का बने।

यह वैदिक ज्योतिष की 120 वर्ष वाली विंशोत्तरी दशा से पूरी तरह अलग है, जो चंद्र नक्षत्रों पर आधारित है और पूरे जीवनकाल + ज्यादा को कवर करती है। 45 वर्ष की अंक ज्योतिष दशा एक संक्षिप्त, संख्या-आधारित ढाँचा है जो

मूलांक (जन्म दिन की मूल संख्या) पर केंद्रित है और जीवन के पहले आधे हिस्से के प्रमुख ऊर्जा चरणों को उच्च रिज़ॉल्यूशन में मैप करता है।

मुख्य नियम

- **महादशा अवधियाँ** (निश्चित, वर्षों में): सूर्य = 1 वर्ष चंद्रमा = 2 वर्ष बृहस्पति = 3 वर्ष राहु = 4 वर्ष बुध = 5 वर्ष शुक्र = 6 वर्ष केतु = 7 वर्ष शनि = 8 वर्ष मंगल = 9 वर्ष कुल = 45 वर्ष
- क्रम हमेशा मूलांक (जन्म दिन की संख्या) के शासक ग्रह से उम्र 0 पर शुरू होता है।
- क्रम मानक ग्रहीय अनुक्रम है: चंद्रमा → बृहस्पति → राहु → बुध → शुक्र → केतु → शनि → मंगल → सूर्य → (फिर दोहराता है चंद्रमा → बृहस्पति →)

विधि 1: AD अवधि – MD को 9 भागों में बाँटना

- **अंतरदशा** (उप-अवधि): वर्तमान महादशा को उसी ग्रहीय क्रम में 9 असमान अंतरदशाओं में बाँटा जाता है। हर अंतरदशा की अवधि 45 के सापेक्ष अंतर ग्रह के वर्ष मूल्य के अनुपात में होती है।
- **सूत्र** अंतरदशा (वर्तमान महादशा में): अंतर अवधि = (महादशा की कुल दिन) × (अंतर ग्रह का वर्ष मूल्य / 45)
- **प्रत्यंतरदशा** (उप-उप-अवधि): हर अंतरदशा को फिर 9 असमान प्रत्यंतरदशाओं में बाँटा जाता है (फिर वही ग्रहीय क्रम)। प्रत्यंतर अवधि अंतर अवधि के सापेक्ष उसी अनुपात नियम से होती है (45 से विभाजित)।

उदाहरण: 11 अगस्त 1986

मूलांक = 2 → चंद्रमा (2 वर्ष) से शुरू होता है। 45 के बाद चक्र दोहराता रहता है।

महादशा तालिका

ग्रह	वर्ष	शुरूआत दिनांक	समाप्ति दिनांक	समाप्ति उम्र
चंद्रमा	2	11-अगस्त-1986	10-अगस्त-1988	2
बृहस्पति	3	11-अगस्त-1988	10-अगस्त-1991	5
राहु	4	11-अगस्त-1991	10-अगस्त-1995	9
बुध	5	11-अगस्त-1995	10-अगस्त-2000	14
शुक्र	6	11-अगस्त-2000	10-अगस्त-2006	20
केतु	7	11-अगस्त-2006	10-अगस्त-2013	27
शनि	8	11-अगस्त-2013	10-अगस्त-2021	35
मंगल	9	11-अगस्त-2021	10-अगस्त-2030	44
सूर्य	1	11-अगस्त-2030	10-अगस्त-2031	45
चंद्रमा	2	11-अगस्त-2031	10-अगस्त-2033	47
बृहस्पति	3	11-अगस्त-2033	10-अगस्त-2036	50
राहु	4	11-अगस्त-2036	10-अगस्त-2040	54

25 जनवरी 2026 को वर्तमान दशा

- **महादशा**:

  मंगल (11-अगस्त-2021 → 10-अगस्त-2030) — उम्र ~39.5 से ~44 → मुख्य विषय: क्रिया, साहस, महत्वाकांक्षा, तकनीकी/इंजीनियरिंग ऊर्जा, संभावित संघर्ष या साहसी कदम, संपत्ति/जमीन से जुड़े मामले, शारीरिक जीवन शक्ति (दुर्घटना/सूजन पर ध्यान दें)।

- **अंतरदशा**:

  बुध (29-मई-2025 → 29-मई-2026) → मंगल महादशा के अंदर:

बौद्धिक तेजी, संवाद, व्यापार, छोटी यात्राएँ, सीखना, भाई-बहन/नेटवर्किंग, मीडिया/आईटी से जुड़े विकास।

- **प्रत्यंतरदशा** (वर्तमान तिथि के आसपास):

  मंगल (25-दिसंबर-2025 → 08-मार्च-2026) → **मंगल–बुध–मंगल**

  उप-उप अवधि: `बुध अंतर में दोगुनी मंगल तीव्रता → बहुत गतिशील, निर्णायक, बहस करने वाला, तेज फैसले, संभावित छोटी यात्राएँ या तकनीकी सफलता, उच्च ऊर्जा लेकिन आवेग या विवाद का खतरा।

ग्रह के अनुसार त्वरित व्याख्या दिशा निर्देश (महा / अंतर / प्रत्यंतर)

- चंद्रमा — भावनाएँ, घर, माँ, अंतर्ज्ञान, उतार-चढ़ाव, जनता से संबंध
- बृहस्पति — बुद्धि, शिक्षा, संतान, धन, विस्तार, विवाह, यात्रा
- राहु — अचानक बदलाव, विदेश, तकनीक, जुनून, भौतिक महत्वाकांक्षा
- बुध — बुद्धि, व्यापार, संवाद, लेखन, भाई-बहन, त्वचा/नसें
- शुक्र — प्रेम, लग्जरी, कला, वाहन, विवाह, सुख-सुविधा
- केतु — आध्यात्मिकता, वैराग्य, हानि, शोध, गूढ़ विद्या, पिछले कर्म
- शनि — अनुशासन, देरी, कड़ी मेहनत, लंबी उम्र, संपत्ति, कर्म
- मंगल — ऊर्जा, साहस, जमीन, भाई-बहन, दुर्घटना, तकनीकी कौशल
- सूर्य — अधिकार, पिता, सरकार, स्वास्थ्य, अहंकार, मान्यता

उदाहरण व्यक्ति (मूलांक 2 + भाग्यांक 7) के लिए

शुरुआती चंद्रमा और बृहस्पति दशाओं ने भावनात्मक और शैक्षिक आधार बनाया। केतु महादशा (2006–2013) में संभवतः आध्यात्मिक जागृति, वैराग्य अनुभव या बड़ा आंतरिक बदलाव आया। वर्तमान मंगल महादशा (2021–2030) क्रिया और महत्वाकांक्षा को सक्रिय करती है — अभी बुध अंतर (2025–2026) संवाद, सीखने या व्यापार कदमों पर जोर दे रहा है। चल रही **मंगल–बुध–मंगल** प्रत्यंतर (दिसंबर 2025–मार्च 2026) उच्च ऊर्जा वाली खिड़की है: साहसी पहल, या निर्णायक बातचीत के लिए आदर्श, लेकिन आवेग या बहस से सावधान रहें। इस प्रणाली को अपने मूलांक–भाग्यांक संबंध और उपायों के साथ मिलाकर इस्तेमाल करें ताकि चरम, चुनौतियाँ और बड़े फैसलों के लिए सबसे अच्छा समय पता चले।

वैदिक अंक ज्योतिष 45-वर्ष दशा प्रणाली में अंतरदशा और प्रत्यंतरदशा की चरणबद्ध गणना के निर्देश

(अनुपात वाली विधि जहाँ सूर्य = 1 वर्ष, , ... मंगल = 9 वर्ष, कुल = 45 वर्ष)

1. **महादशा तय करें**
   - मूलांक के ग्रह से शुरूआत (उम्र 0 से)।
   - अवधियाँ ऊपर तालिका में दी गई हैं।
   - क्रम: सूर्य → चंद्रमा → बृहस्पति → राहु → बुध → शुक्र → केतु → शनि → मंगल → सूर्य (फिर दोहराएँ)।
2. **अंतरदशा निकालें** (महादशा के अंदर)
   - वर्तमान महादशा को 9 असमान अंतरदशाओं में बाँटें (क्रम वही: चंद्रमा से शुरू)।
   - सूत्र: अंतरदशा अवधि = (महादशा की कुल अवधि दिन में) × (अंतर ग्रह का वर्ष मूल्य / 45)
   - उदाहरण: मंगल महादशा (9 वर्ष) में **बुध** अंतरदशा = 9 वर्ष × (**5** / 45) = 9 × (1/9) = 1 वर्ष ठीक।
3. **प्रत्यंतरदशा निकालें** (अंतरदशा के अंदर - क्रम वही)
   - प्रत्येक अंतरदशा को फिर 9 असमान प्रत्यंतरदशाओं में बाँटें ।
   - **सूत्र**: प्रत्यंतर अवधि = (अंतरदशा की कुल अवधि दिन में) × (प्रत्यंतर ग्रह का वर्ष मूल्य / 45)

यह प्रणाली जीवन के पहले 45 वर्षों को बहुत बारीकी से मैप (map) करती है। आगे के चक्र दोहराते हैं, इसलिए 45 के बाद फिर मूलांक ग्रह से शुरू होता है।

चरण 1 – सबसे पहले वर्तमान महादशा की पुष्टि करें

परिशिष्ट 3 – महादशा तालिका देखें

- अभी कौन सी महादशा चल रही है
- उस महादशा की ठीक शुरूआत और समाप्ति तिथि
- वर्तमान महादशा की लंबाई वर्षों में (जो शासक ग्रह की संख्या है)

उदाहरण (11 अगस्त 1986 जन्म से):

- **25 जनवरी 2026** को → महादशा = मंगल (9 वर्ष)
- अवधि: 11-अगस्त-2021 → 10-अगस्त-2030 (ठीक 9 वर्ष)

चरण 2 – अंतरदशा गणना

नियम: वर्तमान महादशा अवधि को 9 अंतरदशाओं (उप-अवधि) में बाँटा जाता है। हर अंतरदशा 9 ग्रहों में से एक द्वारा शासित होती है। क्रम शुरूआत महादशा ग्रह से।

ग्रहों का क्रम: सूर्य (1) → चंद्रमा (2) → बृहस्पति (3) → राहु (4) → बुध (5) → शुक्र (6) → केतु (7) → शनि (8) → मंगल (9) → (फिर दोहराएँ)

अंतरदशा अवधि का सूत्र अंतर अवधि (दिनों में) = (महादशा की कुल दिन) × (अंतर ग्रह का वर्ष मूल्य ÷ 45) **या** व्यावहारिक रूप से (वर्षों में): अंतर अवधि (वर्ष) = महादशा वर्ष × (अंतर ग्रह की संख्या ÷ 45)

उदाहरण

मंगल महादशा (9 वर्ष) कुल = 9 वर्ष अंतर अनुपात = ग्रह संख्या / 45

अंतर क्रम	अंतर ग्रह	अनुपात	अवधि (वर्ष)	लगभग दिन
1	**मंगल**	**9/45 = 0.2**	**9 × 0.2 = 1.8 वर्ष**	**~657 दिन**
2	सूर्य	1/45	9 × 1/45 = 0.2 वर्ष	~73 दिन
3	चंद्रमा	2/45	9 × 2/45 = 0.4 वर्ष	~146 दिन
4	बृहस्पति	3/45	9 × 3/45 = 0.6 वर्ष	~219 दिन
5	राहु	4/45	9 × 4/45 = 0.8 वर्ष	~292 दिन
6	बुध	5/45	9 × 5/45 ≈ 1.0 वर्ष	~365 दिन
7	शुक्र	6/45	9 × 6/45 = 1.2 वर्ष	~438 दिन
8	केतु	7/45	9 × 7/45 ≈ 1.4 वर्ष	~511 दिन
9	शनि	8/45	9 × 8/45 ≈ 1.6 वर्ष	~584 दिन
कुल	—	45/45 = 1	9 वर्ष	~3287 दिन

अंतरदशा तालिका (तिथियों के साथ)

अंतर क्रम	अंतर ग्रह	लगभग दिन	शुरूआत दिनांक	समाप्ति दिनांक
1	मंगल	657	**11-अगस्त-21**	30-मई-23
2	सूर्य	73	30-मई-23	11-अगस्त-23
3	चंद्रमा	146	11-अगस्त-23	04-जनवरी-24
4	बृहस्पति	219	04-जनवरी-24	10-अगस्त-24
5	राहु	292	10-अगस्त-24	29-मई-25
6	बुध	365	29-मई-25	29-मई-26
7	शुक्र	438	29-मई-26	10-अगस्त-27
8	केतु	511	10-अगस्त-27	02-जनवरी-29
9	शनि	584	02-जनवरी-29	**10-अगस्त-30**

व्यावहारिक सुझाव:

कई ज्योतिषी/अंक ज्योतिषी निकटतम दिन पर गोल (Roundup) करते हैं या सॉफ्टवेयर / Software इस्तेमाल करते हैं, लेकिन अनुपात नियम (÷45) प्रणाली का गणितीय मूल है।

चरण 3 – प्रत्यंतरदशा गणना

नियम: हर अंतरदशा को ठीक उसी तर्क से 9 प्रत्यंतरदशाओं में बाँटा जाता है।

- पहली प्रत्यंतर = अंतरदशा वाला ही ग्रह
- फिर वही 9-ग्रह क्रम
- प्रत्यंतर अवधि = अंतर अवधि × (प्रत्यंतर ग्रह संख्या ÷ 45)

उदाहरण – बुध अंतरदशा (मंगल महादशा के अंदर)

(पिछली तालिका से: बुध अंतर ≈ 1.0 वर्ष ≈ 365 दिन)

फिर इसके अंदर 9 प्रत्यंतर अवधियाँ:

प्रत्यंतर क्रम	ग्रह	अनुपात	अवधि (लगभग दिन)
1	बुध	5/45	365 × 5/45 ≈ 40.6 दिन
2	शुक्र	6/45	365 × 6/45 ≈ 48.7 दिन
3	केतु	7/45	365 × 7/45 ≈ 56.8 दिन
4	शनि	8/45	365 × 8/45 ≈ 64.9 दिन
5	मंगल	9/45	365 × 9/45 = 73 दिन
6	सूर्य	1/45	365 × 1/45 ≈ 8.1 दिन
7	चंद्रमा	2/45	365 × 2/45 ≈ 16.2 दिन
8	बृहस्पति	3/45	365 × 3/45 ≈ 24.3 दिन
9	राहु	4/45	365 × 4/45 ≈ 32.4 दिन

प्रत्यंतर (Pratyantar Dasha) तालिका (तिथियों के साथ)

PD क्रम	PD ग्रह	लगभग दिन	शुरूआत दिनांक	समाप्ति दिनांक
1	बुध	40.56	29-मई-25	08-जुलाई-25
2	शुक्र	48.67	08-जुलाई-25	26-अगस्त-25
3	केतु	56.78	26-अगस्त-25	22-अक्टूबर-25
4	शनि	64.89	22-अक्टूबर-25	25-दिसंबर-25
5	मंगल	73.00	25-दिसंबर-25	08-मार्च-26
6	सूर्य	8.11	08-मार्च-26	17-मार्च-26
7	चंद्रमा	16.22	17-मार्च-26	02-अप्रैल-26
8	बृहस्पति	24.33	02-अप्रैल-26	26-अप्रैल-26
9	राहु	32.44	26-अप्रैल-26	30-मई-26

त्वरित सारांश – गणना कैसे करें

1. वर्तमान महादशा ग्रह और उसकी कुल वर्ष जानें।
2. महादशा ग्रह से शुरू करके 9 ग्रहों की सूची बनाएँ।
3. हर अंतर के लिए: अवधि = महादशा वर्ष × (ग्रह संख्या / 45)
4. महादशा शुरूआत तिथि से क्रमिक जोड़कर पता करें कि कौन सी अंतर चल रही है।

5. वर्तमान अंतर के अंदर ठीक वही तर्क दोहराकर प्रत्यंतर निकालें।

सबसे सटीक तरीका आजकल: स्प्रेडशीट (Spreadsheet) या अंक ज्योतिष सॉफ्टवेयर (Software) में जन्म तिथि + मूलांक डालें, क्योंकि मैनुअल (Manual) दिन जोड़ना-घटाना गलती का खतरा रखता है। लेकिन अनुपात नियम (÷45) इस प्रणाली का गणितीय मूल है।

विधि 2: वार्षिक ग्रिड विधि में AD और PD जन्म तिथि के आधार पर अंतरदशा और प्रत्यंतरदशा गणना

पारंपरिक वैदिक अंक ज्योतिष और ज्योतिष में अंतरदशा (उप-अवधि) और प्रत्यंतरदशा (उप-उप-अवधि) आमतौर पर विंशोत्तरी महादशा प्रणाली में गणना की जाती हैं, जहाँ हर महादशा को 9 ग्रहों के निश्चित अनुपात में बाँटा जाता है (सूर्य 6 वर्ष, चंद्रमा 10, मंगल 7, राहु 18, बृहस्पति 16, शनि 19, बुध 17, केतु 7, शुक्र 20)।

लेकिन कुछ आधुनिक और व्यावहारिक वैदिक अंक ज्योतिष स्कूलों में (खासकर वार्षिक भविष्यवाणी के लिए) **वार्षिक ग्रिड विधि** का इस्तेमाल होता है। इस विधि में हर साल जन्मदिन के आधार पर अंतरदशा और प्रत्यंतरदशा फिर से गणना की जाती है, जिससे यह एक गतिशील, साल-विशेष साधन बन जाता है, न कि जीवनभर का निश्चित क्रम।

यह विधि हर व्यक्तिगत वर्ष (जन्मदिन से जन्मदिन तक) को एक छोटा चक्र मानती है जिसमें अपना अंतरदशा ग्रह और 9 प्रत्यंतरदशाएँ होती हैं। यह वार्षिक भविष्यवाणी और छोटी अवधि के उपायों के लिए बहुत उपयोगी है।

पारंपरिक विधि से मुख्य अंतर

- पारंपरिक: अंतरदशा हर महादशा के अंदर निश्चित होती है (9 भागों में ग्रहीय अवधि के अनुपात से)। प्रत्यंतर आगे 9 भागों में बँटती है।
- वार्षिक ग्रिड विधि: हर साल जन्म तिथि + वर्तमान वर्ष + जन्मदिन के दिन के आधार पर अंतरदशा ग्रह फिर से निकाला जाता है।
  हर व्यक्तिगत वर्ष में एक अंतरदशा ग्रह होता है, और वह साल 9 ग्रहों के अनुपात में 9 प्रत्यंतरदशाओं में बँटता है।

वार्षिक अंतरदशा गणना में इस्तेमाल होने वाले चार तत्व

1. जन्म तिथि (एकल अंक में घटाई गई)
2. जन्म महीना (जैसा है या घटाकर)
3. वर्तमान वर्ष (आखिरी दो अंक – YY)
4. उस वर्ष जन्मदिन पर सप्ताह का दिन (रविवार=1, सोमवार=2, ..., शनिवार=8)

दिन संख्या मैपिंग (निश्चित):

- रविवार → 1 (सूर्य)
- सोमवार → 2 (चंद्रमा)
- मंगलवार → 9 (मंगल)
- बुधवार → 5 (बुध)
- गुरुवार → 3 (बृहस्पति)
- शुक्रवार → 6 (शुक्र)
- शनिवार → 8 (शनि)

चरणबद्ध गणना

उदाहरण जन्म तिथि: 11-08-1986

मूलांक = 1+1 = 2 (चंद्रमा)

भाग्यांक = 1+1+0+8+1+9+8+6 = 34 → 3+4 = 7 (केतु)

चरण 1: किसी वर्ष के लिए (जैसे 2025 और 2026) उस वर्ष का जन्मदिन लें (11 अगस्त 2025 और 11 अगस्त 2026)।

चरण 2: उस वर्ष 11 अगस्त का सप्ताह का दिन ढूँढें

- 2025: 11 अगस्त 2025 सोमवार था → संख्या 2
- 2026: 11 अगस्त 2026 मंगलवार था → संख्या 9

चरण 3: चारों तत्व जोड़ें

तत्व	2025	2026
जन्म तिथि	11 → 1+1=2	11 → 1+1=2
जन्म महीना	08 → 8	08 → 8
वर्ष (YY)	2025 → 25 → 2+5=7	2026 → 26 → 2+6=8
जन्मदिन पर दिन संख्या	सोमवार = 2	मंगलवार = 9
कुल	2+8+7+2=19 → 1+9=10 → 1+0=1 → **अंतरदशा = सूर्य**	2+8+8+9=27 → 2+7=9 → **अंतरदशा = मंगल**

चरण 4: वर्ष के अंदर प्रत्यंतरदशा

- हर व्यक्तिगत वर्ष (लगभग 365 दिन) को 9 ग्रहों के अनुपात में 9 प्रत्यंतरदशाओं में बाँटा जाता है।
- गुणक = 365 ÷ 45 ≈ **8.11** दिन प्रति यूनिट (45 = ग्रहों का कुल योग)

प्रत्यंतर अवधि तालिका (गोल किए गए दिन):

- सूर्य (1) ≈ 8 दिन
- चंद्रमा (2) ≈ 16 दिन
- बृहस्पति (3) ≈ 24 दिन
- राहु (4) ≈ 32 दिन
- बुध (5) ≈ 41 दिन
- शुक्र (6) ≈ 49 दिन
- केतु (7) ≈ 57 दिन
- शनि (8) ≈ 65 दिन
- मंगल (9) ≈ 73 दिन

क्रम हमेशा:

सूर्य → चंद्रमा → बृहस्पति → राहु → बुध → शुक्र → केतु → शनि → मंगल
प्रत्यंतर अंतरदशा वाले ग्रह से शुरू होती है।

2025 के लिए

(अंतरदशा = सूर्य → 11 अगस्त 2025 से शुरू, ~8 दिन सूर्य, फिर चंद्रमा ~16 दिन, आदि)

क्रम	प्रत्यंतर दशा	शुरूआत तिथि	समाप्ति तिथि	दिन
1	**सूर्य**	11-08-2025	18-08-2025	8
2	चंद्रमा	19-08-2025	03-09-2025	16
3	बृहस्पति	04-09-2025	27-09-2025	24
4	राहु	28-09-2025	29-10-2025	32
5	बुध	30-10-2025	09-12-2025	41
6	शुक्र	10-12-2025	27-01-2026	49
7	केतु	28-01-2026	25-03-2026	57
8	शनि	26-03-2026	29-05-2026	65
9	मंगल	30-05-2026	10-08-2026	73

2026 के लिए

(अंतरदशा = मंगल → 11 अगस्त 2026 से शुरू, ~73 दिन मंगल, फिर सूर्य ~8 दिन, आदि)

क्रम	प्रत्यंतर दशा	शुरूआत तिथि	समाप्ति तिथि	दिन
9	**मंगल**	11-08-2026	22-10-2026	73
1	सूर्य	23-10-2026	30-10-2026	8
2	चंद्रमा	31-10-2026	15-11-2026	16
3	बृहस्पति	16-11-2026	09-12-2026	24
4	राहु	10-12-2026	10-01-2027	32
5	बुध	11-01-2027	20-02-2027	41
6	शुक्र	21-02-2027	10-04-2027	49
7	केतु	11-04-2027	06-06-2027	57
8	शनि	07-06-2027	10-08-2027	65

वार्षिक अंतर और प्रत्यंतर दशा का उपयोग कैसे करें

- **वार्षिक ग्रिड**: हर व्यक्तिगत वर्ष (जन्मदिन से जन्मदिन) का अपना अंतरदशा ग्रह होता है, जो पूरे साल का मुख्य विषय तय करता है।
- **प्रत्यंतर दशा**: साल को 9 उप-अवधियों में बाँटती है (लगभग 8–73 दिन प्रत्येक) — हर उप-अवधि एक ग्रह द्वारा शासित।
- **भविष्यवाणी और उपाय**: किसी प्रत्यंतर में उस ग्रह को मजबूत करें (जैसे सूर्य अवधि → लाल रंग, रविवार उपाय; मंगल अवधि → हनुमान, मंगलवार)।
- **मोबाइल/घर/वाहन**: वर्तमान वर्ष के AD या आने वाली मजबूत प्रत्यंतर से मेल खाने वाली संख्याएँ चुनें।

वार्षिक विधि के फायदे

- गतिशील: हर साल बदलती है, छोटी अवधि की भविष्यवाणी के लिए ज्यादा प्रासंगिक।
- आसान: जन्मदिन और उस दिन का सप्ताह दिन ट्रैक करना सरल।
- वार्षिक प्लानिंग, मोबाइल संख्या चयन या घर उपायों के लिए उपयोगी।

सीमाएँ

- विंशोत्तरी दशा जितनी पारंपरिक नहीं।
- दिन की सटीकता जन्मदिन की ठीक तिथि पर निर्भर।
- सभी वैदिक ज्योतिषी इसका इस्तेमाल नहीं करते — अंक ज्योतिष केंद्रित सलाहकारों में लोकप्रिय।

जन्म तिथि 11-08-1986 के लिए 2025 की प्रत्यंतर दशा - ग्रह ग्रिड

ग्रिड में संख्याएँ: 1,1,8,8,6 (D,D,M,M,Y,Y)

मूलांक-2, भाग्यांक-7,

महादशा-9 (मंगल), अंतरदशा-1 (सूर्य) और प्रत्यंतर दशाएँ ऊपर तालिका के अनुसार।

2025 प्रत्यंतर दशा - ग्रह ग्रिड

11-08-2025	सूर्य	18-08-2025
	1111	**9**
6	**7**	
2	88	

8 Days

19-08-2025	चंद्रमा	03-09-2025
	111	**9**
6	7	
22	88	

16 Days

04-09-2025	बृहस्पति	27-09-2025
3	111	**9**
6	7	
2	88	

24 Days

28-09-2025	राहु	29-10-2025
	111	**9**
6	7	
2	88	**4**

32 Days

30-10-2025	बुध	09-12-2025
	111	**9**
6	7	**5**
2	88	

41 Days

10-12-2025	शुक्र	27-01-2026
	111	**9**
66	7	
2	88	

49 Days

28-01-2026	केतु	25-03-2026
	111	**9**
6	77	
2	88	

57 Days

26-03-2026	शनि	29-05-2026
	111	**9**
6	7	
2	**888**	

65 Days

30-05-2026	मंगल	11-08-2026
	111	**99**
6	7	
2	88	

74 Days

मूलांक-**2**, भाग्यांक-7

महादशा	मंगल	**9**
अंतरदशा	सूर्य	**1**

उदाहरण सारांश 11-08-1986 के लिए

- 2025 (अंतरदशा सूर्य): नेतृत्व, दृश्यता, पिता से जुड़े मामले, आत्मविश्वास बढ़ाने का वर्ष। प्रत्यंतर दशा सूर्य से शुरू → जन्मदिन के बाद पहले 8 दिन नए काम शुरू करने के लिए बहुत मजबूत।
- 2026 (अंतरदशा मंगल): क्रिया, साहस, संपत्ति/जमीन, ऊर्जा का वर्ष। प्रत्यंतर दशा मंगल से शुरू → जन्मदिन के बाद पहले 73 दिन बहुत गतिशील, साहसी कदमों के लिए अच्छा लेकिन गुस्सा/दुर्घटना पर ध्यान दें।

यह वार्षिक ग्रिड विधि जन्मदिन से जुड़ी व्यावहारिक तरीके से साल की ऊर्जाओं की भविष्यवाणी और उपाय करने का आसान तरीका देती है।

वैदिक जन्म ग्रिड और वर्तमान/प्रस्तुत ग्रिड बनाना

जन्म ग्रिड (3×3 ग्रिड) जन्म तिथि (सदी के बिना), मूलांक और भाग्यांक संख्या पर आधारित होता है। पूरी जन्म तिथि के अंकों को (सदी के बिना) ग्रिड में रखा जाता है।

उदाहरण: 11 अगस्त 1986 / 11-08-1986 मूलांक – 2 भाग्यांक – 7

जन्म तिथि: 11-08-1986 → अंक: 1,1,0,8,1,9,8,6 (सदी 19 को छोड़कर) मूलांक (2) और भाग्यांक (7) को भी ग्रिड में शामिल किया जाता है (कुछ प्रणालियों में)।

मानक वैदिक जन्म ग्रिड (11-08-1986 के लिए) **विधि 1** MD-AD-PD:

Vedic Grid Format		
3	1	9
6	7	5
2	8	4

जन्म ग्रिड में: DD, MM, YY, मूलांक (केवल अगर DD 10 से ज्यादा हो) और भाग्यांक शामिल किए जाते हैं।

वर्तमान ग्रिड में: MD, AD और PD के ग्रह संख्याएँ जोड़ी जाती हैं।

Vedic Birth Grid		
	11	
6	**7**	
2	88	

Vedic Present Grid		
	11	**99**
6	7	**5**
2	88	

Year	Dasha	Ruling Planet	Start	End
2026	महादशा	Mars (9)	11-Aug-2021	10-Aug-2030
Today	अंतर दशा	Mercury (5)	29-May-2025	28-May-2026
25-01-2026	प्रत्यंतर दशा	Mars (9)	25-Dec-2025	07-Mar-2026

योग, कर्म ऋण संख्याएँ

वैदिक अंक ज्योतिष (अंक शास्त्र) में कुछ संख्या संयोजन विशेष **योग** माने जाते हैं — शुभ संरेखण जो असाधारण भाग्य, आध्यात्मिक उपहार, सुरक्षा या तेज़ प्रगति लाते हैं। वहीं कुछ को **कर्म ऋण संख्याएँ** (कर्मिक सबक या पिछले जन्म के ऋण) कहा जाता है। ये मुख्य रूप से मूलांक, भाग्यांक, जन्म दिन के कंपाउंड अंक (घटाने से पहले) या कभी-कभी नाम से निकली संख्याओं में दिखते हैं।

योग की अवधारणा वैदिक ज्योतिष से ली गई है और अंक ज्योतिष में अनुकूलित की गई है: योग ग्रिड में संख्याओं के संयोजन हैं, जबकि कर्म ऋण पिछले जन्मों से अधूरे सबक दर्शाते हैं जो इस जन्म में हल करने हैं। जन्म (Birth) ग्रिड और वर्तमान/प्रेजेंट (Present) ग्रिड में योग पहचानें

योग के लिए **परिशिष्ट** 4 देखें। कर्म ऋण संख्याओं के लिए **परिशिष्ट** 5 देखें।

उदाहरण जन्म ग्रिड योग: 11-08-1986

ये जन्म चार्ट (Birth Chart) में स्थायी योग हैं:

1. **Ad Ve-Ke-Me (X)** प्रकार: पास-पास क्षैतिज – शुक्र–केतु–गायब बुध विवरण: कलात्मक और आध्यात्मिक संवेदनशीलता के साथ रहस्यमयी झुकाव। संगीत, सौंदर्य, लग्जरी और गूढ़ ज्ञान की मजबूत आकर्षण। शुक्र–केतु संयोजन अक्सर असामान्य रचनात्मकता, रिश्तों में आध्यात्मिक वैराग्य और कई रोमांटिक रुचियाँ या भावनात्मक जटिलताएँ लाता है। गायब बुध से स्पष्ट संवाद या व्यावसायिक सफलता में कभी-कभी कमी। जीवनभर का विषय: भौतिक सुख और आध्यात्मिक गहराई में संतुलन।
2. **Ad Mo-Sa-Ra (X)** प्रकार: पास-पास क्षैतिज – चंद्रमा–शनि–गायब राहु विवरण: भावनात्मक अस्थिरता के साथ कर्मिक भारीपन। चंद्रमा–शनि से मूड

स्विंग्स, उदासी की प्रवृत्ति, डर और भावनात्मक प्रतिबंध। गायब राहु से अराजक उतार-चढ़ाव कम होते हैं लेकिन दुनिया से अलगाव या वैराग्य की भावना बढ़ती है। जीवनभर की चुनौती: भावनात्मक स्थिरता और सीमाएँ सीखना; कठिनाइयों से गहन आंतरिक विकास की संभावना।

3. **Ad Ju (X)-Ve-Mo** प्रकार: पास-पास खड़ी – गायब बृहस्पति – शुक्र – चंद्रमा विवरण: रचनात्मक और आकर्षक व्यक्तित्व के साथ मजबूत संबंध फोकस। शुक्र–चंद्रमा से आकर्षण, सौंदर्य/संगीत का प्रेम और पालन करने वाली प्रकृति। गायब बृहस्पति से बुद्धि/विस्तार में देरी और उच्च शिक्षा या आध्यात्मिक दर्शन में बाधाएँ। जीवनभर का पैटर्न: विवाह या साझेदारी के बाद भाग्य और सामाजिक स्थिति में उन्नति; लिप्तता या कई रोमांटिक अध्यायों की प्रवृत्ति।
4. **IL Su-Ke-Sa** प्रकार: पूरी खड़ी रेखा – सूर्य – केतु – शनि विवरण: शक्तिशाली लेकिन चुनौतीपूर्ण खड़ी धुरी। सूर्य–केतु–शनि संयोजन से मजबूत अंतर्ज्ञान, तकनीकी/आध्यात्मिक ज्ञान और कई आय स्रोत, लेकिन घरेलू शांति की कमी, अधिकारियों (पिता/मालिक) से गलतफहमियाँ और अहंकार व अनुशासन के कर्म परीक्षण। जीवनभर का विषय: सुनहरी वाणी और सहायक स्वभाव, लेकिन अक्सर अनदेखा; अकेलेपन और जिम्मेदारी से आध्यात्मिक विकास।

कुल जन्म योग विषय यह चार्ट एक ऐसी आत्मा दिखाता है जिसमें गहरी भावनात्मक संवेदनशीलता (चंद्रमा प्रमुख), आध्यात्मिक/आत्मनिरीक्षण भाग्य (केतु/भाग्यांक 7), मजबूत व्यक्तित्व (तीन 1), और कर्मिक अनुशासन (दो 8) है। जीवन पथ हृदय (चंद्रमा–शुक्र) को वैराग्य (केतु) और संरचना (शनि) के साथ संतुलित करने का है, जिसमें कलात्मक/आध्यात्मिक उपहार और नेतृत्व क्षमता है।

वर्तमान ग्रिड योग (जनवरी 2025–2026 के अनुसार, मंगल महादशा + बुध अंतरदशा + मंगल प्रत्यंतरदशा)

ये योग अभी सक्रिय हैं और वर्तमान चरण को प्रभावित कर रहे हैं:

1. **Ad Ju (X)-Su-Ma** प्रकार: पास-पास क्षैतिज – गायब बृहस्पति – सूर्य – मंगल विवरण: साहसी, आत्मविश्वासी क्रिया का वर्तमान चरण। सूर्य–मंगल से साहस, नेतृत्व ऊर्जा और उपलब्धि की इच्छा। गायब बृहस्पति से आवेग या

लंबे समय की बुद्धि की कमी। अभी इंजीनियरिंग, सर्जरी, खेल या मंत्रिमंडल जैसी भूमिकाओं के लिए अच्छा। गुस्से पर ध्यान दें।

2. **Ad Mo-Sa-Ra (X)** प्रकार: पास-पास क्षैतिज – चंद्रमा – शनि – गायब राहु विवरण: भावनात्मक और कर्मिक दबाव अभी भी सक्रिय। मूड स्विंग्स, चिंता या उदासी की प्रवृत्ति फिर से उभर सकती है। गायब राहु से अराजकता कम लेकिन आंतरिक डर/अलगाव बढ़ा। वर्तमान सबक: भावनात्मक जमीन और अनुशासन।

3. **Ad Ju (X)-Ve-Mo** प्रकार: पास-पास खड़ी – गायब बृहस्पति – शुक्र – चंद्रमा विवरण: संबंध और रचनात्मक ऊर्जा अभी प्रमुख। आकर्षक, संगीत/कला प्रेमी चरण। विवाह/साझेदारी में लाभ संभव। गायब बृहस्पति से शिक्षा या दर्शन में कुछ कमी। सामाजिक जीवन के लिए अच्छा लेकिन लिप्तता का खतरा।

4. **Ad Ma-Me-Ra (X)** प्रकार: पास-पास खड़ी – मंगल – बुध – गायब राहु विवरण: गतिशील, तेज़ सोच, क्रिया-उन्मुख चरण (मंगल–बुध दशा में सक्रिय)। बुद्धिमान फैसले, व्यापार/संवाद सफलता। गायब राहु से धोखे का खतरा कम। शारीरिक सक्रिय चरण; नेतृत्व या तकनीकी काम के लिए अच्छा।

5. **Di Mo-Ke-Ma** प्रकार: तिरछी – चंद्रमा – केतु – मंगल विवरण: भावनात्मक-आध्यात्मिक-शारीरिक त्रिकोण अभी सक्रिय। परिवार में परेशानी, जोड़ों में दर्द, मूत्र संबंधी समस्या संभव। साहस और वैराग्य बढ़ रहा है। वर्तमान चरण में काल सर्प जैसी तीव्रता — परिवर्तनकारी लेकिन चुनौतीपूर्ण।

6. **IL Ve-Ke-Me** प्रकार: पूरी क्षैतिज रेखा – शुक्र – केतु – बुध विवरण: लग्जरी, रचनात्मक, उच्च स्थिति वाली ऊर्जा अभी प्रमुख। बड़ा घर/परिवार विकास, व्यापार सफलता। अति-सुखद चरण जिसमें कलात्मक या बौद्धिक उपलब्धियाँ।

7. **IL Su-Ke-Sa** प्रकार: पूरी खड़ी रेखा – सूर्य – केतु – शनि विवरण: अंतर्ज्ञानी, तकनीकी, अनुशासित चरण। कई आय स्रोत, सहायक स्वभाव। अधिकार और घरेलू शांति के कर्म परीक्षण जारी। मजबूत आध्यात्मिक/तकनीकी सफलता संभव।

8. **<> Ve-Su-Sa-Me** प्रकार: डायमंड – शुक्र – सूर्य – शनि – बुध विवरण: वर्तमान ग्रिड में शक्तिशाली राज योग सक्रिय। बुद्धिमान, साहसी, लचीला। नाम, यश, समुदाय या विदेश में मान्यता। उच्च स्थिति. प्रभावशाली चरण।
9. **Tr Ke-Su-Ma** प्रकार: त्रिकोण – केतु – सूर्य – मंगल विवरण: आध्यात्मिक-योद्धा ऊर्जा अभी मजबूत। विवाह में देरी या अंतरजातीय विषय फिर उभर सकते हैं। कुल मिलाकर भाग्यशाली। विदेश यात्रा या मांगलिक जैसी तीव्रता। साहस और आध्यात्मिक क्रिया प्रमुख।

वर्तमान चरण सारांश (जनवरी 2026)

मंगल महादशा (क्रिया, साहस, जमीन) + बुध अंतर (बुद्धि, संवाद) + मंगल प्रत्यंतर से गतिशील, उपलब्धि-उन्मुख लेकिन भावनात्मक रूप से तीव्र चरण सक्रिय है। लग्जरी/रचनात्मक (Ve-Ke-Me), अधिकारपूर्ण (Su-Ke-Sa) और राज योग (डायमंड) ऊर्जाएँ मजबूत सकारात्मक हैं। भावनात्मक/कर्मिक दबाव (Mo-Sa-Ra) और आध्यात्मिक-शारीरिक तनाव (Mo-Ke-Ma, Ke-Su-Ma) मुख्य चुनौतियाँ हैं। यह करियर, स्थिति और मान्यता के लिए उच्च विकास की खिड़की है — बशर्ते गुस्सा, आवेग और भावनात्मक सीमाओं का प्रबंधन हो।

रंग चिकित्सा (मंगल के लिए लाल/नारंगी, बुध के लिए हरा), हनुमान पूजा और मजदूर/वृद्धों को दान से सकारात्मक को अधिकतम और तनाव को शांत करें।

उपाय – सामान्य और विशिष्ट

वैदिक अंक ज्योतिष (अंक शास्त्र) में उपाय निदान और परिवर्तन के बीच व्यावहारिक पुल हैं। जब आप जन्म ग्रिड या वर्तमान ग्रिड में मजबूत/शुभ संख्याएँ (जैसे दोहराई 1, बृहस्पति परिवार की पूरी रेखाएँ), गायब संख्याएँ, प्रभावित ग्रह (जैसे भारी शनि या राहु प्रभाव), या चुनौतीपूर्ण योग/कर्म ऋण पहचान लेते है, तो लक्षित उपाय सकारात्मक कंपनों को मजबूत करते हैं और अशुभ या कमजोर को शांत करते हैं। लक्ष्य संतुलन है — किसी ग्रह के प्रभाव को खत्म नहीं करना (जो असंभव है), बल्कि उसे सामंजस्यपूर्ण बनाना ताकि उसकी रचनात्मक गुणवत्ता विनाशकारी पर हावी हो।

वैदिक अंक ज्योतिष उपायों के सामान्य सिद्धांत

1. अपने मूलांक और भाग्यांक के शुभ/शासक ग्रहों को मजबूत करें।
2. ग्रिड में प्रभावित/भारी ग्रहों को शांत करें (जैसे कई 8 = शनि दबाव; गायब 4 = राहु संबंधी समस्या)।
3. गायब संख्याओं (खासकर 3, 4, 5 जो अक्सर अनुपस्थित रहती हैं) का समाधान करें — ये व्यक्तित्व/ऊर्जा में "खालीपन" बनाती हैं।
4. वर्तमान दशा के साथ काम करें — मजबूत/शांत करने वाले ग्रह की महा/अंतर दशा में उपाय सबसे शक्तिशाली होते हैं।
5. तीव्रता से ज्यादा निरंतरता — छोटे रोज़ाना कार्य (रंग कपड़े, मंत्र जप, दान) कभी-कभार बड़े अनुष्ठानों से ज्यादा प्रभावी होते हैं।
6. रत्न से पहले परामर्श लें — खासकर नीलम (शनि), गोमेद (राहु), लहसुनिया (केतु) — अगर अनुकूल न हों तो नकारात्मक प्रभाव बढ़ा सकते हैं।

मुख्य उपाय श्रेणियाँ और दिशा निर्देश

1. **मंत्र (कंपन और मानसिक संरेखण)**
   - रोज़ 108 बार जपें (माला से) या कम से कम 11/21 बार।
   - सबसे अच्छा समय: सूर्योदय (सूर्य), सोमवार (चंद्रमा), गुरुवार (बृहस्पति), शनिवार (शनि/राहु), मंगलवार (मंगल/केतु)।
   - सभी ग्रहों के लिए सामान्य मंत्र: "ॐ नवग्रहाय नमः" (नौ ग्रहों को नमस्कार)।

ग्रह	संख्या	बीज मंत्र (सबसे शक्तिशाली)	सरल वैकल्पिक जप
सूर्य	1	ॐ ह्रां ह्रीं ह्रौं सः सूर्याय नमः	ॐ सूर्याय नमः
चंद्रमा	2	ॐ श्रां श्रीं श्रौं सः चन्द्राय नमः	ॐ चन्द्राय नमः
बृहस्पति	3	ॐ ग्रां ग्रीं ग्रौं सः गुरवे नमः	ॐ गुरवे नमः
राहु	4	ॐ भ्रां भ्रीं भ्रौं सः राहवे नमः	ॐ राहवे नमः
बुध	5	ॐ ब्रां ब्रीं ब्रौं सः बुधाय नमः	ॐ बुधाय नमः
शुक्र	6	ॐ द्रां द्रीं द्रौं सः शुक्राय नमः	ॐ शुक्राय नमः

ग्रह	संख्या	बीज मंत्र (सबसे शक्तिशाली)	सरल वैकल्पिक जप
केतु	7	ॐ स्रां स्रीं स्रौं सः केतवे नमः	ॐ केतवे नमः
शनि	8	ॐ प्रां प्रीं प्रौं सः शनैश्चराय नमः	ॐ शनैश्चराय नमः
मंगल	9	ॐ क्रां क्रीं क्रौं सः भौमाय नमः	ॐ अंगारकाय नमः

2. **यंत्र (ज्यामितीय ऊर्जा उपकरण)**

- ग्रह का यंत्र पूजा स्थान या उत्तर/पूर्व दिशा में रखें (पूजा करके)।
- सामान्य: सूर्य यंत्र (सूर्य), चंद्र यंत्र (चंद्रमा), शुक्र यंत्र (शुक्र), केतु यंत्र।
- रोज़ घी का दीपक जलाकर 5–10 मिनट यंत्र पर ध्यान या नजर रखें।

3. **दान / सेवा कार्य (कर्मिक शांति)** सबसे शक्तिशाली और सुरक्षित उपाय — कर्म ऋण तुरंत कम करता है।

ग्रह	अनुशंसित दान / कार्य
सूर्य	रविवार को गेहूं, गुड़, तांबा, लाल कपड़े दान; पिता/ बुजुर्गों की मदद
चंद्रमा	सोमवार को दूध, चावल, सफेद कपड़े, चाँदी दान; माँ/ बच्चों की मदद
बृहस्पति	गुरुवार को पीला कपड़ा, चना दाल, हल्दी, किताबें दान; किसी को पढ़ाना
राहु	शनिवार को काले तिल, सरसों का तेल, नीला कपड़ा दान; पक्षियों को दाना
बुध	बुधवार को हरी मूंग दाल, हरे कपड़े, स्टेशनरी दान; छात्रों की मदद
शुक्र	शुक्रवार को सफेद कपड़े, चीनी, इत्र दान; महिलाओं/कलाकारों की मदद
केतु	मल्टीकलर कंबल, तिल; मंगलवार/ शनिवार को कुत्तों को भोजन
शनि	शनिवार को काली उड़द दाल, लोहा, सरसों तेल, काले कपड़े दान; मजदूर/बुजुर्गों की मदद
मंगल	मंगलवार को लाल मसूर दाल, लाल मूंगा, मिठाई दान; भाई-बहनों की मदद

4. **रंग चिकित्सा (रोज़मर्रा का माहौल)** ग्रह के दिन उसका रंग पहनें (या मजबूत करने के लिए रोज़)।

ग्रह	**मुख्य रंग(ग)**	**दिन**
सूर्य	लाल, नारंगी, सुनहरा, केसरिया	रविवार
चंद्रमा	सफेद, चाँदी, दूधिया शेड्स	सोमवार
बृहस्पति	पीला, बैंगनी, जामुनी	गुरुवार
राहु	इलेक्ट्रिक नीला, धुएँ जैसा ग्रे	शनिवार
बुध	हरा, पन्ना शेड्स	बुधवार
शुक्र	सफेद, गुलाबी, पेस्टल शेड्स	शुक्रवार
केतु	हल्का हरा, धुएँ जैसा ग्रे	मंगलवार
शनि	गहरा नीला, काला, गहरा ग्रे	शनिवार
मंगल	लाल, गहरा लाल, मूंगा	मंगलवार

5. **रत्न सिफारिशें (केवल परामर्श के बाद)**
   - सही धातु, सही उंगली, सही दिन पर पहनें, उचित ऊर्जावान करके।
   - अगर contraindicated / विपरीत हो तो न पहनें (जैसे शनि पहले से बहुत मजबूत हो तो नीलम नहीं)।

ग्रह	**रत्न**	**धातु**	**उंगली**
सूर्य	माणिक (Ruby)	सोना/तांबा	अनामिका
चंद्रमा	मोती (Pearl)	चाँदी	कनिष्ठा
बृहस्पति	पुखराज (Yellow Sapphire)	सोना	तर्जनी
राहु	गोमेद (Hessonite)	चाँदी	मध्यमा
बुध	पन्ना (Emerald)	सोना/चाँदी	कनिष्ठा
शुक्र	हीरा (Diamond)	प्लेटिनम/सोना	मध्यमा
केतु	लहसुनिया (Cat's Eye)	चाँदी	मध्यमा
शनि	नीलम (Blue Sapphire)	चाँदी/लोहा	मध्यमा
मंगल	मूंगा (Red Coral)	सोना/तांबा	अनामिका

6. **उपवास के दिन**
   - ग्रह के दिन आंशिक या पूर्ण उपवास करें ताकि अशुभ प्रभाव कम हों या कमजोर ग्रह मजबूत हों।

- सामान्य: सोमवार (चंद्रमा), शनिवार (शनि/राहु), मंगलवार (मंगल/केतु), गुरुवार (बृहस्पति)।

7. **नाम में सुधार (यदि बहुत जरूरी हो)**
    - अगर नाम संख्या (Expression/Destiny) मूलांक/भाग्यांक से बहुत विरोध कर रही हो तो छोटा स्पेलिंग बदलाव या अक्षर जोड़ना/हटाना कंपन सामंजस्य कर सकता है (विशेषज्ञ से सलाह लें)।
    - उदाहरण: सूर्य/मंगल ऊर्जा मजबूत करने के लिए "A" या "R" जोड़ना।
8. **जीवनशैली बदलाव (रोज़मर्रा की आदतें)**
    - सूर्य (1): सूर्योदय पर उठें, सूर्य नमस्कार, पिता/अधिकारियों का सम्मान।
    - चंद्रमा (2): पानी के पास रहें (नदी/झील), शांत संगीत, रात में बहस से बचें।
    - बृहस्पति (3): आध्यात्मिक किताबें पढ़ें, पीला पहनें, ज्ञान दान करें।
    - राहु (4): शनिवार को मांसाहार से बचें, घर साफ-सुथरा रखें।
    - बुध (5): रोज़ पढ़ाई/सीखना, घर में हरे पौधे।
    - शुक्र (6): साफ कपड़े पहनें, सौंदर्य/कला की सराहना, महिलाओं का सम्मान।
    - केतु (7): ध्यान, अकेलेपन का समय, कुत्तों को भोजन।
    - शनि (8): मजदूरों की मदद, शनिवार को शराब/तंबाकू से बचें।
    - मंगल (9): व्यायाम, गुस्से पर नियंत्रण, हनुमान पूजा।

उदाहरण अनुप्रयोग 11-08-1986 (मूलांक 2 + भाग्यांक 7) के लिए

- चंद्रमा (मूलांक ड्राइवर) को मजबूत करें: सोमवार को मोती, सफेद/चाँदी कपड़े, दूध दान, पानी के पास समय।
- केतु (भाग्यांक कंडक्टर) को शांत करें: लहसुनिया (सलाह लें), कुत्तों को भोजन, केतु मंत्र जप, रोज़ ध्यान।
- गायब 3,4,5 → बृहस्पति (पीला गुरुवार), राहु (नीला शनिवार), बुध (हरा बुधवार) उपाय।
- कई 1 (मजबूत सूर्य) → जरूरत हो तो माणिक या तांबा; अहंकार से बचें।
- कई 8 (शनि दबाव) → शनिवार को काली उड़द दाल दान, बुजुर्गों की मदद।

उपाय अंधविश्वास नहीं हैं — ये ऊर्जा के पुनर्संतुलन हैं। 2–3 सरल उपायों से शुरू करें (रंग + मंत्र + दान) और 40–45 दिनों में बदलाव देखें। जटिल चार्ट (भारी कर्म ऋण या मजबूत योग) के लिए अनुभवी वैदिक अंक ज्योतिषी या ज्योतिषी से सलाह लें।

प्रेम विवाह / व्यवस्थित विवाह

अंक ज्योतिष में (खासकर कक्षाओं में सिखाई गई प्रणाली में), विवाह का प्रकार — प्रेम विवाह या व्यवस्थित विवाह — Lo Shu ग्रिड (जन्म तिथि के अंक + नाम संख्याएँ) में विशिष्ट संख्याओं और उनकी बहुलता / मजबूती से बहुत मजबूती से संकेत मिलता है।

प्रेम विवाह के लिए जिम्मेदार संख्याएँ: 7, 6, 5

- **प्रेम विवाह संख्या 7 (केतु)**
    - कई '77' सबसे मजबूत संकेत है। जितने ज्यादा '7' (खासकर जोड़े या कई जैसे 77, 777), प्रेम विवाह की संभावना उतनी ही ज्यादा।
    - महत्वपूर्ण चेतावनी: अगर चार्ट में कई 77 हैं लेकिन 5 या 6 नहीं हैं → विवाह जीवन में स्थिरता नहीं → विवाह असफल हो सकता है या अलगाव/तलाक की ओर ले जा सकता है।
    - कारण: 7 वैराग्य, आध्यात्मिकता और असामान्य चुनाव (प्रेम विवाह) लाता है, लेकिन ग्राउंडिंग (5 – बुध) या सामंजस्य (6 – शुक्र) के बिना रिश्ता स्थिर नहीं रहता।
- **प्रेम विवाह संख्या 5 (बुध)**
    - अगर एकल 5 मौजूद है → 50% प्रेम विवाह की संभावना।
    - 5 बदलाव, स्वतंत्रता, आकर्षण, संवाद लाता है — पारंपरिक व्यवस्था से बाहर किसी से मिलने का समर्थन करता है।
- **प्रेम विवाह संख्या 6 (शुक्र)**
    - अगर एकल 6 मौजूद है → 50% प्रेम विवाह की संभावना।
    - 6 रोमांस, सौंदर्य, भावनात्मक बंधन लाता है — प्रेम-आधारित विवाह का समर्थन करता है।

प्रेम विवाह का सारांश

1. सबसे मजबूत संकेत = कई 7 (खासकर 77)
2. सहायक = एकल 5 या 6।
3. खतरा = कई 7 बिना 5 या 6 के → अस्थिर/असफल विवाह का उच्च जोखिम।

व्यवस्थित विवाह के लिए जिम्मेदार संख्याएँ: 9, 3, 2

- **व्यवस्थित विवाह संख्या 9 (मंगल)**
  - मंगल विवाह से बचने और देरी करने की कोशिश करता है। मजबूत 9 ऊर्जा बाधाएँ, गुस्सा या परिवार का दबाव पैदा करती है जो पारंपरिक व्यवस्थित विवाह को प्रेम चुनाव से ज्यादा पसंद करती है।
- **व्यवस्थित विवाह संख्या 3 (बृहस्पति)**
  - बृहस्पति (3) रोमांटिक अर्थ में विवाह पसंद नहीं करता।
  - मजबूत 3 व्यक्ति को बुद्धि, शिक्षण, नैतिकता या सामाजिक स्थिति पर ज्यादा केंद्रित करता है — परिवार द्वारा अनुमोदित व्यवस्थित विवाह पसंद करता है।
- **व्यवस्थित विवाह संख्या 2 (चंद्रमा)**
  - चंद्रमा (2) विवाह में देरी करने की कोशिश करता है।
  - भावनात्मक निर्भरता, परिवार से लगाव और सुरक्षा की जरूरत बुजुर्गों द्वारा तय व्यवस्थित विवाह की ओर धकेलती है।

व्यवस्थित विवाह का सारांश

सबसे मजबूत संकेत = मजबूत 9, 3 या 2 । ये संख्याएँ सहज प्रेम चुनाव को रोकती या ब्लॉक करती हैं, परिवार की भागीदारी को बढ़ावा देती हैं।

विदेश में बसना

जिम्मेदार संख्याएँ: 6 और 5

- **6 (शुक्र)** 5 से ज्यादा जिम्मेदार है विदेश बसने के लिए।
  - मजबूत 6 ऊर्जा = लग्जरी / Luxury, आराम, विदेशी भूमि की ओर आकर्षण, वहाँ बेहतर जीवनशैली।
- **5 (बुध)** सिर्फ 6 का पूरक है।

    - 5 अनुकूलन, यात्रा, बदलाव लाता है — विदेश जाने का समर्थन करता है लेकिन लंबे समय के बसावट के लिए 6 जरूरी।

मुख्य नियम

- अगर 6 और 5 दोनों मौजूद हैं → सफल विदेश बसावट का बहुत मजबूत संकेत → विदेश में जीवन भारत से बेहतर होगा।
- अगर 6 और 5 दोनों गायब हैं → विदेश जाने से बचें वरना बहुत संघर्ष, कठिनाइयाँ या अंततः जन्मभूमि पर वापस लौटना पड़ सकता है। जन्मभूमि में रहना सबसे अच्छा।

ड्राइवर (मूलांक) और कंडक्टर (भाग्यांक) से देश का मिलान:

- देश के नाम की संख्या निकालें।
- मालिक के मूलांक (D) और भाग्यांक (C) से मिलान करें।
- ऐसे देशों से बचें जिनकी संख्या D या C से शत्रु (anti/enemy) हो।

उदाहरण

- USA: U=3, S=1, A=1 → 3+1+1 = 5
    - अगर D या C 8 है → NO (5 और 8 शत्रु हैं)।
    - अन्य संख्याएँ मिलती हों तो कोशिश कर सकते हैं।
- Canada: C=3, A=1, N=5, A=1, D=4, A=1 → 3+1+5+1+4+1 = 15 → 1+5 = 6
    - अगर D/C 6 का समर्थन करता है (जैसे मूलांक 2 या 6) तो अच्छा।

व्यावहारिक सलाह:

- देश की नाम संख्या और मालिक के मूलांक/भाग्यांक दोनों की संगतता जाँचें।
- चार्ट में मजबूत 6+5 + अनुकूल देश संख्या → विदेश में खुशहाल, समृद्ध जीवन की उत्कृष्ट संभावना।

निष्कर्ष

वैदिक अंक ज्योतिष आपके जीवन का कर्म नक्शा

इस अध्याय के समापन पर, अब आपके पास भारतीय आध्यात्मिक परंपरा में विकसित सबसे प्राचीन और गहन आत्म-समझ और जीवन मार्गदर्शन के उपकरणों में से एक है। वैदिक अंक ज्योतिष सिर्फ व्यक्तित्व रूपरेखा (Profile)

या भाग्य बताने वाली प्रणाली नहीं है। यह एक कर्म दर्पण है — एक सटीक ऊर्जा नक्शा जो दिखाता है:

- आप गहराई से स्वाभाविक रूप से कौन हैं (मूलांक – आपका आंतरिक ड्राइवर) जो भाग्य पूरा करना है और जो सबक सीखने हैं (भाग्यांक – आपका जीवन कंडक्टर)
- जन्म ग्रिड में बार-बार आने वाली संरचनाएँ, ताकत और खालीपन
- 45-वर्ष दशा चक्र से जीवन के मुख्य अध्यायों का सनय विशेष योग जो कृपा, सुरक्षा या तेज़ विकास लाते हैं कर्म ऋण जो सचेत हल करने की मॅग करते हैं। मजबूत या शांत करने वाली सटीक ग्रहीय ऊर्जाएँ — सरल, शक्तिशाली उपायों से

वैदिक अंक ज्योतिष को अनोखा सशक्तिकरण देने वाली बात इसकी समग्र और उपायकारी प्रकृति है। यह कभी "यह आपकी नियति है" नहीं कहता — यह हमेशा कहता है: "यह ऊर्जा आप ले कर आए हैं... यहाँ यह घर्षण या प्रवाह पैदा करती है... और यहाँ सटीक कदम हैं जिनसे आप इसे सामंजस्यपूर्ण बना सकते हैं।"

इस अध्याय से आपने सीखा है:

- अपना मूलांक और भाग्यांक निकालना और व्याख्या करना
- उनके बीच गतिशील संबंध पढ़ना
- जन्म ग्रिड बनाना और विश्लेषण करना
- मुख्य योग और कर्म ऋण संकेत पहचानना
- हर महादशा, अंतरदशा और प्रत्यंतरदशा के समय और विषय समझना
- लक्षित उपाय लागू करना — मंत्र, रंग, रत्न, दान, उपवास और जीवनशैली बदलाव — शुभ कंपनों को मजबूत करने और चुनौतीपूर्ण को नरम करने के लिए

उदाहरण व्यक्ति (11 अगस्त 1986, मूलांक 2 + भाग्यांक 7) के लिए हमने देखा कि एक ऐसी आत्मा है जिसकी प्राकृतिक भावनात्मक संवेदनशीलता और सामंजस्य की जरूरत (चंद्रमा) को गहन आध्यात्मिक वैराग्य, आत्मनिरीक्षण और आंतरिक बुद्धि (केतु) की ओर निर्देशित किया जा रहा है। जन्म ग्रिड में मजबूत सूर्य नेतृत्व (तीन 1), शनि अनुशासन (दो 8), और कलात्मक/आध्यात्मिक अंतर्धारा (शुक्र–केतु) दिखती है, लेकिन गायब बृहस्पति, बुध और राहु विकास के क्षेत्र दर्शाते हैं। वर्तमान योग (2026 के अनुसार) गतिशील मंगल–बुध ऊर्जा के साथ लग्जरी

शुक्र–केतु–बुध और शक्तिशाली राज योग डायमंड को सक्रिय करते हैं — क्रिया, बुद्धि, स्थिति और परिवर्तन का चरण, भावनात्मक–कर्मिक सबकों के साथ संतुलित।

हर बार जब आप मूलांक के दिन उसका रंग पहनते हैं, कमजोर ग्रह का बीज मंत्र जपते हैं, भारी शनि को शांत करने के लिए दान देते हैं, या केतु की पुकार से संरेखित होने के लिए ध्यान करते हैं — आप सक्रिय रूप से अपने कर्म की स्क्रिप्ट (Script) / कहानी फिर से लिख रहे होते हैं। वैदिक अंक ज्योतिष हमें वेदों में मिले एक शाश्वत सत्य की याद दिलाता है: "जैसा सूक्ष्म है, वैसा ही महान है।" आपकी संख्याएँ ब्रह्मांड से अलग नहीं हैं — वे ब्रह्मांड हैं जो आपके माध्यम से बोल रहा है। इस ज्ञान को हल्के से रखें, बुद्धिमानी से इस्तेमाल करें और इसे एक कोमल दिशासूचक की तरह इस्तेमाल होने दें — कभी कठोर पिंजरे की तरह नहीं।

आगे के अध्यायों में हम इन वैदिक अंतर्दृष्टियों को चीनी Lo Shu ग्रिड, पाइथागोरियन नाम कंपन, मोबाइल संख्या विश्लेषण और व्यावहारिक महारत तकनीकों के साथ एकीकृत करेंगे, तब तक याद रखें: आपकी संख्याएँ आपको जज नहीं कर रही हैं। वे आपको आमंत्रित कर रही हैं — जागने, संतुलित होने, बढ़ने और अपनी उच्चतम नियति के साथ अधिक जागरूकता से जीने के लिए। नौ ग्रह आपका मार्गदर्शन करें, आपका मूलांक आपको शक्ति से चलाए, आपका भाग्यांक आपको पूर्णता की ओर ले जाए, और आप जितने भी उपाय अपनाएँ, वे आपके पथ पर अगला द्वार खोलें।

अध्याय ३ : Lo Shu अंक ज्योतिष

(Chinese / Feng Shui Grid)

अवलोकन

Lo Shu अंक ज्योतिष की सुंदर और स्थान-आधारित दुनिया में आपका स्वागत है। यह दुनिया की सबसे पुरानी ज्ञात अंक ज्योतिष प्रणालियों में से एक है, जो 4,000 साल से ज्यादा पहले प्राचीन चीन में उत्पन्न हुई। वैदिक अंक ज्योतिष के ग्रहीय-कर्म फोकस के उलट, Lo Shu गहराई से फेंग शुई, ई चिंग और मनुष्य तथा उसके पर्यावरण के बीच सामंजस्य के सिद्धांत पर आधारित है।

इसके केंद्र में किंवदंती वाला **Lo Shu Magic Square मैजिक स्क्वेयर** है — एक 3×3 ग्रिड, जिसमें हर पंक्ति, कॉलम और तिरछी रेखा का जोड़ 15 आता है, जो पूर्ण ब्रह्मांडीय संतुलन का प्रतीक है। कथा के अनुसार, यह पैटर्न महान सम्राट यू के समय Lo नदी से निकले एक दिव्य कछुए की खोल पर प्रकट हुआ था। Lo Shu ग्रिड को सार्वभौमिक ऊर्जा प्रवाह का नक्शा माना जाता है, जो दिखाता है कि संख्याएँ (1–9) दिशाओं, तत्वों, ऋतुओं, शरीर के अंगों, जीवन के पहलुओं और व्यक्तिगत ऊर्जा अवस्थाओं से कैसे जुड़ी हैं।

इस अध्याय में हम Lo Shu को एक जीवंत, गतिशील उपकरण के रूप में देखेंगे — न कि सिर्फ व्यक्तित्व विश्लेषण के लिए, बल्कि वास्तविक समय में पर्यावरण और व्यक्तिगत सामंजस्य के लिए।

आप सीखेंगे:

- अपना **जन्म ग्रिड** बनाना और व्याख्या करना — जन्म तिथि से बना स्थिर 3×3 पैटर्न, जो जीवनभर की ताकत, असंतुलन और गायब ऊर्जाएँ दिखाता है
- **वर्तमान / प्रोग्रेस्ड ग्रिड (Progressed Grid)** बनाना (व्यक्तिगत वर्ष, महीना, दिन ग्रिड) — दिखाता है कि अभी कौन-सी संख्याएँ और ऊर्जाएँ प्रमुख हैं और ये आपके जन्म ग्रिड से कैसे जुड़ती हैं
- **तीन स्तर समझना**
    - क्षैतिज स्तर: मन (ऊपर), शरीर (बीच), आत्मा/रूह (नीचे)

    - खड़ी स्तर: विचार/आइडिया (बाएँ), भावना/इमोशन (बीच), क्रिया/इच्छाशक्ति (दाएँ)
    - मजबूत, कमजोर या गायब स्तर कैसे मानसिक स्पष्टता, शारीरिक जीवन शक्ति, भावनात्मक स्थिरता और जीवन में प्रकटीकरण को प्रभावित करते हैं
- **गोल्ड और सिल्वर डायगोनल** / Diagonal का विश्लेषण — भाग्य और सुरक्षा की शक्तिशाली रेखाएँ
    - गोल्ड डायगोनल (3-5-7): आध्यात्मिक अंतर्दृष्टि, अंतर्ज्ञान, ज्ञानोदय
    - सिल्वर डायगोनल (9-5-1): भौतिक सफलता, नेतृत्व, सांसारिक उपलब्धि
- **गायब संख्याएँ और स्तर** पहचानना — उनके मनोवैज्ञानिक, भावनात्मक, शारीरिक और व्यावहारिक प्रभाव, तथा रंगों, पुष्टि, फेंग शुई प्लेसमेंट, तत्वों और जीवनशैली बदलाव से उपाय करना
- **व्यक्तिगत चक्र महारत**
    - व्यक्तिगत वर्ष, महीना और दिन संख्याएँ (जन्म तिथि + वर्तमान वर्ष/महीना/दिन से निकाली गई)
    - दोहराने वाला 9-वर्ष चक्र — हर वर्ष 1 से 9 तक की संख्या द्वारा शासित, स्पष्ट विषय, अवसर, चुनौतियाँ और ऊर्जा से संरेखित होने के लिए शक्तिशाली पुष्टि
- **अपना Kua संख्या (Gua नंबर) निकालना और लागू करना**
    - चरणबद्ध गणना (पुरुषों और महिलाओं के लिए अलग)
    - हर Kua से जुड़े सकारात्मक और नकारात्मक व्यक्तित्व गुण
    - काम, नींद, पढ़ाई और महत्वपूर्ण कार्यों के लिए शुभ और अशुभ दिशाएँ
    - फेंग शुई कम्पास दिशाएँ: उत्तर, दक्षिण, पूर्व, पश्चिम, उत्तर-पूर्व, उत्तर-पश्चिम, दक्षिण-पूर्व, दक्षिण-पश्चिम)
    - तत्व संगतता (लकड़ी, आग, पृथ्वी, धातु, पानी) और यह स्वास्थ्य, रिश्ते और समृद्धि को कैसे प्रभावित करती है
    - साथी, परिवार या व्यापार सहयोगियों के साथ Kua संगतता — कौन-से Gua संख्या सामंजस्य या टकराव लाते हैं

- **Lo Shu को रोज़मर्रा की जिंदगी में एकीकृत करना** — घर/अपार्टमेंट संख्या विश्लेषण, ऑफिस डेस्क दिशा, सोने की ओर, रंग योजना और सरल फेंग शुई बदलाव ताकि शुभ संख्याएँ सक्रिय हों और गायब को संतुलित करें

Lo Shu अंक ज्योतिष अनोखी रूप से व्यावहारिक और स्थान-आधारित है। वैदिक अंक ज्योतिष समय के माध्यम से आपकी आत्मा की कर्म यात्रा से बात करता है, वहीं Lo Shu अभी आप कहाँ हैं, आपके आसपास का स्थान आपकी ऊर्जा का समर्थन करता है या रोकता है — यह बताता है।

उदाहरण जन्म तिथि **11 अगस्त 1986** के लिए, हम पहले अध्यायों से वैदिक-शैली जन्म ग्रिड बनाएंगे और इसे Lo Shu जन्म ग्रिड से तुलना करेंगे, दिखाएंगे कि एक ही व्यक्ति से दोनों प्रणालियाँ अलग-अलग लेकिन पूरक अंतर्दृष्टि कैसे देती हैं। हम वर्तमान व्यक्तिगत वर्ष (2026 = 2) और Kua संख्या भी निकालेंगे ताकि वास्तविक समय में उपयोग दिखे।

इस अध्याय के अंत तक आप कर पाएंगे:

- अपने और दूसरों के Lo Shu ग्रिड को आत्मविश्वास से पढ़ना
- असंतुलन पहचानना और तुरंत प्रभावी उपाय लागू करना
- व्यक्तिगत चक्र और Kua दिशाओं से बेहतर रोज़ाना फैसले लेना
- अपने लक्ष्यों का समर्थन करने वाले सामंजस्यपूर्ण रहने और काम करने की जगह बनाना
- Lo Shu अंतर्दृष्टियों को वैदिक निष्कर्षों के साथ मिलाकर जीवन पथ की ज्यादा समृद्ध, बहु-आयामी समझ बनाना

Lo Shu हमें चीनी शाश्वत सिद्धांत सिखाता है:

"मनुष्य स्वर्ग और पृथ्वी के बीच है।" जब आपके व्यक्तिगत अंक, दिशाएँ और पर्यावरण सामंजस्य में हों, तो स्वर्ग (ब्रह्मांडीय ऊर्जा) और पृथ्वी (भौतिक वास्तविकता) आपके माध्यम से सहजता से बहती हैं। आइए अब मैजिक स्क्वेयर में प्रवेश करें — और देखें कि कछुए की खोल पर संख्याएँ आपके आधुनिक जीवन में संतुलन, सुरक्षा और समृद्धि कैसे ला सकती हैं।

Lo Shu Grid

उदाहरण: 11-08-1986, मूलांक – 2, भाग्यांक – 7

Lo Shu Grid Format		
4	9	2
3	5	7
8	1	6

जन्म ग्रिड में संख्याएँ: DD, MM, YYYY, मूलांक (केवल अगर DD 10 से ज्यादा हो) और भाग्यांक भारतीय Lo Shu ग्रिड में जोड़े जाते हैं।

Chinese Lo Shu Birth Grid		
	9	
88	111	6

Indian Lo Shu Grid		
	9	***2***
		7
88	111	6

नोट:

सख्त चीनी Lo Shu में केवल जन्म तिथि के मूल अंक ही ग्रिड में रखे जाते हैं। लेकिन भारतीय/वैदिक-अनुकूलित Lo Shu ग्रिड में मूलांक और भाग्यांक को जानबूझकर जोड़ा जाता है ताकि व्याख्या और गहरी हो सके।

चीनी Lo Shu में सदी (century) के अंक भी शामिल किए जाते हैं, जबकि वैदिक अंक ज्योतिष में केवल वर्ष के आखिरी दो अंक (YY) ही लिए जाते हैं। यह वैदिक (ग्रहीय) और Chinese (Grid) प्रणालियों के मिश्रण को दर्शाता है। इस पुस्तक में हम भारतीय Lo Shu Grid का पालन करेंगे।

उदाहरण: 10-01-1986 (दिन 10 से ज्यादा नहीं है)

- मूलांक: 10 = 1+0 = 1
- भाग्यांक: 1+0+0+1+1+9+8+6 = 26 → 2+6 = 8

मूलांक 1 को ग्रिड में **नहीं** जोड़ा जाएगा, क्योंकि दिन 10 से ज्यादा नहीं है।

Lo Shu Birth Grid		
	9	
88	111	6

वर्तमान / Present / Progression Grid

व्यक्तिगत वर्ष Personal Year (PY) ग्रिड

11-08-2026 = 1+1+0+8+2+0+2+6 = 20 = 2+0 = **2**

व्यक्तिगत वर्ष संख्या = 2 वर्तमान वर्ष ग्रिड: 11-08-2026

(मूलांक और भाग्यांक सहित)

Lo Shu Birth Grid		
	9	**2**
		7
88	111	6

व्यक्तिगत वर्ष (PY) ग्रिड		
		22**22**
		7
8	11	6

व्यक्तिगत महीना ग्रिड (Personal Month Grid)

यहाँ मैं दो विधियों का उदाहरण दे रहा हूँ जो न्यूमेरोलॉजिस्ट / Numerologist व्यक्तिगत महीना गणना के लिए इस्तेमाल करते हैं।

विधि A: सबसे आम और व्यापक रूप से स्वीकृत विधि

व्यक्तिगत महीना (Personal Month PM) सूत्र (एकल अंक में घटाकर) = व्यक्तिगत वर्ष संख्या + वर्तमान महीना संख्या

1. जनवरी 2026 के लिए व्यक्तिगत महीना = 2 + 1 = 3
2. फरवरी 2026 के लिए व्यक्तिगत महीना = 2 + 2 = 4
3. मार्च 2026 के लिए व्यक्तिगत महीना = 2 + 3 = 5

विधि B: कुछ वैदिक न्यूमेरोलॉजिस्ट वैकल्पिक प्रगति विधि का उपयोग करते हैं जिसमें जन्म महीने से पूरे हुए महीनों की संख्या जोड़ी जाती है

जनवरी 2026 के लिए व्यक्तिगत महीना, तिथि: 11-01-2026

1. व्यक्तिगत वर्ष 2026 = 2
2. वर्तमान महीना = जनवरी = *1*
3. पिछले व्यक्तिगत वर्ष से पूरे हुए महीनों की संख्या
   - व्यक्तिगत वर्ष आपका जन्म महीना (अगस्त) से शुरू होता है
   - अगस्त 2025 से जनवरी 2026 तक = 5 महीने पूरे हुए (सितंबर, अक्टूबर, नवंबर, दिसंबर, जनवरी) → **5**

4. व्यक्तिगत महीना का कुल = व्यक्तिगत वर्ष + वर्तमान महीना + पूरे हुए महीने = 2 + *1* + **5** = 8 →
   जनवरी 2026 के लिए व्यक्तिगत महीना = 8 (शनि ऊर्जा: अनुशासन, कड़ी मेहनत, देरी, जिम्मेदारी, कर्म सबक)
5. ग्रिड के लिए पूरी वर्तमान तिथि इस्तेमाल: 11-01-2026 अंक: 1, 1, 0, 1, 2, 0, 2, 6, PM **8**, मूलांक 2 और भाग्यांक 7

फरवरी 2026 के लिए व्यक्तिगत महीना, तिथि: 11-02-2026

1. व्यक्तिगत महीना = व्यक्तिगत वर्ष + वर्तमान महीना + पूरे हुए महीने = 2 + 2 + **6** = 10 = 1+0 = 1 (सूर्य)

नोट: जनवरी के लिए व्यक्तिगत महीना 8 और फरवरी के लिए 1 है। इसी तरह मार्च के लिए व्यक्तिगत महीना = 2 + 3 + **7** = 12 = 3 होगा। व्यक्तिगत महीना 2 से बढ़ रहा है।

- **विधि A:** जनवरी, फरवरी, मार्च के लिए व्यक्तिगत महीना क्रमशः 3, 4, 5
- **विधि B:** जनवरी, फरवरी, मार्च के लिए व्यक्तिगत महीना क्रमशः 8, 1, 3

जनवरी 2026 के लिए व्यक्तिगत महीना ग्रिड (विधि A और B)

तिथि: 11-01-2026: (ग्रिड में शामिल: जन्म तिथि के अंक + व्यक्तिगत महीना संख्या + मूलांक 2 + भाग्यांक 7)

विधि A (व्यक्तिगत महीना = 3): ग्रिड में: 1, 1, 0, 1, 2, 0, 2, 6, Personal Month (PM) 3, मूलांक 2, भाग्यांक 7

विधि B (व्यक्तिगत महीना = 8): ग्रिड में: 1, 1, 0, 1, 2, 0, 2, 6, Personal Month (PM) 8, मूलांक 2, भाग्यांक 7

यह दोनों विधियाँ अलग-अलग ऊर्जा दृष्टिकोण देती हैं — विधि A सरल और सामान्य है, जबकि विधि B वैदिक अनुकूलित है जो जन्म महीने से प्रगति पर जोर देती है। इस पुस्तक में हम दोनों विधियों को समझेंगे। यदि आप अंकशास्त्री हैं, तो कुछ मामलों की जांच करके निर्धारित करें कि कौन सी विधि आपके लिए कारगर है।

PM Grid Jan 26 (A)		
		222
3		**7**
	111	6

PM Grid Jan 26 (B)		
		222
		7
8	111	6

इस पुस्तक में हम व्यक्तिगत महीना संख्याओं के लिए विधि A (व्यक्तिगत वर्ष + वर्तमान महीना) को मुख्य विधि के रूप में उपयोग करते हैं, क्योंकि यह सबसे सुसंगत और व्यापक रूप से सिखाई जाने वाली विधि है।

व्यक्तिगत वर्ष संख्या – साल का मुख्य विषय (12 महीने का चक्र)

गणना (सबसे आम विधि A – व्यापक रूप से इस्तेमाल): व्यक्तिगत वर्ष = जन्म का दिन + जन्म का महीना + वर्तमान कैलेंडर वर्ष → एकल अंक 1–9 में घटाएँ

उदाहरण: 11-08-1986

जन्म वाले व्यक्ति के लिए 2026 में तिथि: 11-08-2026 = 20 = 2 + 0 = 2

- जन्म का दिन = 11 → 1+1 = 2
- जन्म का महीना = 8
- वर्तमान वर्ष = 2026 → 2+0+2+6 = 10 → 1+0 = 1
- कुल = 2 + 8 + 1 = 11 → 1+1 = 2

व्यक्तिगत वर्ष 2026 = 2 (चंद्रमा ऊर्जा: भावनात्मक फोकस, रिश्ते, सामंजस्य, अंतर्ज्ञान, परिवार)

इसका उपयोग कैसे करें

- पूरे साल (1 जनवरी से 31 दिसंबर, या कभी-कभी जन्मदिन से जन्मदिन) का कुल स्वर तय करता है।
- मुख्य जीवन क्षेत्र बताता है जो सक्रिय हो रहा है (जैसे वर्ष 2 = रिश्ते और भावनाएँ; वर्ष 1 = नई शुरुआत और खुद; वर्ष 9 = समापन और पूर्णता)।
- जन्म ग्रिड से संबंध: अगर जन्म ग्रिड में वह संख्या गायब है, तो वर्ष उस "खालीपन" को भरने में मदद करता है (हीलिंग का अवसर)। अगर पहले से मजबूत है, तो वर्ष उसे और बढ़ाता है।
- साल के लक्ष्य उस ऊर्जा के इर्द-गिर्द बनाएँ (जैसे वर्ष 2 → विवाह, परिवार हीलिंग, भावनात्मक संतुलन पर फोकस; बड़े संघर्ष से बचें)।

व्यक्तिगत महीना संख्या – महीने का मुख्य विषय (28–31 दिन का चक्र)

गणना (विधि A – सबसे आम और सरल): व्यक्तिगत महीना = व्यक्तिगत वर्ष संख्या + वर्तमान महीना संख्या → 1–9 में घटाएँ

उदाहरण जनवरी 2026 (व्यक्तिगत वर्ष 2):

- वर्तमान महीना = 1, व्यक्तिगत महीना = 2 + 1 = 3 (बृहस्पति: रचनात्मकता, आशावाद, विस्तार, सामाजिक खुशी)

उदाहरण फरवरी 2026:

- वर्तमान महीना = 2, व्यक्तिगत महीना = 2 + 2 = 4 (राहु: संरचना, अनुशासन, नवाचार, चुनौतियाँ)

इसका उपयोग कैसे करें:

- साल के मुख्य विषय के अंदर महीने का स्वाद दिखाता है।
- महीने-विशेष गतिविधियाँ प्लान करने में मदद (जैसे महीना 3 → रचनात्मक प्रोजेक्ट शुरू करें, सामाजिक कार्यक्रम; महीना 4 → संगठन, कड़ी मेहनत या बाधाओं का सामना)।
- व्यक्तिगत वर्ष से संबंध: वर्ष 2 में महीना 3 = रचनात्मक भावनात्मक अभिव्यक्ति; महीना 4 = अनुशासित भावनात्मक सीमाएँ।
- जन्म ग्रिड से संबंध: महीना जो गायब जन्म संख्या लाता है (जैसे महीना 3 गायब 3 को भरता है) → रचनात्मकता विकसित करने का अवसर।

व्यक्तिगत दिन संख्या – दिन का मुख्य विषय (24 घंटे का चक्र)

गणना: व्यक्तिगत दिन = व्यक्तिगत महीना संख्या + वर्तमान दिन संख्या → 1–9 में घटाएँ

उदाहरण: 26 जनवरी 2026 (व्यक्तिगत महीना = 3)

वर्तमान दिन = 26 → 2+6 = 8, व्यक्तिगत दिन = 3 + 8 = 11 → 1+1 = 2

इसका उपयोग कैसे करें:

- रोज़ाना ऊर्जा दिखाता है — छोटे फैसलों के समय के लिए आदर्श (जैसे दिन 1 → नई चीजें शुरू करें; दिन 2 → मीटिंग/रिश्ते; दिन 9 → अधूरा काम पूरा करें)।
- शुभ दिन चुनने में मदद (महत्वपूर्ण कॉल, डेट, इंटरव्यू आदि)।

- महीना/वर्ष से संबंध: वर्ष 2 में महीना 3 में दिन 2 = बहुत मजबूत भावनात्मक/संबंध दिन।
- जन्म ग्रिड से संबंध: गायब संख्याएँ लाने वाले दिन → उस क्षेत्र में अस्थायी हीलिंग / Healing / चिकित्सा या फोकस।

रोज़ाना/साप्ताहिक/मासिक उपयोग की व्यावहारिकता

1. साल की शुरुआत में व्यक्तिगत वर्ष निकालें → उस संख्या के इर्द-गिर्द साल के इरादे बनाएँ (जैसे वर्ष 2 → "इस साल मैं भावनात्मक हीलिंग और रिश्तों पर फोकस करूँगा")।
2. हर महीने की शुरुआत में व्यक्तिगत महीना निकालें → महीने के लक्ष्य प्लान करें (जैसे महीना 3 → रचनात्मक प्रोजेक्ट; महीना 8 → अनुशासन और कड़ी मेहनत)।
3. हर सुबह व्यक्तिगत दिन निकालें → रोज़ाना प्राथमिकताएँ तय करें (जैसे दिन 1 → कुछ नया शुरू करें; दिन 9 → अधूरे काम खत्म करें)।
4. उपाय और समायोजन
    - उस दिन/महीने की प्रमुख संख्या का रंग पहनें (जैसे 2 के दिन सफेद/चाँदी)।
    - व्यक्तिगत महीना/दिन संख्या का बीज मंत्र जपें।
    - उस ग्रह के लिए दान/सेवा कार्य करें (जैसे चंद्रमा/2 के लिए दूध दान)।

उदाहरण व्यक्ति (11-08-1986) के लिए 2026 में सारांश

- व्यक्तिगत वर्ष 2026 = 2 → कुल भावनात्मक, संबंध-केंद्रित, सामंजस्यपूर्ण वर्ष
- जनवरी 2026 (महीना 1) → व्यक्तिगत महीना = 3 → रचनात्मक, आशावादी, सामाजिक महीना
- फरवरी 2026 (महीना 2) → व्यक्तिगत महीना = 4 → संरचित, अनुशासित, चुनौतीपूर्ण महीना
- 26 जनवरी 2026→ व्यक्तिगत दिन = 2 → भावनात्मक, कूटनीतिक, संबंध-केंद्रित दिन

यह स्तरित दृष्टिकोण (वर्ष → महीना → दिन) जन्म ग्रिड के साथ पूरक एक व्यावहारिक रोज़ाना/मासिक मार्गदर्शक देता है, जो आपको वर्तमान ऊर्जाओं के साथ बहने में मदद करता है बजाय उनके खिलाफ लड़ने के।

Lo Shu Grid ग्रिड में तीन स्तर

Lo Shu अंक ज्योतिष में 3×3 ग्रिड को तीन क्षैतिज स्तर और तीन खड़ी स्तर में बाँटा जाता है। ये स्तर मानव अनुभव के अलग-अलग आयाम दर्शाते हैं — मानसिक, शारीरिक, भावनात्मक/आध्यात्मिक।

मानक Lo Shu Grid Layout (ग्रिड लेआउट)

4	**9**	**2**	← Top Row → Mind / Mental Plane
3	**5**	**7**	← Middle Row → Body / Physical Plane
8	**1**	**6**	← Bottom Row → Spirit / Soul / Emotional Plane
↑ Thought/ Ideas	↑ Feeling/ Emotion	↑ Action/ Will	

1. क्षैतिज स्तर (पंक्तियाँ)

ऊपरी पंक्ति (4-9-2) → मन / मानसिक स्तर

प्रतिनिधित्व करता है: बुद्धि, विचार, आइडिया, तर्क, स्पष्टता, योजना, मानसिक फोकस, बुद्धिमत्ता, सीखने की क्षमता।

- मजबूत (2–3 संख्याएँ मौजूद): उत्कृष्ट मानसिक स्पष्टता, तेज़ दिमाग, अच्छी याददाश्त, विश्लेषणात्मक कौशल, प्रभावी योजना और रणनीति बनाने की क्षमता।
- कमजोर (1 संख्या): औसत मानसिक फोकस, कभी-कभी भ्रम या बिखरे विचार।
- गायब (0 संख्याएँ): खराब मानसिक स्पष्टता, एकाग्रता में कठिनाई, भूलने की आदत, ज्यादा सोचना, मानसिक धुंध, सीखने में परेशानी, खराब फैसले।

बीच की पंक्ति (3-5-7) → शरीर / शारीरिक स्तर

प्रतिनिधित्व करता है: शारीरिक स्वास्थ्य, शरीर की ताकत, जीवन शक्ति, भौतिक दुनिया, रोज़मर्रा की दिनचर्या, शारीरिक ऊर्जा, सहनशक्ति, अंगों का स्वास्थ्य।

- मजबूत: अच्छा शारीरिक स्वास्थ्य, उच्च जीवन शक्ति, मजबूत शरीर, अच्छी सहनशक्ति, भौतिक स्थिरता।
- कमजोर: औसत स्वास्थ्य, कभी-कभी थकान या छोटी बीमारियाँ।
- गायब: शारीरिक कमजोरी, कम जीवन शक्ति, पुरानी स्वास्थ्य समस्याएँ, कमजोर रोग प्रतिरोधक क्षमता, दुर्घटनाएँ, कम ऊर्जा, भौतिक संघर्ष, शरीर से जुड़ी समस्याएँ (हड्डियाँ, पाचन आदि)।

निचली पंक्ति (8-1-6) → आत्मा / रूह / भावनात्मक स्तर

प्रतिनिधित्व करता है: भावनाएँ, फीलिंग्स, अंतर्ज्ञान, आध्यात्मिक जुड़ाव, आंतरिक शांति, आत्मा का उद्देश्य, करुणा, भावनात्मक बुद्धिमत्ता।

- मजबूत: गहरी भावनात्मक स्थिरता, मजबूत अंतर्ज्ञान, आध्यात्मिक जागरूकता, करुणा, आंतरिक शांति, भावनात्मक लचीलापन।
- कमजोर: मध्यम भावनात्मक संतुलन, कभी-कभी मूड स्विंग्स।
- गायब: भावनात्मक अस्थिरता, चिंता, उदासी, अंतर्ज्ञान की कमी, अलगाव की भावना, आध्यात्मिक खालीपन, गहरे बंधन बनाने में कठिनाई।

2. खड़ी स्तर (कॉलम)

बायाँ कॉलम (4-3-8) → विचार / आइडिया / बुद्धि स्तर

प्रतिनिधित्व करता है: योजना, आइडिया, तर्क, रणनीति, बौद्धिक प्रोसेसिंग, मानसिक संरचना, बाएँ दिमाग की सोच।

- मजबूत: उत्कृष्ट प्लानर, तार्किक विचारक, रणनीति और लंबे समय की दृष्टि में अच्छा।
- कमजोर: औसत योजना क्षमता।
- गायब: खराब योजना, बिखरे आइडिया, विचारों को व्यवस्थित करने में कठिनाई, अव्यावहारिकता।

बीच का कॉलम (9-5-1) → भावना / इमोशन / हृदय स्तर

प्रतिनिधित्व करता है: भावनाएँ, फीलिंग्स, रिश्ते, हृदय-केंद्रित फैसले, करुणा, सहानुभूति, प्रेम, सामाजिक जुड़ाव।

- मजबूत: भावनात्मक रूप से संतुलित, सहानुभूतिपूर्ण, रिश्तों में अच्छा, करुणामय, अंतर्ज्ञानी फैसले।
- कमजोर: मध्यम भावनात्मक जागरूकता।
- गायब: भावनात्मक अलगाव, रिश्तों में कठिनाई, सहानुभूति की कमी, ठंडक, हृदय से जुड़ी समस्याएँ।

दायाँ कॉलम (2-7-6) → क्रिया / इच्छाशक्ति / प्रकटीकरण स्तर

प्रतिनिधित्व करता है: शारीरिक क्रिया, इच्छाशक्ति, अमल, प्रकटीकरण, साहस, दृढ़ता, आइडिया को हकीकत में बदलने की क्षमता।

- मजबूत: मजबूत इच्छाशक्ति, अमल में उत्कृष्ट, अच्छी प्रकटीकरण शक्ति, निर्णायक क्रिया करने वाला।
- कमजोर: औसत क्रिया करने की क्षमता।
- गायब: टालमटोल, इच्छाशक्ति की कमी, लक्ष्य प्रकट करने में कठिनाई, निष्क्रियता, कदम उठाने का डर।

स्तर जीवन के मुख्य क्षेत्रों को कैसे प्रभावित करते हैं

मानसिक स्पष्टता

- मजबूत ऊपरी + बायाँ स्तर → तेज़, केंद्रित, रणनीतिक दिमाग
- कमजोर / गायब → भ्रम, अनिर्णय, खराब एकाग्रता, ज्यादा सोचना

शारीरिक जीवन शक्ति

- मजबूत बीच + दायाँ स्तर → उच्च ऊर्जा, अच्छा स्वास्थ्य, सहनशक्ति
- कमजोर / गायब → थकान, बीमारी, कम रोग प्रतिरोधक क्षमता, दुर्घटनाएँ, भौतिक संघर्ष

भावनात्मक स्थिरता

- मजबूत निचला + बीच स्तर → भावनात्मक संतुलन, लचीलापन, स्वस्थ रिश्ते
- कमजोर / गायब → मूड स्विंग्स, चिंता, उदासी, भावनात्मक अस्थिरता, रिश्तों की समस्या

जीवन में प्रकटीकरण (लक्ष्य हासिल करने की क्षमता)

- मजबूत दायाँ + बायाँ स्तर → योजना और अमल में अच्छा
- कमजोर / गायब दायाँ स्तर → आइडिया सपने ही रह जाते हैं; टालमटोल, अधूरे लक्ष्य
- सभी स्तर संतुलित → विचार → भावना → क्रिया → प्रकटीकरण में सहज प्रवाह

उदाहरण: तिथि: 11-08-1986

Chinese Lo Shu Birth Grid		
	9	
88	111	6

Indian Lo Shu Grid		
	9	**2**
		7
88	111	6

स्तर विश्लेषण – मूलांक 2 और भाग्यांक 7 सहित

क्षैतिज स्तर (पंक्तियाँ)

- **ऊपरी पंक्ति** (मानसिक **/ मन स्तर) — 4, 9, 2**
  - मूल: सिर्फ 9 (1 संख्या) → कमजोर
  - भाग्यांक 7 जोड़ा → अब दो संख्याएँ (9 और 7)
  - परिणाम: मध्यम रूप से मजबूत मानसिक स्तर
  - प्रभाव: अच्छा अंतर्ज्ञान और आध्यात्मिक बुद्धि (7), कुछ आशावाद/विस्तार (9) के साथ। मानसिक स्पष्टता ठीक है लेकिन असाधारण नहीं। कभी-कभी ज्यादा सोचना या वैराग्य (7 प्रभाव)।
  - जीवन में प्रकटीकरण: आंतरिक अंतर्दृष्टि से योजना बना सकते हैं, लेकिन बाहरी संरचना की जरूरत पड़ सकती है।
- **बीच की पंक्ति (शरीर / शारीरिक स्तर) — 3, 5, 7**
  - मूल: कोई नहीं → पूरी तरह गायब
  - भाग्यांक 7 जोड़ा → अब एक संख्या (7)
  - परिणाम: अभी भी कमजोर शारीरिक स्तर (सिर्फ एक संख्या)
  - प्रभाव: कम शारीरिक जीवन शक्ति, संभावित पुरानी स्वास्थ्य समस्याएँ, कम सहनशक्ति, भौतिक संघर्ष, या "जमीन से कटे हुए" महसूस होना।

- जीवन में प्रकटीकरण: शारीरिक शरीर और भौतिक दुनिया के लिए सचेत प्रयास/उपाय जरूरी।

- **निचली पंक्ति (आत्मा / रूह / भावनात्मक स्तर) — 8, 1, 6**
  - मूल: 8 (2), 1 (3), 6 (1) → बहुत मजबूत (तीन संख्याएँ, कई बार दोहराव)
  - मूलांक 2 जोड़ा → अब चार संख्याएँ (8, 1, 6, 2)
  - परिणाम: अत्यंत मजबूत भावनात्मक/आध्यात्मिक स्तर
  - प्रभाव: गहरी भावनात्मक गहराई, मजबूत अंतर्ज्ञान, करुणा, आध्यात्मिक जुड़ाव, भावनात्मक लचीलापन।
  - जीवन में प्रकटीकरण: उत्कृष्ट आंतरिक ताकत, दूसरों को महसूस करने और ठीक करने की क्षमता, आध्यात्मिक विकास की संभावना।

खड़ी स्तर (कॉलम)

- **बायाँ कॉलम (विचार / आइडिया स्तर) — 4, 3, 8**
  - मूल: सिर्फ 8 (2) → मध्यम
  - कोई अतिरिक्त मार्कर नहीं → मध्यम विचार स्तर
  - प्रभाव: ठीक तार्किक योजना और संरचना (शनि 8), लेकिन असाधारण रचनात्मकता या नवाचार नहीं।
  - जीवन में प्रकटीकरण: अनुशासित सोच में अच्छा, लेकिन लचीलापन की कमी हो सकती है।
- **बीच का कॉलम (भावना / इमोशन / हृदय स्तर) — 9, 5, 1**
  - मूल: 9 (1), 1 (3) → मजबूत
  - कोई अतिरिक्त मार्कर नहीं → मजबूत भावनात्मक हृदय स्तर
  - प्रभाव: अच्छी करुणा, हृदय से नेतृत्व, भावनात्मक गर्माहट, जुड़ाव की क्षमता।
  - जीवन में प्रकटीकरण: मजबूत संबंध और सहानुभूति क्षमता।
- **दायाँ कॉलम (क्रिया / इच्छाशक्ति / प्रकटीकरण स्तर) — 2, 7, 6**
  - मूल: सिर्फ 6 (1) → कमजोर
  - मूलांक 2 जोड़ा → अब दो संख्याएँ (2 और 6)
  - परिणाम: क्रिया स्तर में मध्यम सुधार

- प्रभाव: भावनात्मक प्रेरणा (2) + सामंजस्य/जिम्मेदारी (6) → जब हृदय-केंद्रित हो तो क्रिया कर सकते हैं, लेकिन अभी भी बहुत दृढ़ या निर्णायक नहीं।
  - जीवन में प्रकटीकरण: भावनात्मक संरेखण पर प्रकटीकरण बेहतर होता है; सचेत इच्छाशक्ति अभ्यास की जरूरत।
- **कुल स्तर ताकत सारांश (मूलांक 2 और भाग्यांक 7 सहित)**
  - सबसे मजबूत स्तर: निचली पंक्ति (आत्मा/भावनात्मक) → बहुत शक्तिशाली भावनात्मक गहराई, अंतर्ज्ञान, आध्यात्मिक क्षमता
  - मध्यम रूप से मजबूत: ऊपरी पंक्ति (मन) और बीच का कॉलम (हृदय) → अच्छा अंतर्ज्ञान + करुणा
  - कमजोर / अभी भी चुनौतीपूर्ण: बीच की पंक्ति (शरीर/शारीरिक) → शारीरिक जीवन शक्ति और भौतिक जमीन पर काम की जरूरत
  - मध्यम: बायाँ (विचार) और दायाँ (क्रिया) कॉलम → योजना और अमल औसत

जीवन पर प्रभाव

- मूल व्यक्ति में असाधारण भावनात्मक और आध्यात्मिक ताकत (निचला स्तर + मूलांक 2 + भाग्यांक 7) → गहरा आंतरिक संसार, सहानुभूति, हीलिंग क्षमता, आध्यात्मिक नियति
- शारीरिक/भौतिक दुनिया सबसे कमजोर क्षेत्र (बीच की पंक्ति अभी भी कमजोर) → कम ऊर्जा, स्वास्थ्य समस्याएँ या भौतिक देरी बार-बार आने वाले विषय
- प्रकटीकरण (दायाँ स्तर) भावनात्मक रूप से प्रेरित होने पर बेहतर होता है, लेकिन कच्ची इच्छाशक्ति की कमी — अनुशासन उपाय जरूरी (शनि/8 पहले से मजबूत होने से मदद मिलती है)
- मानसिक स्पष्टता ठीक है (ऊपरी स्तर मध्यम) — अंतर्ज्ञान से योजना बना सकते हैं, लेकिन तर्क से ज्यादा भावना पर निर्भर हो सकते हैं

उपाय केंद्र

- गायब 3, 4, 5 और कमजोर बीच पंक्ति को मजबूत करें: बृहस्पति (पीला गुरुवार), राहु (नीला शनिवार), बुध (हरा बुधवार) उपाय
- शारीरिक स्तर का समर्थन: पृथ्वी तत्व उपाय (चौकोर आकार, भूरा/पीला रंग, ग्राउंडिंग भोजन)
- मजबूत भावनात्मक स्तर का संतुलन: ज्यादा सहानुभूति से बचें — सीमाएँ बनाएँ (चंद्रमा उपाय मदद करते हैं)

सिल्वर लाइन / डायगोनल / विकर्ण

दिशा: निचले-बाएँ से ऊपरी-दाएँ संख्याएँ: 8 – 5 – 2 वैकल्पिक नाम: सिल्वर लाइन / सिल्वर डायगोनल (इसे सिल्वर कहा जाता है क्योंकि यह चंद्रमा जैसी अंतर्ज्ञान और सुरक्षा से जुड़ा है)

मुख्य ऊर्जा

- आध्यात्मिक सुरक्षा, आंतरिक ताकत, अंतर्ज्ञान, भावनात्मक लचीलापन
- उच्च आत्मा से जुड़ाव, दिव्य मार्गदर्शन, कर्मिक ढाल
- भौतिक संघर्ष को आत्मा-स्तर की बुद्धि से संतुलित करता है

सिल्वर डायगोनल मजबूत हो (तीनों संख्याएँ मौजूद या दोहराई गई)

- मजबूत आध्यात्मिक ढाल — नकारात्मक ऊर्जा, काला जादू, दुर्घटना या बड़े जीवन संकट से सुरक्षा
- गहरा अंतर्ज्ञान और आंतरिक जानना
- विश्वास और आंतरिक ताकत से बाधाओं पर विजय
- संकट में भी भावनात्मक स्थिरता
- आध्यात्मिक विकास, ध्यान, सुरक्षा की जरूरत वालों के लिए अच्छा

कमजोर या गायब

- आध्यात्मिक सुरक्षा की कमी — असुरक्षित महसूस होना, बार-बार अज्ञात रुकावटें, भावनात्मक अस्थिरता या डर
- अंतर्ज्ञान पर भरोसा करने में कठिनाई
- कर्म सबक बिना आंतरिक समर्थन के भारी लगते हैं

कमजोर/गायब होने पर उपाय

- चंद्रमा (2) को मजबूत करें: सफ़ेद/चाँदी सोमवार, मोती/मूनस्टोन, दूध दान
- शनि (8) को मजबूत करें: शनिवार को काली उड़द दाल, बुजुर्ग/मजदूरों की मदद
- केंद्र (5 – पृथ्वी तत्व) को मजबूत करें: भूरा/पीला रंग, ग्राउंडिंग भोजन, घर में चौकोर आकार
- पुष्टि: "मैं दिव्य रूप से सुरक्षित हूँ, सुरक्षित हूँ और आंतरिक बुद्धि से निर्देशित हूँ।"

गोल्डन लाइन / डायगोनल / विकर्ण

दिशा: ऊपरी-बाएँ से निचले-दाएँ संख्याएँ: 4 – 5 – 6 वैकल्पिक नाम: गोल्डन लाइन / गोल्डन डायगोनल (इसे गोल्डन कहा जाता है क्योंकि यह भौतिक सफलता, समृद्धि और नेतृत्व से जुड़ा है)।

मुख्य ऊर्जा

- भौतिक सफलता, नेतृत्व, सांसारिक उपलब्धि, प्रकटीकरण शक्ति
- भौतिक दुनिया, धन, स्थिति, अधिकार, यश से जुड़ाव
- आध्यात्मिक जीवन को व्यावहारिक उपलब्धि के साथ संतुलित करता है

जब गोल्डन डायगोनल मजबूत हो (तीनों संख्याएँ मौजूद या दोहराई गई):

- उत्कृष्ट प्रकटीकरण क्षमता — आइडिया जल्दी हकीकत बनते हैं
- मजबूत नेतृत्व, नाम/यश, वित्तीय सफलता, उच्च स्थिति
- भौतिक दुनिया (करियर, संपत्ति, धन) प्रबंधन में अच्छा
- सांसारिक मामलों में सुरक्षा (कानूनी, वित्तीय, प्रतिष्ठा)
- राज योग जैसी ऊर्जा — सम्मान, अधिकार, समृद्धि आकर्षित करती है

जब कमजोर या गायब

- लक्ष्य प्रकट करने में कठिनाई — योजना सपने ही रह जाते हैं
- करियर, धन, स्थिति या अधिकार में संघर्ष
- भौतिक दुनिया में "अटके" महसूस होना
- मान्यता या सांसारिक सुरक्षा की कमी

कमजोर/गायब होने पर उपाय

- केंद्र (5) को मजबूत करें: पृथ्वी तत्व उपाय (भूरा/पीला, ग्राउंडिंग)
- राहु (4) को मजबूत करें: नीला शनिवार, गोमेद, पक्षियों को दाना
- शुक्र (6) को मजबूत करें: सफेद/गुलाबी शुक्रवार, हीरा (अगर उपयुक्त), महिलाओं/कलाकारों की मदद
- पुष्टि: "मैं भौतिक दुनिया में आसानी से समृद्धि, सफलता और मान्यता प्रकट करता/करती हूँ।"

दोनों विकर्णों का संतुलन

- दोनों मजबूत होने पर व्यक्ति आध्यात्मिक गहराई के साथ सांसारिक सफलता प्राप्त करता है। "आत्मा का प्रकाश और संसार की समृद्धि" का संपूर्ण संतुलन।
- एक मजबूत और दूसरा कमजोर होने पर जीवन में असंतुलन आता है (उदाहरण: सिल्वर मजबूत लेकिन गोल्डन कमजोर → आध्यात्मिक लेकिन भौतिक रूप से संघर्ष)।
- दोनों गायब होने पर जीवन में गहन कर्मिक सबक — आंतरिक और बाहरी दोनों स्तरों पर चुनौतियाँ।

यह आध्यात्मिक और भौतिक दोनों आयामों को संतुलित करने की कुंजी है।

मुख्य अंतर एवं संयुक्त अर्थ Key Differences & Combined Meaning

पहलू	सिल्वर विकर्ण (8-5-2)	गोल्डन विकर्ण (4-5-6)
प्राथमिक ऊर्जा	आध्यात्मिक, संरक्षक, अंतर्ज्ञानी	भौतिक, प्रकटीकरणकारी, नेतृत्वकारी
दिशा	निचले-बाएँ से ऊपरी-दाएँ की ओर	ऊपरी-बाएँ से निचले-दाएँ की ओर
मुख्य लाभ	आंतरिक शक्ति, कर्मिक संरक्षण, भावनात्मक दृढ़ता	सांसारिक सफलता, यश, समृद्धि, राज योग
मजबूत होने पर	दैवीय ढाल, भावनात्मक लचीलापन, आध्यात्मिक सुरक्षा	त्वरित प्रकटीकरण, प्रसिद्धि, भौतिक उपलब्धियाँ
गायब होने पर	कमजोरी, भावनात्मक अस्थिरता, आंतरिक संघर्ष	लक्ष्यों की प्राप्ति में असमर्थता, भौतिक कमी
संबंधित ग्रह	शनि (8), पृथ्वी (5), चंद्र (2)	राहु (4), पृथ्वी (5), शुक्र (6)

संयुक्त अर्थ एवं व्याख्या लो शू ग्रिड (Lo Shu Grid) में ये दो विकर्ण (Silver Diagonal और Golden Diagonal) जीवन के दो प्रमुख ध्रुवों को दर्शाते हैं:

स्तर विश्लेषण – मूलांक 2 और भाग्यांक 7 सहित क्षैतिज स्तर (पंक्तियाँ)

- **ऊपरी पंक्ति (मानसिक / मन स्तर) — 4, 9, 2**
    - मूल: सिर्फ 9 (1 संख्या) → कमजोर
    - भाग्यांक 7 जोड़ा → अब दो संख्याएँ (9 और 7)
    - परिणाम: मध्यम रूप से मजबूत मानसिक स्तर
    - प्रभाव: अच्छा अंतर्ज्ञान और आध्यात्मिक बुद्धि (7), कुछ आशावाद/विस्तार (9) के साथ। मानसिक स्पष्टता ठीक है लेकिन असाधारण नहीं। कभी-कभी ज्यादा सोचना या वैराग्य (7 प्रभाव)।
    - जीवन में प्रकटीकरण: आंतरिक अंतर्दृष्टि से योजना बना सकते हैं, लेकिन बाहरी संरचना की जरूरत पड़ सकती है।
- **बीच की पंक्ति (शरीर / शारीरिक स्तर) — 3, 5, 7**
    - मूल: कोई नहीं → पूरी तरह गायब
    - भाग्यांक 7 जोड़ा → अब एक संख्या (7)
    - परिणाम: अभी भी कमजोर शारीरिक स्तर (सिर्फ एक संख्या)
    - प्रभाव: कम शारीरिक जीवन शक्ति, संभावित पुरानी स्वास्थ्य समस्याएँ, कम सहनशक्ति, भौतिक संघर्ष, या "जमीन से कटे हुए" महसूस होना।
    - जीवन में प्रकटीकरण: शारीरिक शरीर और भौतिक दुनिया के लिए सचेत प्रयास/उपाय जरूरी।
- **निचली पंक्ति (आत्मा / रूह / भावनात्मक स्तर) — 8, 1, 6**
    - मूल: 8 (2), 1 (3), 6 (1) → बहुत मजबूत (तीन संख्याएँ, कई बार दोहराव)
    - मूलांक 2 जोड़ा → अब चार संख्याएँ (8, 1, 6, 2)
    - परिणाम: अत्यंत मजबूत भावनात्मक/आध्यात्मिक स्तर
    - प्रभाव: गहरी भावनात्मक गहराई, मजबूत अंतर्ज्ञान, करुणा, आध्यात्मिक जुड़ाव, भावनात्मक लचीलापन।

- जीवन में प्रकटीकरण: उत्कृष्ट आंतरिक ताकत, दूसरों को महसूस करने और ठीक करने की क्षमता, आध्यात्मिक विकास की संभावना।

केंद्र (5) दोनों विकर्णों द्वारा साझा किया जाता है

यह पिवट (Pivot) पॉइंट की तरह काम करता है। मजबूत केंद्र (5 मौजूद) दोनों डायगोनल को मजबूत करता है और आध्यात्मिक तथा भौतिक जीवन को संतुलित करता है।

उदाहरण: 11-08-1986 का जन्म ग्रिड संवर्धित ग्रिड (मूलांक 2 और भाग्यांक 7 सहित): 111 9 7 88 6 2

विकर्ण / डायगोनल / Diagonal विश्लेषण:

- **सिल्वर विकर्ण / डायगोनल / Diagonal (8-5-2):**
  - 8 (मौजूद, दो बार)
  - 5 (गायब)
  - 2 (मूलांक से मौजूद) → आंशिक रूप से मजबूत — अच्छी शनि सुरक्षा (8) और भावनात्मक जमीन (2), लेकिन केंद्र 5 की कमी से पूर्ण आध्यात्मिक ढाल कमजोर। → परिणाम: मध्यम आंतरिक ताकत; डायगोनल पूरा करने के लिए ग्राउंडिंग उपाय जरूरी।
- **गोल्डन विकर्ण / डायगोनल / Diagonal (4-5-6):**
  - 4 (गायब)
  - 5 (गायब)
  - 6 (मौजूद) → कमजोर — सिर्फ 6 मौजूद → भौतिक प्रकटीकरण शक्ति सीमित। → परिणाम: आइडिया को ठोस सफलता में बदलने में संघर्ष; राहु, पृथ्वी, शुक्र उपायों से सक्रिय करना जरूरी।

कुल मिलाकर: मूल व्यक्ति में भौतिक प्रकटीकरण (कमजोर गोल्डन डायगोनल) से ज्यादा आध्यात्मिक/भावनात्मक सुरक्षा (आंशिक सिल्वर डायगोनल) मजबूत है। जीवन पथ में आंतरिक विकास को तेज़ सांसारिक सफलता से ज्यादा महत्व मिलता है।

दोनों डायगोनल / विकर्ण मजबूत करने के उपाय:

- **केंद्र** 5 (पृथ्वी): भूरा/पीला रंग, ग्राउंडिंग भोजन, घर में चौकोर वस्तुएँ
- **सिल्वर** (8-5-2) के लिए: शनि (काला शनिवार), चंद्रमा (सफेद सोमवार)
- **गोल्डन** (4-5-6) के लिए: राहु (नीला शनिवार), शुक्र (सफेद शुक्रवार)

यह Lo Shu अंक ज्योतिष में दोनों डायगोनल की मानक व्याख्या है।

गायब संख्याएँ (1–9): प्रभाव और उपाय

गायब 1 (सूर्य) मनोवैज्ञानिक: आत्मविश्वास की कमी, नेतृत्व कौशल में कमी, खुद को दृढ़ता से पेश करने में कठिनाई, पहचान का भ्रम। भावनात्मक: कम आत्म-मूल्य, दिखाई देने का डर, अदृश्य या महत्वहीन महसूस होना। शारीरिक: कमजोर हृदय, आँखों की समस्या, कम जीवन शक्ति, रीढ़/पीठ की समस्या। व्यावहारिक: मान्यता, अधिकार, नई शुरुआत या अलग दिखने में संघर्ष।

उपाय:

- रंग: लाल, नारंगी, सुनहरा, केसरिया (रविवार को पहनें)
- पुष्टि: "मैं आत्मविश्वासी, योग्य हूँ और अपनी अनोखी रोशनी बिखेरता/बिखेरती हूँ।"
- फेंग शुई: दक्षिण दिशा में लाल लैंप या क्रिस्टल रखें (सूर्य दिशा)
- तत्व: आग
- जीवनशैली: सूर्योदय पर सूर्य नमस्कार, पिता/अधिकारियों का सम्मान, रविवार को गेहूं/गुड़ दान

गायब 2 (चंद्रमा) मनोवैज्ञानिक: भावनात्मक अस्थिरता, कम अंतर्ज्ञान, लोगों को पढ़ने में कठिनाई। भावनात्मक: मूड स्विंग्स, असुरक्षा, प्रेमहीन या भावनात्मक रूप से सुन्न महसूस होना। शारीरिक: पेट, फेफड़े, तरल पदार्थ का जमाव, मासिक धर्म समस्या, चिंता। व्यावहारिक: रिश्तों में समस्या, सामंजस्य बनाने में कठिनाई, घरेलू अस्थिरता।

उपाय:

- रंग: सफेद, चाँदी, दूधिया शेड्स (सोमवार)
- पुष्टि: "मैं भावनात्मक रूप से संतुलित, सुरक्षित और गहराई से जुड़ा/जुड़ी हूँ।"

- फेंग शुई: उत्तर दिशा में पानी की विशेषता
- तत्व: पानी
- जीवनशैली: पानी के पास समय बिताएँ, माँ/शिवलिंग को दूध चढ़ाएँ, सोमवार को मोती/ Moon Stone (मूनस्टोन)

गायब 3 (बृहस्पति) मनोवैज्ञानिक: आशावाद की कमी, संकीर्ण सोच, सीखने/सिखाने में कठिनाई। भावनात्मक: निराशावाद, सीमित महसूस होना, खुशी की कमी। शारीरिक: जिगर, जांघें, कूल्हे, मोटापा, डायबिटीज। व्यावहारिक: वित्तीय संघर्ष, विकास की कमी, शिक्षा/विस्तार में खराब भाग्य।

उपाय:

- रंग: पीला, बैंगनी, जामुनी (गुरुवार)
- पुष्टि: "मैं बुद्धिमान, विस्तारशील हूँ और समृद्धि आकर्षित करता/करती हूँ।"
- फेंग शुई: उत्तर-पूर्व में पीली वस्तुएँ (बृहस्पति दिशा)
- तत्व: लकड़ी
- जीवनशैली: आध्यात्मिक किताबें पढ़ें, गुरुवार को पीला कपड़ा/चना दाल दान

गायब 4 (राहु) मनोवैज्ञानिक: नवाचार की कमी, कठोरता, बदलाव का डर। भावनात्मक: चिंता, अटके या पारंपरिक महसूस होना। शारीरिक: हड्डियाँ, जोड़, त्वचा, नर्वस तनाव। व्यावहारिक: अचानक बाधाएँ, भौतिक अस्थिरता, पैटर्न तोड़ने में कठिनाई।

उपाय:

- रंग: इलेक्ट्रिक नीला, ग्रे, धुएँ जैसा टोन (शनिवार)
- पुष्टि: "मैं बदलाव को अपनाता/अपनाती हूँ और स्थिर नींव बनाता/बनाती हूँ।"
- फेंग शुई: दक्षिण-पश्चिम में नीला/काला
- तत्व: हवा/पृथ्वी
- जीवनशैली: पक्षियों को दाना, गोमेद (सलाह के बाद), शनिवार को मांसाहार से बचें

गायब 5 (बुध) मनोवैज्ञानिक: संवाद में कमी, बिखरी सोच, अनुकूलन की कमी। भावनात्मक: गलत समझे जाने का एहसास, मानसिक बेचैनी। शारीरिक: नर्वस सिस्टम, फेफड़े, त्वचा, बोलचाल की समस्या। व्यावहारिक: व्यापार/संवाद में संघर्ष, भाषा सीखने या नेटवर्किंग में कठिनाई।

उपाय:

- रंग: हरा, पन्ना (बुधवार)
- पुष्टि: "मैं स्पष्ट संवाद करता/करती हूँ और आसानी से अनुकूलित होता/होती हूँ।"
- फेंग शुई: उत्तर में हरे पौधे
- तत्व: लकड़ी
- जीवनशैली: रोज़ पढ़ाई, पन्ना (सलाह के बाद), बुधवार को हरी मूंग दाल दान

गायब 6 (शुक्र) मनोवैज्ञानिक: सामंजस्य की कमी, खराब सौंदर्य बोध, रिश्तों में अंधापन। भावनात्मक: प्रेमहीन महसूस होना, साझेदारी में असामंजस्य। शारीरिक: किडनी, प्रजनन तंत्र, गला, डायबिटीज। व्यावहारिक: वैवाहिक/परिवार समस्या, लग्जरी वित्तीय संघर्ष, सौंदर्य/रचनात्मकता की कमी।

उपाय

- रंग: सफेद, गुलाबी, पेस्टल (शुक्रवार)
- पुष्टि: "मैं प्रेमपूर्ण, सामंजस्यपूर्ण रिश्ते आकर्षित करता/करती हूँ।"
- फेंग शुई: दक्षिण-पूर्व में गुलाबी फूल या आर्टवर्क
- तत्व: धातु
- जीवनशैली: महिलाओं का सम्मान, हीरा (सलाह के बाद), शुक्रवार को चीनी/इत्र दान

गायब 7 (केतु) मनोवैज्ञानिक: आत्मनिरीक्षण की कमी, आध्यात्मिक अलगाव, संशय। भावनात्मक: खोया हुआ महसूस होना, वैराग्य समस्या, अकेलापन। शारीरिक: नर्वस/मानसिक विकार, रहस्यमयी बीमारियाँ, त्वचा समस्या। व्यावहारिक: कम अंतर्ज्ञान, शोध/गूढ़ विद्या में कठिनाई, आध्यात्मिक संकट।

उपाय

- रंग: हल्का हरा, धुएँ जैसा ग्रे (मंगलवार/शनिवार)
- पुष्टि: "मैं आध्यात्मिक रूप से जुड़ा/जुड़ी हूँ और अंतर्ज्ञानी रूप से निर्देशित हूँ।"
- फेंग शुई: उत्तर-पश्चिम में लहसुनिया क्रिस्टल
- तत्व: आग/हवा
- जीवनशैली: कुत्तों को भोजन, रोज़ ध्यान, लहसुनिया (सलाह के बाद)

गायब 8 (शनि) मनोवैज्ञानिक: अनुशासन की कमी, लंबे समय की योजना में कमी, जिम्मेदारी का डर। भावनात्मक: असमर्थित महसूस होना, कर्मिक भारीपन। शारीरिक: हड्डियाँ, दाँत, घुटने, पुरानी समस्याएँ। व्यावहारिक: करियर में देरी, वित्तीय अस्थिरता, कानूनी समस्या।

उपाय

- रंग: गहरा नीला, काला, गहरा ग्रे (शनिवार)
- पुष्टि: "मैं धैर्य और सत्यनिष्ठा से स्थिर नींव बनाता/बनाती हूँ।"
- फेंग शुई: पश्चिम में काला/नीला
- तत्व: पृथ्वी
- जीवनशैली: मजदूर/बुजुर्गों की मदद, शनिवार को काली उड़द दाल दान

गायब 9 (मंगल) मनोवैज्ञानिक: साहस की कमी, निष्क्रियता, अधूरी सोच। भावनात्मक: कम जोश, शक्तिहीन महसूस होना। शारीरिक: खून, मांसपेशियाँ, सूजन, दुर्घटनाएँ। व्यावहारिक: काम पूरा करने में कठिनाई, प्रेरणा की कमी, मानवतावादी कमजोरी।

उपाय:

- रंग: लाल, गहरा लाल (मंगलवार)
- पुष्टि: "मैं साहस, करुणा और पूर्णता के साथ क्रिया करता/करती हूँ।"
- फेंग शुई: दक्षिण में लाल वस्तुएँ
- तत्व: आग
- जीवनशैली: लाल मसूर दाल दान, हनुमान चालीसा जप, मूंगा (सलाह के बाद)

क्षैतिज स्तर प्रभाव और उपाय

ऊपरी पंक्ति (4-9-2) – मन / मानसिक स्तर

- मजबूत: तेज़ बुद्धि, स्पष्टता, रणनीतिक सोच
- कमजोर/गायब: मानसिक धुंध, खराब एकाग्रता, भ्रम, सीखने में रुकावट

उपाय: पीला (बृहस्पति), हरा (बुध), नीला (राहु), उत्तर-पूर्व प्लेसमेंट, पढ़ाई/अध्ययन की दिनचर्या

बीच की पंक्ति (3-5-7) – शरीर / शारीरिक स्तर

- मजबूत: उच्च जीवन शक्ति, अच्छा स्वास्थ्य, भौतिक स्थिरता
- कमजोर/गायब: कम ऊर्जा, पुरानी बीमारी, भौतिक संघर्ष

उपाय: भूरा/पीला (पृथ्वी), हरा (लकड़ी), ग्राउंडिंग भोजन, चौकोर आकार, शारीरिक व्यायाम

निचली पंक्ति (8-1-6) – आत्मा / रूह / भावनात्मक स्तर

- मजबूत: भावनात्मक गहराई, अंतर्ज्ञान, आध्यात्मिक जुड़ाव
- कमजोर/गायब: भावनात्मक सुन्नता, आध्यात्मिक खालीपन, उदासी

उपाय: सफेद/चाँदी (चंद्रमा), काला (शनि), ध्यान, उत्तर में पानी की विशेषता

ऊपरी पंक्ति (4-9-2) – विचार (Thoughts) स्तर

- मजबूत: उत्कृष्ट योजना, तार्किक सोच
- कमजोर/गायब: बिखरे आइडिया, खराब संगठन

उपाय: पीला (बृहस्पति), नीला (राहु), उत्तर-पूर्व में किताबें/स्टेशनरी

बीच का कॉलम (9-5-1) – भावना (Emotions) / हृदय स्तर

- मजबूत: सहानुभूति, करुणा, हृदय-केंद्रित फैसले
- कमजोर/गायब: भावनात्मक ठंडक, रिश्तों में संघर्ष

उपाय: गुलाबी/सफेद (शुक्र), लाल (सूर्य), हृदय-खोलने वाली प्रैक्टिस

दायाँ कॉलम (2-7-6) – क्रिया / इच्छाशक्ति / प्रकटीकरण स्तर

- मजबूत: मजबूत इच्छाशक्ति, उत्कृष्ट अमल
- कमजोर/गायब: टालमटोल, प्रकटीकरण में असमर्थता

उपाय: लाल (मंगल), सफेद (चंद्रमा), शारीरिक गति, लक्ष्य निर्धारण दिनचर्या

डायगोनल / विकर्ण प्रभाव और उपाय

सिल्वर विकर्ण / डायगोनल (8-5-2) – आध्यात्मिक सुरक्षा

- मजबूत: दिव्य ढाल, भावनात्मक लचीलापन
- कमजोर/गायब: असुरक्षा, कर्मिक भारीपन

उपाय: सफेद/चाँदी (चंद्रमा), काला (शनि), उत्तर में पानी की विशेषता, ग्राउंडिंग रिचुअल

गोल्डन विकर्ण / डायगोनल (4-5-6) – भौतिक प्रकटीकरण

- मजबूत: राज योग, तेज़ सफलता, नेतृत्व
- कमजोर/गायब: प्रकटीकरण में रुकावट, भौतिक संघर्ष

उपाय: भूरा/पीला (पृथ्वी), लाल (मंगल), चौकोर आकार, लक्ष्य विज़ुअलाइज़ेशन

सामान्य सुझाव: जब कोई स्तर या डायगोनल कमजोर/गायब हो, तो उस लाइन में प्रमुख ग्रह के उपाय को प्राथमिकता दें। निरंतरता (रोज़ाना रंग + साप्ताहिक दान) 40–45 दिनों में सबसे अच्छे परिणाम देती है।

9-वर्ष चक्र विषय, अवसर, चुनौतियाँ और पुष्टियाँ

हर वर्ष की अलग कंपन होती है। ऊर्जा से संरेखित होने और अधिकतम लाभ लेने के लिए पुष्टियाँ रोज़ बोलें या लिखें।

व्यक्तिगत वर्ष 1 – नई शुरुआत और स्वतंत्रता

- विषय: नई शुरुआत, खुद पर फोकस, बीज बोना, स्वतंत्रता, पहचान।
- अवसर: नया प्रोजेक्ट शुरू करना, करियर बदलाव, व्यक्तिगत नवीनीकरण, नेतृत्व भूमिकाएँ।
- चुनौतियाँ: अहंकार टकराव, अकेलापन, अधीरता, अज्ञात का डर।
- पुष्टि: "मैं आत्मविश्वास से नई शुरुआत में कदम रखता/रखती हूँ और साहस व स्पष्टता से अपना पथ बनाता/बनाती हूँ।"
- सबसे अच्छा: लक्ष्य निर्धारण, उद्यम शुरू करना, आत्म-खोज।
- **व्यक्तिगत वर्ष 2 – रिश्ते और सामंजस्य (उदाहरण व्यक्ति के लिए 2026)** विषय: सहयोग, साझेदारी, भावनात्मक संतुलन, धैर्य, अंतर्ज्ञान।
- अवसर: विवाह, गहरी दोस्ती, रिश्ते ठीक करना, कूटनीति, कलात्मक काम।
- चुनौतियाँ: मूड स्विंग्स, निर्भरता, अनिर्णय, ज्यादा संवेदनशीलता, लोगों को खुश करने की आदत।

- पुष्टि: "मैं भावनात्मक रूप से संतुलित हूँ, प्रेमपूर्ण जुड़ाव आकर्षित करता/करती हूँ और जीवन के सामंजस्य प्रवाह पर भरोसा करता/करती हूँ।"
- सबसे अच्छा: काउंसलिंग, परिवार मेल-मिलाप, रचनात्मक सहयोग, आंतरिक शांति कार्य।

व्यक्तिगत वर्ष 3 – रचनात्मकता और विस्तार

- विषय: खुशी, आत्म-अभिव्यक्ति, सामाजिकता, आशावाद, विकास।
- अवसर: कलात्मक प्रोजेक्ट, पढ़ाना/सीखना, यात्रा, सामाजिक सफलता, वित्तीय विस्तार।
- चुनौतियाँ: बिखरी ऊर्जा, ज्यादा लिप्तता, सतहीपन, अतिशयोक्ति।
- पुष्टि: "मैं अपनी रचनात्मकता को स्वतंत्र रूप से व्यक्त करता/करती हूँ और खुशी, समृद्धि और प्रेरणादायक जुड़ाव आकर्षित करता/करती हूँ।"
- सबसे अच्छा: लेखन, प्रदर्शन, नेटवर्किंग, जीवन का आनंद लेना।

व्यक्तिगत वर्ष 4 – संरचना और अनुशासन

- विषय: कड़ी मेहनत, नींव बनाना, संगठन, स्थिरता।
- अवसर: मेहनत से करियर उन्नति, संपत्ति खरीद, लंबे समय की योजना।
- चुनौतियाँ: देरी, प्रतिबंध, अटका हुआ महसूस होना, भारी जिम्मेदारियाँ।
- पुष्टि: "मैं धैर्य, अनुशासन और सत्यनिष्ठा से मजबूत, स्थायी नींव बनाता/बनाती हूँ।"
- सबसे अच्छा: जीवन व्यवस्थित करना, पढ़ाई, दिनचर्या शुरू करना।

व्यक्तिगत वर्ष 5 – बदलाव और स्वतंत्रता

- विषय: साहसिक कार्य, विविधता, अनुकूलन, गति, परिवर्तन।
- अवसर: यात्रा, नए अनुभव, करियर बदलाव, व्यक्तिगत मुक्ति।
- चुनौतियाँ: बेचैनी, आवेग, अस्थिरता, बिखरा फोकस।
- पुष्टि: "मैं लचीलेपन, स्वतंत्रता और आनंदपूर्ण जिज्ञासा के साथ बदलाव को अपनाता/अपनाती हूँ।"
- सबसे अच्छा: नई स्किल सीखना, नेटवर्किंग, पुराने पैटर्न तोड़ना।

व्यक्तिगत वर्ष 6 – जिम्मेदारी और सामंजस्य

- विषय: परिवार, घर, प्रेम, सेवा, सौंदर्य, जिम्मेदारी।
- अवसर: विवाह, घर सुधार, रिश्ते ठीक करना, रचनात्मक सफलता।
- चुनौतियाँ: ज्यादा जिम्मेदारी, लोगों को खुश करना, परफेक्शनिज़्म।
- पुष्टि: "मैं प्रेमपूर्ण, सामंजस्यपूर्ण रिश्ते बनाता/बनाती हूँ और जो महत्वपूर्ण है उसके लिए आनंद से जिम्मेदारी लेता/लेती हूँ।"
- सबसे अच्छा: परिवार समय, कलात्मक काम, देखभाल भूमिकाएँ।

व्यक्तिगत वर्ष 7 – आत्मनिरीक्षण और आध्यात्मिकता

- विषय: आंतरिक बुद्धि, अकेलापन, विश्लेषण, आध्यात्मिक विकास, शोध।
- अवसर: गहन सीखना, ध्यान, गूढ़ अध्ययन, व्यक्तिगत सफलता।
- चुनौतियाँ: अलगाव, संशय, पीछे हटना, ज्यादा सोचना।
- पुष्टि: "मैं अपने आंतरिक मार्गदर्शन पर भरोसा करता/करती हूँ और स्थिरता व चिंतन से बुद्धि में बढ़ता/बढ़ती हूँ।"
- सबसे अच्छा: आध्यात्मिक रिट्रीट, शोध, आत्म-जाँच।

व्यक्तिगत वर्ष 8 – शक्ति और उपलब्धि

- विषय: कर्म, अधिकार, भौतिक सफलता, मान्यता, शक्ति का संतुलन।
- अवसर: करियर चरम, वित्तीय इनाम, नेतृत्व, विरासत बनाना। चु
- नौतियाँ: शक्ति संघर्ष, देरी, कर्म परीक्षण, ज्यादा काम।
- पुष्टि: "मैं सत्यनिष्ठा से शक्ति का उपयोग करता/करती हूँ, समृद्धि आकर्षित करता/करती हूँ और स्थायी सफलता बनाता/बनाती हूँ।"
- सबसे अच्छा: बिजनेस, निवेश, अधिकार भूमिकाएँ।

व्यक्तिगत वर्ष 9 – समापन और मुक्ति

- विषय: अंत, छोड़ना, मानवतावाद, करुणा, परिवर्तन।
- अवसर: समापन, क्षमा, वैश्विक जागरूकता, निस्वार्थ सेवा।
- चुनौतियाँ: हानि, अंत, भावनात्मक तीव्रता, बिना आधार महसूस होना।
- पुष्टि: "मैं जो अब सेवा नहीं करता/करती उसे छोड़ता/छोड़ती हूँ और करुणामय समापन को अपनाता/अपनाती हूँ।"
- सबसे अच्छा: कर्म साफ करना, दान, बड़े चक्र खत्म करना।

9-वर्ष चक्र का व्यावहारिक उपयोग

1. हर साल की शुरुआत में (जनवरी या जन्मदिन): व्यक्तिगत वर्ष निकालें → विषय के साथ इरादे बनाएँ (जैसे वर्ष **2** → रिश्ते और भावनात्मक हीलिंग पर फोकस)।
2. मासिक चेक-इन: व्यक्तिगत महीना से महीने को ठीक करें (वर्ष 2 + महीना 3 = रचनात्मक भावनात्मक अभिव्यक्ति)।
3. रोज़ाना मार्गदर्शन: छोटे फैसलों के समय के लिए व्यक्तिगत दिन।
4. उपाय: जब साल की संख्या जन्म ग्रिड में कमजोर/गायब है → उसे मजबूत करें (जैसे वर्ष **2** गायब 2 को मजबूत करता है → भावनात्मक हीलिंग अवसर)।
5. लंबे समय की योजना: 3–5 साल आगे देखकर तैयारी करें (जैसे वर्ष 9 समापन → वर्ष 1 नई शुरुआत से पहले जगह साफ करें)।

उदाहरण व्यक्ति (11-08-1986) के लिए 2026 में (व्यक्तिगत वर्ष 2): यह गहरा भावनात्मक और संबंध-केंद्रित वर्ष है — परिवार कर्म ठीक करने, साझेदारी गहरी करने, अंतर्ज्ञान बेहतर करने और आंतरिक शांति पाने के लिए परफेक्ट। यह मूलांक 2 (चंद्रमा ड्राइवर) का सीधा समर्थन करता है और जन्म ग्रिड में गायब 2 को भरता है, जिससे 2026 भावनात्मक और आध्यात्मिक विकास का शक्तिशाली वर्ष बन जाता है।

पुष्टियाँ रोज़ इस्तेमाल करें, साल का रंग (2 के लिए सफेद/चाँदी) पहनें और संबंधित उपाय लागू करें ताकि चक्र से पूरी तरह संरेखित हों।

Kua संख्या (Gua नंबर)

Kua संख्या (जिसे Gua संख्या भी कहते हैं) फेंग शुई और Lo Shu अंक ज्योतिष का महत्वपूर्ण हिस्सा है। यह आपकी व्यक्तिगत ऊर्जा प्रकार, व्यक्तित्व प्रोफाइल, शुभ और अशुभ दिशाएँ, तत्व संगतता और रिश्तों का सामंजस्य बताता है।

Kua संख्या आपको मदद करता है:

- सोने, काम करने, पढ़ने और महत्वपूर्ण कार्यों के लिए सबसे अच्छी दिशाएँ चुनने में
- अपनी प्राकृतिक ताकत और चुनौतियाँ समझने में

- स्वास्थ्य, रिश्ते, करियर और समृद्धि को अपनी व्यक्तिगत ऊर्जा से संरेखित करके बेहतर बनाने में

Kua संख्या की चरणबद्ध गणना

महत्वपूर्ण: गणना पुरुषों और महिलाओं के लिए अलग होती है। सिर्फ जन्म वर्ष इस्तेमाल करें (पूरी तिथि नहीं)।

चरण 1: जन्म वर्ष के अंकों को जोड़कर एकल अंक में घटाएँ।

चरण 2: लिंग के अनुसार सूत्र लागू करें: पुरुषों के लिए:

- Kua संख्या= 10 – (एकल अंक वर्ष योग) महिलाओं के लिए:
- Kua संख्या= 5 + (एकल अंक वर्ष योग)

विशेष नियम: अगर परिणाम 5 आए:

- पुरुष → Kua 2 में बदलें
- महिला → Kua 8 में बदलें

उदाहरण: जन्म वर्ष 1986 (11-08-1986 वाले व्यक्ति के लिए) वर्ष योग = 1 + 9 + 8 + 6 = 24 → 2 + 4 = 6

- पुरुष: 10 – 6 = 4 → Kua 4
- महिला: 5 + 6 = 11 → 1 + 1 = 2 → Kua 2

Kua 1 से 9: सकारात्मक और नकारात्मक गुण, दिशाएँ और तत्व

Kua 1 (Kan – जल / Water)

- सकारात्मक: बुद्धिमान, अंतर्ज्ञानी, अनुकूल, दबाव में शांत, अच्छा शोधकर्ता, आध्यात्मिक रूप से गहरा।
- नकारात्मक: डरपोक, गुप्त, भावनात्मक रूप से ठंडा, अनिर्णायक, चिंता की प्रवृत्ति।
- शुभ दिशाएँ: उत्तर (सबसे अच्छा), दक्षिण-पूर्व, पूर्व
- अशुभ दिशाएँ: दक्षिण, दक्षिण-पश्चिम, उत्तर-पूर्व, उत्तर-पश्चिम
- तत्व: पानी
- स्वास्थ्य: किडनी, मूत्राशय, कान, प्रजनन तंत्र
- समृद्धि: शोध, परामर्श, आध्यात्मिक काम में अच्छा

Kua 2 (Kun – पृथ्वी / Earth)

- सकारात्मक: पालन करने वाला, धैर्यवान, विश्वसनीय, व्यावहारिक, सहायक, अच्छा गृहिणी/गृहस्वामी।
- नकारात्मक: ज्यादा कब्ज़ा करने वाला, हठी, चिंतित, निष्क्रिय, बदलाव का विरोधी।
- शुभ दिशाएँ: दक्षिण-पश्चिम (सबसे अच्छा), उत्तर-पूर्व, पश्चिम, उत्तर-पश्चिम
- अशुभ दिशाएँ: पूर्व, दक्षिण-पूर्व, दक्षिण
- तत्व: पृथ्वी स्वा
- स्थ्य: तिल्ली, पेट, पाचन
- समृद्धि: रियल एस्टेट, कृषि, देखभाल क्षेत्र

Kua 3 (Zhen – वज्र / Thunder – यांग लकड़ी)

- सकारात्मक: गतिशील, साहसी, अग्रणी, विकास-उन्मुख, निर्णायक।
- नकारात्मक: आवेगी, आक्रामक, बेचैन, जल्दी गुस्सा।
- शुभ दिशाएँ: पूर्व (सबसे अच्छा), दक्षिण-पूर्व, उत्तर
- अशुभ दिशाएँ: पश्चिम, दक्षिण-पश्चिम, उत्तर-पश्चिम, उत्तर-पूर्व
- तत्व: लकड़ी (यांग)
- स्वास्थ्य: जिगर, पित्ताशय, पैर, नर्वस सिस्टम
- समृद्धि: नेतृत्व, उद्यमिता, खेल

Kua 4 (Xun – हवा / Wind – यिन लकड़ी)

- सकारात्मक: कोमल, लचीला, प्रभावशाली, रचनात्मक, अच्छा संवादकर्ता।
- नकारात्मक: अनिर्णायक, बिखरा, ज्यादा संवेदनशील, चालाक।
- शुभ दिशाएँ: दक्षिण-पूर्व (सबसे अच्छा), पूर्व, दक्षिण
- अशुभ दिशाएँ: उत्तर-पश्चिम, उत्तर-पूर्व, पश्चिम
- तत्व: लकड़ी (यिन)
- स्वास्थ्य: फेफड़े, श्वसन तंत्र, कूल्हे समृद्धि: लेखन, पढ़ाना, सेल्स, डिज़ाइन

Kua 5 (Tai Chi – पृथ्वी / Earth)

सकारात्मक: संतुलित, केंद्रित, शक्तिशाली, जिम्मेदार, न्यायप्रिय। नकारात्मक: दबाव महसूस करना, चिंता, अकेलापन, स्वास्थ्य पर अधिक असर।

- शुभ दिशाएँ: दक्षिण-पश्चिम और उत्तर-पूर्व (दोनों समान)
- अशुभ दिशाएँ: सभी दिशाएँ औसत (कोई बहुत शुभ नहीं)
- तत्व: पृथ्वी
- स्वास्थ्य: पेट, तिल्ली, रीढ़, पूरे शरीर का केंद्र
- समृद्धि: प्रबंधन, कंसल्टिंग, सरकारी कार्य, रियल एस्टेट

Kua 6 (Qian – स्वर्ग / Heaven – धातु)

- सकारात्मक: अधिकारपूर्ण, अनुशासित, जिम्मेदार, बुद्धिमान नेता, नैतिक।
- नकारात्मक: कठोर, अकेला, लचीला नहीं।
- शुभ दिशाएँ: उत्तर-पश्चिम (सबसे अच्छा), पश्चिम, दक्षिण-पश्चिम, उत्तर-पूर्व
- अशुभ दिशाएँ: दक्षिण-पूर्व, पूर्व, दक्षिण
- तत्व: धातु
- स्वास्थ्य: सिर, फेफड़े, हड्डियाँ
- समृद्धि: मैनेजमेंट, सरकार, बड़ी संस्थाएँ

Kua 7 (Dui – झील / Lake)

- सकारात्मक: करिश्माई, मिलनसार, वाक्पटु, आनंदमय, कलात्मक।
- नकारात्मक: सतही, गपशप करने वाला, लिप्त, ज्यादा बातूनी।
- शुभ दिशाएँ: पश्चिम (सबसे अच्छा), उत्तर-पश्चिम, दक्षिण-पश्चिम, उत्तर-पूर्व
- अशुभ दिशाएँ: पूर्व, दक्षिण-पूर्व, उत्तर
- तत्व: धातु / Metal
- स्वास्थ्य: मुँह, गला, दाँत, श्वसन
- समृद्धि: मनोरंजन, सेल्स, सार्वजनिक बोलचाल

Kua 8 (Gen – पहाड़ / Mountain)

- सकारात्मक: स्थिर, विश्वसनीय, धैर्यवान, वफादार, धन के साथ अच्छा।
- नकारात्मक: हठी, कब्ज़ा करने वाला, बदलाव में धीमा, विरोधी।
- शुभ दिशाएँ: उत्तर-पूर्व (सबसे अच्छा), दक्षिण-पश्चिम, पश्चिम, उत्तर-पश्चिम
- अशुभ दिशाएँ: दक्षिण, दक्षिण-पूर्व, पूर्व
- तत्व: पृथ्वी स्वास्थ्य: हड्डियाँ, जोड़, त्वचा, पीठ
- समृद्धि: रियल एस्टेट, बैंकिंग, लंबे निवेश

Kua 9 (Li – आग / Fire)

- सकारात्मक: जोशीला, करिश्माई, बुद्धिमान, प्रेरणादायक, गर्म-दिल।
- नकारात्मक: आवेगी, नाटकीय, अहंकारी, जल्दी गुस्सा।
- शुभ दिशाएँ: दक्षिण (सबसे अच्छा), दक्षिण-पूर्व, पूर्व
- अशुभ दिशाएँ: उत्तर, उत्तर-पश्चिम, उत्तर-पूर्व
- तत्व: आग
- स्वास्थ्य: हृदय, आँखें, रक्त संचार
- समृद्धि: यश, सार्वजनिक मान्यता, रचनात्मक क्षेत्र

तत्व संगतता हर Kua का निश्चित तत्व होता है। संगतता 5-तत्व चक्र के अनुसार होती है:

- उत्पादक (सामंजस्यपूर्ण): लकड़ी → आग → पृथ्वी → धातु → पानी → लकड़ी
- विनाशकारी (टकराव): लकड़ी → पृथ्वी → पानी → आग → धातु → लकड़ी

सबसे अच्छी संगतता (उत्पादक चक्र):

- लकड़ी (3,4) के साथ आग (9)
- आग (9) के साथ पृथ्वी (2,8)
- पृथ्वी (2,8) के साथ धातु (6,7)
- धातु (6,7) के साथ पानी (1)
- पानी (1) के साथ लकड़ी (3,4)

सबसे खराब संगतता (विनाशकारी चक्र):

- लकड़ी (3,4) के साथ पृथ्वी (2,8)
- आग (9) के साथ पानी (1)
- पृथ्वी (2,8) के साथ लकड़ी (3,4)
- धातु (6,7) के साथ आग (9)
- पानी (1) के साथ पृथ्वी (2,8)

तटस्थ: एक ही तत्व या चक्र में पास-पड़ोस।

साथी / सहयोगियों के साथ Kua संगतता

उत्कृष्ट सामंजस्य (बहुत संगत):

- 1 के साथ 3, 4
- 2 के साथ 6, 7, 8
- 3 के साथ 1, 4, 9
- 4 के साथ 1, 3, 9
- 6 के साथ 2, 7, 8
- 7 के साथ 2, 6, 8
- 8 के साथ 2, 6, 7
- 9 के साथ 3, 4

मध्यम / तटस्थ:

- एक ही Kua (जैसे दो Kua 3)
- उत्पादक चक्र में पास-पड़ोस

टकराव / चुनौतीपूर्ण:

- 1 के साथ 2, 8
- 3 के साथ 2, 8
- 4 के साथ 2, 8
- 6 के साथ 9
- 7 के साथ 9
- 8 के साथ 1, 3, 4
- 9 के साथ 1, 6, 7

व्यावहारिक उपयोग:

- सोने की दिशा: सिर सबसे अच्छी दिशा की ओर
- काम/पढ़ाई डेस्क: सबसे अच्छी दिशा की ओर मुँह
- महत्वपूर्ण मीटिंग/फैसले: सबसे अच्छी दिशा या Yan Nian दिशा की ओर बैठें
- घर का मुख्य द्वार: अगर संभव हो तो आपके Kua के लिए शुभ दिशा से संरेखित करें

उदाहरण जन्म तिथि 11 अगस्त 1986 के लिए Kua संख्या गणना, पुरुष और महिला दोनों संभावनाओं सहित, पूरी शुभ/अशुभ दिशाएँ, तत्व संगतता और व्यावहारिक उपाय।

Kua संख्या की चरणबद्ध गणना

जन्म वर्ष: 1986 अंकों का योग: 1 + 9 + 8 + 6 = 24 → 2 + 4 = 6

- पुरुष: Kua संख्या= 10 – 6 = 4 → Kua 4 (Xun – हवा)
- महिला: Kua संख्या= 5 + 6 = 11 → 1 + 1 = 2 → Kua 2 (Kun – पृथ्वी)

नोट: अगर परिणाम 5 आता तो पुरुष Kua 2 और महिला Kua 8 में बदले।

- **पुरुष 11-08-1986 जन्म** → Kua 4
- **महिला 11-08-1986 जन्म** → Kua 2

Kua 4 (पुरुष) – Xun – हवा – तत्व: लकड़ी

सकारात्मक गुण: कोमल, लचीला, प्रभावशाली, रचनात्मक, उत्कृष्ट संवादकर्ता, अनुकूल, कूटनीतिक, नेटवर्किंग और पढ़ाने में अच्छा, कलात्मक, खुले दिमाग वाला।

नकारात्मक गुण: अनिर्णायक, बिखरी ऊर्जा, ज्यादा संवेदनशील, चालाक या टकराव से बचने वाला, दिशा बहुत जल्दी बदलने की प्रवृत्ति।

शुभ दिशाएँ (सबसे अच्छी से कम):

- प्राथमिक (Sheng Qi): दक्षिण-पूर्व – समृद्धि, सफलता, धन, जीवन शक्ति
- हेवनली डॉक्टर (Tian Yi): पूर्व – स्वास्थ्य, हीलिंग, लंबी उम्र
- दीर्घायु (Yan Nian): दक्षिण – रिश्ते, सामंजस्य, प्रेन
- व्यक्तिगत ग्रोथ (Fu Wei): उत्तर – स्पष्टता, स्थिरता, आध्यात्मिक विकास

अशुभ दिशाएँ (काम/सोते समय इनकी ओर मुँह न करें)

- Jue Ming (पूर्ण हानि): उत्तर-पश्चिम – सबसे खराब, हानि, दुर्घटना, दुर्भाग्य
- Wu Gui (पाँच भूत): उत्तर-पूर्व – गपशप, धोखा, पीठ पीछे वार
- Liu Sha (छह हत्यारे): पश्चिम – कानूनी समस्या, स्कैंडल
- Huo Hai (दुर्घटना और बाधा): दक्षिण-पश्चिम – छोटी दुर्घटनाएँ, रुकावटें

तत्व संगतता (लकड़ी)

- सबसे अच्छा: आग (9) – लकड़ी आग को पोषित करती है → बहुत सामंजस्यपूर्ण
- अच्छा: पानी (1) – पानी लकड़ी को पोषित करता है
- तटस्थ: लकड़ी (3,4) – एक ही तत्व
- चुनौतीपूर्ण: पृथ्वी (2,8) – लकड़ी पृथ्वी को नियंत्रित करती है लेकिन खुद कमजोर होती है
- सबसे खराब: धातु (6,7) – धातु लकड़ी को काटती है

Kua 4 के लिए उपाय और संवर्धन

- रंग: हरा, फ़िरोज़ी, नीला-हरा (दक्षिण-पूर्व/पूर्व में पहनें या इस्तेमाल करें)
- तत्व: लकड़ी (पौधे, लकड़ी का फर्नीचर) + पानी (फव्वारे, नीला/काला)
- आकार: लंबे आयत, कॉलम
- जीवनशैली: पौधों से घेरें, रोज़ पढ़ाई/सीखना, लचीलापन अभ्यास (योग, ताई ची), कठोर दिनचर्या से बचें
- फेंग शुई: दक्षिण-पूर्व (धन कोना) में स्वस्थ हरे पौधे, उत्तर या पूर्व में पानी की विशेषता
- पुष्टि: "मैं अनुग्रह से अनुकूलित होता/होती हूँ, सफलता आकर्षित करता/करती हूँ और हर दिशा में बढ़ता/बढ़ती हूँ।"

Kua 2 (महिला) – Kun – पृथ्वी – तत्व: पृथ्वी

सकारात्मक गुण: पालन करने वाला, धैर्यवान, विश्वसनीय, सहायक, व्यावहारिक, वफादार, अच्छा घरेलू माहौल बनाने वाला, देखभाल करने वाला, जमीन से जुड़ा।

नकारात्मक गुण: ज्यादा कब्ज़ा करने वाला, हठी, चिंतित, निष्क्रिय, बदलाव का विरोधी, ज्यादा देने या पीड़ित भूमिका निभाने की प्रवृत्ति।

शुभ दिशाएँ (सबसे अच्छी से कम)

- प्राथमिक (Sheng Qi): दक्षिण-पश्चिम – समृद्धि, सफलता, प्रचुरता
- हेवनली डॉक्टर (Tian Yi): उत्तर-पूर्व – स्वास्थ्य, हीलिंग, रिकवरी
- दीर्घायु (Yan Nian): पश्चिम – रिश्ते, सामंजस्य, प्रेम
- व्यक्तिगत ग्रोथ (Fu Wei): उत्तर-पश्चिम – स्पष्टता, स्थिरता, आध्यात्मिक विकास

अशुभ दिशाएँ (बचें)

- Jue Ming (पूर्ण हानि): पूर्व – सबसे खराब, बड़ी हानि, दुर्भाग्य
- Wu Gui (पाँच भूत): दक्षिण-पूर्व – धोखा, गपशप
- Liu Sha (छह हत्यारे): दक्षिण – स्कैंडल, कानूनी परेशानी
- Huo Hai (दुर्घटना): उत्तर – छोटी दुर्घटनाएँ, रुकावटें

तत्व संगतता (पृथ्वी)

- सबसे अच्छा: आग (9) – आग पृथ्वी को उत्पन्न करती है → बहुत समर्थक
- अच्छा: पृथ्वी (2,8) – एक ही तत्व
- तटस्थ: धातु (6,7) – धातु पृथ्वी को उत्पन्न करती है
- चुनौतीपूर्ण: लकड़ी (3,4) – लकड़ी पृथ्वी में घुसती है
- सबसे खराब: पानी (1) – पानी पृथ्वी को काटता है

Kua 2 के लिए उपाय और संवर्धन

- रंग: पीला, बेज, भूरा, टेराकोटा (दक्षिण-पश्चिम/उत्तर-पूर्व में पहनें या इस्तेमाल करें)
- तत्व: पृथ्वी (क्रिस्टल, मिट्टी के बर्तन) + आग (लाल मोमबत्ती, लैंप)
- आकार: चौकोर, सपाट सतह
- जीवनशैली: आरामदायक घरेलू माहौल बनाएँ, धैर्य अभ्यास करें, स्वस्थ सीमाएँ बनाएँ, ज्यादा देने से बचें
- फेंग शुई: दक्षिण-पश्चिम (धन कोना) में पीले क्रिस्टल या चौकोर मिट्टी की वस्तु, उत्तर-पूर्व (स्वास्थ्य) में लाल मोमबत्ती/लैंप
- पुष्टि: "मैं जमीन से जुड़ा/जुड़ी हूँ, समर्थित हूँ और आसानी व संतुलन से समृद्धि आकर्षित करता/करती हूँ।"

दोनों Kua 4 और Kua 2 के लिए व्यावहारिक रोज़ाना उपयोग

- सोना: सिर सबसे अच्छी दिशा की ओर
- काम/पढ़ाई डेस्क: Sheng Qi दिशा (समृद्धि) या Tian Yi (स्वास्थ्य) की ओर मुँह
- महत्वपूर्ण मीटिंग/फैसले: Sheng Qi या Yan Nian दिशा की ओर बैठें
- घर का मुख्य द्वार: अगर संभव हो तो आपके Kua के लिए शुभ दिशा से संरेखित करें

- रिश्ते संगतता: साथी का Kua जाँचें (पिछली संगतता सूची देखें) और बेड/डेस्क दिशाएँ सामंजस्य करने के लिए

उदाहरण व्यक्ति (11-08-1986) के लिए

- पुरुष → Kua 4 (लकड़ी) → सफलता और स्वास्थ्य के लिए दक्षिण-पूर्व / पूर्व पर फोकस
- महिला → Kua 2 (पृथ्वी) → समृद्धि और हीलिंग के लिए दक्षिण-पश्चिम / उत्तर-पूर्व पर फोकस

यह आपको Kua संख्या पर आधारित कार्रवाई योग्य फेंग शुई मार्गदर्शन देता है।

फेंग शुई उपाय Lo Shu और Kua एकीकरण से ऊर्जा सामंजस्य

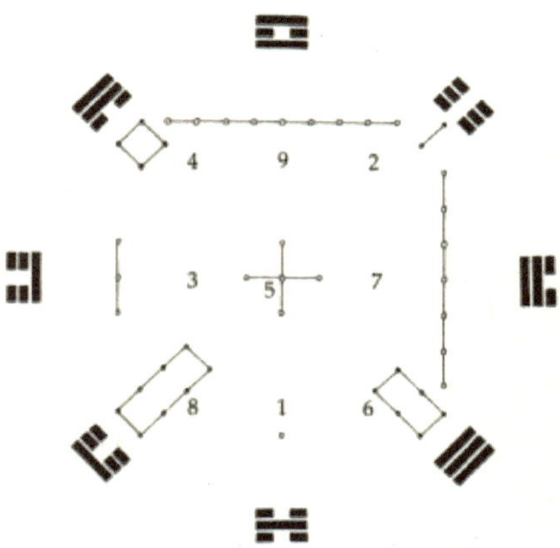

Lo Shu अंक ज्योतिष के क्षेत्र में फेंग शुई उपाय व्यावहारिक उपकरण हैं जो ची (जीवन ऊर्जा) को संतुलित करते हैं और Lo Shu ग्रिड तथा व्यक्तिगत Kua संख्याओं से प्रकट असंतुलन को ठीक करते हैं। Lo Shu प्राचीन चीनी दर्शन से उत्पन्न है, लेकिन वैदिक अंक ज्योतिष सिद्धांतों—जैसे ग्रहीय संरेखण और कर्म पैटर्न—के साथ इसका संयोजन आधुनिक अभ्यासकर्ताओं के लिए शक्तिशाली ढांचा बनाता है। यह हिस्सा पहले चर्चा किए गए Kua विवरण पर आधारित है, जो समृद्धि, स्वास्थ्य, रिश्ते और समग्र कल्याण बढ़ाने के लिए उपायों की खोज करता है। उपाय महज अंधविश्वास नहीं हैं, बल्कि पर्यावरणीय ऊर्जा में जानबूझकर समायोजन हैं, जो Lo Shu के मैजिक स्क्वेयर से "गायब" संख्याओं या कमजोर क्षेत्रों को ठीक करते हैं।

Lo Shu ग्रिड और फेंग शुई

Lo Shu Square 1 से 9 तक संख्याओं वाला 3×3 मैजिक ग्रिड है, जिसमें हर पंक्ति, कॉलम और तिरछी रेखा का जोड़ 15 आता है। यह Lo नदी से निकले पौराणिक कछुए की खोल पर खोजा गया (इसलिए "Lo Shu") और ची Chi (ऊर्जा) के प्राकृतिक प्रवाह का प्रतिनिधित्व करता है, जो पाँच तत्वों (पानी, आग, पृथ्वी, धातु, लकड़ी), आठ ट्राइग्राम (Trigram) (I Ching - ई चिंग से) और मुख्य दिशाओं से जुड़ा है।

फेंग शुई में यह ग्रिड आपके घर या ऑफिस के फ्लोर प्लान पर Bagua मैप के रूप में लगाया जाता है, जो स्थान को नौ क्षेत्रों में बाँटता है—जैसे धन, यश, प्रेम, स्वास्थ्य और करियर।

आपका व्यक्तिगत Lo Shu ग्रिड जन्म तिथि से बनता है: अंकों को (दिन, महीना, वर्ष) स्क्वेयर में रखें, दोहराव या अनुपस्थिति नोट करें। गायब संख्याएँ ऊर्जा की कमी दर्शाती हैं—उदाहरण के लिए, 4 न होना परिवार या स्वास्थ्य में अस्थिरता का संकेत दे सकता है। Kua संख्याएँ (जन्म वर्ष और लिंग से निकाली गई) इसे और व्यक्तिगत बनाती हैं, शुभ दिशाएँ बताती हैं (जैसे Sheng Chi सफलता के लिए, Tien Yi स्वास्थ्य के लिए)।

असंतुलन पहचानना और सामान्य उपाय

उपाय लागू करने के लिए

1. अपना Lo Shu ग्रिड बनाएँ: जन्म तिथि के अंकों को जोड़कर एकल अंक में घटाएँ (जैसे 15-07-1985: 1+5+0+7+1+9+8+5 = 36 → 9; सभी अंकों को प्लॉट करें)।
2. Bagua मैपिंग: ग्रिड को आपके स्थान के मुख्य द्वार से संरेखित करें (क्लासिकल Classical Bagua में दक्षिण ऊपर)।
3. Kua मूल्यांकन: Kua (जैसे 1985 जन्म पुरुष: 1+9+8+5=23→5, कुछ प्रणालियों में 10 से घटाएँ) से व्यक्तिगत दिशाएँ लें।

सामान्य उपाय तत्वों पर केंद्रित हैं

- पानी (1): फव्वारे, एक्वेरियम, नीला/काला सजावट — करियर प्रवाह के लिए
- पृथ्वी (2,5,8): क्रिस्टल, मिट्टी के बर्तन, पीला/भूरा टोन — स्थिरता के लिए

- आग (9): मोमबत्ती, लाल एक्सेंट — यश के लिए
- लकड़ी (3,4): पौधे, हरी वस्तुएँ — विकास के लिए
- धातु (6,7): विंड चाइम्स, सफेद/ग्रे धातु — स्पष्टता के लिए

गायब संख्याओं के लिए प्रभावित क्षेत्र में संबंधित तत्व जोड़ें।

क्षेत्र-विशेष फेंग शुई उपाय

फेंग शुई उपाय Bagua क्षेत्रों को लक्ष्य करते हैं। नीचे Lo Shu अंक ज्योतिष के साथ एकीकृत गहन रणनीतियाँ हैं:

1. **धन और समृद्धि (दक्षिण-पूर्व, संख्या 4 - लकड़ी तत्व)** अगर ग्रिड में 4 गायब है या Kua दक्षिण-पूर्व कमजोर दर्शाता है, तो ची रुक जाती है, वित्तीय रुकावटें आती हैं।

- उपाय:
    - स्वस्थ मनी प्लांट (जैसे जेड प्लांट) या लकड़ी का धन कटोरा सिक्कों/क्रिस्टल के साथ रखें। बैंगनी/एमेथिस्ट एक्सेंट इस्तेमाल करें।
    - Kua 4 वाले काम करते समय दक्षिण-पूर्व की ओर मुँह करें।
    - अव्यवस्था से बचें; छोटा फव्वारा जोड़कर "वृद्धि" सक्रिय करें।
- अंक ज्योतिष संबंध: तिथि या पते में 4 दोहराएँ; वैदिक तत्वों के साथ मिलाकर लकड़ी मंत्र जपें।

2. **यश और प्रतिष्ठा (दक्षिण, संख्या 9 – अग्नि तत्व)** कमजोर 9 मान्यता की समस्या दर्शाता है।

- उपाय:
    - लाल लालटेन या फीनिक्स चित्र टांगें। चमकीली लाइट्स या मोमबत्ती (सुरक्षित रूप से) लगाएँ। यहाँ पुरस्कार प्रदर्शित करें।
    - Kua 9 वाले सिर दक्षिण की ओर सोएँ। त्रिकोण आकार या आग प्रतीकों से ठीक करें।
    - उदाहरण: अगर Lo Shu में 9 नहीं है, तो लाल कालीन या आर्टवर्क जोड़कर जोश जगाएँ।

3. **प्रेम और रिश्ते (दक्षिण-पश्चिम, संख्या 2 - पृथ्वी तत्व)** गायब 2 साझेदारी में असामंजस्य दर्शाता है।

- उपाय:
  - जोड़े वस्तुएँ रखें (जैसे दो मंडारिन बतख या रोज़ क्वार्ट्ज़ हार्ट)। गुलाबी/पृथ्वी टोन इस्तेमाल करें। जोड़ों के लिए बेड Kua के अनुसार संरेखित करें (जैसे Kua 2 दक्षिण-पश्चिम की ओर)।
  - बेड के सामने दर्पण से बचें ताकि "तीसरे पक्ष" ऊर्जा न आए।
  - उन्नत: अगर ग्रिड में 2 नहीं है, तो दक्षिण-पश्चिम बगीचे में पृथ्वी क्रिस्टल दफनाएँ।

4. **परिवार और स्वास्थ्य (पूर्व, संख्या 3 - लकड़ी; केंद्र, संख्या 5 - पृथ्वी)** यहाँ असंतुलन जीवन शक्ति को प्रभावित करता है।

- उपाय:
  - पूर्व में बाँस के पौधे या परिवार की तस्वीरें। केंद्र में पीला सजावट ग्राउंडिंग के लिए। 5 की नकारात्मक "पीली तारा" को धातु विंड चाइम्स से फैलाएँ। Kua आधारित: स्वास्थ्य दिशा (Tien Yi) में ध्यान करें।
  - Lo Shu अंतर्दृष्टि: कई 5 से बहस की चेतावनी; नमक पानी उपाय से ठीक करें।

5. **रचनात्मकता और संतान (पश्चिम, संख्या 7 - धातु तत्व)** 7 न होना नवाचार रोकता है।

- उपाय:
  - धातु की घंटियाँ, सफेद फूल या बच्चों की कला। गोल आकार प्रवाह बढ़ाते हैं। प्रजनन के लिए कद्दू रखें।
  - Kua 7: प्रेरणा के लिए पश्चिम की ओर मुँह करें।

6. **ज्ञान और आत्म-विकास (उत्तर-पूर्व, संख्या 8 - पृथ्वी)** कमजोर 8 बुद्धि रोकता है।

- उपाय:
  - किताबों की अलमारी, ग्लोब या पहाड़ की तस्वीरें। फोकस के लिए नीला/काला। Kua की Fu Wei दिशा में पढ़ाई करें।

7. **करियर और जीवन पथ (उत्तर, संख्या 1 - पानी)** गायब 1 प्रगति रोकता है।

- उपाय:
    - मछलीघर (Aquarium) या लहरदार दर्पण। काला/नीला सजावट। डेस्क Kua की Sheng Chi दिशा में।

8. **सहायक लोग और यात्रा (उत्तर-पश्चिम, संख्या 6 - धातु)** असंतुलन अलगाव लाता है।

- उपाय:
    - धातु के हाथी या घंटियाँ। ग्रे टोन। मार्गदर्शकों को फोटो से आमंत्रित करें।

फ्लाइंग स्टार फेंग शुई (Xuan Kong) में Lo Shu "उड़ता" है समय चक्र के आधार पर

फ्लाइंग स्टार फेंग शुई (Xuan Kong Fei Xing) में Lo Shu वर्ग (3×3 ग्रिड) समय के साथ "उड़ता" (फ्लाई) रहता है। हर 20 वर्ष का एक "पीरियड" (Yun) होता है, जिसमें Lo Shu के तारे (Flying Stars) अपनी स्थिति बदलते हैं।

- **पीरियड 9 (2024–2043)**: यह वर्तमान पीरियड है। इसमें स्टार 9 (आग तत्व, Li trigram, दक्षिण) प्रमुख है। इस दौरान प्रसिद्धि, दृश्यता, तकनीक, महिलाओं की ऊर्जा, जुनून और तेज़ परिवर्तन पर जोर रहता है। घर/कार्यालय में स्टार 9 वाली दिशाएँ (विशेषकर फेसिंग या वॉटर पोजीशन) लाभदायक होती हैं।
- **वार्षिक तारे (Annual Stars)**: हर साल तारे अपनी जगह बदलते हैं। उदाहरण के लिए **2026** में स्टार 5 येलो (Wu Wang – सबसे शक्तिशाली नकारात्मक तारा, बीमारी, दुर्घटना, हानि का कारक) दक्षिण दिशा में आता है। इसे धातु (Metal) उपायों से नियंत्रित किया जाता है ।
- **Kua के साथ संयोजन**: फेंग शुई में Kua संख्या (Gua Number) व्यक्ति की जन्म वर्ष और लिंग से निकलती है। यह दो ग्रुप में बँटी होती है:
    - **ईस्ट ग्रुप Kua** (1, 3, 4, 9): ये लोग पूर्वी दिशाओं से लाभ लेते हैं — **पूर्व (E), दक्षिण-पूर्व (SW), उत्तर (N), दक्षिण (S)**। इन दिशाओं में डेस्क, बेड हेड या मुख्य द्वार रखना शुभ होता है।

- **वेस्ट ग्रुप Kua** (2, 6, 7, 8, और पुरुषों के लिए 5 = दक्षिण-पश्चिम; महिलाओं के लिए 5 = उत्तर-पूर्व): ये लोग पश्चिमी दिशाओं से लाभ लेते हैं — **पश्चिम (W), उत्तर-पश्चिम (NW), दक्षिण-पश्चिम (SW), उत्तर-पूर्व (NE)**।

इन फेंग शुई उपायों से Lo Shu और Kua के माध्यम से आप संख्यात्मक अंतर्दृष्टियों को ठोस सामंजस्य में बदल सकते हैं।

निष्कर्ष

इस Lo Shu अंक ज्योतिष अध्याय के समापन पर, अब आपके पास आपके व्यक्तिगत ऊर्जा को आपके आसपास की दुनिया से सामंजस्य करने के लिए सबसे सुंदर, व्यावहारिक और प्राचीन प्रणालियों में से एक है।

Lo Shu सिर्फ संख्याओं का ग्रिड नहीं है — यह ब्रह्मांडीय संतुलन का जीवंत नक्शा है, जो 4,000 साल पहले एक दिव्य कछुए की खोल पर प्रकट हुआ था। जन्म ग्रिड से हम अपनी बुनियादी ताकत, असंतुलन और जीवनभर की ऊर्जा हस्ताक्षर जानते हैं। वर्तमान / प्रोग्रेस्ड ग्रिड (व्यक्तिगत वर्ष, महीना, दिन) से हम देखते हैं कि ब्रह्मांड अभी हमसे कैसे बोल रहा है — कौन-सी संख्याएँ उभर रही हैं, कौन-से स्तर सक्रिय हैं और अभी हमारा फोकस कहाँ होना चाहिए।

हमने देखा:

- मैजिक स्क्वेयर खुद — हर रेखा 15 का जोड़, स्वर्ग, पृथ्वी और मानवता के बीच पूर्ण सामंजस्य का प्रतीक
- तीन क्षैतिज स्तर (मन, शरीर, आत्मा) और तीन खड़ी स्तर (विचार, भावना, क्रिया) — मानसिक स्पष्टता, शारीरिक जीवन शक्ति, भावनात्मक स्थिरता और प्रकटीकरण शक्ति कैसे जुड़े हैं
- सिल्वर लाइन (8-5-2) और गोल्डन लाइन (4-5-6) — आध्यात्मिक सुरक्षा और भौतिक सफलता की शक्तिशाली तिरछी रेखाएँ
- गायब संख्याएँ (1–9) और उनके गहन मनोवैज्ञानिक, भावनात्मक, शारीरिक और व्यावहारिक प्रभाव, साथ ही रंग, पुष्टि, तत्व, फेंग शुई प्लेसमेंट और जीवनशैली बदलाव से लक्षित उपाय
- 9-वर्ष चक्र — 1 से 9 तक दोहराने वाली लय, हर वर्ष स्पष्ट विषय, अवसर, चुनौतियाँ और ऊर्जा से संरेखित पुष्टि

- Kua संख्या— आपका व्यक्तिगत फेंग शुई कम्पास, लिंग-विशेष गणना, सकारात्मक/नकारात्मक गुण, शुभ/अशुभ दिशाएँ, तत्व संगतता और साथी/व्यापार सामंजस्य दिशानिर्देश
- फेंग शुई उपाय — गायब संख्याओं के लिए पानी, आग, पृथ्वी, लकड़ी, धातु तत्वों का संतुलन

Lo Shu एक कोमल लेकिन शक्तिशाली शिक्षक है। यह नियति की भविष्यवाणी नहीं करता — यह दिखाता है कि ऊर्जा कहाँ सुचारु बहती है और कहाँ रुकती है, और संतुलन बहाल करने के लिए सरल, सुंदर उपकरण देता है।

पुस्तक में आगे बढ़ते हुए इस सिद्धांत को साथ रखें: जब आंतरिक संख्याएँ और बाहरी दिशाएँ सामंजस्य में हों, तो जीवन सहज प्रवाह बन जाता है। स्वर्ग समर्थन करता है, पृथ्वी प्रदान करती है, और आप — केंद्र में खड़े — फलते-फूलते हैं। आपके ग्रिड हमेशा संतुलित रहें, आपकी दिशाएँ हमेशा समृद्धि की ओर ले जाएँ, और Lo Shu का मैजिक स्क्वेयर आपको शांति, सुरक्षा और पूर्णता की ओर मार्गदर्शन करे।

अध्याय ४ : पश्चिमी / पाइथागोरियन अंक ज्योतिष

अवलोकन

पश्चिमी (पाइथागोरियन) अंक ज्योतिष की चमकदार और गहन व्यक्तिगत दुनिया में आपका स्वागत है। यह अंग्रेजी बोलने वाली दुनिया के पाठकों के लिए सबसे परिचित प्रणाली है और आजकल प्रचलित अधिकांश आधुनिक अंक ज्योतिष की आधारशिला है।

वैदिक अंक ज्योतिष ग्रहीय कर्म और जीवन चक्रों के माध्यम से बोलता है, Lo Shu स्थानिक सामंजस्य और पर्यावरणीय ऊर्जा को प्रकट करता है, वहीं पाइथागोरियन अंक ज्योतिष भीतर की ओर मुड़ता है — आपके द्वारा धारण किए गए नाम, आपके आने की जन्म तिथि और आपके जीवन पथ के खुलते चक्रों की ओर। यह आत्म-खोज, मनोवैज्ञानिक अंतर्दृष्टि और सचेत विकास की प्रणाली है, जो ग्रीक दार्शनिक पाइथागोरस (लगभग 570–495 ईसा पूर्व) की शिक्षाओं पर आधारित है। उन्होंने घोषणा की थी कि *"सब कुछ संख्या है"* और संख्याओं को वास्तविकता के छिपे सार के रूप में देखा।

पाइथागोरस और उनके अनुयायी मानते थे कि संख्याएँ सिर्फ मात्रा नहीं हैं — वे कंपन, आदर्श रूप और ब्रह्मांडीय सिद्धांत हैं जो चरित्र, नियति, चुनौतियों और उपहारों को आकार देते हैं।

इस अध्याय में हम पाइथागोरियन प्रणाली के मुख्य उपकरणों की खोज करेंगे और यह कैसे आपके कौन होने, क्या सीखने आए हैं और जीवन चरणबद्ध तरीके से कैसे खुलता है — यह बताता है।

आप सीखेंगे कि कैसे बनाएँ और व्याख्या करें:

- **पाइथागोरियन स्क्वेयर (साइकोमैट्रिक्स)** — जन्म तिथि से भरा 3×3 ग्रिड, जो 1–9 संख्याओं का वितरण दिखाता है और आपके मानसिक, भावनात्मक, शारीरिक और आध्यात्मिक ताकत, कमजोरियाँ और प्रतिभाएँ प्रकट करता है

- **रहस्यमयी त्रिकोण** और अन्य मुख्य डायग्राम जो विशेष पैटर्न और ऊर्जाएँ उजागर करते हैं
- **चार पिनेकल** — प्रमुख जीवन चरण (प्रत्येक 9–36 वर्ष तक) जो अलग-अलग अवधियों के मुख्य विषय, अवसर और सबक बताते हैं
- **तीन या चार चुनौतियाँ** — प्रत्येक पिनेकल के साथ आने वाली विशिष्ट बाधाएँ या विकास क्षेत्र जो लचीलापन और परिपक्वता सिखाती हैं
- **चक्र और पारगमन** — सार संख्याएँ (वार्षिक कंपन), पारगमन अक्षर (समय के साथ नाम बदलाव से), और जीवनभर मानसिक, भावनात्मक और आध्यात्मिक स्तर कैसे बदलते हैं
- **परिपक्वता संख्या** — 35–40 वर्ष की उम्र के बाद प्रमुख होने वाली ऊर्जा, जो लंबे समय की नियति और बुद्धि दर्शाती है
- **कर्म ऋण और कर्म चक्र** — पिछले जन्म के सबक (13/4, 14/5, 16/7, 19/1) जो आपके चार्ट में दिखते हैं और उन्हें कैसे हल करें
- **आधुनिक अनुकूलन और एकीकरण सुझाव** — पाइथागोरियन अंतर्दृष्टियों को वैदिक मूलांक/भाग्यांक, Lo Shu ग्रिड और मोबाइल संख्या विश्लेषण के साथ कैसे मिलाएँ ताकि बहु-आयामी पढ़ाई हो

पाइथागोरियन अंक ज्योतिष अनोखी रूप से मनोवैज्ञानिक और विकास-उन्मुख है। यह नियति को कठोर तरीके से भविष्यवाणी नहीं करता; बल्कि नाम और जन्म तिथि में छिपी संभावनाएँ, आपके गुजरते चक्र और सचेत चुनाव दिखाता है जिनसे आप विकास कर सकते हैं। यह सवालों के जवाब देता है जैसे:

- मेरी मुख्य प्रतिभाएँ और छिपे उपहार क्या हैं?
- मुझे कौन-सी चुनौतियाँ सीखनी हैं?
- मेरा जीवन कब नए विकास या उपलब्धि के चरण में बदलेगा?
- मेरा नाम कंपन मेरे व्यक्तित्व और नियति को कैसे प्रभावित करता है?
- मैं अपनी वर्तमान ऊर्जा को लंबे समय की परिपक्वता से कैसे संरेखित करूँ?

पुस्तक में इस्तेमाल उदाहरण जन्म तिथि 11 अगस्त 1986 के लिए, हम पाइथागोरियन स्क्वेयर बनाएंगे, पिनेकल, चुनौतियाँ, परिपक्वता संख्या और कर्म

संकेत निकालेंगे, और दिखाएंगे कि ये पश्चिमी अंतर्दृष्टियाँ पहले से देखे गए वैदिक मूलांक 2 / भाग्यांक 7 और Lo Shu ग्रिड के साथ कैसे पूरक हैं।

यह अध्याय प्राचीन ग्रीक रहस्यवाद को आधुनिक आत्म-जागरूकता से जोड़ता है। पाइथागोरस संख्याओं को आत्मा की भाषा मानते थे — आने वाले पन्नों में आप उस भाषा को पढ़ना सीखेंगे और इसे जानबूझकर, उद्देश्यपूर्ण और अपने सच्चे स्व से सामंजस्य में जीने के लिए इस्तेमाल करेंगे।

आइए अब पाइथागोरियन दुनिया में प्रवेश करें — जहाँ आपका नाम और जन्म तिथि आपके बनने का पवित्र नक्शा बन जाते हैं।

पाइथागोरियन स्क्वेयर (साइकोमैट्रिक्स)

पाइथागोरियन स्क्वेयर, जिसे साइकोमैट्रिक्स या पाइथागोरियन स्क्वेयर ऑफ प्रारब्ध भी कहते हैं, पश्चिमी/पाइथागोरियन अंक ज्योतिष का मुख्य उपकरण है। यह एक 3×3 ग्रिड है जो जन्म तिथि से 1–9 संख्याओं का वितरण दृश्य रूप से मैप करता है और प्रकट करता है:

- आपकी प्रमुख व्यक्तित्व विशेषताएँ
- मानसिक, भावनात्मक, शारीरिक और आध्यात्मिक ताकत और कमजोरियाँ
- स्वाभाविक प्रतिभाएँ और चुनौती क्षेत्र
- छिपी क्षमताएँ और कर्मिक प्रवृत्तियाँ

यह स्क्वेयर पाइथागोरस की शिक्षाओं से विकसित हुआ और बाद में आधुनिक अंक ज्योतिष (खासकर रूसी और यूरोपीय स्कूलों) में परिष्कृत हुआ यह वैदिक जन्म ग्रिड और चीनी Lo Shu स्क्वेयर से अलग है — यह पूरी तरह मनोवैज्ञानिक और ऊर्जा संतुलन पर केंद्रित है, न कि ग्रहीय कर्म या स्थानिक फेंग शुई पर।

पाइथागोरियन स्क्वेयर (Pythagorean Square) कैसे बनाएँ

चरण 1: अपनी पूरी जन्म तिथि DD.MM.YYYY फॉर्मेट में लिखें उदाहरण: 11.08.1986

चरण 2: सभी अलग-अलग अंक सूचीबद्ध करें (डॉट/शून्य को अनदेखा करें अगर वे प्लेसहोल्डर हैं — लेकिन अगर तिथि में 0 है तो शामिल करें) अंक: 1, 1, 0, 8, 1, 9, 8, 6

चरण 3:

1–9 तक हर संख्या कितनी बार आई है गिनें (नोट: 0 को स्क्वेयर में नहीं रखा जाता — इसे अनदेखा करें या अलग से "खाली ऊर्जा" नोट करें)

11.08.1986 के लिए:

चरण 4: मानक पाइथागोरियन स्क्वेयर लेआउट में भरें

चरण 5: हर संख्या की गिनती उसके तय सेल में रखें

11.08.1986 के लिए पाइथागोरियन स्क्वेयर

Pythagorean Square		
3	6	9
2	**5**	8
1	4	7

Py Square 11-08-1986		
3 (0)	**6 (1)**	**9 (1)**
2 (0)	5 (0)	**8 (2)**
1 (3)	4 (0)	7 (0)

पाइथागोरियन स्क्वेयर की व्याख्या कैसे करें

हर सेल एक विशिष्ट ऊर्जा/गुणवत्ता से जुड़ा होता है:

ऊपरी पंक्ति (3-6-9) → मानसिक / आध्यात्मिक स्तर

- 3: रचनात्मकता, आत्म-अभिव्यक्ति, आशावाद, संवाद
- 6: जिम्मेदारी, परिवार, सामंजस्य, सौंदर्य
- 9: करुणा, आदर्शवाद, मानवतावाद, पूर्णता

बीच की पंक्ति (2-5-8) → भावनात्मक / कर्मिक स्तर

- 2: संवेदनशीलता, अंतर्ज्ञान, साझेदारी, कूटनीति
- 5: स्वतंत्रता, अनुकूलन, जिज्ञासा, बदलाव
- 8: शक्ति, अनुशासन, कर्म, भौतिक महारत

निचली पंक्ति (1-4-7) → शारीरिक / इच्छाशक्ति स्तर

- 1: नेतृत्व, स्वतंत्रता, पहल, अहंकार
- 4: स्थिरता, संरचना, कड़ी मेहनत, व्यावहारिकता
- 7: आत्मनिरीक्षण, आध्यात्मिकता, विश्लेषण, बुद्धि

व्याख्या के नियम

किसी संख्या के 3 या अधिक → बहुत मजबूत गुण (जैसे 111 = अत्यंत मजबूत नेतृत्व/अहंकार)

- 2 → मजबूत लेकिन संतुलित गुण
- 1 → मौजूद लेकिन मध्यम
- 0 / गायब → कमजोर या अनुपस्थित गुण — सचेत विकास की जरूरत
- केंद्र (5) पिवट है — अगर गायब हो तो जीवन बिखरा या अस्थिर महसूस होता है

रहस्यमयी त्रिकोण और अन्य मुख्य मानचित्र

पाइथागोरियन (पश्चिमी) अंक ज्योतिष में पाइथागोरियन स्क्वेयर (साइकोमैट्रिक्स) मुख्य 3×3 ग्रिड है, लेकिन कई अतिरिक्त रहस्यमयी त्रिकोण, तीर और विशेष पैटर्न विश्लेषण किए जाते हैं जो व्यक्तित्व, नियति, प्रतिभाओं और कर्मिक ऊर्जाओं की गहरी परतें प्रकट करते हैं। ये पैटर्न यादृच्छिक नहीं होते — जब स्क्वेयर Square में कुछ रेखाएँ, पंक्तियाँ, कॉलम या तिरछी संयोजन पूरी, दोहराई गई या खाली होती हैं तो बनते हैं।

ये पैटर्न कभी-कभी रहस्यमयी त्रिकोण, पाइथागोरस के तीर या विशेष विन्यास / कॉन्फ़िगरेशन Configuration कहलाते हैं। ये उजागर करते हैं:

- असाधारण ताकत (जैसे नेतृत्व, अंतर्ज्ञान, प्रकटीकरण शक्ति)
- छिपी प्रतिभाएँ या आध्यात्मिक उपहार
- कर्मिक चुनौतियाँ या अंधेरे क्षेत्र
- उच्च क्षमता या कमजोरी के क्षेत्र

1. **मुख्य रहस्यमयी त्रिकोण**

कई मान्यता प्राप्त त्रिकोण हैं, लेकिन सबसे महत्वपूर्ण और आम हैं:

त्रिकोण 1: आध्यात्मिक त्रिकोण (1-5-9)

स्थान: निचला-बायाँ (1), केंद्र (5), ऊपरी-दायाँ (9) ऊर्जा: आध्यात्मिक जागृति, उच्च उद्देश्य, दिव्य जुड़ाव, अंतर्ज्ञान, ज्ञानोदय

जब मजबूत (तीनों संख्याएँ मौजूद या दोहराई गई):

- मजबूत आध्यात्मिक झुकाव, स्वाभाविक रहस्यवादी, हीलर, बुद्धि का शिक्षक
- बड़ा चित्र देखने की क्षमता, उच्च मार्गदर्शन चैनल करना
- कर्मिक सुरक्षा, आंतरिक जानना, दूसरों को आध्यात्मिक रूप से प्रेरित करने की क्षमता

जब कमजोर/गायब:

- आध्यात्मिक अलगाव, संशय, भौतिक फोकस, खोया हुआ महसूस होना

उपाय: ध्यान, बैंगनी/जामुनी रंग, संख्या 7 उपाय (केतु जैसी ऊर्जा)

त्रिकोण 2: इच्छाशक्ति / प्रकटीकरण त्रिकोण (1-4-7)

स्थान: निचली पंक्ति बाएँ से दाएँ (1-4-7) ऊर्जा: दृढ़ता, इच्छाशक्ति, व्यावहारिक आध्यात्मिकता, आइडिया को हकीकत में उतारने की क्षमता

जब मजबूत:

- असाधारण अमल शक्ति, अनुशासित आध्यात्मिक पथ, मजबूत प्रकटीकरण
- दृष्टियों को ठोस परिणामों में बदलने की क्षमता

जब कमजोर/गायब:

- टालमटोल, फॉलो-थ्रू की कमी, आध्यात्मिक अंतर्दृष्टि को जमीन पर उतारने में कठिनाई

उपाय: लाल (मंगल), ग्राउंडिंग व्यायाम, संख्या 4 उपाय (राहु स्थिरता)

त्रिकोण 3: भावनात्मक / रचनात्मक त्रिकोण (3-5-7)

स्थान: बीच का कॉलम ऊपर से नीचे (3-5-7) या तिरछी वैरिएंट ऊर्जा: रचनात्मक भावनात्मक अभिव्यक्ति, अंतर्ज्ञान, कलात्मक प्रवाह, हृदय-केंद्रित बुद्धि

जब मजबूत:

- गहरी रचनात्मकता, भावनात्मक बुद्धिमत्ता, कलात्मक प्रतिभा, आध्यात्मिक कला

जब कमजोर:

- भावनात्मक रुकावट, रचनात्मक सूखा, दबी भावनाएँ

उपाय: पीला (बृहस्पति), हरा (बुध), कलात्मक अभिव्यक्ति

2. पाइथागोरस के तीर (सबसे प्रसिद्ध पैटर्न)

ये स्क्वेयर में सबसे व्यापक रूप से मान्यता प्राप्त "रहस्यमयी" रेखाएँ हैं। तीर तब बनता है जब कोई सीधी रेखा (पंक्ति, कॉलम या तिरछी) पूरी तरह भरी (तीनों सेल में कम से कम एक संख्या) या पूरी तरह खाली होती है।

ताकत के तीर (भरी रेखाएँ)

- दृढ़ता / इच्छाशक्ति का तीर (1-4-7 – निचली पंक्ति पूरी) → अत्यंत मजबूत अमल शक्ति, अनुशासित क्रिया, विपरीत परिस्थितियों में लक्ष्य हासिल करना
- योजना / बुद्धि का तीर (3-6-9 – ऊपरी पंक्ति पूरी) → शानदार दिमाग, रणनीतिक सोच, दूरदर्शी योजना, उच्च बुद्धिमत्ता
- करुणा / मानवतावाद का तीर (3-5-7 – बीच का कॉलम पूरी) → गहरी सहानुभूति, आध्यात्मिक शिक्षक, हीलर, निस्वार्थ सेवा
- आध्यात्मिकता / अंतर्ज्ञान का तीर (1-5-9 – मुख्य तिरछी) → मजबूत आध्यात्मिक पथ, मानसिक क्षमता, दिव्य जुड़ाव
- व्यावहारिकता / भौतिक महारत का तीर (8-5-2 – उल्टी तिरछी) → धन प्रकट करने, स्थिरता, लंबे समय की सफलता में उत्कृष्ट

कमजोरी के तीर (खाली रेखाएँ)

- अनिर्णय / इच्छाशक्ति की कमी का तीर (1-4-7 खाली) → टालमटोल, क्रिया करने में असमर्थता, बिखरी ऊर्जा
- भूलने / मानसिक धुंध का तीर (3-6-9 खाली) → खराब योजना, बिखरे विचार, फोकस की कमी
- भावनात्मक ठंडक का तीर (3-5-7 खाली) → भावनाएँ महसूस करने या व्यक्त करने में कठिनाई, रिश्तों में संघर्ष

3. अन्य मुख्य डायग्राम और पैटर्न

केंद्र (5) – पिवट पॉइंट

- अगर 5 मौजूद है (खासकर दोहराया गया) → मजबूत केंद्र: सभी स्तर के बीच संतुलन
- अगर 5 गायब है → जीवन बिखरा या अस्थिर महसूस होता है. संतुलन ढूँढने में कठिनाई

उपाय: हरा रंग (बुध), अनुकूलन अभ्यास, संख्या 5 उपाय

कर्मिक त्रिकोण (13-14-16-19) अगर जन्म दिन या बीच के जोड़ में ये कंपाउंड संख्याएँ आएँ:

- 13/4 → आलस्य/प्रयास का ऋण
- 14/5 → स्वतंत्रता का दुरुपयोग
- 16/7 → आध्यात्मिक अहंकार
- 19/1 → शक्ति का दुरुपयोग

ये स्क्वेयर में कर्मिक सबक के रूप में चिह्नित होते हैं (अलग से नोट किए जाते हैं)।

दोहराई गई संख्याएँ (जैसे 111, 222, 888)

- तीन 1 → अत्यंत मजबूत नेतृत्व/अहंकार
- तीन 2 → अति संवेदनशीलता/भावनात्मक तीव्रता
- तीन 8 → बहुत भारी कर्मिक बोझ या असाधारण शक्ति

उदाहरण: 11.08.1986 के लिए विस्तृत विश्लेषण

ऊपरी पंक्ति (मानसिक/आध्यात्मिक)

- 3 (0) → रचनात्मकता/आशावाद गायब
- 6 (1) → जिम्मेदारी/सामंजस्य मध्यम
- 9 (1) → करुणा/पूर्णता मध्यम → कमजोर मानसिक स्तर — सीमित रचनात्मक अभिव्यक्ति या विस्तार वाली सोच। आध्यात्मिक आदर्श (9) मौजूद हैं लेकिन प्रमुख नहीं।

बीच की पंक्ति (भावनात्मक/कर्मिक)

- 2 (0) → संवेदनशीलता/कूटनीति गायब
- 5 (0) → अनुकूलन/स्वतंत्रता गायब
- 8 (2) → अनुशासन/कर्म/भौतिक फोकस मजबूत → मजबूत कर्मिक स्तर — भारी शनि जैसी जिम्मेदारी और सहनशक्ति। गायब 2 और 5 से भावनात्मक खालीपन और अनुकूलन में कठिनाई।

निचली पंक्ति (शारीरिक/इच्छाशक्ति)

- 1 (3) → अत्यंत मजबूत नेतृत्व/स्वतंत्रता/अहंकार
- 4 (0) → स्थिरता/व्यावहारिकता गायब
- 7 (0) → आत्मनिरीक्षण/आध्यात्मिकता गायब → बहुत मजबूत इच्छाशक्ति स्तर — शक्तिशाली पहल और आत्म-दृढ़ता, लेकिन जमीन (4) और आंतरिक चिंतन (7) की कमी।

कुल मनोविज्ञानिक चित्र (Psychometric साइकोमैट्रिक्स Snapshot)

- प्रमुख ताकत: तीन 1 → स्वाभाविक नेता, मजबूत व्यक्तित्व, आत्म-निर्भर, महत्वाकांक्षी, दृश्य
- प्रमुख चुनौती: दो 8 + गायब 2/4/5/7 → भारी कर्मिक बोझ, भावनात्मक संवेदनशीलता में कमी, अनुकूलन की कमी, आध्यात्मिक आत्मनिरीक्षण की जरूरत
- जीवन विषय: शक्तिशाली बाहरी ड्राइव (1s) आंतरिक कर्म सबकों (8s) से मिलती है — सफलता कड़ी मेहनत से आती है, लेकिन भावनात्मक/आध्यात्मिक संतुलन मुख्य विकास क्षेत्र है
- वैदिक संख्याओं से संरेखण: मूलांक 2 (गायब भावनात्मक 2) + भाग्यांक 7 (गायब आध्यात्मिक 7) → एक ही संदेश: आंतरिक भावनात्मक और आध्यात्मिक पक्षों को मजबूत करें

कमजोरियों के लिए त्वरित उपाय

- गायब 2 (भावनात्मक): सफेद/चाँदी सोमवार, मोती, पानी के पास
- गायब 4 (स्थिरता): नीला शनिवार, गोमेद, ग्राउंडिंग भोजन
- गायब 5 (अनुकूलन): हरा बुधवार, पन्ना, नई स्किल सीखना
- गायब 7 (आध्यात्मिकता): लहसुनिया मंगलवार, ध्यान कुत्तों को भोजन

यह 11-08-1986 के लिए पाइथागोरियन स्क्वेयर है — मानसिक, भावनात्मक, शारीरिक और आध्यात्मिक ऊर्जाओं का स्पष्ट स्नैपशॉट / Snapshct.

रहस्यमयी त्रिकोण और अन्य मुख्य पैटर्न

आध्यात्मिक त्रिकोण (1-5-9):

- 1 (3), 5 (0), 9 (1) → आंशिक मजबूत (1 और 9 मौजूद) → अच्छी आध्यात्मिक क्षमता और नेतृत्व, लेकिन गायब 5 से अस्थिर/अजमीन महसूस होना

इच्छाशक्ति त्रिकोण (1-4-7):

- 1 (3), 4 (0), 7 (0) → मजबूत शुरुआत लेकिन अधूरा → शक्तिशाली पहल (तीन 1), लेकिन गायब 4/7 से जमीन पर उतारने या चिंतन में कठिनाई

भावनात्मक/रचनात्मक त्रिकोण (3-5-7):

- सभी गायब → कमजोर → रचनात्मक/भावनात्मक अभिव्यक्ति मुख्य विकास क्षेत्र है
    - कोई पूरा तीर नहीं — कोई भी पूरी भरी पंक्ति/कॉलम/तिरछी नहीं → कोई अत्यधिक "सुपर-स्ट्रेंथ" तीर नहीं, लेकिन कोई गंभीर "कमजोरी तीर" भी नहीं

कुल मिलाकर:

स्क्वेयर बहुत मजबूत इच्छाशक्ति/नेतृत्व (तीन 1) + कर्मिक अनुशासन (दो 8) दिखाता है, लेकिन कमजोर भावनात्मक गहराई (गायब 2), रचनात्मकता (गायब 3), अनुकूलन (गायब 5) और आध्यात्मिकता (गायब 7)। रहस्यमयी त्रिकोण आंशिक हैं — आध्यात्मिक और इच्छाशक्ति ऊर्जाएँ मौजूद हैं लेकिन अधूरी, जो बाहरी ताकत का समर्थन करने के लिए आंतरिक संतुलन विकसित करने का जीवन पथ दर्शाती हैं।

यह पाइथागोरियन स्क्वेयर में रहस्यमयी त्रिकोण और मुख्य पैटर्न की सामान्य गहन व्याख्या है। कुछ अंकशास्त्री लोशू ग्रिड में त्रिकोण, तीर और मुख्य पैटर्न का उपयोग करते हैं।

पिनैकल न्यूमरोलॉजी / अंक ज्योतिष

चार मुख्य चक्र और संख्याएँ: पिनेकल Pinnacle, चुनौतियाँ Challenges, सार चक्र Essence Cycle और पारगमन Transit, तथा परिपक्कता

Maturity संख्या

ये पश्चिमी/पाइथागोरियन अंक ज्योतिष के मुख्य समय और विकास उपकरण हैं। ये दिखाते हैं कि आपका जीवन अलग-अलग चरणों में कैसे खुलता है, आपको कौन-सी बाधाएँ सीखनी हैं, आपकी ऊर्जा साल-दर-साल कैसे बदलती है, और आपका लंबे समय का परिपक्व स्व क्या होगा।

सभी गणनाएँ जन्म तिथि (और कभी-कभी पूरे जन्म नाम से पारगमन के लिए) से निकाली जाती हैं।

1. चार पिनेकल – प्रमुख जीवन चरण

पिनेकल चार मुख्य जीवन चक्र हैं, प्रत्येक एक निश्चित वर्षों तक चलता है (9–36 वर्ष), जो उस अवधि का मुख्य विषय, अवसर, सबक और फोकस बताते हैं।

उदाहरण जन्म तिथि 11-08-1986 से गणना

सबसे पहले जन्म तिथि के घटक घटाएँ:

- दिन = 11 → 1+1 = **2**
- महीना = 8 → **8**
- वर्ष = 1986 → 1+9+8+6 = 24 → 2+4 = 6
- जीवन पथ संख्या (पूरी तिथि का योग): 1+1 + 0+8 + 1+9+8+6 = 34 → 3+4 = **7**

पिनेकल सूत्र

- पहला पिनेकल = दिन + महीना = 2 + 8 = 10 → 1+0 = **1**
    - अवधि = **36** – जीवन पथ संख्या ; **36** – 7 = **29** वर्ष (उम्र 0 से 29)
- दूसरा पिनेकल = दिन + वर्ष = 2 + 6 = **8** अवधि = **9** वर्ष (उम्र 29 से 38)
- तीसरा पिनेकल = पहला + दूसरा = 1 + 8 = **9** अवधि = **9** वर्ष (उम्र 38 से 47)
- चौथा पिनेकल = महीना + वर्ष = 8 + 6 = 14 → 1+4 = **5** अवधि = जीवन का शेष (उम्र 47 से आगे)

पिनेकल व्याख्या (इस उदाहरण के लिए)

- पहला पिनेकल (1) – उम्र 0–29: नेतृत्व, स्वतंत्रता, आत्म-खोज, पहचान बनाना। अलग दिखने, पहल करने और आत्मविश्वास विकसित करने के अवसर। सबक: अहंकार संतुलन और बिना दबाव के नेतृत्व करना।
- दूसरा पिनेकल (8) – उम्र 29–38: शक्ति, उपलब्धि, भौतिक महारत, कर्म। करियर चरम, वित्तीय सफलता, अधिकार भूमिकाओं के अवसर। चुनौतियाँ: शक्ति संघर्ष, देरी, कर्म परीक्षण, ज्यादा काम।
- तीसरा पिनेकल (9) – उम्र 38–47: समापन, मानवतावाद, करुणा, छोड़ना। वैश्विक प्रभाव, निस्वार्थ सेवा, कलात्मक/आध्यात्मिक अभिव्यक्ति के अवसर। सबक: क्षमा, लगाव छोड़ना, बड़े भले की सेवा।
- चौथा पिनेकल (5) – उम्र 47+: स्वतंत्रता, बदलाव, अनुकूलन, साहसिक कार्य। लंबे समय का विषय: विविधता, यात्रा, संवाद, व्यक्तिगत मुक्ति। सबक: लचीलापन, बेचैनी से बचना।

2. तीन या चार चुनौतियाँ (Challenges)

चुनौतियाँ प्रत्येक पिनेकल के साथ आने वाली विशिष्ट बाधाएँ या विकास क्षेत्र हैं। ये लचीलापन और परिपक्वता सिखाती हैं। आमतौर पर तीन (कभी-कभी चार) चुनौतियाँ होती हैं।

गणना

- पहली चुनौती = |दिन – महीना| = |2 – 8| = 6
- दूसरी चुनौती = |दिन – वर्ष| = |2 – 6| = 4
- तीसरी चुनौती = |पहली चुनौती – दूसरी चुनौती| = |6 – 4| = 2
- चौथी (मुख्य) चुनौती = |महीना – वर्ष| = |8 – 6| = 2 (कुछ प्रणालियों में वैकल्पिक)

चुनौती व्याख्या

- चुनौती 6: जिम्मेदारी का बोझ, लोगों को खुश करना, रिश्तों/परिवार में परफेक्शनिज़म। सबक: स्वस्थ सीमाएँ, संतुलित देना/लेना।
- चुनौती 4: कठोरता, बदलाव का डर, प्रतिबंधित महसूस होना। सबक: स्थिर नींव बनाना, बिना कठोर हुए अनुशासन अपनाना।

- चुनौती 2 (दोहराई गई): भावनात्मक निर्भरता, अनिर्णय, ज्यादा संवेदनशीलता। सबक: भावनात्मक स्वतंत्रता, आंतरिक आवाज पर भरोसा, साझेदारी में संतुलन।

ये चुनौतियाँ पिनेकल के साथ समानांतर चलती हैं और हर अवधि के सबकों को तीव्र करती हैं।

परिशिष्ट 9 – चुनौती संख्या Challenge Numbers देखें।

3. सार चक्र Essence Cycle और पारगमन Transit

सार Essence संख्याएँ (वार्षिक कंपन)

- पूरी जन्म तिथि के योग से निकाली जाती हैं (इस मामले में जीवन पथ = 7)
- हर वर्ष एक सार संख्या होती है जो उस वर्ष की व्यक्तिगत कंपन दिखाती है
- धीरे-धीरे बदलती है, आमतौर पर हर 9 वर्ष में (व्यक्तिगत वर्ष / Personal Year से मिलती-जुलती लेकिन ज्यादा सूक्ष्म)

पारगमन (Transit) / परिवर्तन अक्षर / संख्याएँ (पूरे जन्म नाम से)

- नाम के हर अक्षर की संख्या होती है (पाइथागोरियन चार्ट: A=1, B=2, ..., I=9, J=1 आदि)
- अक्षर 9-वर्ष चक्रों में बाँटे जाते हैं (नाम का पहला अक्षर पहले 9 वर्ष, दूसरा अगले 9 वर्ष आदि)
- शारीरिक, मानसिक और आध्यात्मिक स्तरअक्षर बदलने के साथ बदलते हैं
    - शारीरिक स्तर: नाम में 4, 5, 8 वाले अक्षर
    - मानसिक स्तर: 1, 3, 9
    - आध्यात्मिक स्तर: 2, 7, 11, 22 आदि

स्तर कैसे बदलते हैं:

- शुरुआती जीवन: ज्यादा शारीरिक स्तर अक्षर → शरीर, भौतिक दुनिया पर फोकस
- मध्य जीवन: मानसिक स्तर → बौद्धिक, रचनात्मक विकास
- बाद का जीवन: आध्यात्मिक स्तर → बुद्धि, आत्मनिरीक्षण, विरासत

4. परिपक्वता (Maturity) संख्या – लंबे समय की नियति

गणना: परिपक्वता संख्या = जीवन पथ (Life Path) संख्या + प्रारब्ध (Destiny) / अभिव्यक्ति (Expression) संख्या (पूरे नाम से) → एकल अंक में घटाएँ

उदाहरण (मान लें नाम से प्रारब्ध 5 है): जीवन पथ 7 + प्रारब्ध 5 = 12 → 1+2 = 3 → परिपक्वता संख्या 3

अर्थ: उम्र 35–45 के बाद प्रमुख होती है। आप जिस ऊर्जा में विकसित होते हैं, लंबे समय की बुद्धि और विरासत दर्शाती है

- परिपक्वता 3 के लिए: बाद के जीवन में रचनात्मक अभिव्यक्ति, पढ़ाना, खुशी, सामाजिक योगदान

11-08-1986 के लिए कुल

- पहला पिनेकल 1 (0–29): खुद/नेतृत्व बनाना
- चुनौतियाँ 6, 4, 2: जिम्मेदारी, कठोरता, भावनात्मक संतुलन
- परिपक्वता (उदाहरण 3): रचनात्मक, अभिव्यक्तिपूर्ण, बुद्धिमान वृद्धावस्था चरण
- पारगमन दशकों में शारीरिक से आध्यात्मिक जोर की ओर बदलते हैं

ये उपकरण जीवन चरणों, चुनौतियों और विकास का रोडमैप देते हैं — भविष्यवाणी से कहीं ज्यादा विकास-उन्मुख। ये दिखाते हैं कि आपको क्या सीखना है और हर चक्र में सचेत रूप से कैसे बढ़ना है।

सार Essence (वार्षिक कंपन)

पाइथागोरियन अंक ज्योतिष में गणना सूत्र

सार संख्या (जिसे व्यक्तिगत सार या वार्षिक (Yearly) सार भी कहते हैं) पश्चिमी/पाइथागोरियन अंक ज्योतिष में एक शक्तिशाली समय उपकरण है। यह आपके जीवन के हर वर्ष की प्रमुख व्यक्तिगत कंपन दिखाती है — उस कैलेंडर वर्ष (या जन्मदिन से जन्मदिन वर्ष, प्रणाली के अनुसार) के दौरान आपके अनुभवों, अवसरों, चुनौतियों और आंतरिक विकास को प्रभावित करने वाली सूक्ष्म ऊर्जा।

व्यक्तिगत वर्ष (Personal Year) संख्या (जन्म तिथि + वर्तमान वर्ष से निकाली गई) के उलट, सार संख्या आपके पूरे जन्म नाम (जन्म के समय लिखे गए) से निकाली जाती है और समय के साथ धीरे-धीरे बदलती है।

सार Essence संख्या की चरणबद्ध गणना

1. पूरे जन्म नाम को संख्याओं में बदलें पाइथागोरियन अक्षर-संख्या चार्ट का उपयोग करें: · A=1, B=2, C=3, D=4, E=5, F=6, G=7, H=8, I=9 · J=1, K=2, L=3, M=4, N=5, O=6, P=7, Q=8, R=9 · S=1, T=2, U=3, V=4, W=5, X=6, Y=7, Z=8
2. पूरे जन्म नाम के हर अक्षर को संख्या दें उदाहरण नाम: JOHN MICHAEL DOE → J(1) O(6) H(8) N(5) M(4) I(9) C(3) H(8) A(1) E(5) L(3) D(4) O(6) E(5)
3. अक्षरों को बाएँ से दाएँ 9-वर्ष चक्रों में बाँटें पहला अक्षर पहले 9 वर्षों को कवर करता है, दूसरा अगले 9 वर्षों को, और इसी तरह।
    - वर्ष 1–9: पहला अक्षर
    - वर्ष 10–18: दूसरा अक्षर
    - वर्ष 19–27: तीसरा अक्षर
    - और इसी तरह (9 अक्षरों के बाद चक्र, फिर से पहले अक्षर से शुरू करें; अगर नाम छोटा है तो।
4. किसी विशिष्ट वर्ष के लिए सार संख्या निकालें
    - उस वर्ष के लिए कौन-सा अक्षर आता है (9-वर्ष ग्रुपिंग से) ढूँढें
    - उस अक्षर की संख्या = उस 9-वर्ष ब्लॉक के सभी वर्षों के लिए सार संख्या
    - केवल मास्टर संख्या (11, 22, 33) होने पर एकल अंक में घटाएँ — अन्यथा व्याख्या के लिए वैसा ही रखें
5. वैकल्पिक घटाना कुछ न्यूमेरोलॉजिस्ट सरलता के लिए अक्षर संख्या को एकल अंक में घटाते हैं, लेकिन पारंपरिक पाइथागोरियन प्रणालियाँ कंपाउंड संख्याएँ (जैसे 10, 11, 19) गहरे अर्थ के लिए रखती हैं।

उदाहरण

जन्म नाम = OM PRAKASH (11-08-1986 जन्म के लिए उदाहरण)

अक्षर और संख्याएँ:

O = 6 (वर्ष 0–9), M = 4 (वर्ष 9–18)

P = 7 (वर्ष 18–27) R = 9 (वर्ष 27–36) A = 1 (वर्ष 36–45)

K = 2 (वर्ष 45–54) A = 1 (वर्ष 54–63) S = 1 (वर्ष 63–72)
H = 8 (वर्ष 72–81) ... (आगे के अक्षर या लूप)

विशिष्ट वर्षों के लिए सार संख्या:

- उम्र 0–9 (1986–1995): O = 6 → सार 6 (जिम्मेदारी, परिवार, सामंजस्य)
- उम्र 9–18 (1995–2004): M = 4 → सार 4 (संरचना, अनुशासन)
- उम्र 18–27 (2004–2013): P = 7 → सार 7 (आत्मनिरीक्षण, आध्यात्मिकता)
- उम्र 27–36 (2013–2022): R = 9 → सार 9 (समापन, मानवतावाद)
- उम्र 36–45 (2022–2031): A = 1 → सार 1 (स्वतंत्रता, नेतृत्व)

वर्ष 2026 (उम्र 39–40) के लिए:

- उम्र 36–45 के A = 1 ब्लॉक में आता है → वर्ष 2026 के लिए सार संख्या = 1 → वार्षिक कंपन: आत्म-फोकस, नई शुरुआत, नेतृत्व, पहल

सार Essence सार संख्याएँ व्यक्तिगत वर्ष (Personal Year) **संख्याओं से कैसे अलग हैं**

- व्यक्तिगत वर्ष / व्यक्तिगत वर्ष: हर साल बदलता है, जन्म तिथि + वर्तमान वर्ष से निकाला जाता है → तेज़, बाहरी विषय
- सार / सार संख्या: हर 9 साल में बदलती है, जन्म नाम से निकाली जाती है → गहरी, आंतरिक, आत्मा-स्तर कंपन

एक साथ दोनों से स्तरित चित्र मिलता है: उदाहरण व्यक्तिगत वर्ष 2 + सार 4 वर्ष 2026 में = भावनात्मक/संबंध फोकस (व्यक्तिगत वर्ष Personal Year PY 2) अनुशासित जीवन चरण (सार 4) के अंदर।

सार संख्याओं का व्यावहारिक उपयोग

- लंबे समय की योजना: 9–18 साल आगे देखकर प्रमुख जीवन बदलाव देखें (जैसे अभी सार 4 → ~2031 तक स्थिरता फोकस, फिर सार 9 → समापन/मानवतावाद)
- आंतरिक संरेखण: सार ज्यादा "आप क्या बन रहे हैं" है बजाय "आपके साथ क्या होता है" — सार संख्या के लिए पुष्टियाँ इस्तेमाल करें

- एकीकरण: समय के लिए व्यक्तिगत वर्ष/महीना/दिन से तुलना करें (जैसे सार 4 + व्यक्तिगत वर्ष 2 = अनुशासित जीवन चरण में भावनात्मक कार्य)
- उपाय: जब सार जन्म स्क्वेयर में कमजोर/गायब संख्या हो → संबंधित उपाय लागू करें (जैसे सार 4 → राहु/4 मजबूत करें: नीला शनिवार, ग्राउंडिंग)

उदाहरण व्यक्ति (11-08-1986) के लिए वर्तमान सार (उम्र 39–40) 4 है — कड़ी मेहनत, नींव और परिपक्वता का चरण, जो पाइथागोरियन स्क्वेयर में कर्मिक अनुशासन (दो 8) और वैदिक/Lo Shu ग्रिड में शनि प्रभाव से पूरी तरह संरेखित है।

परिशिष्ट 6 – सार चक्र Essence Cycle, पारगमन Transit और परिपक्वता Maturity संख्या Numbers देखें।

परिष्करण

कुछ प्रणालियाँ मासिक/वार्षिक पारगमन प्रकार / Variant इस्तेमाल करती हैं

उन्नत या आधुनिक पाइथागोरियन व्याख्याओं में पारगमन को और बारीकी से निकाला जा सकता है:

- वार्षिक पारगमन: नाम अनुक्रम में वर्तमान वर्ष के लिए अक्षर
- मासिक पारगमन: 9-वर्ष ब्लॉक को 9 उप-अवधियों में बाँटना (प्रत्येक ~1 वर्ष), अगले अक्षरों को क्रम से असाइन करना
- शारीरिक/मानसिक/आध्यात्मिक पारगमन: अक्षरों को स्तर के अनुसार ग्रुप करें: शारीरिक: 4, 5, 8 मानसिक: 1, 3, 9 आध्यात्मिक: 2, 7, 11, 22 आदि

उदाहरण 11-08-1986 व्यक्ति के लिए (नाम OM PRAKASH):

अक्षर: O(6) M(4) P(7) R(9) A(1) K(2) A(1) S(1) H(8)

- उम्र 0–9: O = 6 → सार/पारगमन 6 (जिम्मेदारी, परिवार, सामंजस्य)
- उम्र 9–18: M = 4 → सार/पारगमन 4 (संरचना, अनुशासन)
- उम्र 18–27: P = 7 → सार/पारगमन 7 (आत्मनिरीक्षण, आध्यात्मिकता)
- उम्र 27–36: R = 9 → सार/पारगमन 9 (समापन, मानवतावाद)

- उम्र 36–45: A = 1 → सार/पारगमन 1 (स्वतंत्रता, नेतृत्व)

वर्तमान उम्र (2026): 39–40 → A = 1 ब्लॉक में आता है → वर्ष 2026 के लिए सार/पारगमन संख्या = 1 → वार्षिक कंपन: आत्म-फोकस, नई शुरुआत, नेतृत्व, पहल

सार चक्र के अंदर पारगमन संख्याओं का व्यावहारिक उपयोग

- **सार** = बड़ा 9-वर्ष अध्याय (जैसे उम्र 36–45 = सार 1 – स्वतंत्रता बनाना)
- पारगमन = उस अध्याय के अंदर लगातार वार्षिक स्वर (बेसिक प्रणालियों में सार के समान)
- पारगमन सार को परिष्कृत करता है। उदाहरण: सार 1 (स्वतंत्रता) + पारगमन 1 = बहुत शुद्ध आत्म-खोज चरण। अगर पारगमन अलग हो (उन्नत प्रणालियों में) तो बारीकियाँ जोड़ता है (जैसे सार 1 + पारगमन 7 = स्वतंत्र लेकिन आत्मनिरीक्षण विकास)

मुख्य प्रभाव

- मजबूत पारगमन संख्या → उस ऊर्जा को बढ़ाता है (जैसे पारगमन 1 → आत्मविश्वास चरम पर)
- पाइथागोरियन स्क्वेयर में गायब पारगमन संख्या → उन वर्षों में चुनौती
- पारगमन में मास्टर संख्याएँ (11, 22) → तीव्र आध्यात्मिक या नेतृत्व विषय

उपाय और संरेखण

- पारगमन संख्या का रंग पहनें (जैसे 1 के लिए लाल/नारंगी)
- ग्रह/संख्या का बीज मंत्र जपें
- पारगमन ऊर्जा पर पुष्टियाँ फोकस करें (जैसे पारगमन 1: "मैं आत्मविश्वास से अपना पथ बनाता/बनाती हूँ")

निष्कर्ष

पश्चिमी (पाइथागोरियन) अंक ज्योतिष के इस अध्याय के अंत पर, अब आपके पास पूरी अंक ज्योतिष परंपरा में सबसे आत्मनिरीक्षण और विकास-उन्मुख प्रणालियों में से एक है — एक विधि जो आपकी जन्म तिथि और पूरे नाम को आत्म-जागरूकता, विकास और सचेत विकास का जीवंत खाका बना देती है।

पाइथागोरस ने सिखाया कि संख्याएँ वास्तविकता का सार हैं, और इस अध्याय ने दिखाया है कि वह सार आपके भीतर कैसे जीवित है। पाइथागोरियन स्क्वेयर (साइकोमैट्रिक्स) के माध्यम से आपने उन ऊर्जाओं का वितरण देखा जो आपके मानसिक, भावनात्मक, शारीरिक और आध्यात्मिक स्वभाव को आकार देती हैं — उत्सव मनाने वाली ताकतें, सचेत रूप से भरने वाली खामियाँ। रहस्यमयी त्रिकोण और विशेष पैटर्नों ने छिपे उपहारों और कर्मिक धाराओं को उजागर किया। चार पिनेकल ने आपके जीवन के प्रमुख अध्यायों का नक्शा बनाया, प्रत्येक का अपना विषय, अवसर और सबक। चुनौतियों ने उन सटीक बाधाओं को दिखाया जो आपकी लचीलापन और परिपक्वता बनाने के लिए डिज़ाइन की गई हैं। सार चक्र, पारगमन अक्षर/संख्याएँ और बदलते शारीरिक, मानसिक तथा आध्यात्मिक स्तर ने दर्शाया कि आपकी कंपन साल-दर-साल, दशक-दर-दशक कैसे विकसित होती है। और परिपक्वता संख्या, कर्म ऋण और आधुनिक अनुकूलनों ने लंबे समय की नियति और विरासत की ओर इशारा किया।

पाइथागोरियन अंक ज्योतिष को इतना शक्तिशाली बनाने वाली बात इसकी स्वतंत्र इच्छा और सचेत विकास पर जोर है। जो प्रणालियाँ नियति या बाहरी शक्तियों पर भारी फोकस करती हैं, उनके उलट यह पूछती है:

- आप क्या बन रहे हैं?
- आपको कौन-से सबक सीखने हैं?
- आप अपने नाम, जन्म तिथि और वर्तमान चक्रों को कैसे संरेखित करके अधिक प्रामाणिक और उद्देश्यपूर्ण जीवन जी सकते हैं?

उदाहरण जन्म तिथि 11 अगस्त 1986 के लिए, हमने एक ऐसा चार्ट देखा जिसमें नेतृत्व क्षमता (मजबूत 1s), कर्मिक अनुशासन (दो 8s) और भावनात्मक गहराई (गायब 2) तथा आध्यात्मिक आत्मनिरीक्षण (गायब 7) विकसित करने की आजीवन पुकार है। पिनेकल मूल व्यक्ति को शुरुआती आत्म-खोज (पिनेकल 1), मध्य जीवन शक्ति और उपलब्धि (पिनेकल 8), करुणामय समापन (पिनेकल 9) और अंततः स्वतंत्रता व अनुकूलन (पिनेकल 5) के माध्यम से मार्गदर्शन करते हैं।

परिपक्वता संख्या बाद के जीवन में आत्मविश्वासी आत्म-निर्देशन और प्रेरणा की ओर इशारा करती है। जब इसे पहले अध्यायों से वैदिक मूलांक 2 / भाग्यांक 7 और Lo Shu ग्रिड के साथ एकीकृत किया जाता है, तो पूरा चित्र

उभरता है: एक ऐसी आत्मा जिसकी भावनात्मक संवेदनशीलता और आध्यात्मिक नियति मजबूत बाहरी नेतृत्व और अनुशासित नींवों से समर्थित है — एक सुंदर बहु-आयामी पथ।

इस अध्याय ने आपको ये उपकरण दिए हैं:

- अपने और दूसरों के पाइथागोरियन स्क्वेयर को गहराई से पढ़ना
- जीवन के प्रमुख चरणों (पिनेकल) और विकास सबकों (चुनौतियाँ) का नक्शा बनाना
- वार्षिक कंपन (सार और पारगमन) और बदलते स्तर ट्रैक करना
- परिपक्व नियति (परिपक्वता संख्या) समझना और कर्म ऋण हल करना
- पाइथागोरियन अंतर्दृष्टियों को वैदिक और Lo Shu प्रणालियों के साथ मिलाकर समग्र स्पष्टता पाना

पाइथागोरियन अंक ज्योतिष आत्मा का दर्पण है — यह आपके पथ को निर्धारित नहीं करता, बल्कि उसे रोशन करता है। आपके चार्ट में हर संख्या एक निमंत्रण है — जागने, बढ़ने, चुनने और अपने सच्चे स्वरूप में अधिक पूर्ण रूप से बनने का। इस पुस्तक में आगे बढ़ते हुए इस सत्य को साथ रखें: आप अपनी संख्याओं से बंधे नहीं हैं — आप उनसे प्रकट होते हैं। इनका उपयोग खुद को बेहतर जानने, बुद्धिमान चुनाव करने और अधिक इरादत और अनुग्रह से जीने के लिए करें।

आगे के अध्यायों में हम नाम कंपन को गहराई से देखेंगे, मोबाइल संख्या अंक ज्योतिष, व्यावहारिक विश्लेषण चरण और सभी प्रणालियों को एकीकृत कर सशक्तिकरण वाली पढ़ाई के लिए स्वर्णिम नियमों की खोज करेंगे। तब तक याद रखें, पाइथागोरस को अक्सर उद्धृत किया जाता है: "संख्या ब्रह्मांड पर शासन करती है।" और अब आप जानते हैं कि वे संख्याएँ कैसे शासन करती हैं — और मुक्त करती हैं — आपके अपने।

आपके पिनेकल विकास से भरपूर रहें, आपकी चुनौतियाँ आपकी ताकत बनाएँ, और आपकी परिपक्वता आपकी आत्मा की सबसे पूर्ण अभिव्यक्ति के रूप में चमके।

यात्रा के अगले चरण में आपका स्वागत है।

अध्याय ५ : नाम अंक ज्योतिष और कंपन विश्लेषण

अवलोकन

अध्याय 5 में आपका स्वागत है यहाँ हम जन्म तिथि की स्थिर ऊर्जाओं से ध्यान हटाकर आपके नाम की जीवंत और गतिशील कंपन (वाइब्रेशन) पर केंद्रित करते हैं। नाम वह ध्वनि है जो आप दुनिया में लेकर चलते हैं, वह पहचान जो आप रोज़ बोलते और सुनते हैं, और वह ऊर्जा जो दूसरों की नज़र में आपकी छवि बनाती है तथा आप खुद को कैसे व्यक्त करते हैं, उस पर असर डालती है।

पाइथागोरियन और आधुनिक पश्चिमी अंक ज्योतिष में आपका नाम सिर्फ़ एक लेबल नहीं है — यह एक कंपन कोड है। हर अक्षर की एक संख्यात्मक वैल्यू होती है, और इन अक्षरों के मिलने से आपकी बाहरी व्यक्तित्व, आंतरिक इच्छाएँ, लंबे समय की क्षमता और कर्मिक सबक का एक शक्तिशाली ब्लूप्रिंट बनता है। जन्म तिथि आपकी आत्मा की यात्रा बताती है जो आपको पूरी करनी है, वहीं नाम बताता है कि आप उस यात्रा को कैसे चलते हैं — आपकी आवाज़, स्टाइल और ऊर्जा जो आप जीवन में फैलाते हैं।

Expression = अभिव्यक्ति, Soul Urge = आत्मा की प्रेरणा, Personality = व्यक्तित्व, Maturity = परिपक्वता, Destiny = नियति, Essence = सार, Transit = पारगमन, Cycle = चक्र, Vowel = स्वर, Family Number = उपनाम संख्या

यह अध्याय नाम अंक ज्योतिष को आत्म-समझ, जागरूक विकास और व्यावहारिक उपयोग के लिए एक उपकरण के रूप में देखता है। आप सीखेंगे:

- **मुख्य नाम से निकलने वाली संख्याओं** की गणना और व्याख्या करना:
    - **अभिव्यक्ति Expression / प्रारब्ध संख्या Destiny Number** — आपका पूरा जीवन उद्देश्य और नाम से व्यक्त होने वाली प्राकृतिक प्रतिभाएँ
    - **व्यक्तित्व संख्या Personality Number**— दूसरे आपको कैसे देखते हैं, आपका बाहरी मुखौटा और पहली छाप
    - **आत्मा आग्रह संख्या Soul Urge Number / हृदय इच्छा संख्या Heart Desire Number**— आपकी आत्मा की सबसे गहरी इच्छा, जो आपका दिल सच में चाहता है
    - **परिपक्वता संख्या Maturity Number** — 35-45 साल के बाद प्रमुख होने वाली ऊर्जा, जो आपकी लंबे समय की बुद्धि और विरासत को दर्शाती है
- **अतिरिक्त नाम संकेतकों** का अध्ययन:
    - **कैपस्टोन** — आखिरी अक्षर की ऊर्जा और काम पूरा करने का तरीका
    - **कॉर्नरस्टोन** — पहले अक्षर की ऊर्जा और शुरुआत करने का तरीका
    - **पहला स्वर** — वह ध्वनि जो आपकी आत्मा की सबसे गहरी अभिव्यक्ति ले जाती है
    - **उपनाम संख्या**— परिवार या वंश के साथ साझा कंपन
    - **पिरामिड संख्या**— समय के साथ नाम के विकास को दिखाने वाला प्रगतिशील चार्ट
- **नाम ग्रिड** का विश्लेषण — यह 4×3 का लेआउट है (पाइथागोरियन स्क्वायर जैसा लेकिन नाम के अक्षरों से बना), जो निम्नलिखित में ताकत और कमजोरियों को दिखाता है:
    - मानसिक स्तर
    - शारीरिक स्तर
    - भावनात्मक स्तर
    - आध्यात्मिक स्तर
    - झुकाव (प्रेरित, दोहरी, संतुलित)

- **कर्मिक सबक** पहचानना — नाम में गायब संख्याएँ जो पिछले जन्म की कमी या इस जन्म में विकास के क्षेत्र बताती हैं
- **प्रोनोलॉजी** समझना — ध्वनि और स्वर कंपन का विज्ञान, उच्चारण से ऊर्जा पर असर, और नाम बदलने, स्पेलिंग सुधारने या निकनेम इस्तेमाल करने के व्यावहारिक सुझाव

नाम संख्याओं और जन्म संख्याओं (मूलांक/भाग्यांक) के बीच अनुकूलता देखना, साथ ही बिजनेस/कंपनी नाम चुनने की सलाह — जो आपकी व्यक्तिगत कंपन से मेल खाकर सफलता, सौहार्द और समृद्धि लाए

नाम अंक ज्योतिष सबसे सशक्त क्षेत्र है क्योंकि नाम को जागरूक रूप से बदला जा सकता है (कानूनी, प्रोफेशनल या निकनेम से) ताकि कंपन बदले। जन्म तिथि की संख्याएँ स्थिर होती हैं, लेकिन नाम जीवंत कंपन है — छोटे बदलाव से करियर, रिश्ते, आत्मविश्वास और जीवन प्रवाह में गहरा बदलाव आ सकता है।

उदाहरण के लिए जन्म तिथि **11 अगस्त 1986** (मूलांक 2, भाग्यांक 7) पर, हम नाम **"ओम प्रकाश"** लेकर पूरी गणना दिखाएंगे — अभिव्यक्ति, आत्मा आग्रह संख्या, व्यक्तित्व, परिपक्वता, नाम ग्रिड, कर्मिक सबक, प्रोनोलॉजी और जन्म संख्याओं से अनुकूलता। इससे पता चलेगा कि नाम की ऊर्जा वैदिक/लो शू आधारों को कैसे सपोर्ट या चुनौती देती है।

अध्याय के अंत तक आप सक्षम होंगे:

- किसी भी नाम में छिपी कंपन कहानी पढ़ने में
- ताकत, कर्मिक सबक और विकास क्षेत्र पहचानने में
- ज़रूरत पड़ने पर नाम में बदलाव सुझाने में (अधिक सामंजस्य के लिए)
- जन्म तिथि और ग्रिड सिस्टम के साथ नाम की जानकारी जोड़कर पूरी बहु-स्तरीय रीडिंग करने में
- बिजनेस/कंपनी नाम चुनने या जांचने में जो आपकी व्यक्तिगत ऊर्जा से मेल खाए

आपका नाम वह ध्वनि है जिससे ब्रह्मांड आपको दुनिया में बुलाता है। इन पन्नों में आप उस ध्वनि को सुनना सीखेंगे — और ज़रूरत हो तो उसे अपनी आत्मा के उद्देश्य से पूर्ण सामंजस्य में ट्यून करेंगे।

अब आइए आपके नाम की किताब खोलें और उसमें छिपी ऊर्जाओं को जानें।

चार मुख्य नाम संख्याएँ

पाइथागोरियन/पश्चिमी अंक ज्योतिष में चार मुख्य नाम-आधारित संख्याएँ। ये आपके पूरे जन्म नाम से निकाली जाती हैं (जैसा जन्म प्रमाण पत्र में लिखा है — निकनेम या शादी के बाद का नाम नहीं, जब तक स्थायी रूप से न अपनाया जाए)।

हम मानक पाइथागोरियन अक्षर-संख्या चार्ट इस्तेमाल करते हैं: A=1, B=2, C=3, D=4, E=5, F=6, G=7, H=8, I=9 J=1, K=2, L=3, M=4, N=5, O=6, P=7, Q=8, R=9 S=1, T=2, U=3, V=4, W=5, X=6, Y=7, Z=8

1. **अभिव्यक्ति Expression / नियति / प्रारब्ध संख्या Destiny Number** (कुल जीवन उद्देश्य और नाम से व्यक्त होने वाली प्रतिभाएँ)

गणना

- पूरा जन्म नाम लिखें (सभी अक्षर)
- हर अक्षर को संख्या में बदलें
- सभी जोड़ें
- कुल को एक अंक में घटाएँ (1-9), मास्टर संख्या (11, 22, 33) को वैसे ही रखें

उदाहरण — नाम: ओम प्रकाश O=6, M=4, P=7, R=9, A=1, K=2, A=1, S=1, H=8 6+4+7+9+1+2+1+1+8 = 39 → 3+9 = 12 → 1+2 = 3 **अभिव्यक्ति संख्या= 3**

व्याख्या — यह आपका कुल जीवन उद्देश्य, प्राकृतिक प्रतिभाएँ और दुनिया में योगदान का तरीका बताता है। (3: रचनात्मकता, आत्म-अभिव्यक्ति, आनंद, संचार — लोगों को प्रेरित करना, सिखाना, मनोरंजन करना आदि)

2. **व्यक्तित्व संख्या Personality Number** (बाहरी मुखौटा / पहली छाप)

गणना - केवल व्यंजन (Consonents) लें (Y व्यंजन माना जाता है जब स्वर न हो)। सभी व्यंजनों की संख्याएँ जोड़ें। एक अंक में घटाएँ

उदाहरण — ओम प्रकाश व्यंजन: M(4), P(7), R(9), K(2), S(1), H(8) 4+7+9+2+1+8 = 31 → 3+1 = 4 **व्यक्तित्व संख्या= 4**

व्याख्या — दूसरे आपको पहली नज़र में कैसे देखते हैं — विश्वसनीय, मेहनती, व्यवस्थित आदि।

3. **आत्मा की प्रेरणा Soul Urge Number** (आत्मा की सबसे गहरी इच्छा)

गणना

- केवल स्वर (A, E, I, O, U; Y तभी जब स्वर की तरह काम करे)
- स्वरों की संख्याएँ जोड़ें
- एक अंक में घटाएँ

उदाहरण — ओम प्रकाश स्वर: O(6), A(1), A(1) 6+1+1 = 8 **आत्मा की प्रेरणा (Soul Urge) = 8**

व्याख्या — आपकी आत्मा की गहरी चाहत — शक्ति, सफलता, मान्यता आदि।

4. **परिपक्वता Maturity Number** (35-45 के बाद की लंबी अवधि की ऊर्जा) **गणना** परिपक्वता = जीवन पथ संख्या (जन्म तिथि का योग) + प्रारब्ध संख्या (नाम का योग) → एक अंक में घटाएँ

उदाहरण (11-08-1986): जीवन पथ = 7, प्रारब्ध = 3 7 + 3 = 10 → 1 **परिपक्वता संख्या= 1**

व्याख्या — उम्र बढ़ने पर आप आत्मविश्वासी नेता बनकर उभरते हैं।

यहाँ मैं चार मुख्य नाम संख्याओं (Four Core Name Numbers) को एक-एक करके लेता हूँ। हर संख्या के लिए 1 से 9 तक की **विस्तृत व्याख्या** दे रहा हूँ। ये व्याख्याएँ पाइथागोरियन अंक ज्योतिष पर आधारित हैं, जहाँ हर संख्या की अपनी खास ऊर्जा, ताकत, कमजोरियाँ और जीवन में भूमिका होती है।

मैंने हर मुख्य संख्या को अलग-अलग सेक्शन में रखा है ताकि पढ़ना आसान हो। (मास्टर संख्या 11, 22, 33 को यहाँ शामिल नहीं किया क्योंकि वे स्पेशल हैं और कम आम होते हैं।)

1. अभिव्यक्ति Expression / प्रारब्ध संख्या/ Destiny Number)

यह आपका कुल जीवन उद्देश्य, प्रतिभाएँ और नाम से आने वाली मुख्य ऊर्जा बताता है। यह "आप दुनिया में क्या योगदान देने आए हैं" दिखाता है।

- **1**: नेतृत्व और शुरुआत का प्रतीक। आप मूल विचारों वाले, स्वतंत्र, महत्वाकांक्षी और पायनियर होते हैं। जीवन का उद्देश्य खुद को स्थापित करना, नया रास्ता बनाना और दूसरों को प्रेरित करना है। ताकत: आत्मविश्वास,

निर्णय लेने की क्षमता। कमजोरी: जिद्दीपन, अकेलापन महसूस करना या दूसरों पर हावी होना।

- **2**: सामंजस्य और साझेदारी का। आप सहयोगी, संवेदनशील, डिप्लोमैटिक और शांतिप्रिय होते हैं। उद्देश्य रिश्ते बनाना, संतुलन लाना और दूसरों का भावनात्मक सपोर्ट करना है। ताकत: समझदारी, धैर्य। कमजोरी: बहुत संवेदनशील होना, फैसला न ले पाना।
- **3**: रचनात्मकता, अभिव्यक्ति और आनंद का। आप मिलनसार, कलात्मक, हास्यप्रिय और संचार में माहिर होते हैं। उद्देश्य खुशी बाँटना, विचार व्यक्त करना, सिखाना या मनोरंजन करना है। ताकत: उत्साह, कल्पनाशीलता। कमजोरी: बिखराव, आलस्य या आलोचना से घबराना।
- **4**: स्थिरता, मेहनत और ढाँचा बनाने का। आप व्यावहारिक, अनुशासित, मेहनती और भरोसेमंद होते हैं। उद्देश्य मजबूत नींव रखना, व्यवस्था बनाना और लंबे समय की सफलता हासिल करना है। ताकत: धैर्य, जिम्मेदारी। कमजोरी: बदलाव से डरना, जिद्दी होना।
- **5**: आज़ादी, बदलाव और अनुभव का। आप रोमांचक, जिज्ञासु, बहुमुखी और स्वतंत्र होते हैं। उद्देश्य जीवन को पूरी तरह जीना, नया आजमाना और विविधता का आनंद लेना है। ताकत: अनुकूलनशीलता, ऊर्जा। कमजोरी: बेचैनी, प्रतिबद्धता से भागना।
- **6**: ज़िम्मेदारी, प्यार और सेवा का। आप देखभाल करने वाले, परिवार-केंद्रित, कलात्मक और जिम्मेदार होते हैं। उद्देश्य दूसरों की मदद करना, सुंदरता लाना और सामंजस्य बनाना है। ताकत: करुणा, निस्वार्थ भाव। कमजोरी: बहुत ज्यादा दूसरों की चिंता करना, खुद को भूल जाना।
- 7: चिंतन, अध्यात्म और ज्ञान का। आप गहन विचारक, विश्लेषण करने वाले, रहस्यमयी और आध्यात्मिक होते हैं। उद्देश्य सच्चाई की खोज, अंदरूनी समझ और ज्ञान बाँटना है। ताकत: बुद्धिमत्ता, अंतर्ज्ञान। कमजोरी: अलग-थलग महसूस करना, भावनाओं से दूरी।
- **8**: शक्ति, सफलता और संतुलन का। आप महत्वाकांक्षी, व्यवसायिक, प्रबंधन में माहिर और कर्म-केंद्रित होते हैं। उद्देश्य शक्ति का नैतिक उपयोग, समृद्धि

बनाना और भौतिक-आध्यात्मिक संतुलन है। ताकत: दृढ़ता, नेतृत्व। कमजोरी: लालच, नियंत्रण की चाह।

- **9**: दया, मानवता और पूरा करने का। आप करुणामय, आदर्शवादी, विश्व-केंद्रित और क्षमाशील होते हैं। उद्देश्य सेवा करना, पुरानी चीजें खत्म करना और यूनिवर्सल प्यार फैलाना है। ताकत: उदारता, समझ। कमजोरी: खुद को भूलकर दूसरों में खो जाना।

2. व्यक्तित्व संख्या (Personality Number)

यह बताता है कि दूसरे आपको बाहर से कैसे देखते हैं — पहली छाप, बाहरी व्यवहार और "मुखौटा"।

- **1**: मजबूत, आत्मविश्वासी, निर्णायक और लीडर जैसा। लोग आपको इंडिपेंडेंट, महत्वाकांक्षी और प्रभावशाली मानते हैं।
- **2**: नरम, सहानुभूतिशील, मिलनसार और शांत। लोग आपको सुलभ, डिप्लोमैटिक और मददगार समझते हैं।
- **3**: चार्मिंग, मिलनसार, क्रिएटिव और मज़ेदार। लोग आपको सोशल, हंसमुख और आकर्षक मानते हैं।
- **4**: भरोसेमंद, व्यावहारिक, मेहनती और व्यवस्थित। लोग आपको रिलायबल, सीरियस और सॉलिड मानते हैं।
- **5**: ऊर्जावान, रोमांचक, जिज्ञासु और फ्री-स्पिरिटेड। लोग आपको एडवेंचरस, बहुमुखी और जीवंत समझते हैं।
- **6**: गर्मजोशी वाला, देखभाल करने वाला, जिम्मेदार और आर्टिस्टिक। लोग आपको फैमिली-ओरिएंटेड और केयरिंग मानते हैं।
- 7: शांत, गंभीर, रहस्यमयी और विश्लेषण करने वाला। लोग आपको बुद्धिमान, गहरा और थोड़ा दूर-दूर वाला समझते हैं।
- **8**: प्रभावशाली, महत्वाकांक्षी, अथॉरिटेटिव और बिजनेस-लाइक। लोग आपको पावरफुल और सफल-दिखने वाला मानते हैं।
- **9**: दयालु, आदर्शवादी, करिश्माई और ह्यूमैनिटेरियन। लोग आपको उदार, समझदार और दुनिया के लिए अच्छा करने वाला समझते हैं।

3. आत्मा की प्रेरणा Soul Urge Number / हृदय या दिल की इच्छा संख्या / Heart's Desire Number

यह आपकी आत्मा की सबसे गहरी इच्छा बताता है — दिल से क्या चाहते हैं, भले बाहर न दिखे।

- **1**: स्वतंत्रता, मान्यता और सबसे आगे रहने की चाह। आप खुद पर नियंत्रण और लीडर बनना चाहते हैं।
- **2**: प्यार, भावनात्मक सुरक्षा, साझेदारी और सामंजस्य। आप रिश्तों में गहराई और सपोर्ट चाहते हैं।
- **3**: रचनात्मकता, आनंद, आत्म-अभिव्यक्ति और सामाजिक जुड़ाव। आप खुशी, कला और बातचीत चाहते हैं।
- **4**: स्थिरता, सुरक्षा, व्यवस्था और लंबे समय की सफलता। आप मजबूत आधार और नियम चाहते हैं।
- **5**: आज़ादी, रोमांच, विविधता और नई अनुभूतियाँ। आप बंधन से मुक्ति और बदलाव चाहते हैं।
- **6**: प्यार, परिवार, सुंदरता, ज़िम्मेदारी और दूसरों की मदद। आप देखभाल और सामंजस्य चाहते हैं।
- 7: सच्चाई, ज्ञान, अध्यात्म, अकेलापन और गहरी समझ। आप अंतर्ज्ञान और शांति चाहते हैं।
- **8**: शक्ति, सफलता, मान्यता और कर्म का संतुलन। आप भौतिक मास्टरी और अथॉरिटी चाहते हैं।
- **9**: मानवता की सेवा, बिना शर्त प्यार, पूरा होना और यूनिवर्सल करुणा। आप दुनिया को बेहतर बनाना चाहते हैं।

4. परिपक्कता संख्या Maturity Number

यह 35-45 साल के बाद प्रमुख होने वाली ऊर्जा है — लंबे समय की बुद्धि और परिपक्क व्यक्तित्व।

- **1**: आत्मविश्वासी, स्वतंत्र लीडर और सेल्फ-रियलाइज्ड व्यक्ति बनना। आप अपना रास्ता खुद बनाते हैं।

- **2**: बुद्धिमान शांति-दूत, भावनात्मक हीलर और रिश्तों का गाइड बनना।
- **3**: क्रिएटिव बुजुर्ग, प्रेरणादायक शिक्षक और आनंद का स्रोत बनना।
- **4**: स्थिर, भरोसेमंद अथॉरिटी और लंबे समय की नींव बनाने वाला बनना।
- **5**: अनुकूलनशील, एडवेंचरस सेज जो आज़ादी बाँटता है।
- **6**: प्यार करने वाला, देखभाल करने वाला बुजुर्ग जो परिवार/समुदाय पर फोकस करता है।
- 7: आध्यात्मिक मेंटर, ज्ञानी रिसर्चर और इनर गाइड बनना।
- **8**: नैतिक अथॉरिटी जो भौतिक और आध्यात्मिक शक्ति का संतुलन करता है।
- **9**: दयालु ह्यूमैनिटेरियन और यूनिवर्सल शिक्षक बनना।

ये व्याख्याएँ सामान्य हैं और आपकी पूरी चार्ट (जैसे नाम "ओम प्रकाश" — प्रारब्ध 3, व्यक्तित्व 4, आत्मा से आग्रह 8, परिपक्वता 1) में अन्य संख्याओं के साथ मिलकर और सटीक होती हैं।

मास्टर संख्या (11, 22, 33)

अंक ज्योतिष (खासकर पाइथागोरियन और आधुनिक पश्चिमी अंकशास्त्र) में 11, 22 और 33 को **मास्टर संख्या** कहा जाता है। ये सामान्य संख्याओं (1-9) से अलग और बहुत शक्तिशाली होते हैं। इन्हें एकल अंक में नहीं घटाया जाता (जैसे 11 को 2 में नहीं बदला जाता), क्योंकि इनमें दोगुनी ऊर्जा, उच्च आध्यात्मिक कंपन और विशेष कर्मिक जिम्मेदारी होती है।

ये संख्या "मास्टर" इसलिए कहलाते हैं क्योंकि ये बहुत ऊँची क्षमता (potential) देते हैं, लेकिन साथ ही बहुत बड़ी चुनौतियाँ, दबाव और तनाव भी लाते हैं। जिन लोगों के चार्ट (जैसे जीवन पथ, प्रारब्ध, आदि) में ये आते हैं, वे अक्सर "पुरानी आत्माएँ" (old souls) माने जाते हैं, जिनका जीवन उद्देश्य बहुत बड़ा और आध्यात्मिक होता है।

- **11: प्रेरित दूरदर्शी, अंतर्ज्ञान, आध्यात्मिक ज्योति (Inspired visionary, intuition, spiritual illumination)** (उच्च क्षमता + बहुत ज्यादा नर्वस टेंशन / high potential + high nervous tension)

विस्तार से अर्थ

11 को "मास्टर इंट्यूशन" या "आध्यात्मिक जागृतकर्ता" कहा जाता है। यह संख्या बहुत तेज अंतर्ज्ञान (intuition), स्पष्ट दृष्टि (visions), और उच्च आध्यात्मिक जागरूकता देता है। ऐसे लोग अक्सर "लाइट वर्कर" या "चैनल" की तरह काम करते हैं — वे ब्रह्मांड के संदेशों को ग्रहण करते हैं, दूसरों को प्रेरित करते हैं, और आध्यात्मिक जागृति फैलाते हैं।

ताकतें

- बहुत मजबूत अंतर्ज्ञान और छठी इंद्री।
- बड़े विचार, सपनों को देखना और उन्हें दूसरों तक पहुँचाना।
- आध्यात्मिक शिक्षक, लेखक, काउंसलर या हीलर बनने की क्षमता।
- उच्च नैतिकता और सच्चाई की तलाश।

चुनौतियाँ

- बहुत ज्यादा नर्वस टेंशन, चिंता, अनिद्रा या ओवरथिंकिंग।
- भावनात्मक असंतुलन — कभी बहुत ऊँचा उत्साह, कभी गहरा अवसाद।
- अगर ऊर्जा को ठीक से इस्तेमाल न करें तो तनाव, घबराहट या डर बढ़ जाता है।
- दूसरों की उम्मीदें पूरी करने का दबाव।

जीवन उद्देश्य

आध्यात्मिक जागृति लाना, दूसरों को उनकी उच्च क्षमता दिखाना। अगर 11 को पूरी तरह जीया जाए तो यह बहुत बड़ा प्रभाव डालता है, वरना यह 2 (सामान्य ऊर्जा) की तरह कमजोर हो जाता है।

- **22: मास्टर बिल्डर, बड़े सपनों का व्यावहारिक रूपांतरण (Master builder, practical manifestation of big dreams)** (असीमित शक्ति + बहुत ज्यादा दबाव / immense power + pressure)

विस्तार से अर्थ

22 को "मास्टर बिल्डर" कहा जाता है क्योंकि यह 11 की आध्यात्मिक दृष्टि को वास्तविक दुनिया में बनाने की शक्ति देता है। ऐसे लोग बड़े-बड़े सपनों को हकीकत में बदल सकते हैं — जैसे बड़े प्रोजेक्ट, संस्थाएँ, व्यवसाय या सामाजिक बदलाव लाना। यह संख्या व्यावहारिकता, अनुशासन और बहुत बड़ी क्षमता का प्रतीक है।

ताकतें

- बड़े पैमाने पर निर्माण करने की क्षमता (बिल्डिंग, कंपनी, सिस्टम, समाज सुधार)।
- 11 की अंतर्ज्ञान + 4 की मेहनत और स्थिरता का संयोजन।
- लंबे समय तक चलने वाली चीजें बनाने में माहिर।
- दुनिया को बेहतर बनाने के लिए व्यावहारिक योजना बनाना।

चुनौतियाँ

- बहुत ज्यादा दबाव और जिम्मेदारी का बोझ।
- अगर सपने पूरे न हों तो निराशा, तनाव या खुद पर क्रोध
- ओवरवर्किंग, स्वास्थ्य समस्याएँ या भावनात्मक थकान।
- छोटे-छोटे कामों में रुचि न होना, सिर्फ बड़े लक्ष्य पर फोकस।

जीवन उद्देश्य

आध्यात्मिक विचारों को भौतिक रूप देना, जैसे कोई बड़ा स्कूल, अस्पताल, पर्यावरण प्रोजेक्ट या वैश्विक बदलाव। अगर ठीक से इस्तेमाल न हो तो यह 4 (सामान्य मेहनत) में बदल जाता है।

- **33: मास्टर टीचर, बिना शर्त प्यार, उपचार (Master teacher, unconditional love, healing)** (दुर्लभ, बहुत ऊँचा आध्यात्मिक आह्वान / rare, very high spiritual calling)

विस्तार से अर्थ

33 को सबसे दुर्लभ और सबसे ऊँचा मास्टर संख्या माना जाता है। यह "मास्टर टीचर" या "क्राइस्ट कांशसनेस" का प्रतीक है। ऐसे लोग बिना शर्त प्यार (unconditional love), करुणा, सेवा और उपचार (healing) की ऊर्जा लेकर आते हैं। उनका जीवन दूसरों की मदद, शिक्षण और भावनात्मक/आध्यात्मिक उपचार पर केंद्रित होता है।

ताकतें

- बहुत गहरी करुणा और दूसरों के दर्द को समझने की क्षमता।
- शिक्षक, हीलर, काउंसलर या सामाजिक कार्यकर्ता के रूप में बड़ा प्रभाव।
- 11 की अंतर्ज्ञान + 6 की सेवा + 9 की मानवता का संयोजन।
- बिना स्वार्थ के प्यार और समर्पण।

चुनौतियाँ

- खुद को बहुत ज्यादा भूल जाना, दूसरों की सेवा में खुद का नुकसान।
- भावनात्मक थकान, बलिदान की भावना या खुद को महत्व न देना।
- अगर ऊर्जा संतुलित न हो तो स्वास्थ्य या रिश्तों में समस्या।
- बहुत दुर्लभ होने से जीवन में बहुत बड़े परीक्षण आते हैं।

जीवन उद्देश्य

मानवता को ऊँचा उठाना, उपचार करना और बिना शर्त प्यार सिखाना। यह सबसे ऊँचा आध्यात्मिक कॉलिंग है। अगर ठीक से न जिया जाए तो यह 6 (सामान्य जिम्मेदारी) में बदल जाता है।

संक्षेप में

- 11 → आध्यात्मिक दृष्टि और जागृति
- 22 → उस दृष्टि को वास्तविक दुनिया में बनाना
- 33 → दूसरों को उपचार और प्यार से ऊँचा उठाना

ये तीनों एक "ट्राएंगल ऑफ ग्रोथ" बनाते हैं: दृष्टि (11) → निर्माण (22) → सेवा और उपचार (33)।

ये संख्या बहुत शक्तिशाली हैं, लेकिन इन्हें जीना आसान नहीं — बहुत मेहनत, संतुलन और आध्यात्मिक विकास की जरूरत पड़ती है। अगर आपके नाम या जन्म तिथि में ये आते हैं (जैसे ओम प्रकाश के उदाहरण में नहीं आए), तो यह बड़ा संकेत है कि आपका जीवन उद्देश्य बहुत विशेष है।

ये चार मुख्य नाम संख्याएँ — **अभिव्यक्ति/प्रारब्ध**, **व्यक्तित्व, आत्मा की प्रेरणा**, और **परिपक्वता** — मिलकर आपके नाम की कंपन (vibration) से एक पूरा चित्र बनाती हैं। ये दिखाती हैं कि आपका नाम आपकी जिंदगी को कैसे प्रभावित करता है:

- **बाहरी जीवन** (outer life)
- **आंतरिक इच्छाएँ** (inner desires)
- **सार्वजनिक छवि** (public image)
- **लंबे समय का भाग्य** (long-term destiny)

ये चार संख्या मिलकर आपके नाम की पूरी कहानी बताते हैं — नाम से आप बाहर कैसे दिखते हैं, अंदर से क्या चाहते हैं, लोग आपको कैसे जानते हैं, और आगे चलकर आपकी जिंदगी का मुख्य रास्ता क्या बनेगा।

अतिरिक्त नाम संकेतक (Additional Name Indicators)

चार मुख्य संख्याओं (अभिव्यक्ति/प्रारब्ध, व्यक्तित्व, आत्मा से आग्रह, और परिपक्वता) के अलावा, पाइथागोरियन अंक ज्योतिष में नाम से निकलने वाले कई विशेष संकेतक (indicators) होते हैं। ये संकेतक आपको और गहराई से समझाते हैं कि आपका नाम की कंपन (Vibration) से आप चीजें कैसे **शुरू** करते हैं, कैसे **खत्म** करते हैं, अपनी आत्मा को कैसे **व्यक्त** करते हैं, परिवार से कैसे **जुड़ते** हैं, और समय के साथ कैसे **विकसित** होते हैं।

ये संकेतक बहुत उपयोगी हैं जब आप खुद को बेहतर समझना चाहते हैं, करियर चुनना चाहते हैं, व्यक्तिगत विकास करना चाहते हैं, या नाम में छोटे-मोटे बदलाव (जैसे स्पेलिंग या निकनेम) करके ऊर्जा को बेहतर बनाना चाहते हैं।

1. कैपस्टोन (Capstone)

आखिरी अक्षर की ऊर्जा और काम कैसे पूरा करते हैं

गणना

- अपना पूरा जन्म नाम (फर्स्ट + मिडिल + लास्ट) लें।
- सिर्फ़ **आखिरी अक्षर** लें (जो सरनेम/उपनाम नेम का अंतिम अक्षर होता है)।
- उसे पाइथागोरियन संख्या में बदलें (A=1, B=2, ..., I=9, J=1, आदि)।
- अगर जरूरी हो तो एक अंक में घटाएँ (मास्टर संख्या 11/22/33 को वैसे ही रखें)।

उदाहरण — नाम: ओम प्रकाश आखिरी अक्षर = H = 8 **कैपस्टोन = 8**

व्याख्या कैपस्टोन बताता है कि आप चीजें कैसे **खत्म** करते हैं — प्रोजेक्ट, रिश्ते, चक्र या कोई भी काम पूरा करने का आपका प्राकृतिक तरीका क्या है, और अंत में आप कौन सी छाप छोड़ते हैं।

- **कैपस्टोन** 1: स्वतंत्रता, मौलिकता और नेतृत्व से खत्म करते हैं — निर्णायक तरीके से, अक्सर खुद क्रेडिट लेते हुए या अलग दिखते हुए।
- **कैपस्टोन** 2: कूटनीति, सहयोग और संवेदनशीलता से खत्म करते हैं — अंत में सामंजस्य बनाए रखते हैं, झगड़ा टालते हैं।
- **कैपस्टोन** 3: रचनात्मकता, खुशी और अभिव्यक्ति से खत्म करते हैं — अंत कलात्मक, सामाजिक या मजेदार होता है।
- **कैपस्टोन** 4: व्यवस्थित, भरोसेमंद और अनुशासित तरीके से खत्म करते हैं — बहुत मेहनती और पूरी तरह से काम पूरा करते हैं।
- **कैपस्टोन** 5: आज़ादी, बदलाव या अप्रत्याशित तरीके से खत्म करते हैं — अंत में अचानक हलचल या यात्रा हो सकती है।
- **कैपस्टोन** 6: ज़िम्मेदारी, प्यार और सुंदरता से खत्म करते हैं — अंत देखभाल भरा या सामंजस्यपूर्ण होता है।
- **कैपस्टोन** 7: आत्म-चिंतन, आध्यात्मिकता या विश्लेषण से खत्म करते हैं — अंत में गहरी सोच या अकेलापन शामिल होता है।

- **कैपस्टोन 8**: शक्ति, उपलब्धि और अथॉरिटी से खत्म करते हैं — अंत प्रभावशाली होता है, अक्सर बड़ी सफलता या कर्मिक समापन के साथ।
- **कैपस्टोन 9**: दया, छोड़ना और मानवतावाद से खत्म करते हैं — अंत निस्वार्थ या व्यापक स्तर का होता है।

व्यावहारिक जानकारी

अगर आपका कैपस्टोन संख्या पाइथागोरियन स्क्वेयर में कमजोर या गायब है, तो काम पूरा करना थकाऊ या असंगत लग सकता है। इसे मजबूत करने के लिए उस संख्या के उपाय करें (उदाहरण: कैपस्टोन 8 → शनिवार को काले चीजें दान करना)।

2. कॉर्नरस्टोन (Cornerstone)

पहले अक्षर की ऊर्जा और चीजें कैसे शुरू करते हैं

गणना

- पूरा जन्म नाम लें।
- सिर्फ़ **पहला अक्षर** लें (फर्स्ट नेम का पहला अक्षर)।
- उसे पाइथागोरियन संख्या में बदलें।

उदाहरण — नाम: ओम प्रकाश पहला अक्षर = O = 6 **कॉर्नरस्टोन = 6**

व्याख्या कॉर्नरस्टोन बताता है कि आप नई चीजें कैसे **शुरू** करते हैं — प्रोजेक्ट, रिश्ते, नई जिंदगी का चरण या कोई भी शुरुआत। आपका प्राकृतिक तरीका क्या है।

- **कॉर्नरस्टोन 1**: साहस से, स्वतंत्रता से, पहल करके शुरू करते हैं — लीडर की तरह कूद पड़ते हैं।
- **कॉर्नरस्टोन 2**: नरमी से, कूटनीति से, सामंजस्य या साझेदारी की तलाश में शुरू करते हैं।
- **कॉर्नरस्टोन 3**: रचनात्मकता, खुशी और उत्साह से शुरू करते हैं — शुरुआत जोशीली होती है।
- **कॉर्नरस्टोन 4**: व्यवस्थित, व्यावहारिक और प्लानिंग के साथ शुरू करते हैं।

- **कॉर्नरस्टोन 5**: जिज्ञासा, अनुकूलन और बदलाव के रोमांच से शुरू करते हैं।
- **कॉर्नरस्टोन 6**: ज़िम्मेदारी, प्यार और देखभाल की ऊर्जा से शुरू करते हैं।
- **कॉर्नरस्टोन** 7: आत्म-चिंतन, सावधानी और विश्लेषण या आध्यात्मिक सोच के साथ शुरू करते हैं।
- **कॉर्नरस्टोन 8**: महत्वाकांक्षा, शक्ति और परिणाम/स्थिति पर फोकस करके शुरू करते हैं।
- **कॉर्नरस्टोन 9**: दया, आदर्शवाद या दूसरों की मदद की इच्छा से शुरू करते हैं।

व्यावहारिक जानकारी

अगर कॉर्नरस्टोन संख्या स्क्वेयर में कमजोर है, तो नई चीजें शुरू करना मुश्किल या हिचकिचाहट वाला लग सकता है। इसे मजबूत करने के लिए उस संख्या का रंग, मंत्र या अफर्मेशन इस्तेमाल करें।

3. पहला स्वर / फर्स्ट वाउल (First Vowel)

वह ध्वनि जो आपकी आत्मा की सबसे गहरी अभिव्यक्ति ले जाती है

गणना

- फर्स्ट नेम में **पहला स्वर** ढूंढें (A, E, I, O, U; Y सिर्फ़ तब जब स्वर की तरह काम करे, जैसे "Kyle" में)।
- उसे पाइथागोरियन संख्या में बदलें।

उदाहरण — नाम: ओम प्रकाश पहला स्वर = O = 6 **पहला स्वर = 6**

व्याख्या पहला स्वर आपकी आत्मा की मुख्य "ध्वनि" या "सोल सॉन्ग" है — आपकी सबसे गहरी आंतरिक कंपन जो आपकी असली अभिव्यक्ति को रंग देती है और आपका दिल दुनिया को क्या "कहना" चाहता है।

- **पहला स्वर 1**: आत्मा नेतृत्व, मौलिकता और अलग दिखना चाहती है।
- **पहला स्वर 2**: सामंजस्य, जुड़ाव, शांति और भावनात्मक निकटता चाहती है।
- **पहला स्वर 3**: रचनात्मकता, खुशी, आत्म-अभिव्यक्ति और सामाजिक आनंद चाहती है।
- **पहला स्वर 4**: स्थिरता, व्यवस्था और व्यावहारिक उपलब्धि चाहती है।
- **पहला स्वर 5**: आज़ादी, विविधता और नई अनुभूतियाँ चाहती है।
- **पहला स्वर 6**: प्यार, सुंदरता, ज़िम्मेदारी और देखभाल (सबसे आम) चाहती है।
- **पहला स्वर** 7: सच्चाई, ज्ञान, एकांत और आध्यात्मिक गहराई चाहती है।
- **पहला स्वर 8**: शक्ति, सफलता, भौतिक मास्टरी और मान्यता चाहती है।
- **पहला स्वर 9**: दया, सेवा, यूनिवर्सल प्यार और पूरा होना चाहती है।

व्यावहारिक जानकारी

पहला स्वर आपकी "आत्मा की धुन" है। जब आप बोलते या गाते हैं, तो यह स्वर आपकी सबसे गहरी कंपन ले जाता है। इसे मजबूत करने के लिए इस स्वर का जाप (chanting) करें — इससे आपकी अभिव्यक्ति और संरेखण बेहतर होता है।

4. परिवार या वंश / उपनाम संख्या (Family Number) साझा कंपन गणना

- उपनाम (Surname) का **पहला अक्षर** लें।
- उसे पाइथागोरियन संख्या में बदलें।
- यह संख्या उसी Surname वाले सभी लोगों के साथ साझा होता है।

वैकल्पिक तरीका (कुछ न्यूमरोलॉजिस्ट इस्तेमाल करते हैं):

- पूरे उपनाम के सभी अक्षरों की संख्याएँ जोड़ें और एक अंक में घटाएँ।

उदाहरण: उपनाम BAJAJ = B(2)+A(1)+J(1)+A(1)+J(1) = 6

उदाहरण — परिख (PARIKH) पहला अक्षर = P = 7 **उपनाम संख्या = 7**

व्याख्या उपनाम संख्या आपके परिवार या वंश की सामूहिक ऊर्जा या कर्मिक विरासत दिखाता है — परिवार "क्या लेकर चल रहा है"।

- **उपनाम 1**: स्वतंत्र, मजबूत इरादों वाला परिवार; नेतृत्व की थीम।
- **उपनाम 2**: सामंजस्यपूर्ण या भावनात्मक रूप से संवेदनशील परिवार।
- **उपनाम 3**: रचनात्मक, अभिव्यक्तिपूर्ण, सामाजिक परिवार।
- **उपनाम 4**: व्यावहारिक, मेहनती, व्यवस्थित परिवार पृष्ठभूमि।
- **उपनाम 5**: रोमांचक, बदलावशील, आज़ादी की तलाश वाला परिवार।
- **उपनाम 6**: देखभाल करने वाला, ज़िम्मेदार, परिवार-केंद्रित वंश।
- **उपनाम 7**: आध्यात्मिक, आत्म-चिंतनशील, विश्लेषण करने वाला परिवार।
- **उपनाम 8**: शक्तिशाली, महत्वाकांक्षी, कर्मिक परीक्षा वाला परिवार।
- **उपनाम 9**: दयालु, मानवतावादी या पूरा करने वाला परिवार।

व्यावहारिक जानकारी

अगर उपनाम संख्या आपके व्यक्तिगत नंबरों से टकराता है, तो आपको परिवार से "अलग" महसूस हो सकता है। अगर मेल खाता है, तो आपको उस ऊर्जा से मजबूत सपोर्ट मिलता है।

ये अतिरिक्त संकेतक आपके नाम की कंपन को और बारीकी से समझने में मदद करते हैं। आपके नाम "ओम प्रकाश" में:

- कैपस्टोन = 8 (शक्ति से खत्म करना)
- कॉर्नरस्टोन = 6 (देखभाल से शुरू करना)
- पहला स्वर = 6 (प्यार और ज़िम्मेदारी की आत्मा की ध्वनि)

पिरामिड संख्या– नाम की ऊर्जा का समय के साथ विकास

(Progressive Diagram Showing Name Evolution Over Time)

नाम पिरामिड एक शक्तिशाली साधन है जो दिखाता है कि आपका नाम की कंपन (Vibration) जीवन भर में कैसे बदलती और विकसित होती है। यह एक उल्टा त्रिकोण (पिरामिड) की तरह बनता है, जहाँ नीचे से ऊपर की ओर ऊर्जा अधिक केंद्रित, परिपक्व और आध्यात्मिक होती जाती है।

संरचना (Refined Structure)

- **Level 0 (Raw / Base / मूल स्तर)**: पूरा नाम की मूल संख्याएँ (जन्म नाम के सभी अक्षरों की पाइथागोरियन वैल्यू)। यह स्तर जन्म से शुरुआती जीवन (0–20/25 साल तक) की पूरी, बिखरी हुई ऊर्जा को दर्शाता है।
- **Level 1 से Level 4**: ऊपर के 4 प्रगतिशील स्तर (Progressive Levels)। हर स्तर पर दो आस-पास की संख्याओं को जोड़कर नई पंक्ति बनाई जाती है (10 या उससे अधिक होने पर एक अंक में घटाएँ, मास्टर संख्या 11/22/33 को नहीं घटाते)।
    - Level 1 → युवावस्था / शुरुआती करियर (लगभग 20–35 साल)
    - Level 2 → मध्य आयु (35–50 साल)
    - Level 3 → परिपक्वता (50–65 साल)
    - Level 4 → बाद का जीवन / परिपक्वता फेज (65+ या अंतिम सार) – यहाँ ऊर्जा सबसे केंद्रित और लंबे समय की विरासत दिखाती है।

उदाहरण: नाम "ओम प्रकाश" (OM PRAKASH)

मूल संख्याएँ: O=6, M=4, P=7, R=9, A=1, K=2, A=1, S=1, H=8

Level 0 (Raw – मूल): 6 4 7 9 1 2 1 1 8

Level 1: 6+4=10→1 4+7=11 7+9=16→7 9+1=10→1 1+2=3 2+1=3 1+1=2 1+8=9 → **1 11 7 1 3 3 2 9**

Level 2: 1+11=12→3 11+7=18→9 7+1=8 1+3=4 3+3=6 3+2=5 2+9=11 → **3 9 8 4 6 5 11**

Level 3: 3+9=12→3 9+8=17→8 8+4=12→3 4+6=10→1 6+5=11 5+11=16→7 → **3 8 3 1 11 7**

Level 4 (Top / अंतिम स्तर): 3+8=11 8+3=11 3+1=4 1+11=12→3 11+7=18→9 → **11 11 4 3 9**

पूरा पिरामिड (दृश्य)

Level 4	**11** **11** 4 3 9	Ultimate Maturity Level
Level 3	3 8 3 1 **11** 7	
Level 2	3 9 8 4 6 5 **11**	
Level 1	1 **11** 7 1 3 3 2 9	
Level 0	**6 4 7 9 1 2 1 1 8**	Raw starting energy at birth

मुख्य व्याख्या और विशेष बातें

1. **मास्टर संख्या 11 की मजबूत उपस्थिति**
   - Level 1, 2, 3 और Level 4 में कई बार 11 आया है (कुल 5 बार!)।
   - यह दर्शाता है कि आपकी पूरी जिंदगी में **आध्यात्मिक अंतर्ज्ञान**, **प्रेरित दृष्टि**, **उच्च विचार** और **लाइट वर्कर** जैसी ऊर्जा बार-बार प्रमुख रहेगी।
   - Level 4 में दो 11 → बाद के जीवन में यह ऊर्जा बहुत मजबूत हो जाएगी। आप अंततः एक visionary, आध्यात्मिक मार्गदर्शक या प्रेरक बन सकते हैं।
2. **अन्य प्रमुख थीम्स**
   - **3** (रचनात्मकता, अभिव्यक्ति, खुशी): Level 1, 3, 4 में दिख रहा है → आपकी जिंदगी में क्रिएटिविटी और संचार महत्वपूर्ण रहेगा।
   - **9** (मानवता, सेवा, समापन): Level 1 और 4 में → अंत में आपकी विरासत दया, सेवा या दुनिया के लिए कुछ अच्छा करने की होगी।
   - **8** (शक्ति, उपलब्धि): Level 2 और 3 में → मध्य आयु में करियर, अथॉरिटी या भौतिक सफलता पर फोकस रहेगा।
   - **4** (स्थिरता): Level 4 में → अंत में मजबूत नींव और व्यावहारिकता की ऊर्जा आएगी।

सारांश में कैसे तय किया जाता है?

- पिरामिड के हर स्तर को देखते हैं।
- जो संख्या **बार-बार** (frequency) या **खास चरणों** (जैसे शुरुआत, मध्य, अंत) में दिखती है, उसे प्रमुख थीम मानते हैं।
- फिर उस संख्या का मूल अर्थ (3=रचनात्मक, 9=सेवा, 8=शक्ति, 4=स्थिरता) जोड़कर जीवन के उस हिस्से से जोड़ते हैं।
- मास्टर संख्या 11 को अलग से हाइलाइट किया जाता है क्योंकि वह बहुत तीव्र है और बार-बार आ रहा है।

3. **समग्र विकास का पैटर्न**
    - शुरुआत में (Level 0) पूरी ऊर्जा बिखरी हुई है।
    - धीरे-धीरे ऊपर जाते हुए ऊर्जा केंद्रित होती है → रचनात्मकता → शक्ति → अंतर्ज्ञान → आध्यात्मिक ऊँचाई।
    - यह पिरामिड बताता है कि आपका नाम की कंपन समय के साथ रचनात्मक अभिव्यक्ति से शुरू होकर आध्यात्मिक मास्टरी की तरफ बढ़ रही है।

व्यावहारिक उपयोग (Practical Application)

- **20-35 साल**: Level 1 (1, 11, 7, 3…) → अंतर्ज्ञान और रचनात्मक शुरुआत पर फोकस करें।
- **35-50 साल**: Level 2 (3, 9, 8, 4…) → करियर में मेहनत, शक्ति और सामाजिक सेवा पर ध्यान दें।
- **50+ साल**: Level 3 & 4 → आध्यात्मिक विकास, दूसरों को प्रेरित करना और विरासत छोड़ने का समय।
- अगर किसी स्तर में कोई संख्या कमजोर लगे या चुनौती दे रहा हो, तो उस संख्या के उपाय (रंग, मंत्र, दान) करें।

यह पिरामिड आपके नाम "ओम प्रकाश" के लिए बहुत सकारात्मक और उच्च आध्यात्मिक संकेत देता है।

मास्टर संख्या (11, 22, 33) हर स्तर पर वैसे ही रखे जाते हैं क्योंकि वे बहुत तीव्र आध्यात्मिक/नेतृत्व वाली ऊर्जा लिए होते हैं — इन्हें घटाने (Reduce करने) से उनकी वह मूल शक्ति और प्रभाव खो जाता है।

यह पिरामिड आपके नाम की ऊर्जा को विकसित होते हुए दिखाता है — यह स्थिर नहीं है — और यह जीवन भर की कंपन (वाइब्रेशन) के विकास को समझने के लिए सबसे सुंदर और शक्तिशाली टूल्स में से एक है।

यह विधि प्रतीकात्मक (symbolic) और चरणबद्ध (phased) है। अक्सर इसे ठीक **4 स्तरों** पर फिक्स रखा जाता है, ताकि जीवन के मुख्य चरणों का प्रतिनिधित्व हो सके (जैसे: बचपन, युवावस्था, परिपक्वता, बुद्धिमत्ता/बुढ़ापा) या सिर्फ़ दृश्य सरलता (visual simplicity) के लिए।

सामान्य उपयोग

आधुनिक पश्चिमी और भारतीय अंक ज्योतिष में नाम विश्लेषण, जीवन की प्रगति (life progression), और अनुकूलता (compatibility) जांचने के लिए इस विधि का बहुत इस्तेमाल होता है।

व्यावहारिक उपयोग और व्याख्या (Practical Use & Interpretation)

- **नीचे की पंक्तियाँ (प्रारंभिक स्तर) कमजोर हों** → बचपन/युवावस्था में उन ऊर्जाओं से जुड़ी चुनौतियाँ। यह आपकी मूल शुरुआती ऊर्जा (जन्म नाम की कंपन) को दर्शाता है।
- **हर ऊपरी स्तर:** दिखाता है कि ऊर्जा समय के साथ कैसे आगे बढ़ती और परिपक्व होती है (प्रत्येक स्तर जीवन के एक चरण का प्रतिनिधित्व करता है)।
- **मास्टर संख्या का प्रकट होना** → उच्च आध्यात्मिक/नेतृत्व क्षमता वाले दौर (लेकिन साथ ही दबाव भी)।
- **सबसे ऊपरी संख्या मजबूत हो** → वह अंतिम कंपन जिसमें आप विकसित होकर पहुँचते हैं (परिपक्वता संख्या के समान)।
  - उदाहरण में बाद के जीवन में उस कंपन में पूर्णता (यहाँ 11 → प्रेरित शिक्षक/दूरदर्शी)।
- **उपाय (Remedies):** नीचे की पंक्तियों में कमजोर या गायब संख्याओं को मजबूत करें ताकि ऊपर की तरफ प्रगति सुगम हो।

यह पिरामिड आपके नाम की ऊर्जा को **विकसित** होते हुए दिखाता है — यह स्थिर नहीं है — और जीवन भर की कंपन विकास (vibrational growth) को समझने के लिए सबसे सुंदर टूल्स में से एक है।

व्यावहारिक उपयोग (Practical Use)

- अगर पिरामिड के शुरुआती स्तर (नीचे की पंक्तियाँ) चुनौतीपूर्ण हों → शुरुआती जीवन के सबक (early life lessons)।
- अगर सबसे ऊपरी स्तर मजबूत हो → बाद के जीवन में पूर्णता और संतुष्टि (later life fulfillment)।
- **उपाय:** नीचे के स्तरों में कमजोर संख्याओं को मजबूत करें ताकि पूरी प्रगति सुचारू रूप से हो सके।

(यह अनुवाद मूल टेक्स्ट को बिल्कुल वैसा ही रखते हुए किया गया है — सरल, स्पष्ट और प्रवाहपूर्ण हिंदी में। आपके नाम "ओम प्रकाश" के पिरामिड में Level 4 में 11 की मजबूत उपस्थिति इसी व्याख्या से मेल खाती है: बाद के जीवन में प्रेरित शिक्षक या visionary की भूमिका में पूर्णता।)

2. असीमित स्तर पिरामिड (Continued Reduction to One Final Number) यह भिन्न

- उसी तरह शुरू करें: पूरा नाम की संख्याओं से बेस रो (Base row) बनाएँ।
- हर बार आस-पास की दो संख्याओं को जोड़ें, और प्रत्येक जोड़ को एकल अंक में घटाएँ (मास्टर संख्या 11/22/33 को वैसे ही रखें)।
- पंक्तियाँ बनाते रहें जब तक सबसे ऊपर सिर्फ़ **एक संख्या** न बचे।
- स्तरों की संख्या नाम की लंबाई पर निर्भर करती है (उदाहरण: 9 अक्षरों वाले नाम में 8 स्तर तक जा सकता है जब तक 1 संख्या न बचे)।

उदाहरण पिरामिड (ओम प्रकाश के लिए जारी)

Level 9	1	1
Level 8	5 5	5 5
Level 7	1 4 1	1 4 1
Level 6	**22** 6 7 3	4 6 7 3
Level 5	**11** **11** 4 3 9	2 2 4 3 9
Level 3	3 8 3 1 **11** 7	3 8 3 1 2 7
Level 2	3 9 8 4 6 5 **11**	3 9 8 4 6 5 2
Level 1	1 **11** 7 1 3 3 2 9	1 2 7 1 3 3 2 9
Level 0	**6 4 7 9 1 2 1 1 8**	**6 4 7 9 1 2 1 1 8**

व्याख्या (Interpretation):

- यह प्रक्रिया डिजिटल रूट रिडक्शन (digital root reduction) की तरह काम करती है — बार-बार जोड़ते रहना जब तक एकल अंक न बचे।
- सबसे ऊपरी संख्या = नाम का मूल/अंतिम सार (core/ultimate essence) या "छिपी जड़" (hidden root)।
- बीच के स्तर संक्रमणकालीन ऊर्जाओं (transitional energies) को दिखाते हैं।

उद्देश्य (Purpose)

सभी परतों को हटाने के बाद नाम का सबसे गहरा कंपन कोर (deepest vibrational core) प्रकट करना — जैसे एक "बीज संख्या" (seed number)।

सामान्य उपयोग (Common Use)

कुछ चाल्डियन/भारतीय अंक ज्योतिष प्रणालियों में कंपाउंड/रूट नंबर, कर्मिक सार (karmic essence), या अंतिम भाग्य (ultimate destiny) जानने के लिए। इसे अक्सर **"पिरामिड कंपाउंड नंबर"** या **"रूट पिरामिड"** कहा जाता है।

यह विधि अधिक रिडक्टिव (reductive) और सार-केंद्रित (essence-focused) है, और तब तक जारी रहती है जब तक और जोड़ संभव न हो।

मुख्य तुलना (Key Comparison)

पहलू (Aspect)	**निश्चित 4 स्तर (Fixed 4 Levels)**	**असीमित स्तर – एकल संख्या तक (Unlimited Levels – to Single Number)**
स्तर (Levels)	**निश्चित** (आमतौर पर बेस के ऊपर 4 स्तर)	**असीमित** (एकल संख्या तक जारी)
फोकस (Focus)	चरणबद्ध जीवन विकास / परिपक्वता के चरण (Phased life evolution/ maturity stages)	अंतिम मूल सार / जड़ कंपन (Ultimate core essence/root vibration)

घटाने का नियम (Reduction Rule)	Level 4 पर रुकें; मास्टर संख्या रखें	एकल अंक/मास्टर तक जारी रखें
दृश्य (Visual)	कई शिखरों वाला पिरामिड आकार (Pyramid shape with multiple peaks)	ऊँचा/ संकीर्ण पिरामिड जो शिखर तक संकरा होता जाता है (Taller pyramid to apex)
व्याख्या (Interpretation)	जीवन के चरणों में प्रगतिशील परिष्करण (Progressive refinement over life phases)	पूरी रिडक्शन के बाद सबसे गहरी छिपी ऊर्जा (Deepest hidden energy after full reduction)
सबसे अच्छा किसके लिए (Best For)	नाम की ऊर्जा का विकास, जीवन चक्र, काउंसलिंग (Name energy growth, life cycles, counseling)	कर्मिक जड़, अंतिम भाग्य, त्वरित सार (Karmic root, ultimate destiny, quick essence)

दोनों विधियाँ एक ही मैकेनिक्स का इस्तेमाल करती हैं (आस-पास की संख्याओं को जोड़ना + रिडक्शन), लेकिन फिक्स्ड वर्शन प्रक्रिया और चरणों पर जोर देता है, जबकि अनलिमिटेड वर्शन अंतिम सार पर फोकस करता है।

ये अतिरिक्त संकेतक — **कैपस्टोन**, **कॉर्नरस्टोन**, **पहला स्वर**, **उपनाम संख्या**, और **पिरामिड** — आपके नाम के बारे में बहुत सटीक और व्यावहारिक जानकारी देते हैं। ये बताते हैं कि आपका नाम:

- शुरुआत कैसे करता है (कॉर्नरस्टोन)
- चीजें कैसे खत्म करता है (कैपस्टोन)
- आत्मा की अभिव्यक्ति कैसे करता है (पहला स्वर)
- परिवार की विरासत से कैसे जुड़ता है (उपनाम नंबर)
- जीवन भर में कैसे विकसित होता है (पिरामिड)

ये विशेष रूप से तब उपयोगी होते हैं जब आप नाम में बदलाव (नाम बदलना, स्पेलिंग सुधारना, निकनेम इस्तेमाल करना) या बिजनेस/कंपनी नाम चुनने पर विचार कर रहे हों।

नाम ग्रिड (Name Grid)

मानक प्रारूप (Standard Format)

Inclination झुकाव	**Mental मानसिक**	**Physical शारीरिक**	**Emotional भावनात्मक**	**Spiritual आध्यात्मिक**
Inspired (प्रेरित)	A	E	ORIZ	K
Dual (दोहरी)	HJNP	W	BSTX	FUQY
Balanced (संतुलित)	GL	DM	--	CV

प्रत्येक झुकाव (Rows) का अर्थ

- **Inspired** — उच्च आध्यात्मिक/रचनात्मक कंपन। इस पंक्ति में आने वाले अक्षर दूरदर्शी, आदर्शवादी, अंतर्ज्ञानी या ज्ञानोदय वाले गुण लिए होते हैं। जब किसी स्तर (Mental, Physical आदि) में यह प्रमुख हो, तो व्यक्ति उस स्तर को प्रेरित, उद्देश्यपूर्ण, कलात्मक या आध्यात्मिक रूप से प्रेरित तरीके से व्यक्त करता है।
- **Dual** — संतुलित, अनुकूलनशील, दोहरी प्रकृति वाला। ये अक्षर दोनों तरफ जा सकते हैं (सकारात्मक/नकारात्मक), मध्यस्थ का काम करते हैं या लचीलापन दिखाते हैं। जब प्रमुख हो, तो व्यक्ति बहुमुखी, कूटनीतिक, भावनात्मक रूप से बुद्धिमान होता है, लेकिन विरोधाभासों के बीच झूल सकता है या खिंचा हुआ महसूस कर सकता है।
- **Balanced** — स्थिर, ठोस, भौतिक-केंद्रित। ये अक्षर व्यावहारिकता, ढाँचा, भरोसेमंदी और भौतिक अभिव्यक्ति पर जोर देते हैं। जब प्रमुख हो, तो व्यक्ति स्थिर, व्यवस्थित, विश्वसनीय होता है, लेकिन बदलाव से विरोध कर सकता है या कठोर हो सकता है।

प्रत्येक स्तर (Columns) का अर्थ

- **Mental Plane** — बुद्धि, विचार, तर्क, रचनात्मकता, संचार, रणनीतिक सोच, सीखना।
- **Physical Plane** — शरीर, भौतिक दुनिया, कार्य, स्वास्थ्य, व्यावहारिकता, स्थिरता।
- **Emotional Plane** — भावनाएँ, रिश्ते, अंतर्ज्ञान, सहानुभूति, दिल से निर्णय लेना।
- **Spiritual Plane** — आत्मा, उच्च ज्ञान, अंतर्ज्ञान, आंतरिक उद्देश्य, आध्यात्मिक जुड़ाव।

संदर्भः परिशिष्ट 7: नाम ग्रिड Name Grid देखें।

ग्रिड कैसे भरें (How to Fill the Grid)

1. पूरा जन्म नाम लिखें (निकनेम नहीं, जन्म प्रमाण पत्र वाला नाम इस्तेमाल करें)।
2. हर अक्षर को उसकी पाइथागोरियन संख्या में बदलें (A=1, B=2, ..., I=9, J=1, आदि)।
3. ऊपर वाली टेबल से देखें कि हर अक्षर किस झुकाव (Inclination) और किस स्तर (Plane) में आता है।
4. अक्षर की संख्या को सही सेल में रखें।
5. अगर एक ही सेल में कई अक्षर आते हैं, तो उनकी संख्याएँ जोड़ें।
6. हर पंक्ति का कुल योग (Inclination totals) और हर कॉलम का कुल योग (Plane totals) निकालें।

कर्मिक सबक (Karmic Lessons)

कर्मिक सबक वे संख्याएँ (1 से 9 तक) हैं जो आपके पूरे जन्म नाम (जन्म प्रमाण पत्र वाली स्पेलिंग) के अक्षरों में बिल्कुल नहीं आतीं। ये गायब संख्याएँ पिछले जन्म की कमी या अधूरी आत्मिक सीख को दर्शाती हैं, जिन्हें आपकी आत्मा ने इस जन्म में जानबूझकर चुनकर काम करने के लिए लिया है।

किसी संख्या का न होना एक खास क्षेत्र में अनुभव की कमी, चुनौती या अधिक मुआवजा (over compensation) पैदा करता है। यह सजा नहीं है — यह

जागरूक विकास का निमंत्रण है। जितनी ज्यादा संख्याएँ गायब होंगी, उतने ज्यादा सबक आपकी आत्मा ने इस जन्म में एकीकृत करने के लिए चुने हैं।

संदर्भ: परिशिष्ट 8: गायब संख्या के प्रभाव और उपाय देखें।

नोट: न्यूमरोलॉजिस्ट अक्सर एक वैकल्पिक (और बहुत व्यापक रूप से अपनाई गई) विधि का पालन करते हैं जिसमें तीन मुख्य नाम-आधारित संख्याएँ — अभिव्यक्ति/प्रारब्ध, व्यक्तित्व, आत्मा की प्रेरणा / हृदय की इच्छा संख्या— को जन्म ग्रिड (वैदिक शैली या लो शू शैली) में जोड़ दिया जाता है।

यह संयुक्त विधि भारतीय अंक ज्योतिष परामर्श में बहुत आम है क्योंकि यह 360-डिग्री पूरा दृष्टिकोण देती है — जन्म दिखाता है कि आप क्या लेकर आए हैं, नाम दिखाता है कि आप क्या चुनकर काम कर रहे हैं, और ओवरले दिखाता है कि ये दोनों कैसे एक-दूसरे से जुड़ते और प्रभावित करते हैं।

नोट: सभी न्यूमरोलॉजिस्ट इस सटीक ओवरले विधि का इस्तेमाल नहीं करते। कुछ जन्म ग्रिड और नाम ग्रिड को अलग-अलग रखकर गायब संख्याओं की तुलना साइड-बाय-साइड करते हैं। कुछ सिर्फ़ प्रारब्ध संख्या (अभिव्यक्ति) को जन्म ग्रिड में जोड़ते हैं।

प्रोनोलॉजी अंक ज्योतिष में ध्वनि और स्वर कंपन का विज्ञान

(Pronology – The Science of Sound and Vowel Vibrations in Numerology)

प्रोनोलॉजी (जिसे साउंड न्यूमरोलॉजी, वाउल वाइब्रेशन साइंस, या फोनेटिक न्यूमरोलॉजी भी कहा जाता है) अंक ज्योतिष की वह शाखा है जो आपके नाम की बोली जाने वाली ध्वनि का अध्ययन करती है — खासकर इसके स्वर (vowels), व्यंजन (consonants), लय (rhythm), स्वर-लहजा (tone), और उच्चारण — और यह आपकी व्यक्तिगत ऊर्जा क्षेत्र (energy field), आभा (aura), अवचेतन मन (subconscious mind), और जीवन अनुभवों पर कैसे प्रभाव डालती है।

पारंपरिक अंक ज्योतिष अक्षरों की संख्यात्मक वैल्यू (A=1, B=2 आदि) पर फोकस करती है, जबकि प्रोनोलॉजी एक स्तर और गहराई में जाती है: यह उन अक्षरों की वास्तविक उच्चारण ध्वनि की कंपन आवृत्ति (vibrational frequency)

और ऊर्जा प्रभाव का विश्लेषण करती है — जब आप, अपके परिवार, दोस्त, सहकर्मी या अजनबी आपके नाम को जोर से बोलते हैं।

प्रोनोलॉजी के मुख्य सिद्धांत (Core Principles of Pronclogy)

1. **ध्वनि ही कंपन है** जब आपका नाम बोला जाता है, तो उत्पन्न होने वाली हर ध्वनि तरंग एक विशिष्ट आवृत्ति बनाती है जो आपकी आभा, चक्रों और सूक्ष्म ऊर्जा शरीर से जुड़ती है। → कठोर, तीखी या भारी ध्वनियाँ तनाव या अवरोध पैदा कर सकती हैं। → नरम, प्रवाहपूर्ण या सामंजस्यपूर्ण ध्वनियाँ आसानी, आकर्षण और संतुलन को बढ़ावा देती हैं।
2. **स्वर आत्मा की अभिव्यक्ति ले जाते हैं** स्वर (A, E, I, O, U, और कभी-कभी Y) खुले ध्वनि हैं — ये नाम में "जीवन की साँस" हैं। → ये आत्मा की प्रेरणा/ हृदय की इच्छा कंपन का प्रतिनिधित्व करते हैं। → आपके पहले नाम में पहला स्वर विशेष रूप से शक्तिशाली होता है — यह आपकी सबसे गहरी आंतरिक अभिव्यक्ति को रंग देने वाली मुख्य आत्मा ध्वनि है।
3. **व्यंजन बाहरी व्यक्तित्व को आकार देते हैं** व्यंजन ध्वनि में ढाँचा, लय और सीमाएँ जोड़ते हैं। → ये प्रभावित करते हैं कि दूसरे आपको कैसे देखते हैं (व्यक्तित्व संख्या) और आप दुनिया में खुद को कैसे प्रोजेक्ट करते हैं।
4. **उच्चारण ऊर्जा बदल देता है** नाम का वास्तविक उच्चारण (लहजा, जोर, गति, टोन) इसकी संख्यात्मक कंपन को बढ़ा सकता है, कमजोर कर सकता है या विकृत कर सकता है।
    - उदाहरण: "अजय" को "आह-जय" (नरम, प्रवाहपूर्ण) बोला जाए vs. "अह-जय" (कठोर, अचानक) → एक ही स्पेलिंग होने पर भी ऊर्जा का अनुभव अलग होता है।
5. **नाम बदलना / स्पेलिंग सुधार / निकनेम इस्तेमाल** चूंकि ध्वनि ऊर्जा को प्रभावित करती है, इसलिए स्पेलिंग, उच्चारण या निकनेम में छोटे बदलाव भी कंपन को काफी बदल सकते हैं। → इसी कारण न्यूमरोलॉजिस्ट "कंपन नाम सुधार (Vibration Name Correction)" सुझाते हैं — यह दिखावा नहीं, बल्कि ऊर्जा संरेखण (energetic alignment) के लिए होता है।

प्रोनोलॉजी में विश्लेषित मुख्य घटक (Key Components Analyzed in Pronology)

2. **पहला स्वर ध्वनि — आत्मा की सबसे गहरी अभिव्यक्ति**
    - A (जैसे "फादर" में) — विस्तारपूर्ण, खुली, नेतृत्व-केंद्रित आत्मा
    - E (जैसे "सी" में) — अंतर्ज्ञानी, संवेदनशील, आध्यात्मिक खोजी
    - I (जैसे "आइस" में) — आदर्शवादी, दूरदर्शी, बौद्धिक आत्मा
    - O (जैसे "गो" में) — देखभाल करने वाली, भावनात्मक, सुरक्षात्मक आत्मा
    - U (जैसे "मून" में) — रहस्यमयी, आत्म-चिंतनशील, अंतर्ज्ञानी आत्मा → अगर पहला स्वर बोलते समय "भारी" या "अवरोधित" लगे, तो यह आत्मा स्तर पर प्रतिरोध या पिछले जन्म की दबी हुई भावना का संकेत हो सकता है।
3. **स्वर संयोजन और प्रवाह**
    - सुगम स्वर क्रम (जैसे A-E-I-O-U) → प्रवाहपूर्ण, सामंजस्यपूर्ण ऊर्जा
    - कठोर या अचानक स्वर रुकावट (जैसे बहुत सारे छोटे "I" या "U") → तनाव, भावनात्मक ब्लॉक
    - दोहराए गए स्वर (जैसे "A-A-A") → उस स्वर की ऊर्जा का प्रवर्धन (शक्तिशाली या भारी हो सकता है)
4. **व्यंजन क्लस्टर और लय**
    - नरम व्यंजन (L, M, N, R, V) → कोमल, ग्रहणशील ऊर्जा
    - कठोर व्यंजन (K, T, P, G, D) → बलशाली, मुखर ऊर्जा
    - बहुत सारे कठोर व्यंजन एक साथ → आक्रामक या अवरुद्ध अभिव्यक्ति
    - प्रवाहपूर्ण लय → संचार और प्रकटीकरण में आसानी
    - स्टैकाटो लय → जीवन प्रवाह में रुकावट, चक्र पूरा करने में कठिनाई
5. **कुल नाम ध्वनि हस्ताक्षर** (Overall Name Sound Signature)
    - लंबे, प्रवाहपूर्ण नाम (जैसे "आराध्या") → सुंदर, आकर्षक, आध्यात्मिक आभा

- छोटे, तीखे नाम (जैसे "राज") → सीधा, शक्तिशाली, प्रभावशाली उपस्थिति
- दोहराई गई ध्वनियाँ (ऑलिटरेशन) → मजबूत याद रखने की क्षमता और व्यक्तिगत ब्रांडिंग
- उच्चारण में कठिन नाम → दूसरों से ऊर्जात्मक "प्रतिरोध"

ओम प्रकाश नाम पर प्रोनोलॉजी और कंपन विश्लेषण

Applying Vibrations to "Om Prakash"

आपके पूर्ण नाम **Om Prakash** को प्रोनोलॉजी (ध्वनि-आधारित नाम कंपन विज्ञान) और वैदिक/चाल्डियन अंक ज्योतिष के आधार पर गहराई से विश्लेषित करते हैं। यहाँ हम अक्षर-दर-अक्षर कंपन, स्वर-व्यंजन संतुलन, ग्रह प्रभाव, चक्र सक्रियण और समग्र ऊर्जा प्रवाह देखेंगे।

नाम का ब्रेकडाउन (अक्षर-वार उच्चारण और कंपन)

- **O** (ओह) → स्वर: गोल, हृदय चक्र गर्माहट, समृद्धि और भक्ति की आवृत्ति। प्रभाव: शुरुआत में आध्यात्मिक गहराई और स्थिरता देता है। यह नाम को "पूर्णता" और "देवत्व" का स्पर्श देता है।
- **M** (म) → व्यंजन: गूँजने वाला अनुनाद, मातृ कोकून, निष्ठा और भावनात्मक गहराई। प्रभाव: बहुत मजबूत पोषण और परिवार/आंतरिक सुरक्षा की ऊर्जा। "Om" में M का अनुनाद ॐ की मूल ध्वनि को पूरा करता है — यह ध्यान और आध्यात्मिक एकाग्रता को बढ़ाता है।
- **P** (प) → व्यंजन: विस्फोटक धमाका, मंगल जैसी प्रेरणा, बातूनी, चतुर, जिद्दी। प्रभाव: नाम में गतिशीलता, बुद्धिमत्ता और कार्य-प्रेरणा जोड़ता है। लेकिन जिद्दीपन या हठ की प्रवृत्ति भी ला सकता है।
- **R** (र) → व्यंजन: लुढ़कती सौर अग्नि, बुद्धिमान, उपचारक, छोटे स्वभाव वाला। प्रभाव: नाम में तेजस्विता, ज्ञान और उपचार शक्ति जोड़ता है। "Prakash" में R का दोहराव ज्ञान की लुढ़कती लौ जैसा प्रभाव देता है।
- **A** (आ) → स्वर: खुला, विस्तारपूर्ण, मूल सृजन आवृत्ति। प्रभाव: "Prakash" में A नेतृत्व, स्वतंत्रता और आध्यात्मिक आकांक्षा को बढ़ाता है। यह नाम को प्रकाशमान और प्रेरणादायक बनाता है।

- **K** (क) → व्यंजन: तीक्ष्ण, गले से रुकावट, मंगल/शनि की निर्णायक शक्ति। प्रभाव: नाम के अंत में K दृढ़ता, अनुशासन और प्रभुत्व देता है। लेकिन स्वर समर्थन के बिना ठंडा/अधिनायकवादी लग सकता है। यहाँ "Prakash" में A-K संयोजन से यह "आदेश के साथ अनुग्रह" में बदल जाता है।
- **A** (आ) → स्वर: दोबारा A — आध्यात्मिक आकांक्षा और सृजन को और मजबूत करता है।
- **S** (स) → व्यंजन: सिसकारी सर्प, परिवर्तनकारी कुंडलिनी ऊर्जा। प्रभाव: नाम के अंत में S परिवर्तन, नेतृत्व और सफलता की तरंग लाता है। यह "प्रकाश" को प्रकाशमान और प्रभावशाली बनाता है।
- **H** (ह) → व्यंजन: जीवन की साँस, प्राण वाहक। प्रभाव: अंत में H नाम को प्राणमय और आध्यात्मिक खुलापन देता है। यह "Om Prakash" को साँस और प्रकाश का पूर्ण संयोजन बनाता है।

स्वर-व्यंजन संतुलन और समग्र कंपन

- **स्वर (Vowels):** O, A, A → 3 स्वर (मजबूत आध्यात्मिक/भावनात्मक ग्रहणशीलता) प्रभाव: नाम में आध्यात्मिक खुलापन, अंतर्ज्ञान और उच्च आदर्श प्रमुख हैं। यह बहिर्मुखी, प्रभावशाली और प्रेरणादायक ऊर्जा देता है।
- **व्यंजन (Consonants):** M, P, R, K, S, H → 6 व्यंजन (मजबूत भौतिक/कार्य-केंद्रित ऊर्जा) प्रभाव: नाम व्यावहारिक सफलता, अनुशासन, नेतृत्व और सेवा पर केंद्रित है।

संतुलन: स्वर और व्यंजन का अच्छा अनुपात (3:6) — आध्यात्मिकता और व्यावहारिकता का सामंजस्य। नाम "आत्मा का प्रकाश" (Om Prakash) की तरह कार्य करता है: आध्यात्मिक जड़ (Om) से भौतिक जगत में ज्ञान और सेवा (Prakash) का प्रसार।

ग्रह संबंध और चक्र प्रभाव (वैदिक दृष्टि से)

- **O + M** (ॐ): मूल मंत्र कंपन — मूलाधार से सहस्रार तक प्राण प्रवाह।
- **P + R + A** → मंगल (P) + सूर्य (R + A) प्रभाव — तेजस्वी नेतृत्व और ज्ञान।
- **K** → मंगल/शनि — अनुशासन और निर्णायक शक्ति।

- **S + H** → कुंडलिनी जागरण + प्राण वाहक — परिवर्तन और आध्यात्मिक साँस।

प्रमुख चक्र सक्रियण

- मूलाधार/स्वाधिष्ठान (M + P) — स्थिरता और प्रेरणा
- मणिपुर (R + A) — आत्मविश्वास और तेज
- विशुद्धि/आज्ञा (S + H) — संचार और अंतर्दृष्टि
- सहस्रार (Om) — दैवीय प्रकाश और एकता

समग्र ऊर्जा प्रवाह और सुझाव

"Om Prakash" एक बहुत शक्तिशाली और संतुलित नाम है:

- आध्यात्मिक जड़ से शुरू होकर (Om) भौतिक जगत में ज्ञान-प्रकाश (Prakash) फैलाने वाला।
- नेतृत्व (1/सूर्य), सेवा (9/मंगल), अनुशासन (K/शनि) और प्राण प्रवाह (H) का सुंदर मिश्रण।
- आपकी जन्म तिथि (11-08-1986 → मूलांक 2, भाग्यांक 7) के साथ सामंजस्य: चंद्र (2) की भावनात्मक गहराई + केतु (7) की आध्यात्मिक खोज को "प्रकाश" से पूर्णता मिलती है।

सुझाव (ऊर्जा को और मजबूत करने के लिए)

- नाम का उच्चारण हमेशा स्पष्ट और प्रेम से करें — "ओम प्रकाश" को मंत्र की तरह जपें।
- हस्ताक्षर में "Om Prakash" पूरा लिखें — यह कंपन को दैनिक रूप से सक्रिय रखता है।
- मोबाइल/ईमेल/सोशल मीडिया में यही स्पेलिंग रखें।
- घर/कार्यालय में "ॐ प्रकाश" लिखा यंत्र या फोटो रखें (पूर्व या उत्तर-पूर्व दिशा में)।
- संकल्प: "मैं ओम के प्रकाश से जीवन में ज्ञान, शांति और सेवा फैलाता हूँ।"

नाम बदलने, स्पेलिंग सुधार या निकनेम इस्तेमाल के व्यावहारिक सुझाव

न्यूमरोलॉजिस्ट बदलाव तभी सुझाते हैं जब:

- कोई संख्या गंभीर रूप से गायब हो (जैसे 1 या 8 गायब होने से नेतृत्व/ शक्ति में गंभीर समस्या)
- वर्तमान नाम की ध्वनि "भारी", अवरुद्ध या जन्म संख्याओं से असंगत लगे
- व्यक्ति को नाम कंपन से जुड़े बार-बार आने वाले पैटर्न दिखें (जैसे 2/6 गायब होने से रिश्तों में रुकावट)

आम सुधार

- गायब संख्या भरने के लिए अक्षर जोड़ें (जैसे 1 के लिए "A", 9 के लिए "R")
- स्वर ध्वनि बदलने के लिए स्पेलिंग बदलें (जैसे "अजय" → "अजय्य" लंबे "A" कंपन को बढ़ाने के लिए)
- सार्वजनिक जीवन के लिए निकनेम/प्रोफेशनल नाम इस्तेमाल करें (जैसे जन्म नाम "राहुल" → प्रोफेशनल नाम "राहुल आर्यन")
- अगर नाम बहुत लंबा/ भारी हो तो छोटा या सरल करें (ऊर्जा भार कम होता है)
- गायब कंपन के लिए मिडिल नेम या इनिशियल जोड़ें (जैसे "कुमार" या "सिंह")

सुरक्षित बदलाव के दिशानिर्देश

- कभी सिर्फ़ "भाग्य (Luck)" के लिए नाम न बदलें — कर्मिक सबक और जन्म संख्याओं से संरेखित करें
- नए नाम की कंपन को 40–45 दिन टेस्ट करें (निकनेम या प्रोफेशनल रूप से इस्तेमाल करें)
- नए नाम की प्रारब्ध, आत्मा से आग्रह, व्यक्तित्व और नाम ग्रिड चेक करें
- नया नाम अभी भी असली लगना चाहिए — जबरदस्ती बदलाव ऊर्जा स्तर पर उल्टा असर करते हैं

उदाहरण: 11-08-1986 (मूलांक 2 + भाग्यांक 7)

- जन्म ग्रिड में गायब: 3, 4, 5 (रचनात्मकता, ढाँचा, अनुकूलनशीलता)

- अगर नाम में 1 या 8 गायब → गंभीर नेतृत्व/शक्ति रुकावट → "A" (1) या "H" (8) जोड़ने पर विचार करें
- अगर नाम में कठोर व्यंजन (K, T, G) ज्यादा → प्रवाहपूर्ण स्वर या निकनेम से नरम करें
- पहला स्वर मजबूत → चंद्र (2) अंतर्ज्ञान को बढ़ाता है → आध्यात्मिक/ भावनात्मक मार्ग के लिए अच्छा

प्रोनोलॉजी सिखाती है: आपका नाम सिर्फ़ अक्षर नहीं है — यह वह ध्वनि है जिसमें आप हर दिन रहते हैं। जब इसे प्यार से और सही तरीके से बोला जाए, तो यह संरेखण का एक शक्तिशाली मंत्र बन जाता है। जब गलत उच्चारण या ऊर्जात्मक असंगति हो, तो यह सूक्ष्म रूप से आपको थका या अवरुद्ध कर सकती है।

इस ज्ञान का उपयोग करके अपने नाम को इरादे से बोलें — यह आपकी कंपन बदलने का सबसे सरल और सबसे शक्तिशाली तरीका है।

संदर्भ: परिशिष्ट 10 और 11: अक्षर अर्थ और कंपन देखें।

व्यापार अंक ज्योतिष (Business Numerology)

व्यापार न्यूमरोलॉजी वह कला है जिसमें कंपनी, ब्रांड या व्यवसाय का नाम चुनते या मूल्यांकन करते समय उसकी कंपन (vibration) को मालिक की व्यक्तिगत संख्याओं से संरेखित (align) किया जाता है, ताकि अधिकतम सफलता, सामंजस्य, समृद्धि और विकास प्राप्त हो। एक अच्छी तरह से संरेखित व्यापार नाम ऊर्जा का एक शक्तिशाली परिवर्धक (amplifier) बन जाता है — यह सही अवसरों, ग्राहकों, पार्टनर्स और संसाधनों को आकर्षित करता है। वहीं, असंगत नाम बाधाएँ, देरी या अनावश्यक संघर्ष पैदा कर सकता है।

मुख्य कुंजी है व्यापार नाम की मुख्य संख्याओं और मालिक की व्यक्तिगत संकेतकों के बीच अनुकूलता (compatibility)। व्यापार नाम को मालिक के मूलांक (Root/Driver) और भाग्यांक (Destiny) को सपोर्ट और मजबूत करना चाहिए, साथ ही पाइथागोरियन नाम संख्याओं (अभिव्यक्ति/प्रारब्ध, आत्मा की प्रेरणा, व्यक्तित्व, परिपक्वता) को भी। इससे एक सहक्रियात्मक प्रवाह

(synergistic flow) बनता है: मालिक की जन्मजात ऊर्जा (जन्म संख्याएँ) व्यवसाय के माध्यम से व्यक्त होती है, जिससे सहज प्रकटीकरण (effortless manifestation) होता है।

व्यापार अनुकूलता के लिए विभिन्न संख्याओं का महत्व क्रम

(Order of Importance of Various Numbers for Business Compatibility) व्यापार नाम चुनते या मूल्यांकन करते समय इस क्रम में प्राथमिकता दें (सबसे ज्यादा से कम महत्वपूर्ण):

1. **मालिक का मूलांक (Root Number) – सबसे उच्च प्राथमिकता** यह दैनिक ड्राइवर, सहज ऊर्जा और जीवन/व्यवसाय के प्राकृतिक दृष्टिकोण को दर्शाता है। व्यापार नाम को सबसे पहले इसी संख्या से सामंजस्य में होना चाहिए।

2. **मालिक का भाग्यांक (Destiny Number) – दूसरी प्राथमिकता** यह कर्मिक मार्ग और अंतिम उद्देश्य है। व्यापार नाम को लंबे समय के भाग्य और जीवन सबक को सपोर्ट करना चाहिए।

3. **मालिक का अभिव्यक्ति/प्रारब्ध संख्या (पूर्ण नाम से) – तीसरी प्राथमिकता** यह नाम से व्यक्त होने वाला कुल जीवन उद्देश्य और प्रतिभाएँ दर्शाता है। व्यापार नाम को इससे पूरक होना चाहिए ताकि प्रवाह स्वाभाविक रहे।

4. **मालिक का आत्मा की प्रेरणा /हृदय की इच्छा संख्या– चौथी प्राथमिकता** आंतरिक प्रेरणा और आत्मा की गहरी चाहतें। व्यापार नाम को इन इच्छाओं को पूरा या सपोर्ट करना चाहिए ताकि व्यक्तिगत संतुष्टि मिले।

5. **मालिक का व्यक्तित्व संख्या– पाँचवीं प्राथमिकता** बाहरी छवि और पहली छाप। व्यापार नाम को मालिक की देखी जाने वाली इमेज को बढ़ाना चाहिए।

6. **मालिक का परिपक्वता संख्या– छठी प्राथमिकता** 35–45 साल के बाद की लंबे समय की ऊर्जा। व्यापार नाम को परिपक्व विरासत से संरेखित होना चाहिए।

7. **अन्य संकेतक (जैसे कैपस्टोन, कॉर्नरस्टोन, पहला स्वर, नाम ग्रिड स्तर, कर्मिक सबक) – सहायक कारक** इनका उपयोग फाइन-ट्यूनिंग

के लिए करें (उदाहरण: व्यापार नाम ऐसा न चुनें जो कर्मिक सबक को और तेज कर दे)।

सामान्य नियम: व्यापार नाम का अभिव्यक्ति संख्या (सभी अक्षरों का योग) मालिक के शीर्ष 2–3 प्राथमिकताओं (मूलांक, भाग्यांक, मालिक का एक्सप्रेशन) से अनुकूल (सामंजस्यपूर्ण या उत्पादक) होना चाहिए।

अनुकूलता दिशानिर्देश (Compatibility Guidelines) अनुकूलता वैदिक अंक ज्योतिष के 5-तत्व चक्र (Wood → Fire → Earth → Metal → Water) और ग्रहों की मित्रता/शत्रुता पर आधारित है। संख्याएँ उनके शासक ग्रहों/तत्वों के अनुसार समूहित हैं:

सामंजस्यपूर्ण/उत्पादक चक्र (Compatible/Harmonious)

- 1 (सूर्य) के साथ 3 (बृहस्पति), 5 (बुध)
- 2 (चंद्र) के साथ 6 (शुक्र), 7 (केतु)
- 3 (बृहस्पति) के साथ 1 (सूर्य), 9 (मंगल)
- 4 (राहु) के साथ 5 (बुध), 6 (शुक्र)
- 5 (बुध) के साथ 1 (सूर्य), 4 (राहु)
- 6 (शुक्र) के साथ 2 (चंद्र), 4 (राहु)
- 7 (केतु) के साथ 2 (चंद्र)
- 8 (शनि) के साथ 4 (राहु)
- 9 (मंगल) के साथ 3 (बृहस्पति)

तटस्थ (Neutral): एक ही संख्या या चक्र में निकटवर्ती।

टकराव/अशुभ (Clashing/Inauspicious – विनाशकारी चक्र)

- 1 के साथ 2, 8
- 2 के साथ 1, 4
- 3 के साथ 2, 8
- 4 के साथ 2, 9
- 5 के साथ 8
- 6 के साथ 1
- 7 के साथ 8

- 8 के साथ 1, 3, 5
- 9 के साथ 4

व्यापार नाम के व्यावहारिक दिशानिर्देश (Practical Guidelines for Business Name)

- **आदर्श:** व्यापार अभिव्यक्ति संख्या= मालिक का मूलांक या भाग्यांक, या दोनों से सामंजस्यपूर्ण (उदाहरण: मूलांक 2 + भाग्यांक 7 → व्यापार अभिव्यक्ति 2, 6, 7, या 1)।
- **अच्छा:** मालिक के अभिव्यक्ति/आत्मा से आग्रह/व्यक्तित्व से मेल खाए ताकि स्वाभाविक अभिव्यक्ति हो।
- **बचें:** टकराव वाली संख्याएँ (उदाहरण: मूलांक 2 के लिए 1 या 8 से बचें, क्योंकि ये चंद्र से टकराते हैं)।
- **व्यवसाय प्रकार के अनुसार मैच:**
  - रचनात्मक/मीडिया/शिक्षा: 3, 5, 9 को प्राथमिकता
  - वित्त/रियल एस्टेट: 4, 8 को प्राथमिकता
  - नेतृत्व/टेक: 1, 5 को प्राथमिकता
  - हीलिंग/सेवा: 2, 6 को प्राथमिकता
  - आध्यात्मिक/गूढ़: 7 को प्राथमिकता

उदाहरण: 11-08-1986 (मूलांक 2, भाग्यांक 7)

- आदर्श व्यापार अभिव्यक्ति: 2 (सामंजस्य, अंतर्ज्ञान), 6 (सेवा, सुंदरता), 7 (आध्यात्मिक/रिसर्च), या 1 (भावनात्मक संतुलन के साथ नेतृत्व)
- बचें: मुख्य रूप से 1 (सूर्य) या 8 (शनि) — चंद्र (2) से टकराव
- अच्छा मैच: नाम जैसे "मूनलाइट सॉल्यूशंस" (अभिव्यक्ति 2 या 6) हीलिंग/व्यवसाय के लिए
- पूरा नाम ग्रिड/स्तर चेक करें — व्यापार नाम गायब संख्याएँ (जैसे 3/5 रचनात्मकता/अनुकूलन के लिए) भरने वाला हो।

लोगो और ब्रांडिंग के लिए संख्याएँ (Logo and Branding through Numbers) ये दिशानिर्देश वैदिक एवं आधुनिक न्यूमरोलॉजी (साइकिक नंबर,

प्रारब्ध नंबर, नाम नंबर), व्यवसाय ऊर्जा और दृश्य प्रतीकवाद को मिलाकर ऐसे लोगो बनाते हैं जो सफलता, पहचान और सामंजस्यपूर्ण कंपन से जुड़े हों।

1. रंग चयन दिशानिर्देश Colour Selection Guidelines

रंग ग्रहों, संख्याओं और चक्रों से जुड़े कंपन रखते हैं। प्राथमिक रंग(रंगों) का चयन भाग्यांक (पूर्ण जन्म तिथि से) या व्यापार नाम संख्या (व्यवसाय नाम की कंपन) से मेल खाने वाला करें, फिर द्वितीयक रंगों से एक्सेंट (accent) दें।

- **1 (सूर्य – लाल/सोना/नारंगी)** नेतृत्व, नवाचार, अथॉरिटी। स्टार्टअप, कोचिंग, टेक, व्यक्तिगत ब्रांड के लिए आदर्श। → प्राथमिक: तेज लाल, सोनेरा, चमकीला नारंगी। → बचें: फीका ग्रे/भूरा।
- **2 (चंद्र – सफेद/चांदी/पेस्टल हरा)** सामंजस्य, अंतर्ज्ञान, देखभाल। ब्यूटी सैलून, काउंसलिंग, वेलनेस, हॉस्पिटैलिटी के लिए। → प्राथमिक: शुद्ध सफेद, चांदी, नरम हरा, मोती जैसा। → बचें: कठोर काला/लाल।
- **3 (बृहस्पति – पीला/बैंगनी)** रचनात्मकता, संचार, आनंद। मीडिया, शिक्षा, कला, इवेंट्स, फैशन के लिए। → प्राथमिक: धूप जैसा पीला, बैंगनी/वायलेट, टर्क्वाइज एक्सेंट। → बचें: गहरा भूरा।
- **4 (राहु/यूरेनस – इलेक्ट्रिक ब्लू/ग्रे)** ढाँचा, अनुशासन, तकनीक। इंजीनियरिंग, रियल एस्टेट, लॉ, कंसल्टिंग के लिए। → प्राथमिक: गहरा नीला, ग्रे, काला + इलेक्ट्रिक ब्लू एक्सेंट। → बचें: चमकीला लाल।
- **5 (बुध – हरा/एमरल्ड)** संचार, अनुकूलनशीलता, व्यापार। मार्केटिंग, ट्रैवल, ई-कॉमर्स, मीडिया के लिए। → प्राथमिक: ताजा हरा, एमरल्ड, टर्क्वाइज। → बचें: भारी काला।
- **6 (शुक्र – गुलाबी/सफेद/नरम नीला)** सुंदरता, लग्जरी, रिश्ते। ज्वेलरी, फैशन, होटल, फूड, डिजाइन के लिए। → प्राथमिक: पेस्टल गुलाबी, सफेद, नरम नीला, मिंट ग्रीन। → बचें: आक्रामक लाल।
- **7 (केतु/नेप्च्यून – बैंगनी/इंडिगो/गहरा हरा)** आध्यात्मिकता, रिसर्च, हीलिंग। योगा, ज्योतिष, थेरेपी, रिसर्च फर्म्स के लिए। → प्राथमिक: गहरा बैंगनी, इंडिगो, गहरा हरा। → बचें: चमकीला नारंगी/लाल।

- **8 (शनि – काला/गहरा नीला/मैरून)** शक्ति, वित्त, विरासत। बैंक, लॉ फर्म्स, कंस्ट्रक्शन, कॉर्पोरेट के लिए। → प्राथमिक: काला, नेवी ब्लू, मैरून, गहरा ग्रे। → बचें: पेस्टल/हल्के रंग।
- **9 (मंगल – लाल/क्रिमसन)** दया, मानवतावाद, ऊर्जा। एनजीओ, हेल्थकेयर, स्पोर्ट्स, एक्टिविज्म के लिए। → प्राथमिक: खून जैसा लाल, क्रिमसन, मैरून। → बचें: फीके/न्यूट्रल टोन।

Tip : हमेशा व्यापार नाम की कंपन चेक करें (पूर्ण नाम को एकल अंक में घटाएँ)। अगर भाग्यांक और नाम संख्या में टकराव हो, तो लोगो के लिए नाम संख्या को प्राथमिकता दें (यह Public Facing पब्लिक-फेसिंग ऊर्जा है)।

2. आकार चयन दिशा निर्देश Shape Selection Guidelines

आकार ज्यामितीय कंपन (वैदिक यंत्र प्रभाव + आधुनिक मनोविज्ञान) रखते हैं।

- **वृत्त / ओवल** → एकता, अनंतता, शुक्र/चंद्र (2, 6)। विश्वास, सामंजस्य, वेलनेस, ब्यूटी ब्रांड्स। नरम, सुलभ, स्त्री ऊर्जा।
- **वर्ग / आयत** → स्थिरता, ढाँचा, शनि/राहु (4, 8)। वित्त, लॉ, रियल एस्टेट, टेक इंफ्रास्ट्रक्चर। ठोस, भरोसेमंद, पुरुष/प्रोफेशनल ऊर्जा।
- **त्रिकोण / पिरामिड** → अग्नि, महत्वाकांक्षा, मंगल/सूर्य (1, 9)। नेतृत्व, ऊर्जा, नवाचार, कोचिंग, स्पोर्ट्स। गतिशील, ऊपर की ओर आकांक्षा (ऊपर की नोक = सफलता; नीचे की नोक = ग्राउंडिंग)।
- **क्षैतिज रेखाएँ / तरंगें** → प्रवाह, बुध (5)। संचार, ट्रैवल, ई-कॉमर्स, मीडिया। तरलता, अनुकूलनशीलता, आधुनिक फील।
- **ऊर्ध्व रेखाएँ / तीर** → विकास, दिशा, बृहस्पति (3)। शिक्षा, कंसल्टिंग, व्यक्तिगत डेवलपमेंट। मजबूती, प्रगति, अथॉरिटी।
- **सर्पिल / स्वर्ल** → परिवर्तन, केतु/नेप्च्यून (7)। हीलिंग, आध्यात्मिकता, क्रिएटिव एजेंसीज। विकास, रहस्य, आंतरिक यात्रा।
- **तारा / मल्टी-पॉइंट** → प्रेरणा, सार्वभौमिक ऊर्जा (3, 7, 9)। मीडिया, इवेंट्स, एनजीओ। चमक, प्रसिद्धि, मानवतावादी अपील।

सर्वश्रेष्ठ संयोजन (Best Combinations):

- टेक/स्टार्टअप (1, 5) → त्रिकोण + नीला/हरा (नवाचार + संचार)।
- वित्त/कॉर्पोरेट (4, 8) → वर्ग + काला/नेवी (स्थिरता + शक्ति)।
- वेलनेस/ब्यूटी (2, 6) → वृत्त + गुलाबी/सफेद (सामंजस्य + देखभाल)।
- कोचिंग/आध्यात्मिक (7, 9) → सर्पिल या ऊपर की ओर त्रिकोण + बैंगनी/लाल (परिवर्तन + दया)।

लोगो डिजाइन के लिए त्वरित चेकलिस्ट (Quick Checklist for Logo Design)

1. भाग्यांक (जन्म तिथि) और व्यापार नाम संख्या (पूर्ण रजिस्टर्ड नाम) की गणना करें।
2. प्रमुख संख्या से मेल खाने वाला प्राथमिक रंग चुनें।
3. व्यवसाय ऊर्जा और नाम कंपन को सपोर्ट करने वाला आकार चुनें (उदाहरण: हीलिंग ब्रांड के लिए वृत्त, लॉ/वित्त के लिए वर्ग)।
4. 1–2 एक्सेंट रंग इस्तेमाल करें (प्राथमिक के पूरक)।
5. लोगो सरल, स्केलेबल, यादगार रखें — न्यूमरोलॉजी तब सबसे अच्छा काम करती है जब कंपन स्पष्ट हो, अव्यवस्थित न हो।
6. टकराव वाले रंग/आकार से बचें (उदाहरण: नरम वेलनेस ब्रांड के लिए आक्रामक लाल त्रिकोण ऊर्जात्मक असंगति पैदा करता है)।

अंतिम टिप्स (Final Tips):

- नए व्यापार नाम को 40–45 दिन टेस्ट करें (प्रोफेशनल रूप से इस्तेमाल करें)।
- व्यापार नाम का ग्रिड मालिक के ग्रिड से मिलाकर गायब संख्याएँ चेक करें।
- व्यापार नाम असली और सहज लगना चाहिए — जबरदस्ती बदलाव ऊर्जा स्तर पर उल्टा असर करते हैं।
- लोगो की कंपन टेस्ट करें: व्यापार नाम का जाप करते हुए लोगो को देखें — यह उत्साहजनक और संरेखित महसूस होना चाहिए। एक अच्छी तरह से चुना

गया लोगो यंत्र की तरह काम करता है, जो लगातार सही ऊर्जा और अवसर आकर्षित करता रहता है।

यह दिशा निर्देश सुनिश्चित करते हैं कि व्यापार नाम एक ऊर्जात्मक सहयोगी बन जाए, जो सफलता, सामंजस्य और समृद्धि को बढ़ावा दे।

हल्दीराम (Haldiram's) का उदाहरण

हल्दीराम (Haldiram's) भारत का एक आइकॉनिक फूड ब्रांड है, जो 1937 में राजस्थान के बीकानेर में स्थापित हुआ। यह स्नैक्स, स्वीट्स, नमकीन और रेडी-टू-ईट प्रोडक्ट्स के लिए प्रसिद्ध है। इसका लोगो और ब्रांडिंग न्यूमरोलॉजी, रंग मनोविज्ञान, आकार कंपन और भारतीय परंपरा से गहराई से जुड़ा हुआ है। आइए इसे पिछले दिशानिर्देशों (रंग, आकार, व्यापार न्यूमरोलॉजी) के आधार पर विस्तार से समझें।

1. लोगो का मुख्य डिजाइन तत्व (Logo Elements)

- **आकार (Shape):**

  Oval (अंडाकार / लंबा अंडा) Background।

  - ओवल आकार **वृत्त / ओवल** कैटेगरी में आता है → एकता (unity), अनंतता (infinity), और शुक्र/चंद्र (2, 6) से जुड़ा।
  - यह नरम, सुलभ, स्त्री ऊर्जा (feminine energy) देता है — भरोसा, सामंजस्य और देखभाल का प्रतीक।
  - हल्दीराम के लिए यह परफेक्ट है क्योंकि ब्रांड पारंपरिक भारतीय खान-पान (घरेलू, गर्मजोशी वाला, परिवार-केंद्रित) को दर्शाता है। ओवल बाजार में अनुकूलनशीलता (adaptability) भी दिखाता है — ब्रांड ने समय के साथ बदलाव अपनाए लेकिन जड़ें मजबूत रखीं।
  - कुछ स्रोतों में इसे लाल मिर्च (ripe chili pepper) से जोड़ा जाता है — भारतीय मसालों और स्वाद की तीव्रता का प्रतीक।
- **मोनोग्राम और टेक्स्ट:** ऊपर "HP" (Haldiram Prakash या Haldiram's का संक्षिप्त रूप) का स्टाइलिश, घुमावदार मोनोग्राम। (elongated tails, curved, half-circle frame with vignettes)

- यह पारंपरिक भारतीय जड़ों (heritage) को दर्शाता है — जैसे राजस्थानी पगड़ी या बैंडनी प्रिंट्स की जटिलता।
- सफेद अक्षर लाल बैकग्राउंड पर — क्लासिक कंट्रास्ट जो ध्यान खींचता है और भूख जगाता है । (red stimulates appetite)

- **रंग (Colours):**

  मुख्य रूप से **Digital Red / Fiery Red** Background, white text, कभी-कभी गोल्डन/सोनेरा एक्सेंट।

  - **रेड (Red):** 9 (मंगल) से जुड़ा — ऊर्जा, जुनून, जीवन शक्ति, दया, और भारतीय मसालों/स्वाद की तीव्रता।
    - हल्दीराम के प्रोडक्ट्स (मसालेदार नमकीन, लाल मिर्च वाले स्नैक्स) के लिए परफेक्ट — यह भूख जगाता है और ब्रांड को पैशनेट, एनर्जेटिक दिखाता है।
    - रेड भारतीय संस्कृति में शुभ (auspicious) और उत्सव का रंग है — मिठाइयाँ, त्योहारों से जुड़ा।
  - **सफेद (White):** 2 (चंद्र) से जुड़ा — शुद्धता, सामंजस्य, देखभाल। यह रेड की तीव्रता को बैलेंस करता है और ब्रांड को क्लीन, ट्रस्टवर्थी बनाता है।
  - कुल मिलाकर: रेड + सफेद का Combination **9 (मानवतावाद, ऊर्जा)** और **2 (सामंजस्य)** का मिश्रण दर्शाता है — जो हल्दीराम की पारंपरिक स्वाद + आधुनिक पहुंच के साथ मेल खाता है।

2. ब्रांडिंग (Branding) का न्यूमरोलॉजी और ऊर्जा विश्लेषण

- **व्यापार नाम कंपन (Business Name Vibration):**
  - "Haldiram's" या "Haldiram" का अभिव्यक्ति संख्या (Pythagorean से): H=8, A=1, L=3, D=4, I=9, R=9, A=1, M=4 → योग ≈ 39 → 3+9=12 → 3।

        - 3 (बृहस्पति): रचनात्मकता, संचार, आनंद — स्नैक्स/मिठाइयों का ब्रांड होने के कारण फिट बैठता है (खुशी, स्वाद बाँटना)।
    - मूलांक/भाग्यांक से अनुकूलता: हल्दीराम परिवार की जड़ें राजस्थानी परंपरा में हैं, जहाँ 3, 6, 9 जैसे संख्या सामंजस्यपूर्ण हैं। रेड (9) और ओवल (2/6) का कॉम्बिनेशन ब्रांड को शुभ बनाता है।
- **क्यों काम करता है यह ब्रांडिंग:**
    - रेड (Red) + अंडाकार (Oval): भूख जगाने वाला (appetite-stimulating) + भरोसेमंद (trustworthy)।
    - मोनोग्राम "HP": पारिवारिक विरासत (family legacy) का प्रतीक — 1937 से चली आ रही परंपरा।
    - कुल प्रभाव: लोगो देखते ही भारतीय स्वाद, मिठास, मसाला और घरेलू गर्मजोशी याद आती है — जो ब्रांड की सफलता का राज है।
- **व्यावहारिक सबक (Practical Insights from Guidelines)**
    - **रंग:** रेड (9/Mars) फूड ब्रांड के लिए आदर्श — पैशन और एनर्जी लाता है। सफेद बैलेंस करता है (Moon 2)।
    - **आकार:** ओवल (Venus/Moon) फूड/वेलनेस के लिए परफेक्ट — नरम, आमंत्रित करने वाला।
    - **अनुकूलता:** ब्रांड ने पारंपरिक भारतीय तत्वों (मसाला, रंग, आकार) को आधुनिक तरीके से इस्तेमाल किया — जो मालिक की जड़ों से मेल खाता है।
    - अगर कोई नया व्यापार नाम चुन रहा हो, तो हल्दीराम जैसा उदाहरण लें: नाम + रंग + आकार को उत्पाद (स्वादिष्ट भारतीय स्नैक्स) से जोड़ें।

हल्दीराम का लोगो एक क्लासिक उदाहरण है कि कैसे न्यूमरोलॉजी-आधारित ब्रांडिंग (रंग 9/2, आकार ओवल, कंपन 3) लंबे समय तक सफलता और पहचान दे सकती है। यह ब्रांड ऊर्जात्मक सहयोगी (energetically) बन गया है, जो त्योहारों, रोजमर्रा और वैश्विक बाजार में समृद्धि लाता है।

नाम स्पेलिंग करेक्शन दिशानिर्देश, नियम और व्यावहारिक अनुप्रयोग

(Name Spelling Correction – Guidelines, Rules, and Practical Applications)

नाम स्पेलिंग करेक्शन (जिसे नाम न्यूमरोलॉजी एडजस्टमेंट या वाइब्रेशनल नेम ट्यूनिंग भी कहा जाता है) आधुनिक अंक ज्योतिष में सबसे शक्तिशाली और सबसे ज्यादा मांगे जाने वाले सेवाओं में से एक है। इसका मुख्य उद्देश्य व्यक्ति के नाम (या कंपनी/दुकान के नाम) की संख्यात्मक कंपन को जन्म तिथि की संख्याओं (मूलांक/ड्राइवर और भाग्यांक/कंडक्टर) से संरेखित करना है, ताकि रुकावटें दूर हों, गायब संख्याएँ भरें, लाभकारी योग मजबूत हों, कर्मिक चुनौतियाँ कम हों, और सफलता, स्वास्थ्य, रिश्ते तथा समृद्धि में तेजी आए।

यह कानूनी रूप से नाम बदलने के बारे में नहीं है (हालांकि वह विकल्प भी उपलब्ध है)। बल्कि यह कंपन रूपांतरण (Vibrational Transformation) पर केंद्रित है, जो निम्न माध्यमों से किया जाता है:

- व्यापार कार्ड / विजिटिंग कार्ड (Visiting Card)
- ईमेल आईडी (Email ID)
- सोशल मीडिया प्रोफाइल (फेसबुक, इंस्टाग्राम, लिंक्डइन, X आदि)
- घर/ऑफिस पर नाम प्लेट (Name Plate)
- वेबसाइट डोमेन (Website Domain) / ब्रांडिंग (Branding)
- प्रोफेशनल सिग्नेचर और परिचय

ये सभी चैनल ऊर्जा के वाहक (energy carriers) का काम करते हैं — ये डिजिटल स्पेस (Digital Space), सैटेलाइट, वाई-फाई (Wi Fi) और दृश्य धारणा (आँखें कैमरा की तरह) के माध्यम से फैलते हैं और सुधरी हुई कंपन को ब्रह्मांड तथा आसपास के लोगों तक निरंतर प्रसारित करते रहते हैं।

नाम स्पेलिंग करेक्शन क्यों जरूरी है

- वैदिक ग्रिड / लो शू ग्रिड / न्यूमरो चार्ट में गायब संख्याओं को भरना (जन्म तिथि से कर्मिक कमी)।
- मित्र संख्याओं की जोड़ी बनाना और शत्रु/विरोधी संयोजन (जैसे 4-8, 3-6, 1-8) से बचना।
- चार्ट के कमजोर क्षेत्रों (शिक्षा, करियर, विवाह, वित्त आदि) को ऊपर उठाना।

- मूलांक (D) और भाग्यांक (C) से सामंजस्य बनाकर तेज परिणाम पाना।
- संघर्ष से बचना — पहला नाम कभी 4 या 8 में नहीं घटना चाहिए (क्योंकि इससे जीवन में कठिनाई बढ़ती है)।

सभी सुधरे नाम स्पेलिंग का योग **1, 3, 5 या 6** होना चाहिए (D और C को ध्यान में रखते हुए)। प्रत्येक के विशिष्ट नियम हैं:

- **1 (सूर्य)**
  - लो शू ग्रिड/चार्ट में 5 और 6 दोनों मौजूद होने चाहिए।
  - D या C 8 नहीं होना चाहिए (1 का शत्रु)।
  - नेतृत्व, दृश्यता या आत्मविश्वास बढ़ाने के लिए सबसे अच्छा।
- **3 (बृहस्पति)**
  - ग्रिड में 3 गायब होने पर आदर्श — शिक्षा, शिक्षण, हीलिंग, गूढ़ विद्या या बृहस्पति से जुड़े पेशे के लिए।
  - D या C 6 नहीं होना चाहिए (3 का शत्रु)।
  - विकास, बुद्धि और विस्तार के लिए उत्कृष्ट।
- **5 (बुध)**
  - 5 गायब होने पर इस्तेमाल — महत्वपूर्ण ग्रिड लाइनें पूरी करने के लिए:
    - § 3-5-7 (रचनात्मकता + बुद्धि + आध्यात्मिकता)
    - § 9-5-1 (दया + अनुकूलन + नेतृत्व)
    - § 4-5-6 (स्थिरता + बदलाव + सामंजस्य)
    - § 2-5-8 (भावना + स्वतंत्रता + शक्ति)
  - D या C पर कोई प्रतिबंध नहीं — बहुत लचीला।
- **6 (शुक्र)**
  - 6 गायब होने पर इस्तेमाल — शक्तिशाली राज योग 4-5-6 पूरा करने के लिए।
  - D या C 3 नहीं होना चाहिए (6 का शत्रु)।
  - प्यार, लग्जरी, रिश्ते, सुंदरता और सुख के लिए सबसे अच्छा।

नाम स्पेलिंग करेक्शन करते समय पालन करने वाले नियम

1. ड्राइवर (मूलांक) और कंडक्टर (भाग्यांक) से सामंजस्य (मेल होना चाहिए) — मित्र संख्याएँ ही।
2. न्यूमेरिक चार्ट को ऊपर उठाना — कमजोर/गायब क्षेत्रों में ताकत जोड़ना।
3. जोड़ी मित्र संख्या की होनी चाहिए, शत्रु/विरोधी नहीं (4-8, 3-6, 1-8 आदि से बचें)।
4. पहला नाम कभी 4 या 8 में नहीं घटना चाहिए — अन्यथा जीवन में संघर्ष बहुत बढ़ जाता है।
5. विरोधी संख्याएँ आकर्षित करती हैं — पहला नाम योग विरोधी जोड़ी में न हो (4-8, 3-6, 1-8 आदि)।
6. शॉर्ट फॉर्म, कुमार/सिंह जोड़ना, पिता का नाम, मिडिल इनिशियल या अतिरिक्त अक्षर इस्तेमाल कर सकते हैं — कंपन मेल खाने तक लचीलापन अनुमत है।
7. स्प्रेड पर फोकस — एक संख्या पर ज्यादा केंद्रित न करें, कई संख्याएँ देकर समग्र ताकत दें।
8. 40–45 दिन टेस्ट करें — नए स्पेलिंग को कार्ड, ईमेल, सोशल मीडिया, नाम प्लेट पर इस्तेमाल करके परिणाम देखें।

कंपनी / दुकान / व्यापार के लिए नाम स्पेलिंग करेक्शन व्यापार नाम के लिए प्रक्रिया लगभग समान है, लेकिन कुछ अंतर हैं:

1. प्रत्येक शब्द का योग अलग-अलग निकालें (Pvt. Ltd. आदि औपचारिक होने से अनदेखा (Ignore) करें)। उदाहरण:
   - RAJSHREE PVT. LTD. → सिर्फ RAJSHREE विचार करें।
   - RAJSHREE TEXTILES → RAJSHREE + TEXTILES अलग-अलग निकालें, फिर दोनों को मालिक के D & C से मैच करें।
2. समान नियम लागू करें:
   - मालिक के मूलांक & भाग्यांक से सामंजस्य।
   - चार्ट ऊपर उठाना (गायब संख्याएँ भरना)।

- सिर्फ मित्र जोड़ी (शत्रु नहीं)।
- पहला शब्द 4 या 8 में न घटे।
- विरोधी संयोजन से बचें।
- मुख्य नाम पर फोकस (Ltd., Inc. आदि इग्नोर)।
- संख्याओं का स्प्रेड बनाएँ।

3. बिना आधिकारिक बदलाव के रूपांतरण (Transformation):
    - विजिटिंग/व्यापार कार्ड (Visiting Card)
    - ईमेल आईडी (Email ID)
    - सोशल मीडिया प्रोफाइल (Social Media Profile)
    - दुकान/ऑफिस पर नाम प्लेट (Name Plate)
    - वेबसाइट डोमेन (Website Domain) ये चैनल (Channel) सैटेलाइट, वाई-फाई और दृश्य धारणा के माध्यम से नई कंपन को वैश्विक स्तर पर प्रसारित करते हैं।

आदर्श ईमेल आईडी कैसे बनाएँ अगर आदर्श नाम स्पेलिंग उपलब्ध न हो (जैसे ajaykumar@gmail.com लिया हुआ हो), तो 0 और 9 तटस्थ प्रवर्धक (Neutral Amplifier) का इस्तेमाल करके वैरिएशन बनाएँ:

- मूल सुधरा नाम: AJAY KUMAR
- संभावित ईमेल:
    - ajaykkumar09@gmail.com
    - ajaykkumar90@gmail.com
    - ajay9kumar0@gmail.com
    - आदि।

नोट: नाम करेक्शन के लिए मैं चाल्डियन न्यूमरोलॉजी से अभिव्यक्ति/ प्रारब्ध नंबर, व्यक्तित्व और आत्मा की प्रेरणा संख्या की गणना पसंद करता हूँ (क्योंकि ये कंपन पर ज्यादा सटीक होते हैं)।

0 और 9 क्यों?

- 0 = न्यूट्रल, पिछले संख्या को एम्प्लिफाई करता है।
- 9 = समापन, मानवतावाद, मंगल ऊर्जा — शक्तिशाली क्लोजर।

अंतिम नोट: नाम स्पेलिंग करेक्शन एक वाइब्रेशनल साधन है, जादू नहीं। यह तब सबसे अच्छा काम करता है जब उपायों, सकारात्मक कर्म और जन्म संख्याओं से संरेखण के साथ किया जाए। बदलाव हमेशा 40–45 दिन टेस्ट करें (कार्ड, ईमेल, सोशल मीडिया पर इस्तेमाल करके) और परिणाम देखें।

सही तरीके से किया जाए तो यह करियर, रिश्ते, स्वास्थ्य और समृद्धि में नाटकीय बदलाव ला सकता है — बोले/लिखे नाम की कंपन को आत्मा के ब्लूप्रिंट से संरेखित करके।

समापन Conclusion

इस अध्याय के अंत में, जहां हम नाम अंक ज्योतिष और कंपन विश्लेषण पर चर्चा कर रहे हैं, अब आपके पास संपूर्ण न्यूमरोलॉजिकल परंपरा में सबसे परिवर्तनकारी और सशक्त उपकरणों में से एक है — यह समझ कि आपका नाम महज एक लेबल नहीं है, बल्कि एक जीवंत ध्वनि है, एक कंपन हस्ताक्षर है, और एक जागरूक चुनाव है जो तय करता है कि दुनिया आपको कैसे ग्रहण करती है, आप अपनी आत्मा को कैसे व्यक्त करते हैं, और आप जीवन में कैसे विकसित होते हैं।

हमने मुख्य नाम-आधारित संख्याओं का गहन अध्ययन किया है जो आपका बाहरी उद्देश्य (अभिव्यक्ति/प्रारब्ध), सार्वजनिक मुखौटा (व्यक्तित्व), आंतरिक इच्छाएँ (आत्मा से आग्रह), और लंबे समय की परिपक्वता (परिपक्वता नंबर) प्रकट करती हैं। हमने अतिरिक्त संकेतकों में गहराई से उतरा है — कैपस्टोन (आप कैसे समाप्त करते हैं), कॉर्नरस्टोन (आप कैसे शुरू करते हैं), पहला स्वर (आत्मा की सबसे गहरी ध्वनि), उपनाम संख्या (वंश की कंपन), और प्रगतिशील पिरामिड — जो समय के साथ आपके नाम की ऊर्जा की लय, प्रवाह और विकास को दिखाते हैं। नाम ग्रिड ने मानसिक, शारीरिक, भावनात्मक और आध्यात्मिक स्तर में ताकत और कमी को उजागर किया है, जबकि कर्मिक सबक ने गायब संख्याओं को पिछले जन्म के पैटर्न ठीक करने के पवित्र निमंत्रण के रूप में दर्शाया है। अंत में, प्रोनोलॉजी ने हमें याद दिलाया है कि आपके नाम का उच्चारण ही उसकी असली शक्ति है — उच्चारण, लहजा और लय जीवंत मंत्र हैं जो आपकी कंपन को बढ़ाते हैं या सूक्ष्म रूप से विकृत करते हैं।

यह अध्याय स्पष्ट रूप से दिखाता है कि आपका नाम न्यूमरोलॉजिकल ब्लूप्रिंट का वह दुर्लभ हिस्सा है जिसे आप जागरूक रूप से परिष्कृत कर सकते हैं। स्पेलिंग

में छोटा सुधार, निकनेम, या प्रोफेशनल नाम कंपन में नाटकीय बदलाव ला सकता है — इसे जन्म संख्याओं से अधिक निकट संरेखित करके, गायब ऊर्जाओं को मजबूत करके, और सफलता, रिश्तों तथा आंतरिक शांति के नए मार्ग अपनी नियति पूरी करने में एक शक्तिशाली सहयोगी बना सकते हैं।

इस ज्ञान को आगे ले जाएँ:

- अपने नाम को इरादे से बोलें। जरूरत पड़ने पर निकनेम या प्रोफेशनल वैरिएशन इस्तेमाल करके विशिष्ट ऊर्जाओं को सक्रिय करें। ऐसे व्यापार नाम चुनें जो आपकी मूल कंपन से गूँजते हों।
- और याद रखें — हर बार जब कोई आपका नाम पुकारता है, वह आपकी आत्मा की अनोखी आवृत्ति को दुनिया में गूँजा रहा होता है। अपने नाम को प्यार से बोलें। यह वह ध्वनि है जिसे ब्रह्मांड ने चुना — और आप भी चुन सकते हैं — आपको अस्तित्व में बुलाने के लिए।

आपका नाम आपकी आत्मा से पूर्ण सामंजस्य में कंपन करे, आपके शब्द बुद्धि और प्रकाश लेकर आएँ, और आपके नाम का हर उच्चारण आपके लिए तथा दुनिया के लिए एक आशीर्वाद बने।

अध्याय ६ : आधुनिक और व्यावहारिक अंक ज्योतिष

अवलोकन

मोबाइल संख्या न्यूमरोलॉजी (Mobile Numerology)

आज का सबसे लोकप्रिय और प्रभावशाली आधुनिक अनुप्रयोग (The Most Popular and Impactful Modern Application Today)

मोबाइल संख्या न्यूमरोलॉजी आधुनिक युग में अंक ज्योतिष का सबसे ज्यादा मांग वाला और सबसे परिवर्तनकारी अनुप्रयोग बन चुका है, खासकर भारत और एशिया में। आपका मोबाइल संख्या वह संख्या है जिससे आप सबसे ज्यादा इंटरैक्ट करते हैं — इसे रोज़ दर्जनों बार डायल किया जाता है, मैसेज किया जाता है, कॉन्टैक्ट्स में सेव किया जाता है, और जोर से बोला जाता है। यह एक निरंतर कंपन एंटीना (vibrational antenna) की तरह काम करता है, जो आपकी संचार क्षमता, रिश्तों, करियर के अवसरों, धन प्रवाह और समग्र ऊर्जा को प्रभावित करता है।

जन्म तिथि की स्थिर संख्याओं (जो आपकी आत्मा का ब्लूप्रिंट दिखाती हैं) के विपरीत, मोबाइल संख्या एक चुनी हुई कंपन है (आप इसे बदल सकते हैं)। जब यह आपकी व्यक्तिगत मूलांक (Root Number) और भाग्यांक (Destiny Number) से संरेखित होता है, तो यह सफलता, सामंजस्य और सुरक्षा के लिए एक शक्तिशाली एम्प्लिफायर बन जाता है। जब असंगत होता है, तो सूक्ष्म रुकावटें, देरी या संघर्ष पैदा कर सकता है।

मोबाइल संख्या ग्रिड कैसे बनाएँ (10-अंकीय प्रारूप)

भारतीय मोबाइल संख्या का मानक प्रारूप (Standard Format) 10 अंक का होता है (उदाहरण: 9702131591, देश कोड +91 के बिना)।

चरण-दर-चरण निर्माण:

1. 10 अंकों को क्रम में लिखें: 9 7 0 2 1 3 1 5 9 1 (उदाहरण: 9702131591)
2. मुख्य पद:
    - पहला अंक (9): प्रवेश ऊर्जा — अवसर, लोग और भाग्य कैसे आपके पास आते हैं
    - दूसरा से नौवाँ अंक (मध्य 8): ऊर्जा का प्रवाह — रोज़मर्रा के इंटरैक्शन, रिश्ते, करियर प्रवाह
    - दसवाँ अंक (आखिरी): निकास ऊर्जा — आप कैसे छाप छोड़ते हैं, डील बंद करते हैं, चक्र समाप्त करते हैं
    - ऑपरेटर कोड (पहले 4 अंक: 9702) — टेलीकॉम प्रोवाइडर का प्रभाव (जैसे एयरटेल, जियो)
    - आखिरी 5 अंक (31591): सबसे कर्मिक/सक्रिय हिस्सा — व्यक्तिगत भाग्य, अवचेतन पैटर्न
3. सभी अंकों का योग निकालें कुल कंपन के लिए: 9 + 7 + 0 + 2 + 1 + 3 + 1 + 5 + 9 + 1 = 38 → 3 + 8 = 11 → 1 + 1 = 2 → कुल योग = 2 (चंद्र ऊर्जा — भावनात्मक, संबंधपरक, अंतर्ज्ञानी)
4. एकल अंक में घटाएँ (मास्टर संख्या 11/22/33 को वैसे ही रखें): 11 को उच्च अंतर्ज्ञान के लिए रखें।
5. ग्रिड लेआउट (वैकल्पिक दृश्य): अंकों को 3×3 या लीनियर ग्रिड में रखकर पैटर्न देखें, लेकिन ज्यादातर लोग पदों और योग पर फोकस करते हैं।

उदाहरण विश्लेषण: 9702131591 (मूलांक 2, भाग्यांक 7 के साथ)

- कुल योग = 2 → मूलांक 2 (चंद्र) से पूर्ण मेल — मजबूत भावनात्मक/संबंधपरक सामंजस्य
- आखिरी 5 अंक (31591) योग = 3+1+5+9+1 = 19 → 1+9 = 10 → 1 (सूर्य) → कर्मिक फोकस नेतृत्व/आत्मविश्वास पर
- पहला अंक 9 (मंगल) → प्रवेश ऊर्जा: जोशीली, मानवतावादी, साहसी अवसर

- आखिरी अंक 1 (सूर्य) → निकास ऊर्जा: आत्मविश्वासी, सकारात्मक छाप, सफल समापन
- ऑपरेटर 9702 योग = 9+7+0+2 = 18 → 1+8 = 9 (मंगल) — टेलीकॉम ऊर्जा ड्राइव/समापन को सपोर्ट करती है
- पैटर्न: तीन 1 (मजबूत नेतृत्व), दो 9 (समापन/दया), 1 का दोहराव → सूर्य ऊर्जा का प्रवर्धन

मूलांक और भाग्यांक से अनुकूलता सर्वश्रेष्ठ अनुकूलता:

- मोबाइल योग मूलांक/भाग्यांक से मेल खाए या सामंजस्यपूर्ण हो (उदाहरण: मूलांक 2 + भाग्यांक 7 → आदर्श योग 2, 6, 7, 1, 9)
- उत्पादक चक्र: 1 के साथ 3/5/9, 2 के साथ 6/7, 3 के साथ 1/9, 4 के साथ 5/6, 5 के साथ 1/4, 6 के साथ 2/4, 7 के साथ 2, 8 के साथ 4, 9 के साथ 1/3

टकराव: विनाशकारी योग से बचें (उदाहरण: मूलांक 2 के लिए 1/8 से बचें — सूर्य/शनि चंद्र से टकराते हैं)

उदाहरण 9702131591: योग 2 → मूलांक 2 से उत्कृष्ट मेल (भावनात्मक/अंतर्ज्ञानी प्रवाह मजबूत) और भाग्यांक 7 को सपोर्ट (सामंजस्य से आध्यात्मिक अलगाव)

प्रत्येक अंक पद का महत्व

- पहला अंक: प्रवेश ऊर्जा — अवसर, लोग और भाग्य कैसे आते हैं (उदाहरण में 9: जोशीली, मानवतावादी प्रवेश — साहसी शुरुआत, लेकिन आवेग से सावधान)
- मध्य 8 अंक: ऊर्जा का प्रवाह — रोज़मर्रा इंटरैक्शन, रिश्ते, करियर, संचार (7 0 2 1 3 1 5 9: आध्यात्मिकता (7), संभावित देरी (0), भावनात्मक सामंजस्य (2), नेतृत्व (1s), रचनात्मकता (3), समापन (9) — गतिशील लेकिन संतुलित प्रवाह)
- आखिरी अंक: निकास ऊर्जा — छाप छोड़ना, सौदा समापन करना, चक्र समाप्त करना (उदाहरण में 1: आत्मविश्वासी, सकारात्मक समापन — अच्छे अंत, सफल बातचीत)

- ऑपरेटर कोड (Operator Code) (पहले 4 अंक): टेलीकॉम प्रोवाइडर प्रभाव (जैसे जियो Jio 7/9, एयरटेल Airtel 9) — प्रोवाइडर कर्म जोड़ता है
- आखिरी 5 अंक: सबसे कर्मिक/सक्रिय हिस्सा — व्यक्तिगत भाग्य, अवचेतन पैटर्न, रोज़ाना ऊर्जा। योग 19 → 1 (सूर्य) → आत्मविश्वास, नेतृत्व, मान्यता पर कर्मिक धक्का।

मोबाइल संख्या में शक्तिशाली पैटर्न

- दोहराए गए अंक:
  - 111/222/333 → प्रवर्धित ऊर्जा (उदाहरण: 111 = मजबूत नेतृत्व)
  - 888 → भारी शनि कर्म — मेहनत से सफलता लेकिन देरी
  - 999 → समापन, मानवतावाद — सेवा व्यवसायों के लिए अच्छा
- मिरर नंबर (Mirror Number):
  - 1221, 3443 → प्रतिबिंब, संतुलन, कर्मिक मिररिंग — पार्टनरशिप के लिए अच्छा
  - 0000 या 9999 से बचें अगर अस्थिरता हो
- सीक्वेंस (Sequence Number):
  - 1234/4321 → प्रगतिशील प्रवाह — सुगम विकास या रिग्रेशन
  - 567 → बदलाव/ट्रांजिशन — करियर शिफ्ट के लिए अच्छा
- एंजेल नंबर (Angel Number):
  - 111/222/333/444/555/666/777/888/999 → दैवीय संदेश (उदाहरण: 777 = आध्यात्मिक संरेखण)

उदाहरण 9702131591:

- दोहराव: तीन 1 → मजबूत नेतृत्व/सूर्य ऊर्जा
- मिरर: 131 → रचनात्मक नेतृत्व प्रवाह
- आखिरी 5: 31591 → 19 → 1 (सूर्य) — आत्मविश्वास पर कर्मिक धक्का

आम दो-अंकीय संयोजनों का अर्थ

- **11** — मास्टर अंतर्ज्ञान, आध्यात्मिक अंतर्दृष्टि, प्रेरणा (उच्च क्षमता) मोबाइल में अर्थ: बहुत शक्तिशाली आध्यात्मिक सुरक्षा और अंतर्ज्ञानी निर्णय। कॉल/मैसेज में सही समय पर सही व्यक्ति से संपर्क। उच्च अंतर्ज्ञान से खतरे से बचाव। प्रभाव: संवेदनशीलता बढ़ती है, दैवीय संदेश या सहायता मिलती है। तनाव या अलगाव का खतरा भी। जीवन पैटर्न: बार-बार 11:11 दिखना या महत्वपूर्ण कॉल्स में अंतर्ज्ञानी झलकियाँ।
- **22** — मास्टर बिल्डर, व्यावहारिक प्रकटीकरण, बड़े सपने मोबाइल में अर्थ: बड़े लक्ष्यों की प्राप्ति के लिए मजबूत निर्माण ऊर्जा। व्यवसाय, नेटवर्किंग या प्रोजेक्ट में सफल संपर्क। प्रभाव: दृढ़ता, योजना और क्रियान्वयन में उत्कृष्टता। दबाव में टूटने का जोखिम। जीवन पैटर्न: बड़े करियर/व्यवसाय अवसर, सामाजिक प्रभाव बढ़ाना।
- **33** — मास्टर शिक्षक, बिना शर्त प्रेम, उपचार मोबाइल में अर्थ: करुणा, सेवा और उपचार संबंधी संपर्क। लोगों को मदद करने या प्रेरित करने वाले कॉल्स/मैसेज। प्रभाव: बहुत अधिक भावनात्मक संवेदनशीलता, दूसरों के दर्द को सहन करना। स्वयं की देखभाल की कमी से थकान। जीवन पैटर्न: परामर्श, शिक्षण या सेवा कार्य से जुड़े संपर्क।
- 44 — दोहरा ढाँचा, स्थिरता, कड़ी मेहनत (कर्मिक परीक्षा) मोबाइल में अर्थ: स्थिर और दीर्घकालिक संचार। व्यवसाय/नौकरी में मजबूत संपर्क, लेकिन मेहनत की आवश्यकता। प्रभाव: अनुशासन, धैर्य, लेकिन देरी या संघर्ष। अंत में स्थायी लाभ। जीवन पैटर्न: लंबे समय तक चलने वाले प्रोजेक्ट या स्थिर संबंध।
- 55 — दोहरा बदलाव, स्वतंत्रता, अनुकूलनशीलता (तीव्र परिवर्तन) मोबाइल में अर्थ: तेज़ गति से बदलाव और नई शुरुआत। न्या नंबर लेना, नई नौकरी/व्यवसाय या स्थानांतरण के समय दिखना। प्रभाव: स्वतंत्रता, रोमांच, लेकिन अस्थिरता या बेचैनी। संयम की आवश्यकता। जीवन पैटर्न: बार-बार नंबर बदलना, नई संचार शैली या अप्रत्याशित संपर्क।
- 66 — दोहरा सामंजस्य, परिवार, ज़िम्मेदारी (अधिक पोषण का बोझ) मोबाइल में अर्थ: परिवार/रिश्तों से जुड़े बहुत सारे कॉल्स। देखभाल, प्रेम और

सामंजस्यपूर्ण संवाद। प्रभाव: प्रेमपूर्ण संचार, लेकिन अधिक ज़िम्मेदारी से थकान। जीवन पैटर्न: परिवार केंद्रित बातचीत, सेवा या भावनात्मक सहायता।

- 77 — दोहरा आध्यात्मिकता, अंतर्ज्ञान, अलगाव (गहन आंतरिक यात्रा) मोबाइल में अर्थ: बहुत गहरी आध्यात्मिक अंतर्दृष्टि और संरक्षण। कॉल्स में सही समय पर सही मार्गदर्शन या दैवीय संदेश। प्रभाव: उच्च अंतर्ज्ञान, एकांत प्रेम, लेकिन सामाजिक अलगाव या भावनात्मक दूरी। जीवन पैटर्न: आध्यात्मिक चर्चाएँ, ध्यान/योग से जुड़े संपर्क, या अप्रत्याशित आध्यात्मिक सहायता।
- 88 — दोहरा शक्ति, कर्म, भौतिक महारत (संघर्ष के बाद सफलता) मोबाइल में अर्थ: धन, अथॉरिटी और व्यवसाय संबंधी मजबूत संपर्क। कड़ी मेहनत से वित्तीय लाभ। प्रभाव: कर्मिक परीक्षा, देरी, लेकिन अंत में स्थायी समृद्धि। जीवन पैटर्न: बड़े डील्स, वित्तीय बातचीत या शक्ति संबंधी कॉल्स।
- 99 — दोहरा समापन, मानवतावाद, अंत (करुणामय मुक्ति) मोबाइल में अर्थ: पुराने संबंधों/चक्रों का समापन। सेवा, मानवतावादी या परिवर्तनकारी बातचीत। प्रभाव: पुरानी बातें छोड़ना, करुणा, नई शुरुआत। जीवन पैटर्न: पुराने नंबर/संपर्कों से विदाई, सेवा कार्य या बड़े परिवर्तन।

ये दो-अंकीय संयोजन मोबाइल नंबर में दिखने पर बहुत शक्तिशाली प्रभाव डालते हैं। मास्टर संख्याएँ (11, 22, 33) विशेष रूप से आध्यात्मिक ऊर्जा लाती हैं, जबकि दोहराव (44, 55, 66, 77, 88, 99) कर्मिक तीव्रता और परीक्षा दर्शाते हैं। मोबाइल नंबर चुनते समय इन संयोजनों को मूलांक/भाग्यांक से संरेखित करें।

आदर्श रंग, वॉलपेपर, रिंगटोन, केस डिज़ाइन

मुख्य संख्याओं (कुल योग, आखिरी 5 योग, आखिरी अंक, पैटर्न) पर आधारित:

- योग 2 (चंद्र): सफेद, चांदी, हल्का नीला वॉलपेपर; नरम चंद्र/प्रकृति ध्वनियाँ; चांदी/सफेद केस
- आखिरी 5 योग 1 (सूर्य): लाल/नारंगी एक्सेंट; सूर्योदय/सूर्य चित्र; आत्मविश्वासी रिंगटोन
- दोहराव 1: नेतृत्व के लिए सोना/लाल थीम
- आध्यात्मिक पैटर्न (7/9): बैंगनी/पर्पल, ध्यानमग्न टोन

- सामान्य: टकराव होने पर काला/लाल से बचें; अनुकूलन के लिए हरा इस्तेमाल करें

उदाहरण 9702131591

- कुल 2 → सफेद/चांदी वॉलपेपर (चाँदनी, पानी)
- आखिरी अंक 1 → लाल/सोनेरे एक्सेंट (सूर्योदय)
- आखिरी 5 योग 1 → आत्मविश्वासी रिंगटोन (उत्साहजनक)
- केस: चांदी/सफेद में सोनेरे डिटेल्स

मोबाइल संख्या न्यूमरोलॉजी इसलिए शक्तिशाली है क्योंकि यह चुनी हुई और बदलने योग्य है। इसे मूलांक/भाग्यांक से संरेखित करके सफलता को कई गुना बढ़ाया जा सकता है।

मोबाइल न्यूमरोलॉजी सिद्धांत दो-अंकीय संयोजनों के लिए 0 को पिछले अंक से बदलने की विधि (Mobile Numerology Theory – Replacing 0 with Previous Digit for Two-Digit Combinations)

यह आधुनिक भारतीय मोबाइल संख्या न्यूमरोलॉजी में एक वास्तविक और काफी लोकप्रिय तकनीक है। यह शास्त्रीय वैदिक अंक ज्योतिष या पारंपरिक लो शू का हिस्सा नहीं है, बल्कि एक व्यावहारिक, स्ट्रीट-लेवल अनुकूलन है, जो मोबाइल नंबरों में 0 के बार-बार आने की समस्या को हल करने के लिए बनाई गई है (क्योंकि 0 की अपनी कोई एकल-अंक कंपन नहीं होती और इसे अक्सर "न्यूट्रल" या "खाली" माना जाता है)।

विधि का मूल विचार

- मोबाइल संख्या में 10 अंक होते हैं (उदाहरण: 9702131591)।
- कई नंबरों में 0 आता है, जिससे दो-अंकीय संयोजन बनाना मुश्किल हो जाता है (क्योंकि 10, 20, 30 आदि एकल-अंक कंपन नहीं देते)।
- इस समस्या को हल करने के लिए कुछ न्यूमरोलॉजिस्ट एक सरल नियम लागू करते हैं: जहाँ भी 0 हो, उसे तुरंत पहले वाले अंक (बाएँ तरफ वाला गैर-शून्य अंक) से बदल दें।

इससे एक "स्वच्छ" गैर-शून्य अंकों की श्रृंखला बन जाती है, जिससे दो-अंकीय संयोजन आसानी से बनाए जा सकते हैं।

चरण-दर-चरण अनुप्रयोग **(उदाहरण: 9702131591)**

मूल अंक: 9 7 0 2 1 3 1 5 9 1 बदलाव नियम लागू करें (बाएँ से दाएँ, 0 को पिछले अंक से बदलें): ·

पद 1: 9 → 9 रहता है · पद 2: 7 → 7 रहता है · पद 3: 0 → पिछले (7) से बदलें → 7 हो जाता है · पद 4: 2 → 2 रहता है · पद 5: 1 → 1 रहता है · पद 6: 3 → 3 रहता है · पद 7: 1 → 1 रहता है · पद 8: 5 → 5 रहता है · पद 9: 9 → 9 रहता है · पद 10: 1 → 1 रहता है

सुधरी हुई श्रृंखला: 9 7 **7** 2 1 3 1 5 9 1

अब दाएँ से बाएँ (Right to Left) ओवरलैपिंग दो-अंकीय संयोजन बनाएँ (इस विधि में सबसे आम दिशा):

1. आखिरी दो अंक: 9 + 1 = 91
2. 9वाँ + 8वाँ: 5 + 9 = 59
3. 8वाँ + 7वाँ: 1 + 5 = 15
4. 7वाँ + 6वाँ: 3 + 1 = 31
5. 6वाँ + 5वाँ: 1 + 3 = 13
6. 5वाँ + 4वाँ: 2 + 1 = 21
7. 4वाँ + 3रा: **7 + 2 = 72**
8. 3रा + 2रा: **7 + 7 = 77**
9. 2रा + 1ला: **7 + 9 = 79**

परिणामी दो-अंकीय जोड़ियाँ (दाएँ से बाएँ):

91, 59, 15, 31, 13, 21, 72, 77, 79

11 से 99 तक सभी दो-अंकीय संयोजनों का अर्थ नीचे भारतीय मोबाइल न्यूमरोलॉजी में सबसे आमतौर पर स्वीकृत अर्थों का संक्षिप्त सारांश दिया गया है (ये सार्वभौमिक नहीं हैं — अलग-अलग न्यूमरोलॉजिस्ट में थोड़े अंतर हो सकते हैं, लेकिन ये सबसे प्रचलित व्याख्याएँ हैं):

11: मास्टर अंतर्ज्ञान, आध्यात्मिक अंतर्दृष्टि, प्रेरणा, उच्च क्षमता (आध्यात्मिक/करियर विकास के लिए बहुत शुभ)।

12: भावनात्मक संवेदनशीलता + नेतृत्व; रचनात्मक साझेदारी के लिए अच्छा, लेकिन मूड स्विंग्स संभव।

13: प्रयास से परिवर्तन; अनुशासन में कर्मिक सबक (अचानक बदलाव ला सकता है)।

14: स्वतंत्रता + ज़िम्मेदारी; बिजनेस/ट्रैवल के लिए अच्छा, लेकिन अधिक भोग से बचें।

15: अनुकूलनशीलता + आकर्षण; सेल्स, संचार, नेटवर्किंग के लिए उत्कृष्ट।

16: अचानक उथल-पुथल, अहंकार सबक; कर्मिक परीक्षा — विनम्रता ज़रूरी।

17: आध्यात्मिक सुरक्षा, अंतर्ज्ञान; रिसर्च/गूढ़ कार्य के लिए अच्छा।

18: शक्ति + समापन; मेहनत से सफलता, लेकिन कर्मिक परीक्षा।

19: नेतृत्व + समापन; संघर्ष के बाद मजबूत स्व-निर्मित सफलता।

21: सामंजस्य + नेतृत्व; रिश्ते और अथॉरिटी भूमिकाओं के लिए अच्छा।

22: मास्टर बिल्डर; विशाल प्रकटीकरण शक्ति (बहुत शुभ)

23: रचनात्मकता + सामंजस्य; कलात्मक सफलता, सामाजिक लोकप्रियता।

24: सामंजस्य + स्थिरता; परिवार, घर, लंबे रिश्तों के लिए अच्छा।

25: बदलाव + बुद्धि; अनुभव से आध्यात्मिक विकास।

26: ज़िम्मेदारी + समापन; परिवार-केंद्रित सफलता।

27: आत्म-चिंतन + समापन; आध्यात्मिक बुद्धि, रिसर्च क्षमता।

28: शक्ति + कर्म; संघर्ष के बाद भौतिक सफलता।

29: दया + समापन; मानवतावादी मार्ग, भावनात्मक परिपक्वता।

31: रचनात्मकता + नेतृत्व; अभिव्यक्तिपूर्ण, प्रेरणादायक नेता।

32: सामंजस्य + रचनात्मकता; कलात्मक साझेदारी, सामाजिक आकर्षण।

33: मास्टर शिक्षक; बिना शर्त प्यार, हीलिंग ऊर्जा (बहुत दुर्लभ/शुभ)।

34: स्थिरता + रचनात्मकता; अनुशासित कलात्मक सफलता।

35: अनुकूलनशीलता + रचनात्मकता; बहुमुखी संचारक।

36: ज़िम्मेदारी + रचनात्मकता; परिवार-केंद्रित कलाकार/हीलर।

37: आत्म-चिंतन + रचनात्मकता; आध्यात्मिक लेखक/कलाकार।

38: शक्ति + रचनात्मकता; महत्वाकांक्षी रचनात्मक सफलता।

39: दया + रचनात्मकता; मानवतावादी कलाकार।

41: नेतृत्व + स्थिरता; संरचित नेता।

42: सामंजस्य + स्थिरता; संतुलित परिवार/बिजनेस।

43: रचनात्मकता + स्थिरता; कलात्मक बिल्डर।

44: दोहरी स्थिरता; बहुत मजबूत अनुशासन (भारी हो सकता है)।

45: बदलाव + स्थिरता; नवाचारी ढाँचा।

46: ज़िम्मेदारी + स्थिरता; परिवार सुरक्षा।

47: आत्म-चिंतन + स्थिरता; बुद्धिमान प्लानर।

48: शक्ति + स्थिरता; भौतिक मास्टरी।

49: दया + स्थिरता; मानवतावादी बिल्डर।

51: अनुकूलनशीलता + नेतृत्व; बहुमुखी नेता।

52: सामंजस्य + अनुकूलनशीलता; कूटनीतिक बदलाव लाने वाला।

53: रचनात्मकता + अनुकूलनशीलता; नवाचारी कलाकार।

54: स्थिरता + अनुकूलनशीलता; लचीला बिल्डर।

55: दोहरा बदलाव; बहुत गतिशील, बेचैन ऊर्जा।

56: ज़िम्मेदारी + अनुकूलनशीलता; लचीला देखभाल करने वाला।

57: आत्म-चिंतन + अनुकूलनशीलता; अनुकूलनशील रिसर्चर।

58: शक्ति + अनुकूलनशीलता; गतिशील उपलब्धि प्राप्त करने वाला।

59: दया + अनुकूलनशीलता; मानवतावादी बदलाव लाने वाला।

61: ज़िम्मेदारी + नेतृत्व; देखभाल करने वाला नेता।

62: सामंजस्य + ज़िम्मेदारी; परिवार सामंजस्य।

63: रचनात्मकता + ज़िम्मेदारी; कलात्मक परिवार व्यक्ति।

64: स्थिरता + ज़िम्मेदारी; सुरक्षित बिल्डर।

65: अनुकूलनशीलता + ज़िम्मेदारी; लचीला देखभाल करने वाला।

66: दोहरा सामंजस्य; बहुत मजबूत परिवार/ज़िम्मेदारी ऊर्जा।

67: आत्म-चिंतन + ज़िम्मेदारी; बुद्धिमान देखभाल करने वाला।

68: शक्ति + ज़िम्मेदारी; अथॉरिटेटिव परिवार व्यक्ति।

69: दया + ज़िम्मेदारी; मानवतावादी देखभाल करने वाला।

71: आत्म-चिंतन + नेतृत्व; आध्यात्मिक नेता।

72: सामंजस्य + आत्म-चिंतन; अंतर्ज्ञानी शांति बनाने वाला।

73: रचनात्मकता + आत्म-चिंतन; आध्यात्मिक कलाकार।

74: स्थिरता + आत्म-चिंतन; बुद्धिमान प्लानर।

75: अनुकूलनशीलता + आत्म-चिंतन; लचीला रिसर्चर।

76: ज़िम्मेदारी + आत्म-चिंतन; बुद्धिमान हीलर।

77: दोहरी आध्यात्मिकता; बहुत मजबूत अंतर्ज्ञान (शुभ)।

78: शक्ति + आत्म-चिंतन; अथॉरिटेटिव रहस्यवादी।

79: दया + आत्म-चिंतन; आध्यात्मिक मानवतावादी।

81: शक्ति + नेतृत्व; महत्वाकांक्षी नेता।

82: सामंजस्य + शक्ति; संतुलित अथॉरिटी।

83: रचनात्मकता + शक्ति; कलात्मक उपलब्धि प्राप्त करने वाला।

84: स्थिरता + शक्ति; अनुशासित सफलता।

85: अनुकूलनशीलता + शक्ति; गतिशील उपलब्धि प्राप्त करने वाला।

86: ज़िम्मेदारी + शक्ति; अथॉरिटेटिव देखभाल करने वाला।

87: आत्म-चिंतन + शक्ति; बुद्धिमान अथॉरिटी।

88: दोहरी शक्ति; बहुत मजबूत भौतिक/कर्मिक ऊर्जा (संघर्ष के बाद सफलता)।

89: दया + शक्ति; मानवतावादी नेता।

91: समापन + नेतृत्व; सफल अंत, नए आरंभ।

92: सामंजस्य + समापन; शांतिपूर्ण समापन।

93: रचनात्मकता + समापन; कलात्मक समापन।

94: स्थिरता + समापन; सुरक्षित अंत।

95: अनुकूलनशीलता + समापन; लचीला समापन।

96: ज़िम्मेदारी + समापन; परिवार समापन।

97: आत्म-चिंतन + समापन; आध्यात्मिक समापन।

98: शक्ति + समापन; भौतिक मास्टरी प्राप्त।

99: दोहरा समापन; मानवतावादी अंत, बहुत दयालु (सेवा के लिए शुभ)।

नोटः इस विधि में दो-अंकीय संयोजन दाएँ से बाएँ पढ़े जाते हैं (आखिरी अंक पहले, फिर पिछले वाला), इसलिए

उदाहरण 9702131591 के लिए क्रम है: 91, 59, 15, 31, 13, 21, 72, 77, 79।

यह तकनीक भारतीय मोबाइल न्यूमरोलॉजी परामर्शों में बहुत लोकप्रिय है क्योंकि यह संख्या के दैनिक प्रभाव और कर्मिक प्रवाह की विस्तृत "कहानी" देती है। यह आधिकारिक वैदिक या लो शू नहीं है, बल्कि एक आधुनिक, क्लाइंट-अनुकूल अनुकूलन है।

मोबाइल न्यूमरोलॉजी से भविष्यवाणियाँ

Predictions with Mobile Number Numerology

मोबाइल संख्या न्यूमरोलॉजी आज एक आधुनिक, अत्यंत लोकप्रिय अभ्यास है (खासकर भारत में), जो आपके 10-अंकीय मोबाइल संख्या को एक निरंतर कंपन एंटीना मानता है — एक ऐसी संख्या जिससे आप दिन में सैकड़ों बार इंटरैक्ट करते हैं:

कॉल्स, मैसेज, कॉन्टैक्ट्स में सेव करना, नोटिफिकेशन, और यहां तक कि उसके बारे में सोचना भी। यह संख्या आपकी निम्नलिखित चीजों को प्रभावित करती है:

- सचार और रिश्ते
- करियर और धन प्रवाह
- भाग्य और अवसर
- भावनात्मक और मानसिक स्थिति
- सुरक्षा और संरक्षण (खासकर यात्रा/संचार के दौरान)
- समग्र दैनिक ऊर्जा और प्रकटीकरण शक्ति

जन्म तिथि की स्थिर संख्याओं (जो कर्मिक/आत्मा स्तर की हैं) के विपरीत, मोबाइल संख्या एक चुनी हुई कंपन है जिसे आप बदल सकते हैं — इसलिए यह जीवन में तेज सुधार के लिए सबसे कारगर टूल्स में से एक है।

भविष्यवाणियों के लिए मुख्य सिद्धांत और विधियाँ

इसमें कोई एक "आधिकारिक" विधि नहीं है — अलग-अलग न्यूमरोलॉजिस्ट थोड़ी अलग-अलग तकनीकें अपनाते हैं। नीचे भारत में सबसे आम और व्यापक रूप से अपनाई जाने वाली विधियाँ दी गई हैं:

1. **एकल-अंक योग विधि (सबसे आम और सरल)**

   सभी 10 अंकों को जोड़ें → एकल अंक 1–9 में घटाएँ (मास्टर संख्या 11/22/33 को वैसे ही रखें)।

   उदाहरण: 9702131591 → 9+7+0+2+1+3+1+5+9+1 = 38 → 3+8 = 11 → 1+1 = 2

भविष्यवाणी: अंतिम अंक (यहाँ 2 – चंद्र) उस वर्ष या अवधि की प्रमुख कंपन बन जाता है जिस दौरान आप संख्या इस्तेमाल करते हैं।

- 2 → भावनात्मक सामंजस्य, रिश्ते, अंतर्ज्ञान, परिवार मामलों में सुधार; काउंसलिंग, हीलिंग, रचनात्मक कार्य के लिए अच्छा।
- चुनौतियाँ: मूड स्विंग्स, निर्भरता, अधिक संवेदनशीलता अगर असंतुलित हो।

2. **आखिरी 5 अंकों पर फोकस (भारत में बहुत लोकप्रिय)**
   - आखिरी 5 अंक को सबसे कर्मिक/सक्रिय हिस्सा माना जाता है (रोज़ाना भाग्य, अवचेतन पैटर्न, व्यक्तिगत ऊर्जा)।
   - आखिरी 5 का योग निकालें → एकल अंक में घटाएँ।
   - उदाहरण: 31591 → 3+1+5+9+1 = 19 → 1+9 = 10 → 1+0 = 1 (सूर्य)

भविष्यवाणी: आखिरी 5 योग संख्या इस्तेमाल करते समय आपके व्यक्तिगत रोज़ाना भाग्य और कर्मिक थीम को दिखाता है। § 1 → नेतृत्व, मान्यता, आत्मविश्वास, दैनिक इंटरैक्शन में नए आरंभ।

3. **पद-आधारित भविष्यवाणी (उन्नत और व्यापक रूप से इस्तेमाल)**

   प्रत्येक पद का अपना अर्थ:
   - पहला अंक — प्रवेश ऊर्जा (लोग/अवसर कैसे आते हैं)
   - दूसरा से नौवाँ अंक — रोज़ाना प्रवाह (संचार, रिश्ते, करियर)
   - दसवाँ (आखिरी) अंक — निकास ऊर्जा (छाप छोड़ना, डील/कॉल्स का अंत)
   - ऑपरेटर कोड (पहले 4 अंक) — टेलीकॉम प्रभाव (जैसे जियो अक्सर 7/9, एयरटेल 9)

   उदाहरण: 9702131591
   - पहला = 9 (मंगल) → साहसी, जोशीली प्रवेश
   - आखिरी = 1 (सूर्य) → आत्मविश्वासी, सकारात्मक समापन
   - आखिरी 5 = 31591 → योग 19 → 1 (दैनिक जीवन में नेतृत्व कर्म)

4. **दो-अंकीय संयोजन विधि (0 को पिछले अंक से बदलना)**
    - हर 0 को उसके तुरंत पहले वाले अंक से बदलें (बाएँ से दाएँ)।
    - दाएँ से बाएँ ओवरलैपिंग दो-अंकीय जोड़ियाँ बनाएँ (आखिरी दो अंक पहले)।
    - प्रत्येक जोड़ी का अर्थ निकालें (11–99 अर्थ)।
    - उदाहरण: 9702131591 → 0 को 7 से बदलें → 9772131591
    - जोड़ियाँ (दाएँ से बाएँ): 91, 59, 15, 31, 13, 21, 72, 77, 79
    - अर्थ:
        - 91: समापन + नेतृत्व (सफल अंत, नए आरंभ)
        - 59: अनुकूलनशीलता + समापन (लचीला समापन)
        - 15: आकर्षण + अनुकूलनशीलता (उत्कृष्ट संचार)
        - 31: रचनात्मकता + नेतृत्व (अभिव्यक्तिपूर्ण नेता)
        - 13: प्रयास से परिवर्तन (कर्मिक अनुशासन)
        - 21: सामंजस्य + नेतृत्व (संतुलित अथॉरिटी)
        - 72: सामंजस्य + आत्म-चिंतन (अंतर्ज्ञानी शांति बनाने वाला)
        - 77: दोहरी आध्यात्मिकता (बहुत मजबूत अंतर्ज्ञान)
        - 79: दया + आत्म-चिंतन (आध्यात्मिक मानवतावादी)

समग्र भविष्यवाणी:

मजबूत आध्यात्मिक/अंतर्ज्ञानी प्रवाह (77, 79), नेतृत्व (91, 21, 31), अनुकूलनशीलता (59, 15), परिवर्तन (13) — आध्यात्मिक/करियर विकास के लिए बहुत शुभ, लेकिन अनुशासन की जरूरत।

5. **पैटर्न और दोहराए गए अंकों की विधि**
    - दोहराव:
        - 111/222/333 → प्रवर्धित ऊर्जा
        - 777 → मजबूत आध्यात्मिक सुरक्षा
        - 888 → भारी कर्म/संघर्ष के बाद सफलता
    - सीक्वेंस: 1234 (प्रगति), 4321 (पतन), 555 (बड़ा बदलाव)
    - एंजेल नंबर: 111 (नए आरंभ), 444 (संरक्षण), 777 (दैवीय संरेखण)

6. **अनुकूलता विधि**
    - मोबाइल योग/आखिरी अंक/आखिरी 5 योग को मालिक के मूलांक/भाग्यांक से मैच करें।
    - सामंजस्यपूर्ण: उत्पादक चक्र (उदाहरण: मूलांक 2 के साथ 2/6/7)
    - टकराव: विनाशकारी चक्र से बचें (उदाहरण: मूलांक 2 के लिए 1/8 से बचें)

वैदिक न्यूमरोलॉजी पर आधारित मोबाइल ग्रिड

मानक वैदिक न्यूमरोलॉजी में जन्म तिथि के अंकों से बर्थ ग्रिड (अंक यंत्र) बनता है, जो ग्रह ऊर्जाओं (1–9) और योग (शुभ संयोजन) दिखाता है। कुछ न्यूमरोलॉजिस्ट मोबाइल संख्या के 10 अंकों को "वार्षिक कोड" मानकर मोबाइल वैदिक ग्रिड बनाते हैं। यह ग्रिड वर्ष की थीम, ताकत, कमजोरियाँ और संचार, रिश्ते, करियर तथा भाग्य से जुड़े योग बताता है (क्योंकि मोबाइल रोज़ाना का साधन है)।

नोट: यह प्रैक्टिस में है लेकिन सीमित — पारंपरिक ग्रंथों जैसे बृहत् पराशर होरा शास्त्र में नहीं है। यह एक आधुनिक फ्यूजन है, जो "मोबाइल योग एनालिसिस" के लिए लोकप्रिय है। ज्यादातर न्यूमरोलॉजिस्ट योग/पैटर्न/अनुकूलता पर फोकस करते हैं, लेकिन ग्रिड अनुकूलन गहरी रीडिंग के लिए इस्तेमाल होता है।

मोबाइल वैदिक ग्रिड की चरणबद्ध रचना

Step-by-Step Construction of Mobile Vedic Grid

1. **10-अंकीय मोबाइल नंबर का उपयोग करें**
    - उदाहरण: 9705231591
    - सभी अंकों का योग निकालें = 9+7+0+5+2+3+1+5+9+1 = 42 → 4+2 = 6
    - (समग्र कंपन = 6 – शुक्र: सामंजस्य, विलास, रिश्ते, प्रेम, सौंदर्य, परिवार और सुख की ऊर्जा)। यह अंतिम एकल अंक मोबाइल नंबर की मुख्य कंपन दर्शाता है और दैनिक जीवन में प्रमुख प्रभाव डालता है।
2. **शून्य (0) प्रतिस्थापन के लिए संशोधित नंबर** (जोड़ियों/योगों में शून्य से बचने के लिए):
    - बाएँ से दाएँ क्रम में हर 0 को उसके तुरंत बाएँ वाले अंक से बदलें।

- उदाहरण: 9 7 0 5 2 3 1 5 9 1 → 0 को 7 से बदलें → 9 7 7 5 2 3 1 5 9 1 यह नियम वैदिक अंक ज्योतिष में अपनाया जाता है क्योंकि शून्य को "खाली" या "अपूर्ण" माना जाता है। शून्य जोड़ियों में रहने पर योग कमजोर या अस्थिर हो सकता है।

3. **वैदिक ग्रिड बनाएँ** (3×3 या रैखिक प्रारूप):
   - वैदिक ग्रिड में संख्याएँ 1–9 ग्रहों से जुड़ी होती हैं (लो शू से मिलता-जुलता लेकिन वैदिक ग्रह-केंद्रित)।
   - संशोधित नंबर (शून्य बदलने के बाद) के सभी 10 अंकों को ग्रिड में भरें या रैखिक रूप में देखें।
   - मुख्य फोकस: प्रत्येक अंक की संख्या, उसका ग्रह प्रभाव, दोहराव, गायब संख्याएँ, योग और रेखाएँ/विकर्ण।

Vedic Birth Grid 11-08-1986		
	11	
6	**7**	
2	88	

Mobile Grid 9 7 7 5 2 3 1 5 9 1 = 6		
3	11	99
6	77	55
2		

4. **ग्रिड का विश्लेषण – ताकत/कमजोरियाँ**
   - गिनती: 1 (3 बार), 2 (1), 3 (1), 5 (2), 7 (2), 9 (3)
   - गायब: 4, 6, 8
   - मजबूत: 1 (नेतृत्व, आत्मविश्वास), 9 (समापन, करुणा, मानवतावाद)
   - कमजोर: 4 (ढाँचा, स्थिरता), 6 (सामंजस्य, प्रेम), 8 (शक्ति, कर्म)
5. **योगों का विश्लेषण (शुभ संयोजन)**
   - वैदिक अंक ज्योतिष में योग अनुकूल जोड़ियाँ/त्रिकोण होते हैं (उदाहरण: 1-3 = राज योग)। मोबाइल ग्रिड में मजबूत पैटर्न देखें:
     - मजबूत 1 (स्थान 7,10): राज योग – विवाह/धन में नेतृत्व → साझेदारी/लाभ के लिए अच्छा।

- 3-5-7 गायब — रचनात्मकता/अनुकूलनशीलता/बुद्धि में कमजोरी → कोई मजबूत बौद्धिक योग नहीं।
- 9-5-1 (स्थान 1,4,10): मानवतावादी नेतृत्व योग → सामाजिक / व्यवसाय लाभ के लिए अच्छा।
- दोहराया 7 (स्थान 2,3): आध्यात्मिक योग – अंतर्ज्ञानी निर्णय/स्वास्थ्य, लेकिन अलगाव का जोखिम।
- गायब 4/6/8: कर्मिक योग की कमी – ढाँचा (4), सामंजस्य (6), शक्ति (8) में उपायों की आवश्यकता।

○ समग्र योग: मध्यम नेतृत्व/आध्यात्मिक योग, लेकिन स्थिरता/सामंजस्य में कमजोरी — अंतर्ज्ञानी निर्णयों का वर्ष लेकिन भावनात्मक/स्वास्थ्य चुनौतियाँ।

कुछ अंक ज्योतिषी वैदिक/लो शू ग्रिड को मोबाइल नंबरों के लिए अनुकूलित करते हैं ताकि "योग" (जैसे राज योग) देख सकें। यह "मोबाइल कर्म विश्लेषण" के लिए अनुकूलित परामर्शों में सामान्य है, लेकिन पारंपरिक वैदिक ग्रंथों में नहीं। अधिकांश फोकस योग, पैटर्न और अनुकूलता पर रहता है।

मोबाइल टिप्स (Mobile Tips)

मोबाइल संख्या कंपन को बढ़ाने के व्यावहारिक दिशा निर्देश

आपका मोबाइल संख्या आधुनिक न्यूमरोलॉजी में सबसे शक्तिशाली दैनिक टूल्स में से एक है। यह संचार, रिश्ते, करियर अवसर, भावनात्मक ऊर्जा, धन प्रवाह और व्यक्तिगत सुरक्षा को प्रभावित करता है। नीचे उन्नत भारतीय न्यूमरोलॉजी शिक्षाओं से लिए गए टिप्स दिए गए हैं, जो नए मोबाइल खरीदने का सबसे अच्छा दिन चुनने, दोहराए गए अंकों को समझने, शुभ सीक्वेंस, दो-अंकीय संयोजन, वॉलपेपर/रिंगटोन और पासकोड चयन में मदद करते हैं — सभी आपके मूलांक (ड्राइवर/रूट नंबर) या जन्म तिथि के एकल अंक से संरेखित।

नया मोबाइल कब खरीदें? (संख्या के अनुसार शुभ दिन)

नया मोबाइल अपने मूलांक (या अनुकूल संख्याओं) वाले दिन खरीदें ताकि शुरुआत से ही सकारात्मक ऊर्जा सक्रिय हो। नीचे प्रत्येक संख्या के लिए सबसे अच्छे दिन दिए गए हैं:

मूलांक / Root Number	नया मोबाइल खरीदने के सबसे अच्छे दिन	नोट्स
1	रविवार, बुधवार, गुरुवार	नेतृत्व और जीवन शक्ति के लिए सूर्य दिन
2	सोमवार, गुरुवार	भावनात्मक सामंजस्य के लिए चंद्र दिन
3	सोमवार, गुरुवार	बुद्धि और विस्तार के लिए बृहस्पति दिन
4	शुक्रवार	स्थिरता और लग्जरी के लिए शुक्र दिन
5	बुधवार	अनुकूलनशीलता और संचार के लिए बुध दिन
6	शुक्रवार	रिश्ते और सुंदरता के लिए शुक्र दिन
7	सोमवार, मंगलवार, गुरुवार	अंतर्ज्ञान और कार्य के लिए चंद्र/मंगल/बृहस्पति
8	शुक्रवार, शनिवार	शक्ति और अनुशासन के लिए शुक्र/शनि
9	मंगलवार, गुरुवार	साहस और समापन के लिए मंगल/बृहस्पति

Tip: हमेशा पहले अपना मूलांक चेक करें। अगर संभव हो तो भाग्यांक से भी जोड़कर और मजबूत संरेखण करें।

क्या अंक 3 या उससे अधिक बार दोहराए जा सकते हैं?

दोहराए गए अंक अपनी ऊर्जा को बढ़ाते हैं — लेकिन बहुत ज्यादा दोहराव संतुलन खो सकता है और नकारात्मक हो सकता है।

- सामान्य नियम: किसी भी संख्या का 2 से अधिक दोहराव कई न्यूमरोलॉजिस्ट अच्छा नहीं मानते, क्योंकि इससे मूल महत्व/शक्ति खो जाती है और यह भारी या नकारात्मक हो जाती है।
    - उदाहरण: तीन या अधिक 1 → अत्यधिक अहंकार/नेतृत्व दबाव
    - तीन या अधिक 8 → भारी कर्मिक परीक्षा, देरी या अधिक भौतिकवाद

- अपवाद: संख्या 4 अनोखी है। दो बार 4 दोहराना अच्छा माना जाता है (मजबूत स्थिरता, अनुशासन)।
- आखिरी अंक 2 अच्छा नहीं: आखिरी अंक धन और लाभ दर्शाता है। संख्या 2 (चंद्र) ऊपर/बढ़ना और नीचे/घटना दोनों का प्रतीक है → उतार-चढ़ाव वाली आय। 2 से अंत करने से बचें।

- 3 या 4 बार दोहराव: कई न्यूमरोलॉजिस्ट इसे एंजेल संख्या मानते हैं (उदाहरण: 111, 222, 333, 444) — दैवीय संदेश या प्रवर्धित ऊर्जा।
  - 111 = नए आरंभ, प्रकटीकरण
  - 222 = सामंजस्य, विश्वास
  - 333 = रचनात्मकता, दैवीय सहयोग
  - 444 = संरक्षण, स्थिरता
  - लेकिन अत्यधिक दोहराव (जैसे पाँच 1) असंतुलित हो सकता है — उपाय की जरूरत।

अन्य शक्तिशाली सीक्वेंस (Sequence):

मोबाइल संख्या में कुछ अंक क्रम विशेष ऊर्जाएँ बनाते हैं:

- 1-2-3 = गेट सेट गो (सुगम शुरुआत, गति)
- 5-4-7 = नेचुरल सपोर्टिव संख्या (अनुकूलन + स्थिरता + बुद्धि)
- 3-1-9 = अग्नि तत्व। शुद्ध। ऊर्जावान (उच्च ड्राइव, जुनून, समापन)
- 6-7-5 = लग्जरी (सुख, आध्यात्मिकता, बदलाव)
- 9 (कहीं भी) = ईंधन। 1,2,3,4,5,7 के साथ मिलकर सक्रिय हो = अच्छा (समापन ऊर्जा अन्य संख्याओं को बढ़ाती है)
- 2-6-8 = समस्या वाला — इस सीक्वेंस से बचें (भावनात्मक + सामंजस्य + कर्म टकराव → अस्थिरता, देरी, भावनात्मक भारीपन)

दो-अंकीय संख्या– अच्छे सीक्वेंस: ये शुभ संयोजन माने जाते हैं:

- 12, 13, 31, 15, 51
- 25, 52, 29, 82
- 37, 73, 38, 83
- 47, 74, 57, 75
- 69, 96, 78, 87

मोबाइल संख्या योग में दो-अंकीय प्राथमिकता (एकल अंक में घटता है) मोबाइल संख्या चुनते या विश्लेषण करते समय दो-अंकीय योग को अपनी अनुकूल एकल संख्या में घटने वाला पसंद करें। नीचे मजबूत दो-अंकीय प्राथमिकताएँ दी गई हैं:

- 1 → 46 > 64 > 37 > 55
- 3 → 66 > 39 > 30
- 5 → 41 > 32 > 50 > 59
- 6 → 42 > 24 > 33 > 60

वॉलपेपर Wall Paper / स्क्रीन सेवर Screen Saver / रिंगटोन Ring Tone: अपने मोबाइल वॉलपेपर, स्क्रीन सेवर, रिंगटोन और केस को मूलांक या मुख्य संख्याओं से संरेखित करके बढ़ाएँ:

- संख्या 1 — उगता सूरज, पिता की फोटो, ठोस पीला या नारंगी रंग।
- संख्या 2 — पूर्ण चंद्र या माँ के साथ फोटो। सफेद या चांदी रंग। आँखों को शांत करने वाला।
- संख्या 3 — धार्मिक स्थान या लाइब्रेरी; पीला या सोनेरा रंग।
- संख्या 4 — पहाड़ (बिना बर्फ के), हरी जंगल, दादा/दादी की फोटो। हल्का नीला, ग्रे।
- संख्या 5 — ओस वाली हरी जंगल। बहन के साथ फोटो। हल्का हरा या नीला रंग। बाँस के पेड़।
- संख्या 6 — जीवनसाथी, परिवार, पैसा, हीरे की फोटो। नीला रंग।
- संख्या 7 — पहाड़ की चोटी - धार्मिक मंदिर। हल्का हरा या सफेद। आध्यात्मिक वॉलपेपर।
- संख्या 8 — खुद की फिजिकल वर्कआउट। ग्रे या बैंगनी रंग।
- संख्या 9 — लाल जैस्पर या लाल पत्तों वाली जंगल, या लाल गुलाब की फोटो। लाल रंग पसंद करें।

रिंगटोन टिप

चंद्र/शुक्र संख्याओं (2, 6) के लिए नरम, उत्साहजनक टोन चुनें; मंगल/सूर्य (9, 1) के लिए ऊर्जावान बीट्स; केतु/बृहस्पति (7, 3) के लिए ध्यानमग्न ध्वनियाँ।

पास कोड / गुप्त संकेत (Secret Code) (4 या 6 अंक)

आपके 4-अंकीय या 6-अंकीय पासकोड का योग आपके जन्म तिथि के एकल अंक (मूलांक) में घटना चाहिए।

उदाहरण: अगर 3, 12, 21, या 30 तारीख को जन्म → एकल अंक = 3

- पासकोड चुनें जो 3 में घटे

  उदाहरण: 1230 → 1+2+3+0=6 → नहीं;

  1113 → 1+1+1+3=6 → नहीं;

  3000 → 3+0+0+0=3 → अच्छा)।

यह आपकी सुरक्षा कोड को मूल कंपन से संरेखित करके दैनिक संरक्षण और सामंजस्य देता है।

ये मोबाइल टिप्स व्यावहारिक हैं और भारतीय न्यूमरोलॉजी में व्यापक रूप से इस्तेमाल होते हैं ताकि आपकी दैनिक ऊर्जा को फाइन-ट्यून किया जा सके। इन्हें अपने मूलांक/भाग्यांक से जोड़कर लागू करें तो सर्वोत्तम परिणाम मिलेंगे।

घर का संख्या न्यूमरोलॉजी : एक व्यावहारिक मार्गदर्शिका

House Number Numerology: A Practical Guide

घर का संख्या न्यूमरोलॉजी आज अंक ज्योतिष की सबसे लोकप्रिय और प्रभावशाली शाखाओं में से एक है। आपका घर का पता सिर्फ़ एक स्थान नहीं है — यह एक निरंतर ऊर्जा क्षेत्र है जो आपके दैनिक जीवन, परिवार के सामंजस्य, स्वास्थ्य, धन, रिश्तों, करियर और समग्र कल्याण को प्रभावित करता है। घर/फ्लैट/अपार्टमेंट का संख्या एक कंपन आवृत्ति की तरह काम करता है जो या तो आपकी व्यक्तिगत संख्याओं (मूलांक, भाग्यांक, प्रारब्ध आदि) को सपोर्ट करता है या उन्हें चुनौती देता है।

वैदिक और आधुनिक भारतीय न्यूमरोलॉजी में घर का संख्या एक जीवंत प्रभाव माना जाता है — यह जन्म संख्याओं से निरंतर इंटरैक्ट करता है। सामंजस्यपूर्ण घर संख्या आसानी, समृद्धि, शांति और विकास लाता है। असंगत संख्या बार-बार आने वाली बाधाएँ, देरी, परिवार में तनाव या स्वास्थ्य/धन संबंधी रुकावटें पैदा कर सकता है।

घर के संख्या की कंपन कैसे निकालें

चरण 1:

पूरा घर/फ्लैट संख्या इस्तेमाल करें (अगर लागू हो तो अपार्टमेंट संख्या सहित)।

उदाहरण: बिल्डिंग 45 में फ्लैट 1203 → दोनों विचार करें (1203 फ्लैट का सबसे मजबूत दैनिक प्रभाव, 45 बिल्डिंग का माध्यमिक प्रभाव)।

चरण 2:

सभी अंकों को जोड़कर एकल अंक में घटाएँ (1–9)। ·

- फ्लैट 1203 → 1 + 2 + 0 + 3 = 6 → घर की कंपन = 6
- बिल्डिंग 45 → 4 + 5 = 9 → माध्यमिक प्रभाव = 9
- पूरा पता (जरूरत पड़ने पर): 1203/45 → 1+2+0+3+4+5 = 15 → 1+5 = 6 (प्रमुख)

चरण 3:

एकल अंक में घटाएँ जब तक मास्टर संख्या (11, 22, 33) न हो — इन्हें उच्च आध्यात्मिक ऊर्जा के लिए वैसे ही रखें।

घर के संख्या 1–9 (और मास्टर नंबरों) का अर्थ

घर 1 (सूर्य) ऊर्जा:

स्वतंत्रता, नेतृत्व, नए आरंभ, व्यक्तित्व। सकारात्मक: मजबूत आत्म-फोकस, पहल, दृश्यता, व्यक्तिगत प्रयास से सफलता। चुनौतियाँ: अहंकार टकराव, अलगाव, परिवार/अथॉरिटी से झगड़े। सबसे अच्छा किसके लिए: एकल व्यक्ति, उद्यमी, नेता, स्वतंत्रता की जरूरत वाले। अनुकूलता: मूलांक/भाग्यांक 1, 3, 5, 9 से उत्कृष्ट। मूलांक 2/8 वाले बचें (टकराव)। उपाय: लाल/नारंगी सजावट, तांबे की वस्तुएँ, सूर्य नमस्कार।

घर 2 (चंद्र) ऊर्जा:

सामंजस्य, भावनाएँ, परिवार, देखभाल, अंतर्ज्ञान। सकारात्मक: शांतिपूर्ण घर, मजबूत परिवार बंधन, भावनात्मक सुरक्षा, बच्चों के लिए अच्छा। चुनौतियाँ: मूड स्विंग्स, निर्भरता, पानी की रिसाव, भावनात्मक ड्रामा। सबसे अच्छा किसके लिए:

परिवार, जोड़े, हीलर, रचनात्मक लोग। अनुकूलता: मूलांक/भाग्यांक 2, 6, 7 से उत्कृष्ट। 1/8 से बचें। उपाय: सफेद/चांदी सजावट, उत्तर में पानी का फाउंटेन, सोमवार को दूध दान।

घर 3 (बृहस्पति) ऊर्जा:

रचनात्मकता, विस्तार, आनंद, बुद्धि, विकास। सकारात्मक: रचनात्मक घर, सामाजिक जीवन, सीखना, वित्तीय विकास, आशावाद। चुनौतियाँ: बिखरी ऊर्जा, अधिक विस्तार, शोर। सबसे अच्छा किसके लिए: कलाकार, शिक्षक, छात्र, बढ़ते परिवार। अनुकूलता: 1, 3, 9 से उत्कृष्ट। 5 से अच्छा। उपाय: पीली सजावट, उत्तर-पूर्व में किताबों की अलमारी, पीला पुखराज (परामर्श लें)।

घर 4 (राहु) ऊर्जा:

स्थिरता, ढाँचा, नवाचार, मेहनत, अचानक बदलाव। सकारात्मक: लंबे समय की सुरक्षा, संपत्ति लाभ, अनुशासन। चुनौतियाँ: देरी, प्रतिबंध, दुर्घटना, फँसा हुआ महसूस होना। सबसे अच्छा किसके लिए: बिल्डर, रियल एस्टेट, अनुशासित लोग। अनुकूलता: 4, 5, 6, 8 से अच्छा। 2/7 से बचें। उपाय: नीली/ग्रे सजावट, ग्राउंडिंग वस्तुएँ, गोमेद (परामर्श लें)।

घर 5 (बुध) ऊर्जा:

बदलाव, अनुकूलनशीलता, संचार, विविधता, बुद्धि। सकारात्मक: गतिशील घर, नेटवर्किंग, सीखना, यात्रा अवसर। चुनौतियाँ: बेचैनी, अस्थिरता, बिखरा परिवार जीवन। सबसे अच्छा किसके लिए: लेखक, व्यापारी, संचारक, युवा परिवार। अनुकूलता: 1, 5, 9 से उत्कृष्ट। 3 से अच्छा। उपाय: हरी सजावट, पौधे, पन्ना (परामर्श लें)।

घर 6 (शुक्र) ऊर्जा:

प्यार, सामंजस्य, सुंदरता, परिवार, ज़िम्मेदारी। सकारात्मक: शांतिपूर्ण, प्यार भरा घर, कलात्मक वातावरण, अच्छे रिश्ते। चुनौतियाँ: अधिक ज़िम्मेदारी, लोगों को खुश करने की आदत, स्वास्थ्य समस्या। सबसे अच्छा किसके लिए: परिवार, कलाकार, हीलर, जोड़े। अनुकूलता: 2, 6, 9 से उत्कृष्ट। 3 से अच्छा। उपाय: सफेद/गुलाबी सजावट, दक्षिण-पूर्व में फूल, हीरा (परामर्श लें)।

घर 7 (केतु) ऊर्जा:

आध्यात्मिकता, आत्म-चिंतन, एकांत, बुद्धि, अलगाव। सकारात्मक: आध्यात्मिक घर, गहरी सोच, रिसर्च, शांति। चुनौतियाँ: अलगाव, परिवार से दूरी, रहस्यमयी समस्या। सबसे अच्छा किसके लिए: आध्यात्मिक साधक, रिसर्चर, लेखक। अनुकूलता: 2, 7 से उत्कृष्ट। 1/8 से बचें। उपाय: हल्का हरा/ग्रे, लहसुनिया (परामर्श लें), ध्यान स्थान।

घर 8 (शनि) ऊर्जा:

कर्म, अनुशासन, शक्ति, भौतिक मास्टरी, सहनशीलता। सकारात्मक: लंबे समय की सफलता, वित्तीय स्थिरता, अथॉरिटी। चुनौतियाँ: देरी, संघर्ष, कर्मिक परीक्षा, भारीपन। सबसे अच्छा किसके लिए: व्यापार मालिक, नेता, अनुशासित लोग। अनुकूलता: 4, 8 से अच्छा। 2/7 से बचें। उपाय: गहरा नीला/काला, नीला नीलम (परामर्श लें), बुजुर्गों की मदद।

घर 9 (मंगल) ऊर्जा:

समापन, मानवतावाद, साहस, जुनून, परिवर्तन। सकारात्मक: गतिशील घर, सेवा-केंद्रित, साहसी ऊर्जा। चुनौतियाँ: झगड़े, दुर्घटना, अधीरता, अंत। सबसे अच्छा किसके लिए: एक्टिविस्ट, हीलर, रचनात्मक योद्धा। अनुकूलता: 3, 9 से उत्कृष्ट। 1 से अच्छा। उपाय: लाल सजावट, मूंगा (परामर्श लें), हनुमान पूजा।

मास्टर संख्या (11, 22, 33)

- 11: उच्च आध्यात्मिक घर, अंतर्ज्ञान, प्रेरणा — तीव्र ऊर्जा।
- 22: मास्टर बिल्डर घर, बड़े प्रकटीकरण — शक्तिशाली लेकिन माँग करने वाला।
- 33: मास्टर शिक्षक घर, बिना शर्त प्यार — दुर्लभ, हीलिंग ऊर्जा।

व्यक्तिगत संख्याओं से अनुकूलता सर्वश्रेष्ठ मेल उदाहरण:

- मूलांक/भाग्यांक 1 → घर 1, 3, 5, 9
- मूलांक/भाग्यांक 2 → घर 2, 6, 7
- मूलांक/भाग्यांक 7 → घर 2, 7, 9

बचें: टकराव वाली संख्याएँ (उदाहरण: मूलांक 2 → 1/8 घर से बचें — सूर्य/शनि चंद्र से टकराते हैं)

- जन्म ग्रिड में गायब संख्या को बढ़ाने वाला घर (उदाहरण: अगर जन्म ग्रिड में 4 गायब है, तो घर 4 से बचें जब तक इसे हल न करना चाहें)

असंगत घर के लिए उपाय

- मुख्य दिशाओं में उपाय रखें (उदाहरण: चंद्र सामंजस्य के लिए उत्तर में पानी का फाउंटेन)
- घर संख्या यंत्र या प्लेट लगाएँ जिसमें सामंजस्यपूर्ण संख्या हो
- मालिक के भाग्यशाली रंग में दरवाजा/दीवारें पेंट करें
- नियमित सफाई (कपूर/नमक पानी)

उदाहरण: 11-08-1986 (मूलांक 2, भाग्यांक 7)

- आदर्श घर नंबर: 2, 6, 7, 11, 16, 20, 25, 29, 34 (2/6/7/11 में घटें)
- बचें: 1, 8, 10, 17, 26 (1/8 में घटें)
- अच्छा उदाहरण: फ्लैट 207 → 2+0+7=9 (मंगल) — भाग्यांक 7 से सामंजस्यपूर्ण
- उपाय: सफेद/चांदी सजावट, उत्तर में पानी का फाउंटेन, सोमवार को चंद्र मंत्र।

घर का संख्या न्यूमरोलॉजी ऊर्जा बदलने का सबसे तेज़ तरीका है — बुद्धिमानी से चुनें या उपाय करें, और आपका घर समर्थन का आशियाना बन जाएगा।

वाहन संख्या न्यूमरोलॉजी: एक व्यावहारिक मार्गदर्शिका

Vehicle Number Numerology: A Practical Guide

वाहन संख्या न्यूमरोलॉजी आज आधुनिक अंक ज्योतिष की सबसे व्यावहारिक और व्यापक रूप से अपनाई जाने वाली शाखाओं में से एक है, खासकर भारत में जहाँ लोग कार, बाइक या व्यावसायिक वाहन में काफी समय बिताते हैं। आपका वाहन पंजीकरण संख्या (रजिस्ट्रेशन नंबर) सिर्फ़ एक पहचान नहीं है — यह एक निरंतर ऊर्जात्मक साथी है जो आपकी सुरक्षा, सुगम यात्रा, धन प्रवाह (ईंधन/मेंटेनेंस खर्च), दुर्घटना से बचाव, कानूनी मामलों से सुरक्षा और यात्रा से जुड़े समग्र भाग्य को प्रभावित करता है।

एक अच्छी तरह संरेखित वाहन संख्या निम्नलिखित को बढ़ावा देती है: · सुरक्षा और दुर्घटना से बचाव

- सुगम ड्राइविंग अनुभव (कम ट्रैफिक परेशानी, कम ब्रेकडाउन)
- आर्थिक सुविधा (कम मरम्मत/ईंधन खर्च, अच्छी रीसेल वैल्यू)
- यात्रा के दौरान सकारात्मक ऊर्जा (मन की शांति, समय पर पहुँचना)

असंगत संख्या बार-बार समस्याएँ ला सकती है: लगातार दुर्घटना, कानूनी जुर्माना, मशीनी खराबी, देरी या सड़क पर "अभागा" महसूस होना।

वाहन संख्या कंपन कैसे निकालें

चरण 1: पूरा पंजीकरण संख्या इस्तेमाल करें

(उदाहरण: MH 04 AB 1234 या DL 9C 5678)।

- अक्षरों को नजरअंदाज करें (MH, AB, DL आदि) — केवल अंक मायने रखते हैं।
- संख्यात्मक हिस्से पर फोकस करें (04 1234 या 9C 5678 → अंक 0 4 1 2 3 4 या 9 5 6 7 8)।

चरण 2: सभी अंकों को जोड़कर एकल अंक में घटाएँ (1–9)।

- उदाहरण: MH 04 AB 1234 → अंक 0+4+1+2+3+4 = 14 → 1+4 = 5
- उदाहरण: AP 9C 5679 → अंक 9+5+6+7+9 = 36 → 3+6 = 9

चरण 3: एकल अंक में घटाएँ जब तक मास्टर संख्या (11, 22, 33) न हो — इन्हें उच्च आध्यात्मिक ऊर्जा के लिए वैसे ही रखें।

चरण 4: वैकल्पिक उन्नत योग:

- पहला अंक(अंक) — प्रवेश ऊर्जा (यात्रा कैसे शुरू होती है)
- आखिरी अंक — निकास ऊर्जा (यात्रा कैसे समाप्त होती है, पहुँचने पर सुरक्षा)
- आखिरी 4 अंक — सबसे कर्मिक/सक्रिय हिस्सा (रोज़ाना भाग्य और संरक्षण)

वाहन संख्या 1–9 (और मास्टर नंबरों) का अर्थ

वाहन 1 (सूर्य) ऊर्जा

नेतृत्व, स्वतंत्रता, गति, अथॉरिटी। सकारात्मक: तेज़, आत्मविश्वासी ड्राइविंग, लंबी यात्राओं के लिए अच्छा, सड़क पर अथॉरिटी। चुनौतियाँ: अहंकार टकराव, लापरवाही से ड्राइविंग, स्पीडिंग से जुर्माना। सबसे अच्छा किसके लिए: नेता, उद्यमी, दृश्यता की जरूरत वाले। अनुकूलता: मूलांक/भाग्यांक 1, 3, 5, 9 से उत्कृष्ट। 2/8 से बचें।

वाहन 2 (चंद्र) ऊर्जा

सामंजस्य, भावनाएँ, अंतर्ज्ञान, सुरक्षा। सकारात्मक: सुगम, शांतिपूर्ण यात्रा, परिवार के लिए अच्छा, खतरे से अंतर्ज्ञानी बचाव। चुनौतियाँ: ड्राइविंग के दौरान मूड स्विंग्स, पानी से जुड़ी समस्या (बारिश, बाढ़)। सबसे अच्छा किसके लिए: परिवार, हीलर, भावनात्मक/आध्यात्मिक लोग। अनुकूलता: 2, 6, 7 से उत्कृष्ट।

वाहन 3 (बृहस्पति) ऊर्जा

रचनात्मकता, विस्तार, आनंद, बुद्धि। सकारात्मक: आनंददायक यात्रा, यात्रा के लिए अच्छा, भाग्यशाली सफर। चुनौतियाँ: ध्यान बिखरना, अधिक आत्मविश्वास। सबसे अच्छा किसके लिए: कलाकार, शिक्षक, यात्री। अनुकूलता: 1, 3, 9 से उत्कृष्ट।

वाहन 4 (राहु) ऊर्जा

स्थिरता, नवाचार, मेहनत, अचानक बदलाव। सकारात्मक: लंबे समय तक चलने वाला वाहन, भारी उपयोग के लिए अच्छा। चुनौतियाँ: देरी, ब्रेकडाउन, दुर्घटना, कानूनी समस्या। सबसे अच्छा किसके लिए: बिल्डर, अनुशासित ड्राइवर। अनुकूलता: 4, 5, 6, 8 से अच्छा।

वाहन 5 (बुध) ऊर्जा

बदलाव, अनुकूलनशीलता, संचार, विविधता। सकारात्मक: तेज़, चुस्त, शहर की ड्राइविंग के लिए अच्छा, सड़क पर नेटवर्किंग। चुनौतियाँ: बेचैनी, स्पीडिंग टिकट, बार-बार बदलाव। सबसे अच्छा किसके लिए: सेल्स, डिलीवरी, युवा ड्राइवर। अनुकूलता: 1, 5, 9 से उत्कृष्ट।

वाहन 6 (शुक्र) ऊर्जा

प्यार, सामंजस्य, सुंदरता, परिवार। सकारात्मक: आरामदायक, सुरक्षित, लग्जरी यात्रा, परिवार ट्रिप के लिए अच्छा। चुनौतियाँ: अधिक ज़िम्मेदारी (हमेशा दूसरों को ड्राइव करना)। सबसे अच्छा किसके लिए: परिवार, कलाकार, हीलर। अनुकूलता: 2, 6, 9 से उत्कृष्ट।

वाहन 7 (केतु) ऊर्जा

आध्यात्मिकता, आत्म-चिंतन, एकांत, बुद्धि। सकारात्मक: अंतर्ज्ञानी ड्राइविंग, खतरे से संरक्षण, शांतिपूर्ण लंबी यात्रा। चुनौतियाँ: सड़क पर अलगाव, रहस्यमयी ब्रेकडाउन। सबसे अच्छा किसके लिए: आध्यात्मिक साधक, रिसर्चर। अनुकूलता: 2, 7 से उत्कृष्ट।

वाहन 8 (शनि) ऊर्जा

कर्म, अनुशासन, शक्ति, सहनशीलता। सकारात्मक: लंबे समय तक चलने वाला वाहन, भारी उपयोग के लिए अच्छा, सड़क पर अथॉरिटी। चुनौतियाँ: देरी, ब्रेकडाउन, कानूनी जुर्माना, कर्मिक दुर्घटना। सबसे अच्छा किसके लिए: व्यापार मालिक, अनुशासित ड्राइवर। अनुकूलता: 4, 8 से अच्छा।

वाहन 9 (मंगल) ऊर्जा

समापन, साहस, जुनून, परिवर्तन। सकारात्मक: साहसी, तेज़, आपातकालीन/जरूरी यात्रा के लिए अच्छा। चुनौतियाँ: दुर्घटना, सड़क पर झगड़े, अधीरता। सबसे अच्छा किसके लिए: एक्टिविस्ट, हीलर। अनुकूलता: 3, 9 से उत्कृष्ट।

मास्टर संख्या (11, 22, 33)

- 11: उच्च आध्यात्मिक संरक्षण, अंतर्ज्ञानी ड्राइविंग
- 22: मास्टर बिल्डर — बड़े मिशन के लिए वाहन
- 33: मास्टर हीलर — सेवा-केंद्रित यात्रा के लिए संरक्षक

व्यक्तिगत संख्याओं से अनुकूलता (मूलांक/भाग्यांक) सर्वश्रेष्ठ मेल:

- मूलांक/भाग्यांक 1 → वाहन 1, 3, 5, 9
- मूलांक/भाग्यांक 2 → वाहन 2, 6, 7
- मूलांक/भाग्यांक 7 → वाहन 2, 7, 9

बचें: टकराव वाली संख्याएँ (उदाहरण: मूलांक 2 → 1/8 वाहन से बचें — सूर्य/शनि चंद्र से टकराते हैं) · जन्म ग्रिड में गायब संख्या को बढ़ाने वाला वाहन (उदाहरण: अगर 4 गायब है, तो वाहन 4 से बचें जब तक इसे हल न करना चाहें)

असंगत वाहन के लिए उपाय

- सामंजस्यपूर्ण संख्या वाला यंत्र या संख्या प्लेट लगाएँ
- भाग्यशाली रंग के स्टिकर इस्तेमाल करें (उदाहरण: चंद्र के लिए सफेद/चांदी)
- नियमित सफाई (कपूर/नमक पानी वाहन पर)
- मंगलवार को हनुमान चालीसा या वाहन पूजा
- ड्राइविंग के दौरान सजग रहें — इरादे को उपायों से जोड़ें

उदाहरण: 11-08-1986 (मूलांक 2, भाग्यांक 7)

- आदर्श वाहन संख्या: 2, 6, 7, 11, 16, 20, 25, 29, 34 (2/6/7/11 में घटें)
- बचें: 1, 8, 10, 17, 26 (1/8 में घटें)
- अच्छा उदाहरण: MH 04 AB 2527 → 2+5+2+7 = 16 → 1+6 = 7 — आध्यात्मिक संरक्षण के लिए पूर्ण
- उपाय: सफेद/चांदी एक्सेसरी, पानी का प्रतीक स्टिकर, ड्राइविंग से पहले चंद्र मंत्र।

वाहन संख्या न्यूमरोलॉजी यात्रा ऊर्जा बदलने का सबसे तेज़ तरीका है — बुद्धिमानी से चुनें, असंगति के लिए उपाय करें, और आपकी यात्राएँ सुरक्षित, सुगम और अधिक समृद्ध बन जाएँगी।

अंक ज्योतिष और ज्योतिष में समन्वय

Numerology in Astrology – How Numbers Intersect with Astrological Forces

अंक ज्योतिष और ज्योतिष दो प्राचीन बहन विज्ञान हैं — दोनों इस विश्वास पर आधारित हैं कि ब्रह्मांड पैटर्न, कंपन और ब्रह्मांडीय लय के माध्यम से संचालित होता है। ज्योतिष ग्रहों, नक्षत्रों, राशियों, भावों और दृष्टियों की स्थिति और गति का अध्ययन करके व्यक्तित्व, नियति, समय और जीवन घटनाओं की व्याख्या करता है। वहीं अंक ज्योतिष जन्म तिथि, नाम, मोबाइल नंबर, घर संख्या आदि से प्राप्त संख्याओं के गूढ़ अर्थों को समझकर मूल ऊर्जा, कर्मिक सबक, चक्र और व्यावहारिक संरेखण बताता है।

जब ये दोनों विज्ञान एक साथ मिलते हैं, तो एक बहुत शक्तिशाली, बहु-स्तरीय विश्लेषण बनता है — जो अकेले किसी एक से कहीं अधिक सटीक और सूक्ष्म होता है। यह संयोजन वैदिक ज्योतिष (ज्योतिष शास्त्र), भारतीय अंक ज्योतिष (अंक शास्त्र) और उन ज्योतिषियों में विशेष रूप से प्रचलित है जो दोनों का अभ्यास करते हैं।

अंक ज्योतिष और ज्योतिष के प्रमुख समन्वय बिंदु

1. **संख्याओं का ग्रह अधिपत्य (1–9)** वैदिक अंक ज्योतिष में प्रत्येक एकल अंक (1–9) नौ ग्रहों (नवग्रह) में से एक के अधीन होता है। यह समन्वय का मूल आधार है।

संख्या	अधिपति ग्रह	मुख्य ज्योतिषीय गुण और भाव/राशियाँ
1	सूर्य (सूर्य)	सिंह राशि, प्रथम और पंचम भाव, अहंकार, नेतृत्व, जीवन शक्ति, पिता
2	चंद्र (चंद्र)	कर्क राशि, चतुर्थ भाव, भावनाएँ, माता, मन, घर
3	बृहस्पति (गुरु)	धनु, मीन राशि, नवम और द्वादश भाव, बुद्धि, विस्तार, भाग्य
4	राहु	उत्तर नोड, भ्रम, जुनून, अचानक बदलाव, भौतिकवाद
5	बुध (बुध)	मिथुन, कन्या राशि, तृतीय और षष्ठ भाव, बुद्धि, संचार
6	शुक्र (शुक्र)	वृषभ, तुला राशि, द्वितीय और सप्तम भाव, प्रेम, विलास, सौंदर्य
7	केतु	दक्षिण नोड, आध्यात्मिकता, वैराग्य, पिछले जन्म का कर्म
8	शनि (शनि)	मकर, कुंभ राशि, दशम और एकादश भाव, अनुशासन, कर्म
9	मंगल (मंगल)	मेष, वृश्चिक राशि, प्रथम और अष्टम भाव, ऊर्जा, साहस, संघर्ष

2. **इसका उपयोग कैसे होता है**
    - मूलांक (जन्म तिथि का एकल अंक) बताता है कि कौन सा ग्रह आपकी दैनिक प्रकृति और सहज प्रवृत्ति पर हावी है।
    - भाग्यांक (पूर्ण जन्म तिथि का एकल अंक) बताता है कि कौन सा ग्रह आपकी समग्र प्रारब्ध और जीवन पथ का मार्गदर्शन करता है।
    - जन्म ग्रिड या नाम में गायब संख्या → उस ग्रह की कमजोरी → उस ग्रह से जुड़ा कर्मिक सबक।
    - गायब संख्याओं के उपाय अक्सर ज्योतिष के ग्रह उपायों से मिलते हैं उदाहरण: 2 गायब → चंद्र उपाय जैसे चाँदी, सोमवार व्रत।
3. **जन्म तिथि संख्याएँ और दशा चक्र**
    - मूलांक + भाग्यांक + पूर्ण तिथि योग = विंशोत्तरी दशा (ग्रह अवधि) से क्रॉस-चेक करने के लिए मुख्य संख्याएँ।
    - उदाहरण: मूलांक 2 (चंद्र) + भाग्यांक 7 (केतु) + वर्तमान शुक्र दशा → नाम/मोबाइल को 2, 7 और 6 (शुक्र) से समर्थन देना चाहिए ताकि सामंजस्य बने।
4. **नाम अंक ज्योतिष और नक्षत्र/लग्न**
    - प्रारब्ध संख्या (नाम योग) चंद्र राशि, लग्न (आरोह) और नक्षत्र स्वामी से सामंजस्य में होना चाहिए ताकि जीवन अभिव्यक्ति सुगम हो।
    - नाम में गायब संख्या → कुंडली में ग्रह कमजोरी (उदाहरण: 7 गायब → कुंडली में कमजोर केतु → आध्यात्मिक सबक)।
5. **मोबाइल/घर/वाहन संख्या और मुहूर्त**
    - ये संख्याएँ अनुकूल गोचर से मेल खाने के लिए चुनी जाती हैं (उदाहरण: नवम भाव में बृहस्पति गोचर → घर योग 3 या 9 चुनें)।
    - मोबाइल योग वर्तमान दशा स्वामी और मूलांक/भाग्यांक से संरेखित होना चाहिए।

6. **योग और पैटर्न का दोनों में समन्वय**
   - वैदिक जन्म ग्रिड योग (उदाहरण: मजबूत 1 = राज योग) + लो शू मजबूत विकर्ण + पाइथागोरियन ट्रिपल 1 + मोबाइल आखिरी 5 योग 1 → बहुत शक्तिशाली नेतृत्व योग।
   - कई ग्रिड में 4 गायब → राहु से जुड़ी देरी → कुंडली में राहु स्थिति जाँचें।

व्यावहारिक समन्वय

ज्यादातर गंभीर अभ्यासी दोनों का संयोजन करते हैं:

- **चरण 1:** पहले कुंडली पढ़ें (लग्न, चंद्र राशि, दशा, गोचर, ग्रह ताकत/कमजोरी)
- **चरण 2:** वैदिक अंक ज्योतिष से क्रॉस-चेक करें (मूलांक/भाग्यांक, जन्म ग्रिड, योग)
- **चरण 3:** नाम/मोबाइल/घर अंक ज्योतिष जोड़ें → देखें कि वर्तमान चुनी हुई कंपन कुंडली को कैसे सपोर्ट या रोक रही है
- **चरण 4:** एकीकृत उपाय दें:
  - ग्रह उपाय (उदाहरण: 8 के लिए शनि मंत्र)
  - अंक उपाय (उदाहरण: 8 गायब → शनिवार को काला दान)
  - व्यावहारिक (उदाहरण: मोबाइल योग 8 → गहरा नीला केस)

उदाहरण: 11-08-1986 (मूलांक 2, भाग्यांक 7)

- कुंडली: चंद्र राशि 2 से प्रभावित
- वैदिक: भावनात्मक ड्राइवर + आध्यात्मिक प्रारब्ध, 3/4/5 गायब
- लो शू: मजबूत 1 (सूर्य नेतृत्व) + 8 (शनि कर्म)
- नाम (उदाहरण: ओम प्रकाश): प्रारब्ध 3 (बृहस्पति) रचनात्मकता की कमी भरता है
- मोबाइल (उदाहरण: अंत में 91 योग 10→1): सूर्य ऊर्जा (नेतृत्व) जोड़ता है
- एकीकृत व्याख्या: आत्मा की यात्रा भावनात्मक उपचार (चंद्र 2) से आध्यात्मिक मुक्ति (केतु 7) की ओर, मजबूत नेतृत्व (1) और कर्मिक अनुशासन (8) से समर्थित, नाम/मोबाइल रचनात्मकता/ढाँचा की कमी भरते हैं।

बहुत से पेशेवर हर रीडिंग में अंक ज्योतिष और ज्योतिष का संयोजन करते हैं — बच्चे का नाम सुझाव, नाम बदलाव या जीवन मार्गदर्शन के लिए।

वास्तु शास्त्र और अंक ज्योतिष का समन्वय

Vastu Shastra Integration with Numerology

वास्तु शास्त्र (भारत का प्राचीन स्थापत्य और स्थान ऊर्जा विज्ञान) और अंक ज्योतिष दो गहराई से जुड़े हुए विज्ञान हैं। दोनों का उद्देश्य मानव जीवन को ब्रह्मांडीय ऊर्जाओं से सामंजस्य में लाना है

— वास्तु शास्त्र दिशाओं, तत्वों, अनुपात और स्थान विन्यास के माध्यम से, जबकि अंक ज्योतिष जन्म तिथि, नाम, मोबाइल नंबर, घर संख्याआदि से प्राप्त संख्याओं के माध्यम से।

जब इन दोनों का उचित समन्वय किया जाता है, तो एक बहुत शक्तिशाली संयोजन बनता है:

- अंक ज्योतिष आपकी व्यक्तिगत ऊर्जा पहचान बताता है (मूलांक, भाग्यांक, गायब संख्याएँ, कर्मिक सबक)।
- वास्तु शास्त्र फिर आपके भौतिक वातावरण (घर, कार्यालय, दुकान, वाहन स्थान) को उन ऊर्जाओं का समर्थन और वृद्धि करने के लिए संरेखित करता है — या कमजोरियों का उपचार करता है।

आज के भारतीय अभ्यास में लगभग सभी गंभीर वास्तु परामर्शदाता अंक ज्योतिष का उपयोग करते हैं (और इसके विपरीत भी)।

वास्तु और अंक ज्योतिष समन्वय के मुख्य सिद्धांत

1. **संख्याओं और दिशाओं का ग्रह संबंध**

   प्रत्येक संख्या (1–9) एक ग्रह के अधीन होती है, और प्रत्येक ग्रह वास्तु में एक मुख्य दिशा से जुड़ा होता है। घर/कार्यालय का प्रवेश द्वार, शयनकक्ष, रसोई, अध्ययन कक्ष और कार्य मेज को अपनी प्रमुख संख्याओं के साथ संरेखित करें।

#	ग्रह / वास्तु दिशा	मजबूत होने पर सबसे अच्छा उपयोग	कमजोर/ गायब होने पर बचाव	शयनकक्ष के लिए उपयुक्तता
1	सूर्य / पूर्व	नेतृत्व, जीवन शक्ति, स्वास्थ्य, पिता	पूर्व दिशा में शयनकक्ष/ कार्यालय	अच्छा (सिर पूर्व की ओर रखना श्रेष्ठ)
2	चंद्र / उत्तर-पश्चिम	भावनात्मक शांति, माता, स्त्रियाँ, अतिथि	उत्तर-पश्चिम में रसोई/ अतिथि कक्ष	बच्चों/ अतिथियों के लिए वैकल्पिक
3	बृहस्पति / उत्तर-पूर्व	बुद्धि, विकास, आध्यात्मिकता, शिक्षा	उत्तर-पूर्व में पूजा/अध्ययन कक्ष	बचें (अस्थिरता ला सकता है)
4	राहु / दक्षिण-पश्चिम	स्थिरता, नवाचार, अथॉरिटी	दक्षिण-पश्चिम में मुख्य शयनकक्ष (मजबूत: बढ़ाता है)	उत्कृष्ट (मुख्य/ मास्टर शयनकक्ष)
5	बुध / उत्तर	संचार, व्यवसाय, बुद्धि	उत्तर में जल भंडार/ कार्यालय	अच्छा वैकल्पिक (सिर उत्तर — बचें)
6	शुक्र / दक्षिण- पूर्व	प्रेम, विलास, सौंदर्य, रसोई	दक्षिण-पूर्व में रसोई	बचें (उत्तेजना/नींद की समस्या)
7	केतु / दक्षिण या दक्षिण-पूर्व (वैकल्पिक)	आध्यात्मिकता, वैराग्य, विश्राम, ध्यान	मुख्य प्रवेश/ पूजा दक्षिण/ दक्षिण-पूर्व में	अच्छा (सिर दक्षिण सबसे अच्छा नींद के लिए)
8	शनि / पश्चिम	अनुशासन, दीर्घायु, सेवक	पश्चिम में भंडारण/ कार्यालय	स्वीकार्य वैकल्पिक
9	मंगल / दक्षिण	साहस, ऊर्जा, शक्ति	दक्षिण में रसोई (अग्नि) या व्यायाम कक्ष	अच्छा (सिर दक्षिण/ पूर्व)

नोट

"मुख्य शयनकक्ष दक्षिण-पश्चिम (संख्या 4/राहु) में रखना स्थिरता और शक्ति के लिए आदर्श है। शयनकक्ष में सिर दक्षिण या पूर्व की ओर रखना विश्रामपूर्ण नींद और स्वास्थ्य के लिए श्रेष्ठ है।"

केतु की स्थिति

मुख्य रूप से दक्षिण (कई अंक ज्योतिष-वास्तु मिश्रणों और कुछ शास्त्रीय संदर्भों में, वैराग्य और विश्राम के लिए)। शुद्ध वास्तु में वैकल्पिक/मजबूत: दक्षिण-पूर्व (अग्नि कोण — अग्नि से परिवर्तन, आध्यात्मिक त्याग या उपचार के लिए उपयुक्त)।

3. **नियम**
    - मजबूत मूलांक/भाग्यांक संख्या → कार्य/नींद/अध्ययन के लिए उस दिशा की ओर मुख करें।
    - गायब संख्या → उस दिशा से बचें या उपचार करें (उदाहरण: 3 गायब → उत्तर-पूर्व में अव्यवस्था से बचें, वहाँ पीली वस्तुएँ रखें)।
4. **घर संख्या और वास्तु प्रवेश दिशा**
    - घर संख्या योग मूलांक/भाग्यांक से मेल खाए या सामंजस्यपूर्ण हो।
    - मुख्य प्रवेश द्वार मजबूत ग्रह संख्या से संरेखित हो। उदाहरण: मूलांक 2 (चंद्र) + भाग्यांक 7 (केतु) → घर योग 2/6/7/11 आदर्श। प्रवेश उत्तर-पश्चिम (चंद्र) या दक्षिण (केतु) में उत्कृष्ट।
5. **जन्म/नाम ग्रिड में गायब संख्याएँ → वास्तु उपाय**
    - 1 गायब (सूर्य) → पूर्व दिशा कमजोर → पूर्व में लाल दीपक/सूर्य प्रतीक रखें, पूर्व को स्वच्छ/खुला रखें।
    - 2 गायब (चंद्र) → उत्तर-पश्चिम कमजोर → उत्तर-पश्चिम में जल प्रतीक/चंद्र चिन्ह रखें, वहाँ भारी भंडारण न करें।
    - 3 गायब (बृहस्पति) → उत्तर-पूर्व कमजोर → उत्तर-पूर्व में पीला स्फटिक/पिरामिड रखें, खुला और स्वच्छ रखें।
    - 4 गायब (राहु) → दक्षिण-पश्चिम कमजोर → दक्षिण-पश्चिम में भारी फर्नीचर/शनि यंत्र रखें।
    - 5 गायब (बुध) → उत्तर कमजोर → उत्तर में हरे पौधे/जल फाउंटेन रखें।
    - 6 गायब (शुक्र) → दक्षिण-पूर्व कमजोर → दक्षिण-पूर्व में लाल मोमबत्ती/फूल रखें।
    - 7 गायब (केतु) → दक्षिण कमजोर → दक्षिण में गणेश प्रतिमा या केतु यंत्र रखें।

- 8 गायब (शनि) → पश्चिम कमजोर → पश्चिम में काला पत्थर/शनि प्रतीक रखें।
- 9 गायब (मंगल) → दक्षिण कमजोर → दक्षिण में लाल मूंगा/हनुमान चित्र रखें।

6. **मोबाइल संख्या और वास्तु**
    - मोबाइल जेब/बैग में रखा रहता है → लगातार आभा को प्रभावित करता है।
    - चार्जिंग के समय वास्तु-अनुकूल क्षेत्र में रखें (उदाहरण: मोबाइल योग 5 हो तो उत्तर में)।
    - दक्षिण-पूर्व (अग्नि क्षेत्र) में मोबाइल न रखें — इससे उत्तेजना/गर्मी बढ़ सकती है।
7. **व्यवसाय/दुकान वास्तु + अंक ज्योतिष**
    - दुकान प्रवेश दिशा + दुकान संख्या योग मालिक के मूलांक/भाग्यांक से मेल खाए।
    - नकद काउंटर उत्तर/उत्तर-पूर्व (बुध/बृहस्पति क्षेत्र) में रखें ताकि धन प्रवाह बढ़े।
    - मालिक का डेस्क पूर्व (सूर्य) या उत्तर (बुध) की ओर मुख करके रखें ताकि नेतृत्व/संचार मजबूत हो।

व्यावहारिक समन्वय के चरण

1. मालिक का मूलांक + भाग्यांक + मुख्य नाम संख्याएँ निकालें।
2. गायब संख्याएँ पहचानें (कर्मिक सबक)।
3. घर/फ्लैट संख्या योग और प्रवेश दिशा जाँचें।
4. गायब संख्याओं को वास्तु दिशाओं से जोड़ें → उपाय लागू करें (रंग, यंत्र, स्थान)।
5. मोबाइल/वाहन के लिए → योग सामंजस्यपूर्ण हो + आखिरी अंक दिशा का समर्थन करे (उदाहरण: आखिरी अंक 1 → पूर्व दिशा में पार्किंग अच्छी)।

उदाहरण: 11-08-1986 (मूलांक 2, भाग्यांक 7)

- मजबूत चंद्र (2) और केतु (7) → उत्तर-पश्चिम और दक्षिण दिशाएँ अनुकूल।
- 3/4/5 गायब → उत्तर-पूर्व (बृहस्पति) कमजोर → वहाँ पीली वस्तुएँ रखें।
- घर संख्या योग 2/6/7 → आदर्श।
- मोबाइल योग 2 या 7 → उत्कृष्ट।
- उपाय: उत्तर-पश्चिम में जल प्रतीक, उत्तर-पूर्व में पीला पिरामिड, मोबाइल केस सफेद/चांदी।

समन्वय के लाभ

- तेज प्रकटीकरण (संख्याएँ + दिशाएँ संरेखित)
- कर्मिक रुकावटों का निवारण (गायब संख्या → कमजोर दिशा → दोनों का उपचार)
- समग्र जीवन संतुलन (व्यक्तिगत + स्थान ऊर्जा)

ज्यादातर वास्तु परामर्शदाता अभ्यास में अंक ज्योतिष शामिल करते हैं, और अधिकांश अंक ज्योतिषी गायब संख्याओं के लिए वास्तु उपाय सुझाते हैं।

समापन Conclusion

इस अध्याय के साथ — और वास्तव में इस पूरी पुस्तक के साथ — हम अब प्राचीन ज्ञान से रोज़मर्रा की सशक्तिकरण की सीमा पार कर चुके हैं। अध्याय 6 ने संख्याओं के शाश्वत सिद्धांतों को 21वीं सदी की तेज़-रफ़्तार, छूने योग्य दुनिया में लाकर रख दिया है, जहाँ आपके चारों ओर की कंपन अब सिर्फ़ तारे और ग्रह नहीं रह गए हैं, बल्कि वे अंक हैं जिन्हें आप डायल करते हैं, जिन दरवाज़ों को आप खोलते हैं।

हमने शुरुआत की एक संक्षिप्त अवलोकन से — कि अंक ज्योतिष आत्मा के मूल नक्शे से आगे बढ़कर व्यावहारिक संरेखण बन जाता है, जहाँ सिद्धांत तत्काल प्रभाव वाले उपकरण बन जाते हैं। फिर हमने मोबाइल संख्या न्यूमरोलॉजी में गहराई से उतरे — आज का सबसे सर्वव्यापी और जीवन बदल देने वाला आधुनिक अनुप्रयोग: 10-अंकीय ग्रिड बनाना, मूलांक और भाग्यांक से अनुकूलता सुनिश्चित करना, प्रत्येक पद का महत्व समझना (प्रवेश ऊर्जा से लेकर कर्मिक आखिरी 5 अंकों तक), शक्तिशाली पैटर्न पहचानना (दोहराव, क्रम, एंजेल नंबर), दो-अंकीय संयोजनों की व्याख्या (11 से 99 तक), और रंग, वॉलपेपर, रिंगटोन तथा केस को अनुकूलित करके व्यक्तिगत कंपन को बढ़ाना। इसके बाद घर संख्या

न्यूमरोलॉजी ने बताया कि आपका पता घरेलू सामंजस्य, समृद्धि और पारिवारिक सुख को कैसे आकार देता है — 1 से 9 तक के अर्थ, मास्टर नंबर, अनुकूलता जाँच और उपाय, ताकि कोई भी स्थान आश्रय बन जाए। अंत में वाहन संख्या न्यूमरोलॉजी ने आपको सुरक्षा, सुगम यात्रा और संरक्षण के लिए पंजीकरण संख्या चुनने या सुधारने का सामर्थ्य दिया — योग, पदों और उपायों का विश्लेषण करके हर यात्रा को आत्मविश्वासी और दुर्घटनामुक्त बनाना।

संख्याएँ दूर के तारे या अमूर्त नियति नहीं हैं — वे आपके रोज़ाना के वास्तविक जीवन के कोड हैं। आपका मोबाइल आपके रिश्तों की आवृत्ति से गूँजता है। आपका घर का दरवाज़ा आपके घरेलू जीवन की ऊर्जा खोलता है। आपका वाहन आपको सुरक्षा और प्रगति की कंपन के साथ दुनिया में ले जाता है। जब ये संख्याएँ आपके मूल स्वरूप से संरेखित होती हैं, तो जीवन आसानी, अवसर और अनुग्रह से भर जाता है। जब टकराव होता है, तो छोटे-छोटे सुधार — नया वॉलपेपर, सुधारा पता, बदला सिम — धारा बदल सकते हैं।

अब आपके पास पूरा उपकरण सेट है:

- रोज़ चुनी जाने वाली संख्याओं का मूल्यांकन और अनुकूलन करने के लिए
- प्राचीन प्रणालियों (वैदिक, लो शू, पाइथागोरियन) को आधुनिक आवश्यकताओं से जोड़ने के लिए
- सिर्फ़ आत्मा या स्थान में नहीं, बल्कि जिस ठोस दुनिया में आप जीते हैं, वहाँ सामंजस्य बनाने के लिए

अंक ज्योतिष भविष्यवाणी नहीं है — यह सहभागिता है। यह आपको ब्रह्मांड के साथ सह-निर्माण का निमंत्रण देता है, आपके चारों ओर की संख्याओं को संरेखित करके। इस ज्ञान में प्रवेश करते हुए याद रखें: आप जिस भी अंक को छूते हैं, वह आपके जीवन को ऊँचा उठाने का अवसर है।

आपका मोबाइल ऐसे संबंध लाए जो उत्थान दें, आपका घर शांति का आश्रय बने, आपका वाहन आपको सुरक्षित रूप से आपकी नियति की ओर ले जाए, और आपकी जीवन की हर संख्या पूर्णता की ओर एक कदम बने।

संख्याओं की इस भाषा की यात्रा में शामिल होने के लिए धन्यवाद। अब आगे बढ़ें — और कंपनों को आपके लिए काम करने दें।

अध्याय ७ : अंतिम विचार

संख्याओं की अनंत भाषा

The Infinite Language of Numbers

इस यात्रा के अंत में — जहाँ हमने अंक ज्योतिष की बहुआयामी दुनिया का भ्रमण किया — मैं रुककर उस सब पर विचार करना चाहता हूँ जो हमने साथ मिलकर जाना। वैदिक प्रणालियों की कर्मिक गहराई से लेकर लो शू की स्थानिक सामंजस्य, पाइथागोरियन विधियों की मनोवैज्ञानिक सूक्ष्मता, नामों और प्रोनोलॉजी की कंपन शक्ति, और मोबाइल नंबर, घर तथा वाहन में व्यावहारिक अनुप्रयोगों तक — अंक ज्योतिष हमें नियति का कठोर नियम नहीं, बल्कि ब्रह्मांड की जीवंत भाषा के रूप में प्रकट हुआ है।

संख्याएँ हर जगह हैं: आपकी जन्म तिथि में, आपके नाम में, आपके पते में, आपके फोन में — और यहाँ तक कि रोज़मर्रा की उन संयोगपूर्ण घटनाओं में जो आपको धीरे से संकेत देती हैं। ये ब्रह्मांड का आपको संबोधन हैं, जो आपको संरेखण, विकास और पूर्णता की ओर ले जाते हैं। इस पुस्तक ने आपको सुनने, समझने और सचेत रूप से प्रतिक्रिया देने के साधन दिए हैं — संख्याओं को अमूर्त चिन्हों से बदलकर सशक्तिकरण के सहयोगी बनाने के साधन।

परंतु याद रखें: अंक ज्योतिष दर्पण है, स्वामी नहीं। यह आपकी संभावनाओं, पैटर्नों और विकल्पों को दिखाता है, किंतु मार्ग चुनना आपका कार्य है। इस ज्ञान का उपयोग विनम्रता, करुणा और आनंद के साथ करें। यह आपको जीवन के चक्रों से शालीनता के साथ गुजरने, कर्मिक सबकों को बुद्धि से हल करने और आपके जीवन के हर कोने में सामंजस्य लाने में सहायता करे।

इस अंतिम अध्याय में हम अंक ज्योतिष के उत्तरदायी अभ्यास के लिए स्वर्णिम नियमों और नैतिक दिशानिर्देशों, बार-बार दिखने वाले संयोगपूर्ण संख्याओं और पैटर्नों (जैसे 11:11) के गहन अर्थ, तथा सामान्य भूलों और प्रश्न-उत्तरों की चर्चा करेंगे ताकि आप इस ज्ञान का प्रभावी और नैतिक रूप से उपयोग कर सकें।

अंक ज्योतिष अभ्यास के लिए स्वर्णिम नियम और नैतिक दिशा निर्देश अंक ज्योतिष आत्म-जागरूकता और मार्गदर्शन का पवित्र साधन है — किंतु किसी भी शक्तिशाली साधन की तरह इसे ईमानदारी, सहानुभूति और उत्तरदायित्व के साथ

उपयोग करना चाहिए। चाहे आप अपनी कुंडली देख रहे हों, किसी अन्य की परामर्श दे रहे हों, या व्यवसाय/मोबाइल/घर के निर्णयों में इसका उपयोग कर रहे हों, इन स्वर्णिम नियमों का पालन करें ताकि अभ्यास नैतिक, सशक्तिकरण देने वाला और सटीक रहे। ये नियम वैदिक शिक्षाओं, पाइथागोरियन दर्शन और आधुनिक आध्यात्मिक परामर्शदाताओं के नैतिक मानदंडों से लिए गए हैं।

1. **भय के बजाय सशक्तिकरण:** हमेशा विकास, अवसर और स्वतंत्र इच्छा पर बल दें। कभी मृत्यु, स्थायी दुर्भाग्य या अपरिवर्तनीय नकारात्मकता की भविष्यवाणी न करें (उदाहरण: "यह संख्या हमेशा दुर्भाग्य लाएगी")। चुनौतियों को कर्मिक सबक के रूप में प्रस्तुत करें और उपाय बताएँ (उदाहरण: "यह गायब 4 अनुशासन का सबक दर्शाती है — इसे मजबूत करने का तरीका यह है")। अंक ज्योतिष प्रेरणा दे, चिंता नहीं।
2. **समग्र और बहु-प्रणाली दृष्टिकोण:** कभी एक प्रणाली पर निर्भर न रहें। वैदिक (मूलांक/भाग्यांक, दशा), लो शू (स्तर/विकर्ण), पाइथागोरियन (पिनेकल/चुनौतियाँ), नाम कंपन और आधुनिक अनुप्रयोगों का समन्वय करें ताकि पूरी तस्वीर मिले। विरोधाभास होने पर कारण समझाएँ और जन्म तिथि (आत्मा का नक्शा) को नाम (अभिव्यक्ति) से अधिक महत्व दें।
3. **गोपनीयता और सहमति:** सभी विश्लेषण गोपनीय रखें। किसी अन्य व्यक्ति (पति/पत्नी, बच्चा, व्यवसायी) की संख्याएँ देखने से पहले स्पष्ट सहमति लें। सार्वजनिक व्यक्तियों के लिए केवल शैक्षिक उदाहरणों में उपयोग करें, व्यक्तिगत निर्णय के लिए नहीं।
4. **कोई गारंटी या झूठे वादे नहीं:** अंक ज्योतिष व्याख्या है, पूर्ण सत्य नहीं। "यह नाम बदलाव धन की गारंटी देगा" जैसे वाक्य न कहें। इसके बजाय कहें: "यह सुधार आपकी कंपन से बेहतर संरेखित है, जिससे नए अवसर खुल सकते हैं।" याद दिलाएँ कि स्वतंत्र इच्छा, कर्म और कार्य मुख्य भूमिका निभाते हैं।
5. **सांस्कृतिक संवेदनशीलता और समावेशिता:** विभिन्न परंपराओं (वैदिक, लो शू, पाइथागोरियन) का सम्मान करें। बिना सहमति के धार्मिक तत्व (मंत्र, रत्न) न थोपें। सभी लिंग, संस्कृति और विश्वासों के प्रति समावेशी रहें।
6. **निरंतर सीख और विनम्रता:** अंक ज्योतिष विशाल है — कोई भी सब कुछ नहीं जानता। नई विधियों (जैसे मोबाइल पैटर्न) से ज्ञान बढ़ाएँ। अनिश्चित होने

पर स्पष्ट कहें। जटिल मामलों में विशेषज्ञों से परामर्श लें (जैसे चिकित्सा/कानूनी)।

7. **उपाय और सकारात्मक कार्य:** हमेशा व्यावहारिक उपायों (रंग, संकल्प, दान, जीवनशैली परिवर्तन) के साथ समाप्त करें। ग्राहकों को 40–45 दिन परीक्षण और परिणाम अवलोकन के लिए प्रोत्साहित करें।
8. **नैतिक व्यवसाय आचरण:** परामर्श के लिए शुल्क लेने पर पारदर्शी रहें। अनावश्यक नाम बदलाव/रत्न बेचने से बचें। सशक्तिकरण पर फोकस करें — लक्ष्य ग्राहक की स्वतंत्रता है, निर्भरता नहीं।
9. **अभ्यासियों के लिए आत्म-चिंतन:** नियमित रूप से अपनी संख्याओं का विश्लेषण करें। जो सिखाते हैं, उसे स्वयं अपनाएँ — संतुलन, करुणा और ईमानदारी का जीवन जिएँ।
10. **कानूनी अस्वीकरण:** अंक ज्योतिष मार्गदर्शन के लिए है, चिकित्सा/वित्तीय/कानूनी सलाह के लिए नहीं। गंभीर मामलों में पेशेवरों से परामर्श लें।

इन नियमों का पालन करने से अंक ज्योतिष सकारात्मक शक्ति बनी रहेगी — जो व्यक्तियों को जागरूकता और अनुग्रह के साथ अपनी नियति सह-निर्माण करने में सक्षम बनाएगी।

बार-बार दिखने वाले संयोगपूर्ण संख्याओं और पैटर्नों की व्याख्या संयोगपूर्ण संख्याएँ (जिन्हें एंजेल नंबर, दोहराई जाने वाली संख्याएँ या मास्टर अनुक्रम भी कहते हैं) अंक ज्योतिष का सबसे रोचक और रहस्यमयी पहलू हैं। ये वे पैटर्न हैं जो आपको रोज़मर्रा में बार-बार दिखते हैं — घड़ी पर (जैसे 11:11), वाहन संख्या प्लेट, रसीद, पता या मोबाइल सूचना में। ये संयोग नहीं हैं; ये ब्रह्मांड, उच्च आत्मा या दैवीय संकेत हैं जो आपको ध्यान देने, संरेखित होने या कार्य करने के लिए बुलाते हैं।

कार्ल जंग ने "संयोगपूर्णता" को भौतिक और आध्यात्मिक जगत को जोड़ने वाली अर्थपूर्ण संयोग के रूप में परिभाषित किया था। अंक ज्योतिष में इन पैटर्नों की व्याख्या उनके घटे अंक (1–9) या मास्टर कंपन (11, 22 आदि) के आधार पर की जाती है। जितनी बार दिखें, उतना मजबूत संदेश। इन्हें अपनी वर्तमान विचारों/भावनाओं/परिस्थिति के संदर्भ में समझें।

सामान्य संयोगपूर्ण पैटर्न और अर्थ

- 111 या 1111: नए आरंभ, प्रकटीकरण, संरेखण। "आपके विचार प्रकट हो रहे हैं — सकारात्मक पर ध्यान केंद्रित करें।" उदाहरण: करियर संकट के दौरान घड़ी पर 1111 देखना → नई परियोजना की शुरुआत करने और आत्मविश्वास से आगे बढ़ने का संकेत।
- 222 या 2222: सामंजस्य, संतुलन, साझेदारी। "प्रक्रिया पर विश्वास करें — सब कुछ दैवीय समय पर संरेखित हो रहा है।" उदाहरण: झगड़े के बाद रसीद पर 222 → भावनात्मक सामंजस्य और क्षमा की याद दिलाना।
- 333 या 3333: रचनात्मकता, आध्यात्मिक विकास, दैवीय संरक्षण। "उच्च मार्गदर्शक आपका साथ दे रहे हैं — अपनी सत्यता व्यक्त करें।" उदाहरण: रचनात्मक रुकावट के दौरान संख्या प्लेट पर 333 → कलात्मक विचारों को आनंद से आगे बढ़ाने का संकेत।
- 444 या 4444: स्थिरता, संरक्षण, देवदूत उपस्थिति। "आप सुरक्षित और स्थिर हैं — मजबूत आधार बनाएँ।" उदाहरण: चिंता के दौरान फोन सूचना पर 4444 → दैवीय संरक्षण की पुष्टि।
- 555 या 5555: बदलाव, परिवर्तन, स्वतंत्रता। "बड़े परिवर्तन आ रहे हैं — उन्हें अनुकूलनशीलता से अपनाएँ।" उदाहरण: ठहराव के दौरान होर्डिंग पर 555 → सकारात्मक उथल-पुथल के लिए तैयार होने का संकेत।
- 666 या 6666: भौतिक और आध्यात्मिक संतुलन, आत्म-देखभाल। "सामंजस्य पर ध्यान दें — धन/परिवार के भय को छोड़ें।" उदाहरण: स्पीडोमीटर पर 666 → कार्य और घरेलू जीवन के संतुलन की याद दिलाना।
- 777 या 7777: आध्यात्मिक जागृति, अंतर्ज्ञान, दैवीय बुद्धि। "आप सही मार्ग पर हैं — अपनी आंतरिक मार्गदर्शन पर विश्वास करें।" उदाहरण: होटल कमरे के संख्या पर 7777 → आध्यात्मिक प्रगति की पुष्टि।
- 888 या 8888: समृद्धि, कर्म समाधान, अनंतता। "धन/भौतिक प्रवाह आ रहा है — ईमानदारी से संरेखित रहें।" उदाहरण: कड़ी मेहनत के बाद बिल पर 888 → आगामी पुरस्कार का संकेत।

- 999 या 9999: समापन, छोड़ना, मानवतावाद। "एक चक्र का अंत — पुरानी बातें छोड़ें और नए आरंभ अपनाएँ।" उदाहरण: संक्रमण के दौरान फ्लाइट संख्या पर 9999 → पुराने अध्याय बंद करने का संदेश।

अन्य पैटर्न

- मिरर संख्याएँ (121, 343): आत्म-निरीक्षण — भीतर देखें, विरोधाभासों में संतुलन लाएँ।
- क्रम (1234): प्रगति — चरणबद्ध विकास।
- उल्टा क्रम (9876): छोड़ना — पुराने पैटर्न मुक्त करें।
- 000 या 0000: नई संभावना, ताज़ा आरंभ (न्यूट्रल एम्प्लिफायर)।

व्याख्या के लिए सुझाव:

- आवृत्ति: अगर रोज़ दिखे, तो तत्काल मार्गदर्शन है (उदाहरण: रोज़ 11:11 → विचारों को सावधानी से प्रकट करें)।
- संदर्भ: जब देखा, तब क्या सोच/भावना थी? (उदाहरण: संदेह के दौरान 222 → संरेखण की पुष्टि)।
- व्यक्तिगत संबंध: मूलांक/भाग्यांक से जोड़ें (उदाहरण: मूलांक 2 को 222 दिखना → मजबूत भावनात्मक सामंजस्य का संदेश)।
- संयोगपूर्ण समूह: एक साथ कई पैटर्न (उदाहरण: 111 फिर 333) → बहु-स्तरीय संदेश (नए आरंभ + रचनात्मक अभिव्यक्ति)। · आध्यात्मिक दृष्टि: ये देवदूत मार्गदर्शक, उच्च आत्मा या ब्रह्मांड के संकेत हैं — कृतज्ञता और कार्य से उत्तर दें।

उपाय: संख्या को डायरी में नोट करें, उसके अर्थ का संकल्प लें, उस पर ध्यान करें या संबंधित रंग/रत्न का उपयोग करें।

अंक ज्योतिष अभ्यास में सामान्य भूलें

1. **भविष्यवाणी पर अधिक निर्भरता:** अंक ज्योतिष मार्गदर्शन है, नियति नहीं। नियतिवाद से बचें — हमेशा स्वतंत्र इच्छा और कार्य पर बल दें।
2. **एकीकरण की उपेक्षा:** एक प्रणाली पर अकेले निर्भर न रहें (उदाहरण: वैदिक बिना लो शू के) — पूरी तस्वीर छूट जाती है।
3. **भय फैलाना:** ग्राहकों को नकारात्मक व्याख्या से डराएँ नहीं (उदाहरण: "8 दुर्भाग्य लाएगा") — उपाय और विकास पर फोकस करें।

4. **बिना सोचे नाम बदलाव:** बदलाव हल्के में न सुझाएँ — सुनिश्चित करें कि नया नाम सभी प्रणालियों से संरेखित हो और सहज लगे।
5. **उपाय भूलना:** संख्याएँ समस्या दिखाती हैं — उपाय (मंत्र, रंग, दान) समाधान हैं। हमेशा बताएँ।
6. **गलत गणना:** घटाव दोबारा जाँचें, खासकर मास्टर संख्या (11/22/33)।
7. **संयोगपूर्ण संख्याओं की अधिक व्याख्या:** हर संख्या संकेत नहीं होती — अंतर्ज्ञान से पहचानें।
8. **नैतिक चूक:** अनैतिक कार्य (जैसे अनावश्यक रत्न/नाम बदलाव बेचना) से बचें। सशक्तिकरण पर फोकस करें।
9. **सांस्कृतिक पक्षपात:** विभिन्न परंपराओं का सम्मान करें — वैदिक उपाय पश्चिमी प्रणालियों पर न थोपें।
10. **स्वयं की उपेक्षा:** अभ्यासी अपनी संख्याओं का नियमित विश्लेषण करें ताकि संतुलित रहें।

सामान्य प्रश्न-उत्तर (प्रारंभिक/परामर्शदाताओं के लिए)

1. **प्रश्न:** क्या बेहतर भाग्य के लिए नाम बदल सकता हूँ?

   उत्तर: हाँ, लेकिन केवल तब जब जन्म संख्याओं से असंगत हो। छोटे सुधार (उदाहरण: 1 के लिए A जोड़ना) सबसे अच्छे काम करते हैं। 40–45 दिन परीक्षण करें।

2. **प्रश्न:** अगर प्रणालियों में संख्याएँ टकराती हैं तो?

   उत्तर: जन्म तिथि (वैदिक मूलांक/भाग्यांक) को आत्मा का नक्शा मानकर प्राथमिकता दें। नाम/लो शू संशोधन कर सकते हैं। समग्र दृष्टि के लिए एकीकृत करें।

3. **प्रश्न:** मोबाइल/घर संख्या में 0 अच्छा है या बुरा?

उत्तर: न्यूट्रल/खाली — पिछले अंक को बढ़ा सकता है या देरी दर्शा सकता है। जोड़ियों में पिछले अंक से बदलकर विश्लेषण करें।

4. **प्रश्न:** अंक ज्योतिष कितनी सटीक है?

उत्तर: यह व्याख्या आधारित मार्गदर्शन है, 100% भविष्यवाणी नहीं। एकीकृत प्रणालियों और स्वतंत्र इच्छा/कार्यों से सटीकता बढ़ती है।

5. **प्रश्न:** अगर कुआ दिशा घर से टकराए तो?

उत्तर: फेंग शुई उपाय करें (जैसे दर्पण, स्फटिक) या बिस्तर/डेस्क अपनी सर्वोत्तम दिशा में रखें।

6. **प्रश्न:** क्या अंक ज्योतिष मृत्यु या बुरे घटनाओं की भविष्यवाणी कर सकती है?

उत्तर: नैतिक अंक ज्योतिषी ऐसा नहीं करते। सकारात्मक मार्गदर्शन और उपाय पर फोकस करें।

7. **प्रश्न:** व्यवसाय नाम कैसे चुनें?

उत्तर: अभिव्यक्ति योग मालिक के भाग्यांक/मूलांक से मेल खाए। ध्वनि सामंजस्य के लिए प्रोनोलॉजी उपयोग करें।

8. **प्रश्न:** अगर संयोगपूर्ण संख्याएँ बार-बार दिखें तो?

उत्तर: ये संकेत हैं — डायरी में नोट करें, उनके अर्थ का संकल्प लें, उचित कार्य करें।

9. **प्रश्न:** मोबाइल संख्या घर से अधिक महत्वपूर्ण है?

उत्तर: मोबाइल दैनिक/संचार ऊर्जा प्रभावित करता है; घर घरेलू/परिवार ऊर्जा। दोनों मायने रखते हैं, किंतु मोबाइल करियर/सामाजिक जीवन पर अधिक प्रभाव डालता है।

10. **प्रश्न:** बच्चों की अंक ज्योतिष पढ़ाई कर सकते हैं?

उत्तर: हाँ, लेकिन संयम से — ताकत/प्रतिभा पर फोकस करें, चुनौतियों पर नहीं। मार्गदर्शन के लिए उपयोग करें, दबाव के लिए नहीं।

अंतिम चिंतन

अंक ज्योतिष जीवन भर का साथी है — अपनी कुंडलियों को नियमित देखें, क्योंकि जीवन बदलता रहता है। नैतिक, सशक्त और खुले मन से रहें। वैदिक अंक ज्योतिष की पवित्र दृष्टि से — आधुनिक अंतर्दृष्टियों के साथ — आपने तिथियों, नामों, चक्रों और ग्रह प्रभावों की मौन भाषा को समझना सीखा है जो अस्तित्व के हर पहलू को नियंत्रित करती है। संख्याएँ आपकी सेवा के लिए हैं। अब आपके पास कुंजियाँ हैं:

- अपनी मूल मानसिक संख्या, प्रारब्ध पथ और नाम कंपन को समझने की
- व्यक्तिगत निर्णयों को शुभ समय और उपायों से संरेखित करने की
- जागरूकता से चुनौतियों को विकास में बदलने की
- रिश्तों, करियर, स्वास्थ्य और आध्यात्मिक विकास को संख्यात्मक बुद्धि से सामंजस्य में लाने की

परंतु सच्ची महारत ज्ञान में नहीं, बल्कि विनम्र, निरंतर अनुप्रयोग में है। संख्याओं को कोमलता से मार्गदर्शन करने दें — कभी कठोरता से आदेश न दें। वे प्रवृत्तियाँ दिखाती हैं, न कि निश्चित नियति। आपकी स्वतंत्र इच्छा, संकल्प, भक्ति और सही कार्य ही अंतिम रूप से परिणाम बनाते हैं।

यह पुस्तक केवल एक आरंभ है। अंक ज्योतिष जीवन भर की साधना है — जो समय और आत्म-निरीक्षण से गहरी होती जाती है।

अपनी यात्रा जारी रखें

ब्रह्मांडीय बुद्धि का शाश्वत प्रकाश आपके मार्ग को रोशन करे। आपके जीवन को आकार देने वाली संख्याएँ अब संतुलन, उद्देश्य और दैवीय अनुग्रह की यात्रा में आपके सहयोगी बनें।

गहन कृतज्ञता और आशीर्वाद के साथ,

ओम प्रकाश बंग

हैदराबाद, भारत, अप्रैल 2026

परिशिष्ट १ : मूलांक और भाग्यांक की व्याख्याएँ

यह परिशिष्ट 1 से 9 तक प्रत्येक संख्या की संक्षिप्त लेकिन पूर्ण विशेषताएँ प्रस्तुत करता है — एक ओर **मूलांक** (Root/Driver/मानसिक संख्या — आपकी सहज प्रकृति और दैनिक जीवन ऊर्जा) के रूप में, और दूसरी ओर **भाग्यांक** (प्रारब्ध/Conductor/जीवन पथ संख्या — आपका कर्मिक उद्देश्य और समग्र जीवन दिशा) के रूप में।

मूलांक (Root संख्या) व्याख्याएँ – सहज स्वभाव और दैनिक संचालक

मूलांक 1 – सूर्य

- व्यक्तित्व गुण: आत्मविश्वासी, स्वतंत्र, प्रभुत्वशाली, स्पष्टवादी, महत्वाकांक्षी, मौलिक विचारक।
- प्राकृतिक प्रतिभाएँ: नेतृत्व, त्वरित निर्णय, नवाचार, सार्वजनिक बोलचाल, नई परियोजनाओं का आरंभ।
- ताकतें: दृढ़ संकल्प, आत्मनिर्भरता, उदारता, मार्गदर्शक स्वभाव।
- कमजोरियाँ: अहंकार, अधीरता, प्रभुत्व की प्रवृत्ति, जिद्दीपन, दूसरों की भावनाओं की उपेक्षा।
- भावनात्मक प्रवृत्तियाँ: गर्वीला, मान्यता की आवश्यकता; कमजोरी छिपाने की आदत।
- बार-बार आने वाले जीवन पैटर्न: नेतृत्व के अवसरों के साथ अथॉरिटी टकराव।
- कर्मिक सबक: विनम्रता, प्रेरणा से नेतृत्व करना, नियंत्रण से मुक्ति।
- जीवन विषय: आत्म-सिद्धि, अलग दिखना, नए मार्ग बनाना।

मूलांक 2 – चंद्र

- व्यक्तित्व गुण: संवेदनशील, कूटनीतिक, कोमल, अंतर्ज्ञानी, सहयोगी, भावनात्मक रूप से जागरूक।
- प्राकृतिक प्रतिभाएँ: सहानुभूति, शांति स्थापना, कलात्मक अभिव्यक्ति, परामर्श, लोगों को समझना।
- ताकतें: अनुकूलनशीलता, देखभाल करने की क्षमता, मजबूत अंतर्ज्ञान, सामंजस्य की खोज।
- कमजोरियाँ: मनोदशा में उतार-चढ़ाव, निर्णय लेने में दुविधा, अधिक संवेदनशीलता, दूसरों की स्वीकृति पर निर्भरता।

- भावनात्मक प्रवृत्तियाँ: गहरी सहानुभूति; आनंद और उदासी के बीच उतार-चढ़ाव; आसानी से आहत होना।
- बार-बार आने वाले जीवन पैटर्न: बदलते भावनात्मक वातावरण, माता/परिवार का गहरा प्रभाव, भावनात्मक सुरक्षा की आवश्यकता।
- कर्मिक सबक: भावनात्मक स्वतंत्रता, स्वस्थ सीमाएँ बनाना, बाहरी स्वीकृति से अधिक आंतरिक आवाज पर विश्वास।
- जीवन विषय: रिश्तों में सामंजस्य, भावनात्मक बुद्धिमत्ता, दूसरों की देखभाल करते हुए स्वयं की रक्षा।

मूलांक 3 – बृहस्पति

- व्यक्तित्व गुण: आशावादी, मिलनसार, अभिव्यक्तिपूर्ण, दार्शनिक, उदार, रचनात्मक।
- प्राकृतिक प्रतिभाएँ: संचार, शिक्षण, कहानी कहना, आशावाद, ज्ञान बाँटना।
- ताकतें: भाग्य, विस्तार, बुद्धि, प्रेरणादायक उपस्थिति।
- कमजोरियाँ: अधिक भोग, बिखरा ध्यान, अतिशयोक्ति, अहंकार।
- भावनात्मक प्रवृत्तियाँ: सामान्यतः उत्साही; आदर्श पूरे न होने पर निराशा।
- बार-बार आने वाले जीवन पैटर्न: विकास, यात्रा या शिक्षण के अवसर।
- कर्मिक सबक: ज्ञान के उपयोग में अनुशासन, अधिकता से बचाव।
- जीवन विषय: बुद्धि बाँटना, रचनात्मक विस्तार, समृद्धि।

मूलांक 4 – राहु

- व्यक्तित्व गुण: व्यावहारिक, अनुशासित, मेहनती, अपरंपरागत, विवरणपरक।
- प्राकृतिक प्रतिभाएँ: संगठन, अनुसंधान, नवाचार, दबाव में दृढ़ता।
- ताकतें: लचीलापन, व्यवस्थित दृष्टिकोण, परंपराओं को रचनात्मक तोड़ना।
- कमजोरियाँ: कठोरता, चिंता, भौतिकवाद, अचानक आत्म-संदेह।
- भावनात्मक प्रवृत्तियाँ: भीतर अशांत; बाहर शांत लेकिन आंतरिक तनाव।
- बार-बार आने वाले जीवन पैटर्न: अप्रत्याशित बाधाएँ उसके बाद सफलता।
- कर्मिक सबक: भौतिक महत्वाकांक्षा और आंतरिक शांति का संतुलन।
- जीवन विषय: स्थिर आधार बनाना, ढाँचे में नवाचार।

मूलांक 5 – बुध

- व्यक्तित्व गुण: बहुमुखी, विनोदी, जिज्ञासु, अनुकूलनशील, स्वतंत्रता प्रेमी, तेज़ दिमाग।

- प्राकृतिक प्रतिभाएँ: संचार, भाषा सीखना, नेटवर्किंग, समस्या समाधान।
- ताकतें: मानसिक चुस्ती, प्रभाव डालना, बहुकार्य क्षमता।
- कमजोरियाँ: बेचैनी, असंगति, सतहीपन, आवेग।
- भावनात्मक प्रवृत्तियाँ: उत्साहित; ऊब से चिंता।
- बार-बार आने वाले जीवन पैटर्न: नौकरी, स्थान या रुचियों में बार-बार बदलाव।
- कर्मिक सबक: एकाग्रता, प्रतिबद्धता, गहराई।
- जीवन विषय: विविधता, बौद्धिक विकास, अनुकूलन।

मूलांक 6 – शुक्र

- व्यक्तित्व गुण: प्रेमपूर्ण, कलात्मक, ज़िम्मेदार, सामंजस्यपूर्ण, आकर्षक, परिवार-केंद्रित।
- प्राकृतिक प्रतिभाएँ: सौंदर्य बोध, कूटनीति, देखभाल, संबंध निर्माण।
- ताकतें: निष्ठा, कला/डिज़ाइन में रचनात्मकता, देखभाल करने वाली उपस्थिति।
- कमजोरियाँ: स्वामित्व बोध, दिखावा, अधिक भोग, ना कहने में कठिनाई।
- भावनात्मक प्रवृत्तियाँ: गर्मजोशी और स्नेहपूर्ण; असामंजस्य से गहरा आहत होना।
- बार-बार आने वाले जीवन पैटर्न: घर, परिवार और प्रेम संबंधों पर जोर।
- कर्मिक सबक: प्रेम में स्वस्थ सीमाएँ, सेवा और आत्म-देखभाल का संतुलन।
- जीवन विषय: सौंदर्य, सामंजस्य, उत्तरदायी प्रेम।

मूलांक 7 – केतु

- व्यक्तित्व गुण: विश्लेषणात्मक, आध्यात्मिक, आत्म-चिंतनशील, स्वतंत्र, पूर्णतावादी, अवलोकनशील।
- प्राकृतिक प्रतिभाएँ: अनुसंधान, अंतर्ज्ञान, तकनीकी विश्लेषण, आध्यात्मिक अंतर्दृष्टि।
- ताकतें: सत्य की खोज, वैराग्य, गहन चिंतन।
- कमजोरियाँ: अलगाव, संशय, एकांत, अधिक आलोचना।
- भावनात्मक प्रवृत्तियाँ: संयमित; भावनाएँ भीतर, बाहर अलग-थलग दिखना।
- बार-बार आने वाले जीवन पैटर्न: एकांत के दौर, अप्रत्याशित आध्यात्मिक जागृति।
- कर्मिक सबक: दूसरों पर विश्वास, एकांत और संबंध का संतुलन।

- जीवन विषय: आंतरिक सत्य की खोज, आध्यात्मिक विकास।

मूलांक 8 – शनि

- व्यक्तित्व गुण: अनुशासित, महत्वाकांक्षी, ज़िम्मेदार, लचीला, न्यायप्रिय।
- प्राकृतिक प्रतिभाएँ: रणनीतिक योजना, सहनशीलता, निष्पक्षता, दीर्घकालिक दृष्टि।
- ताकतें: विश्वसनीयता, कड़ी मेहनत, दबाव में ईमानदारी।
- कमजोरियाँ: निराशावाद, असफलता का भय, कठोरता, भावनात्मक ठंडक।
- भावनात्मक प्रवृत्तियाँ: गंभीर; दबाई भावनाएँ क्रोध के रूप में निकलती हैं।
- बार-बार आने वाले जीवन पैटर्न: देरी उसके बाद स्थायी पुरस्कार, कर्मिक परीक्षा।
- कर्मिक सबक: धैर्य, सीमाओं की स्वीकृति, कष्ट से करुणा।
- जीवन विषय: सहनशीलता, न्याय, विरासत निर्माण।

मूलांक 9 – मंगल

- व्यक्तित्व गुण: उत्साही, साहसी, गतिशील, मानवतावादी, दृढ़।
- प्राकृतिक प्रतिभाएँ: संकट में नेतृत्व, कलात्मक प्रेरणा, संरक्षण की प्रवृत्ति।
- ताकतें: ऊर्जा, आदर्शवाद, त्वरित कार्य, लचीलापन।
- कमजोरियाँ: आवेग, क्रोध, बेचैनी, आक्रामकता।
- भावनात्मक प्रवृत्तियाँ: तीव्र; जल्दी क्रोध और जल्दी क्षमा।
- बार-बार आने वाले जीवन पैटर्न: संघर्ष या साहसी निर्णय से परिवर्तन।
- कर्मिक सबक: क्रोध को रचनात्मक रूप से उपयोग करना, धैर्य, अहिंसा।
- जीवन विषय: साहस, समापन, निस्वार्थ सेवा।

भाग्यांक (प्रारब्ध/Conductor संख्या) आपका कर्मिक उद्देश्य और जीवन दिशा

भाग्यांक 1 – सूर्य

- जीवन विषय: आत्म-साक्षात्कार, नेतृत्व, स्वतंत्रता, नवाचार। व्यक्तित्व गुण (नियति दृष्टि): नियति दृश्यता और अथॉरिटी की ओर ले जाती है।
- प्राकृतिक प्रतिभाएँ: बड़े पैमाने की परियोजनाएँ शुरू करना, दूसरों को प्रेरित करना।
- ताकतें: अकेले खड़े होने का साहस।

- कमजोरियाँ: अहंकार युद्ध, अलगाव।
- भावनात्मक प्रवृत्तियाँ: सफलता पर गर्व; रुकावट पर निराशा।
- बार-बार आने वाले पैटर्न: नेतृत्व या मार्गदर्शक के बार-बार अवसर।
- कर्मिक सबक: प्रभुत्व के बिना संतुलित नेतृत्व।
- अनुकूलता: 1, 3, 5, 9 से मजबूत। उपाय: सूर्य को मजबूत करें।

भाग्यांक 2 – चंद्र

- जीवन विषय: भावनात्मक संतुलन, साझेदारी, देखभाल, शांति स्थापना। व्यक्तित्व गुण (नियति दृष्टि): नियति दूसरों के लिए सामंजस्य बनाने की है।
- प्राकृतिक प्रतिभाएँ: सहानुभूति से प्रेरित सेवा।
- ताकतें: कूटनीतिक प्रभाव।
- कमजोरियाँ: अधिक लगाव।
- भावनात्मक प्रवृत्तियाँ: वातावरण के प्रति अत्यधिक संवेदनशील।
- बार-बार आने वाले पैटर्न: संबंधों के सबक, उतार-चढ़ाव वाला समर्थन।
- कर्मिक सबक: आंतरिक भावनात्मक सुरक्षा।
- अनुकूलता: 1, 2, 3, 7 से अच्छा। उपाय: चंद्र को मजबूत करें।

भाग्यांक 3 – बृहस्पति

- जीवन विषय: बुद्धि बाँटना, रचनात्मकता, विस्तार, समृद्धि। व्यक्तित्व गुण (नियति दृष्टि): नियति शिक्षण, विकास और आशावाद की ओर ले जाती है।
- प्राकृतिक प्रतिभाएँ: प्रेरणादायक संचार।
- ताकतें: ज्ञान क्षेत्रों में स्वाभाविक भाग्य।
- कमजोरियाँ: अधिक विस्तार।
- भावनात्मक प्रवृत्तियाँ: कठिनाई में भी आशावादी।
- बार-बार आने वाले पैटर्न: सीखने/सिखाने के अवसर।
- कर्मिक सबक: प्रभाव के उत्तरदायी उपयोग।
- अनुकूलता: 3, 6, 9 से उत्कृष्ट। उपाय: बृहस्पति को मजबूत करें।

भाग्यांक 4 – राहु

- जीवन विषय: नवाचार से भौतिक महारत, भ्रमों पर विजय। व्यक्तित्व गुण (नियति दृष्टि): नियति अराजकता में व्यावहारिक उपलब्धि की माँग करती है।
- प्राकृतिक प्रतिभाएँ: रणनीतिक नवाचार।
- ताकतें: अनिश्चितता में लचीलापन।
- कमजोरियाँ: भौतिक जुनून।

- भावनात्मक प्रवृत्तियाँ: अशांत महत्वाकांक्षा।
- बार-बार आने वाले पैटर्न: अचानक उत्थान/पतन।
- कर्मिक सबक: भौतिक जगत में आध्यात्मिक मूल्यों का आधार बनाना।
- अनुकूलता: 5, 6 से बेहतर। उपाय: राहु को मजबूत करें।

भाग्यांक 5 – बुध

- जीवन विषय: बौद्धिक स्वतंत्रता, अनुकूलनशीलता, संचार। व्यक्तित्व गुण (नियति दृष्टि): नियति बदलाव और सीखने की ओर ले जाती है।
- प्राकृतिक प्रतिभाएँ: बहुमुखी समस्या समाधान।
- ताकतें: त्वरित अनुकूलन।
- कमजोरियाँ: गहराई की कमी।
- भावनात्मक प्रवृत्तियाँ: जिज्ञासु उत्साह।
- बार-बार आने वाले पैटर्न: बार-बार बदलाव।
- कर्मिक सबक: एकाग्रता और प्रतिबद्धता।
- अनुकूलता: 1, 5, 6 से मजबूत। उपाय: बुध को मजबूत करें।

भाग्यांक 6 – शुक्र

- जीवन विषय: प्रेम, ज़िम्मेदारी, सौंदर्य, परिवार सामंजस्य। व्यक्तित्व गुण (नियति दृष्टि): नियति संबंधों और सेवा के केंद्र में है।
- प्राकृतिक प्रतिभाएँ: सौंदर्यपूर्ण सामंजस्य बनाना।
- ताकतें: भक्ति और निष्ठा।
- कमजोरियाँ: सह-निर्भरता।
- भावनात्मक प्रवृत्तियाँ: गर्मजोशी, संबंधपरक।
- बार-बार आने वाले पैटर्न: विवाह/परिवार पर जोर।
- कर्मिक सबक: देने और लेने का संतुलन।
- अनुकूलता: 3, 6, 9 से अच्छा। उपाय: शुक्र को मजबूत करें।

भाग्यांक 7 – केतु

- जीवन विषय: आध्यात्मिक खोज, आत्म-चिंतन, सत्य, वैराग्य। व्यक्तित्व गुण (नियति दृष्टि): नियति आंतरिक बुद्धि और मुक्ति की ओर खींचती है।
- प्राकृतिक प्रतिभाएँ: गहन विश्लेषण, अंतर्ज्ञान, अनुसंधान।
- ताकतें: गहन अंतर्दृष्टि।
- कमजोरियाँ: भावनात्मक वैराग्य।

- भावनात्मक प्रवृत्तियाँ: संयमित, आत्म-चिंतनशील; अलग-थलग महसूस होना।
- बार-बार आने वाले पैटर्न: एकांत के दौर, आध्यात्मिक संकट, सांसारिक लगाव से अप्रत्याशित अलगाव।
- कर्मिक सबक: आध्यात्मिकता को मानवीय संबंधों के साथ जोड़ना; संशय और कमजोरी के भय पर विजय।
- जीवन विषय: आंतरिक जागृति, मोक्ष-उन्मुख पथ, एकांत से बुद्धि।
- अनुकूलता: 2, 7 से सामंजस्यपूर्ण। उपाय: केतु को मजबूत करें।

भाग्यांक 8 – शनि

- जीवन विषय: कर्म समाधान, सहनशीलता, न्याय, दीर्घकालिक सफलता। व्यक्तित्व गुण (नियति दृष्टि): नियति कड़ी मेहनत और ज़िम्मेदारी से पुरस्कार देती है।
- प्राकृतिक प्रतिभाएँ: रणनीतिक सहनशीलता।
- ताकतें: स्थायी उपलब्धियाँ।
- कमजोरियाँ: विलंबित संतुष्टि।
- भावनात्मक प्रवृत्तियाँ: गंभीर, कर्तव्यपरक।
- बार-बार आने वाले पैटर्न: धैर्य और ईमानदारी की परीक्षा।
- कर्मिक सबक: कष्ट से करुणा।
- अनुकूलता: 5, 6 से बेहतर। उपाय: शनि को मजबूत करें।

भाग्यांक 9 – मंगल

- जीवन विषय: समापन, मानवतावादी सेवा, साहस, परिवर्तन। व्यक्तित्व गुण (नियति दृष्टि): नियति साहसी, निस्वार्थ कार्य की पुकार है।
- प्राकृतिक प्रतिभाएँ: संकट में नेतृत्व।
- ताकतें: प्रेरणादायक साहस।
- कमजोरियाँ: तीव्रता से थकान।
- भावनात्मक प्रवृत्तियाँ: उत्साही, आदर्शवादी।
- बार-बार आने वाले पैटर्न: अंत और नए आरंभ के चक्र।
- कर्मिक सबक: ऊर्जा का नियंत्रित उपयोग, क्षमा।
- अनुकूलता: - से मजबूत। उपाय: मंगल को मजबूत करें।

परिशिष्ट २ : जन्म तिथि और मास की महत्ता

वैदिक अंक ज्योतिष में जन्म का सटीक दिन (1 से 31 तक) आपके **मूलांक** (Root संख्या) में एक सूक्ष्म परत जोड़ता है। मूलांक हमेशा एकल अंक (1–9) में घटता है, लेकिन पूर्ण जन्म दिन (विशेषकर दो-अंकीय होने पर) अपनी अलग ऊर्जात्मक छाप रखता है — जो व्यक्तित्व की बारीक विशेषताओं, भावनात्मक प्रतिक्रियाओं, बार-बार आने वाले पैटर्नों और आपकी मूल ऊर्जा के दैनिक जीवन में अभिव्यक्ति के तरीके को प्रभावित करता है।

हम दो-अंकीय तिथि ऊर्जाओं (घटने से पहले वाली संयुक्त संख्याओं) का भी गहन अध्ययन करते हैं — ये कर्मिक सूक्ष्मता या विशेष गुणों को उजागर करती हैं। अंत में, जन्म का मास (1–12) एक अतिरिक्त ग्रह और ऋतु प्रभाव जोड़ता है, जो आपके समग्र स्वभाव, भावनात्मक रंग और जीवन फोकस को रंग देता है।

जन्म दिन की श्रेणियाँ:

ऊर्जात्मक छाप दिन 1–9 — शुद्ध, सीधी कंपन (घटाने की आवश्यकता नहीं)। ऐसे जन्मे व्यक्ति संख्या की ऊर्जा को सबसे स्पष्ट और सरल रूप में व्यक्त करते हैं।

- **1, 10, 19, 28 (घटकर 1 – सूर्य):** मजबूत नेतृत्व, स्वतंत्रता, अहंकार से प्रेरित प्रेरणा।
    - 1: शुद्ध मार्गदर्शक स्वभाव।
    - 10: नवाचारी, महत्वाकांक्षी, थोड़ा भौतिक फोकस।
    - 19: कर्मिक तीव्रता — संघर्ष के बाद सफलता, मानवतावादी झुकाव।
    - 28: व्यावहारिक महत्वाकांक्षा, धन में उतार-चढ़ाव।
- **2, 11, 20, 29 (घटकर 2 – चंद्र):** संवेदनशील, अंतर्ज्ञानी, साझेदारी-केंद्रित।
    - 2: कोमल, कूटनीतिक आधार।
    - 11: उच्च अंतर्ज्ञान, मानसिक संवेदनशीलता (मास्टर संख्या प्रभाव)।
    - 20: भावनात्मक गहराई, परिवार फोकस।
    - 29: कलात्मक, मनोदशा में उतार-चढ़ाव, माता का गहरा प्रभाव।

- **3, 12, 21, 30 (घटकर 3 – बृहस्पति):** रचनात्मक, आशावादी, अभिव्यक्तिपूर्ण।
    - 3: आनंदपूर्ण, संचारक।
    - 12: कल्पनाशील, त्याग की प्रवृत्ति।
    - 21: सामाजिक सफलता, आकर्षण।
    - 30: कलात्मक प्रतिभा, अनुशासन न होने पर बिखराव।
- **4, 13, 22, 31 (घटकर 4 – राहु):** अनुशासित, व्यावहारिक, अपरंपरागत।
    - 4: स्थिर निर्माता।
    - 13: परिवर्तनकारी चुनौतियाँ, कर्मिक ऋण।
    - 22: मास्टर बिल्डर क्षमता (उच्च प्रकटीकरण शक्ति)।
    - 31: नवाचारी, विद्रोही स्वभाव।
- **5, 14, 23 (घटकर 5 – बुध):** बहुमुखी, जिज्ञासु, स्वतंत्रता प्रेमी।
    - 5: अनुकूलनशील आधार।
    - 14: बेचैन, मीडिया/संचार प्रतिभा।
    - 23: रचनात्मक बुद्धि, त्वरित सफलता।
- **6, 15, 24 (घटकर 6 – शुक्र):** प्रेमपूर्ण, ज़िम्मेदार, कलात्मक।
    - 6: सामंजस्यपूर्ण, परिवार-केंद्रित।
    - 15: आकर्षक, सौंदर्यप्रिय, कलात्मक।
    - 24: संरक्षक, देखभाल करने वाला।
- **7, 16, 25 (घटकर 7 – केतु):** आत्म-चिंतनशील, आध्यात्मिक, विश्लेषणात्मक।
    - 7: शुद्ध खोजी।
    - 16: अचानक उथल-पुथल, आध्यात्मिक परीक्षा।
    - 25: अंतर्ज्ञानी बुद्धि, अनुसंधान-केंद्रित।
- **8, 17, 26 (घटकर 8 – शनि):** अनुशासित, महत्वाकांक्षी, कर्मिक।
    - 8: सहनशीलता का आधार।
    - 17: कष्ट से नेतृत्व।

- 26: भौतिक संघर्ष, अंत में स्थिरता।

- **9, 18, 27 (घटकर 9 – मंगल):** दयालु, गतिशील, मानवतावादी।
    - 9: आदर्शवादी आधार।
    - 18: तीव्र परिवर्तन।
    - 27: आध्यात्मिक योद्धा ऊर्जा।

दो-अंकीय तिथि ऊर्जाएँ (संयुक्त संख्याएँ) – गहन अंतर्दृष्टि पूर्ण दो-अंकीय दिन (घटने से पहले) एक संयुक्त कंपन के रूप में कार्य करता है — जो मूलांक में कर्मिक सूक्ष्मता या तीव्रता जोड़ता है।

10: नए आरंभ + भौतिक महत्वाकांक्षा (सूर्य प्रभाव)।

11: मास्टर अंतर्ज्ञान, आध्यात्मिक संवेदनशीलता (चंद्र प्रवर्धित)।

12: सामंजस्य के लिए त्याग (चंद्र + बृहस्पति)।

13: कर्मिक ऋण, अचानक बदलाव (राहु)।

14: बेचैन संचार (बुध)।

15: कलात्मक आकर्षण (शुक्र)।

16: मीनार जैसी उथल-पुथल, आध्यात्मिक जागृति (केतु)।

17: प्रयास से विजय (शनि)।

18: तीव्र अंत/आरंभ (मंगल)।

19: परीक्षा के बाद सफलता (सूर्य + मंगल)।

20: भावनात्मक गहराई, परिवार कर्म (चंद्र)।

21: सामाजिक आकर्षण, रचनात्मकता (बृहस्पति)।

22: मास्टर बिल्डर (राहु उच्च क्षमता)।

23: रचनात्मक बुद्धि (बुध)।

24: संरक्षक देखभाल (शुक्र)।

25: विश्लेषणात्मक अंतर्ज्ञान (केतु)।

26: भौतिक सबक (शनि)।

27: आध्यात्मिक साहस (मंगल)।

28: व्यावहारिक महत्वाकांक्षा (शनि)।

29: कलात्मक संवेदनशीलता (चंद्र)।

30: अभिव्यक्तिपूर्ण प्रतिभा (बृहस्पति)।

31: नवाचारी दृढ़ता (राहु)।

जन्म मास – अतिरिक्त प्रभाव की परत मास (1–12) ऋतु, ग्रह और तत्व प्रभाव जोड़ता है, जो आपके समग्र स्वभाव, भावनात्मक रंग और जीवन का ध्यान को प्रभावित करता है।

जनवरी (1 – सूर्य): दृढ़ संकल्प, नेतृत्व की प्रवृत्ति।

फरवरी (2 – चंद्र): भावनात्मक गहराई, अंतर्ज्ञान।

मार्च (3 – बृहस्पति): आशावादी, विस्तारशील।

अप्रैल (4 – राहु): व्यावहारिक, नवाचारी।

मई (5 – बुध): जिज्ञासु, संचारक।

जून (6 – शुक्र): कलात्मक, संबंधपरक।

जुलाई (7 – केतु): आत्म-चिंतनशील, आध्यात्मिक।

अगस्त (8 – शनि): अनुशासित, उत्तरदायी।

सितंबर (9 – मंगल): गतिशील, उत्साही।

अक्टूबर (10 → 1 – सूर्य): नवीनीकृत पहल।

नवंबर (11 → 2 – चंद्र): उच्च अंतर्ज्ञान।

दिसंबर (12 → 3 – बृहस्पति): दार्शनिक, उदार।

परिशिष्ट ३ : महादशा तालिका

- पंक्तियाँ (Y): आयु 1 से 90 वर्ष (पूर्ण वर्ष)
- स्तंभ (X): जन्म पर दशा = मूलांक = प्रारंभिक ग्रह संख्या (1 से 9)
- सेल (Cell) मान: उस वर्ष में चलने वाली महादशा का ग्रह संख्या (उस प्रारंभिक मूलांक के लिए)

ग्रह संख्या संकेत:

1 = सूर्य 2 = चंद्र 3 = बृहस्पति

4 = राहु 5 = बुध 6 = शुक्र

7 = केतु 8 = शनि 9 = मंगल

महादशा ग्रह संख्या और प्रारंभिक मूलांक के अनुसार (आयु (Age 15 to 30)

Age	1	2	3	4	5	6	7	8	9	Age	1	2	3	4	5	6	7	8	9
1	1	2	3	4	5	6	7	8	9	16	6	6	6	6	7	7	7	8	1
2	2	2	3	4	5	6	7	8	9	17	6	6	7	7	7	7	7	8	1
3	2	3	3	4	5	6	7	8	9	18	7	7	7	7	7	7	7	8	2
4	3	3	3	4	5	6	7	8	9	19	7	7	7	7	7	7	8	8	2
5	3	3	4	4	5	6	7	8	9	20	7	7	7	7	7	8	8	8	2
6	3	4	4	4	5	6	7	8	9	21	7	7	7	8	8	8	8	8	2
7	4	4	4	4	5	6	7	8	9	22	7	8	8	8	8	8	8	8	2
8	4	4	4	5	5	6	7	8	9	23	8	8	8	8	8	8	8	9	2
9	4	4	5	5	5	6	7	8	9	24	8	8	8	8	8	8	9	9	2
10	5	5	5	5	5	6	7	8	1	25	8	8	8	8	8	9	9	9	2
11	5	5	5	5	6	6	7	8	1	26	8	8	9	9	9	9	9	9	2
12	5	5	5	6	6	6	7	8	1	27	9	9	9	9	9	9	9	9	2
13	5	6	6	6	6	6	7	8	1	28	9	9	9	9	9	9	9	1	3
14	6	6	6	6	6	6	7	8	1	29	9	9	9	9	9	9	1	1	3
15	6	6	6	6	6	7	7	8	1	30	9	9	9	9	9	1	1	1	3

महादशा ग्रह संख्या और प्रारंभिक मूलांक के अनुसार (आयु (Age 31 to 90)

Age	1	2	3	4	5	6	7	8	9	Age	1	2	3	4	5	6	7	8	9
31	9	1	1	1	1	1	1	1	3	61	6	6	6	6	7	7	7	8	1
32	1	1	1	1	1	1	1	1	3	62	6	6	7	7	7	7	7	8	1
33	1	1	1	1	1	1	1	2	3	63	7	7	7	7	7	7	7	8	2
34	1	1	1	1	2	2	2	2	3	64	7	7	7	7	7	7	8	8	2
35	2	2	2	2	2	2	2	2	3	65	7	7	7	7	7	8	8	8	2
36	2	2	2	2	2	2	2	2	3	66	7	7	7	8	8	8	8	8	2
37	2	2	2	2	2	2	2	2	4	67	7	8	8	8	8	8	8	8	2
38	2	2	2	3	3	3	3	3	4	68	8	8	8	8	8	8	8	9	2
39	3	3	3	3	3	3	3	3	4	69	8	8	8	8	8	8	9	9	2
40	3	3	3	3	3	3	3	3	4	70	8	8	8	8	8	9	9	9	2
41	3	3	3	3	3	3	4	4	4	71	8	8	9	9	9	9	9	9	2
42	3	3	4	4	4	4	4	4	4	72	9	9	9	9	9	9	9	9	2
43	4	4	4	4	4	4	4	4	4	73	9	9	9	9	9	9	9	1	3
44	4	4	4	4	4	4	4	4	5	74	9	9	9	9	9	9	1	1	3
45	4	4	4	4	5	5	5	5	5	75	9	9	9	9	9	1	1	1	3
46	1	2	3	4	5	6	7	8	9	76	9	1	1	1	1	1	1	1	3
47	2	2	3	4	5	6	7	8	9	77	1	1	1	1	1	1	1	1	3
48	2	3	3	4	5	6	7	8	9	78	1	1	1	1	1	1	1	2	3
49	3	3	3	4	5	6	7	8	9	79	1	1	1	1	2	2	2	2	3
50	3	3	4	4	5	6	7	8	9	80	2	2	2	2	2	2	2	2	3
51	3	4	4	4	5	6	7	8	9	81	2	2	2	2	2	2	2	2	3
52	4	4	4	4	5	6	7	8	9	82	2	2	2	2	2	2	2	2	4
53	4	4	4	5	5	6	7	8	9	83	2	2	2	3	3	3	3	3	4
54	4	4	5	5	5	6	7	8	9	84	3	3	3	3	3	3	3	3	4
55	5	5	5	5	5	6	7	8	1	85	3	3	3	3	3	3	3	3	4
56	5	5	5	5	6	6	7	8	1	86	3	3	3	3	3	3	4	4	4
57	5	5	5	6	6	6	7	8	1	87	3	3	4	4	4	4	4	4	4
58	5	6	6	6	6	6	7	8	1	88	4	4	4	4	4	4	4	4	4
59	6	6	6	6	6	6	7	8	1	89	4	4	4	4	4	4	4	4	5
60	6	6	6	6	6	7	7	8	1	90	4	4	4	4	5	5	5	5	5

तालिका कैसे पढ़ें (उदाहरण: प्रारंभिक मूलांक = 3)

How to read the table (example for starting Moolank = 3)

यदि जन्म पर चल रही दशा 3 (बृहस्पति) है, तो स्तंभ 3 देखें:

- आयु 1–3 वर्ष → 3 (बृहस्पति)
- आयु 4–6 वर्ष → 4 (राहु)
- आयु 7–11 वर्ष → 5 (बुध)
- आयु 12–17 वर्ष → 6 (शुक्र)
- आयु 18–24 वर्ष → 7 (केतु)
- आयु 25–32 वर्ष → 8 (शनि)
- आयु 33–39 वर्ष → 9 (मंगल)
- आयु 40–45 वर्ष → 1 (सूर्य)
- आयु 46–50 वर्ष → 2 (चंद्र)
- आयु 51–55 वर्ष → 3 (बृहस्पति फिर से) ... और इसी तरह आगे।

यह क्रम हर 45 वर्ष बाद दोहराता है, लेकिन प्रारंभिक ग्रह के अनुसार स्थानांतरण के साथ।

यह तालिका आपको हर बार संचयी गणना किए बिना त्वरित दृश्य संदर्भ देती है। किसी भी दशा (महादशा, अंतर्दशा या प्रत्यंतर दशा) की सटीक शुरुआत और समाप्ति तिथियों के लिए जन्म तिथि के आधार पर विस्तृत कैलेंडर विधि का उपयोग करें।

परिशिष्ट ४ : वैदिक अंक ज्योतिष में 39 प्रमुख योग

यह परिशिष्ट वैदिक अंक ज्योतिष (अंक शास्त्र) में प्रचलित 39 प्रमुख योगों की सूची देता है। ये योग जन्म ग्रिड विश्लेषण और वर्तमान ग्रिड विश्लेषण में उपयोग होते हैं। (वर्तमान ग्रिड में महादशा, अंतर्दशा और प्रत्यंतर दशा से संबंधित संख्याएँ शामिल होती हैं।) "X" का अर्थ है कि वह स्थान ग्रिड में गायब/खाली है।

एक ही संख्या का कई बार आना (उदाहरण: 111, 88) योग की शक्ति को बढ़ाता है। योगों को आसानी से समझने के लिए प्रकार के अनुसार समूहबद्ध किया गया है: आसन्न (क्षैतिज/लंबवत), विपरीत, विकर्ण, पूर्ण रेखा (In Line), हीरा (<>),कई बार एक ही संख्या आना, 4 गायब (4M), राज योग (RY), त्रिकोण (Tr) आदि।

समूह 1: आसन्न क्षैतिज योग (Ad Horizontal)

01. Ad Horizontal 3-1-X प्रकार: बृहस्पति–सूर्य–मंगल गायब योग

विवरण: शक्तिशाली बुद्धि-नेतृत्व संयोजन। बृहस्पति की ज्ञान शक्ति + सूर्य की अथॉरिटी से स्वाभाविक सम्मान, प्रतिष्ठा और मान्यता मिलती है। ज्योतिषी, चिकित्सक, न्यायाधीश, प्रशासक, आध्यात्मिक शिक्षक या सम्मानित पेशे वालों के लिए उत्कृष्ट। सफलता व्यक्तिगत प्रयास, बुद्धि और नैतिक आचरण से आती है। सामाजिक स्तर ऊँचा, नाम-यश, खासकर अगर सूर्य जन्म ग्रिड में मजबूत हो। वर्तमान ग्रिड में अथॉरिटी और सम्मान का दौर दर्शाता है।

02. Ad Horizontal X-1-9 प्रकार: बृहस्पति गायब – सूर्य – मंगल योग

विवरण: आक्रामक, आत्मविश्वासी, उच्च ऊर्जा वाला नेतृत्व। सूर्य-मंगल संयोजन से तीव्र दृढ़ता, साहस और साहसिक कार्य करने की क्षमता। शल्य चिकित्सक, इंजीनियर, सेना/पुलिस, अग्नि संबंधित पेशे या मंत्रिमंडल/राजनीतिक भूमिकाओं के लिए अच्छा। बृहस्पति (बुद्धि) गायब होने से कभी-कभी क्रोधी स्वभाव। वर्तमान ग्रिड में निर्णायक, कार्य-केंद्रित सफलता का दौर, क्रोध नियंत्रण की आवश्यकता।

03. Ad Horizontal 6-7-X प्रकार: शुक्र – केतु – बुध गायब योग

विवरण: गहन कलात्मक और आध्यात्मिक झुकाव। संगीत, ललित कला, सौंदर्य और विलास के प्रति गहरा प्रेम। शुक्र-केतु से रहस्यमयी रचनात्मकता, आध्यात्मिक वैराग्य और गूढ़ विषयों में आकर्षण। कई 6 होने पर विलास आकर्षण के बावजूद निरंतर भौतिक संघर्ष; कई 7 होने पर अस्थिरता और आध्यात्मिक बेचैनी बढ़ती

है। तीन से अधिक प्रेम संबंध या भावनात्मक उलझनें संभव। वर्तमान ग्रिड में कलात्मक प्रेरणा या आध्यात्मिक खोज का दौर।

04. Ad Horizontal X-7-5 प्रकार: शुक्र गायब – केतु – बुध योग

विवरण: बुद्धि और संचार से धन प्राप्ति में भाग्य। उत्कृष्ट लेखक, वक्ता, ज्योतिषी, पत्रकार, अनुसंधानकर्ता या परामर्शदाता। आकर्षक व्यक्तित्व, आसान मित्रता और प्रेम संबंध। लोग आपके कार्य और विचारों की सराहना करते हैं। केतु-बुध से तीक्ष्ण अंतर्ज्ञानी बुद्धि। वर्तमान ग्रिड में लेखन, शिक्षण या मीडिया से लाभ का समय।

05. Ad Horizontal 2-8-X प्रकार: चंद्र – शनि – राहु गायब योग

विवरण: भावनात्मक अस्थिरता, मनोदशा में उतार-चढ़ाव, अवसाद, लत की प्रवृत्ति, आत्महत्या के विचार (खासकर कई 2 या 8 होने पर)। घर में रिसाव/पानी की समस्या। भय, चिंता, माता/परिवार से अलगाव। एक ही परिवार की दो बहनें एक ही परिवार में विवाह कर सकती हैं। वर्तमान ग्रिड में भावनात्मक निम्न दौर — ग्राउंडिंग उपायों की आवश्यकता।

06. Ad Horizontal X-8-4 प्रकार: चंद्र गायब – शनि – राहु योग

विवरण: अत्यधिक योजना लेकिन कम क्रियान्वयन। अत्यधिक कल्पनाशील लेकिन अव्यावहारिक। दुर्घटना प्रवण, बुरी आदतों की लत, संतोषजनक यौन जीवन की कमी। घर के पास काँटेदार पेड़-पौधे। वर्तमान ग्रिड में निराशा और देरी का दौर — कार्य-केंद्रित उपायों की आवश्यकता।

समूह 2: आसन्न लंबवत योग (Ad Vertical)

07. Ad Vertical 3-6-X प्रकार: बृहस्पति – शुक्र – चंद्र गायब योग

विवरण: विवाह के बाद भाग्य और सौभाग्य का उदय। अत्यधिक उदार, चतुर, सुशिक्षित, सामाजिक सम्मान। मजबूत धार्मिक/आध्यात्मिक झुकाव, अपने सिद्धांतों का पालन। अच्छा सामाजिक वृत्त और सार्वजनिक छवि। वर्तमान ग्रिड में विवाह से लाभ या सामाजिक उन्नति का अनुकूल समय।

08. Ad Vertical X-6-2 प्रकार: बृहस्पति गायब – शुक्र – चंद्र योग

विवरण: अत्यधिक रचनात्मक, आकर्षक, संगीत/कला प्रेमी। कई प्रेम संबंध/भावनात्मक उलझनें। विलास/सुख के लिए चरम पर जा सकता है। मधुमेह,

मूत्र संबंधी समस्या या दो विवाह की संभावना। उच्च शिक्षा में बाधाएँ। वर्तमान ग्रिड में रोमांटिक या कलात्मक ऊँचाई लेकिन संबंध अस्थिरता का दौर।

09. Ad Vertical 1-7-X प्रकार: सूर्य – केतु – शनि गायब योग

विवरण: घरेलू सुख की कमी, दोहरे संबंध/विवाह संभव। मजबूत अंतर्ज्ञान, गूढ़ विज्ञानों में रुचि। पिता से गलतफहमी, फिर भी धन, नाम और यश संभव। सरकारी नौकरी की संभावना। वर्तमान ग्रिड में आध्यात्मिक या अथॉरिटी दौर लेकिन परिवार चुनौतियाँ।

10. Ad Vertical X-7-8 प्रकार: सूर्य गायब – केतु – शनि योग

विवरण: जीवन के मुख्य क्षेत्रों में दुर्भाग्य (जीवन, माता-पिता, विवाह, दुर्घटना)। एकांत, निराशावाद, परिवार अशांति, संतोषजनक यौन जीवन की कमी। वर्तमान ग्रिड में भारी कर्मिक दौर — शनि/केतु के मजबूत उपायों की आवश्यकता।

11. Ad Vertical 9-5-X प्रकार: मंगल – बुध – राहु गायब योग

विवरण: स्पष्टवादी, बुद्धिमान, तीक्ष्ण दिमाग, जरूरत पड़ने पर चालाक। आक्रामक वक्ता, स्वाभाविक नेता। शारीरिक रूप से सक्रिय, व्यवसाय में अच्छा। कभी-कभी स्वयं की सफलता को नुकसान पहुँचा सकता है। वर्तमान ग्रिड में गतिशील, कार्य-संचार दौर।

12. Ad Vertical X-5-4 प्रकार: मंगल गायब – बुध – राहु योग

विवरण: त्वचा रोग, मुकदमेबाजी (स्वयं या दूसरों से), सरकारी मामलों में हानि, कमजोर दृष्टि। बुद्धिमान, विवेकी, स्पष्ट विचारक। जीवन में निरंतर बदलाव की आवश्यकता। वर्तमान ग्रिड में बेचैनी, कानूनी/संचार चुनौतियाँ।

समूह 3: विपरीत क्षैतिज योग (Op Horizontal)

13. Op Horizontal 3-X-9 प्रकार: बृहस्पति – सूर्य गायब – मंगल योग

विवरण: अधिक कार्य, कम तत्काल लाभ। बुद्धिमान, विद्वान, विवेकी। ध्यान, योग, तीर्थयात्रा, विज्ञान में रुचि। कार्य अधूरे छोड़ने की प्रवृत्ति। चिकित्सक/नेताओं के लिए अच्छा। वर्तमान ग्रिड में प्रयास-केंद्रित लेकिन बुद्धि-निर्माण दौर।

14. Op Horizontal 6-X-5 प्रकार: शुक्र – केतु गायब – बुध योग

विवरण: उच्च शिक्षा में बाधाएँ। कलात्मक/रचनात्मक मन। लेखक, संगीतकार, अभिनेता, लेखक। बहुत रचनात्मक ऊर्जा। प्रेम विवाह की संभावना। वर्तमान ग्रिड में रचनात्मक या शैक्षिक विकास दौर।

15. Op Horizontal 2-X-4 प्रकार: चंद्र – शनि गायब – राहु योग

विवरण: कमजोर दृष्टि, मानसिक रोग, हीन भावना, परिवार संघर्ष, चिंता, भय, अवास्तविक अपेक्षाएँ। वर्तमान ग्रिड में भावनात्मक/मानसिक तनाव दौर।

समूह 4: विपरीत लंबवत योग (Op Vertical)

16. Op Vertical 3-X-2 प्रकार: बृहस्पति – शुक्र गायब – चंद्र योग

विवरण: शिक्षा में बाधा। अहंकारी, घमंडी। कई शत्रु (लेकिन ज्यादा हानि नहीं कर पाते)। संतान से सुख की कमी। नींबू का पेड़ पास में लगाना उपाय। वर्तमान ग्रिड में शैक्षिक/परिवार चुनौतियाँ।

17. Op Vertical 1-X-8 प्रकार: सूर्य – केतु गायब – शनि योग

विवरण: नियोक्ता/अधीनस्थ/सेवकों से खराब संबंध। बाधाएँ, अपमान, सरकारी नौकरी में हानि। परिवार अशांति। पिता के स्वास्थ्य में समस्या। वर्तमान ग्रिड में अथॉरिटी/कर्मिक संघर्ष दौर।

18. Op Vertical 9-X-4 प्रकार: मंगल – बुध गायब – राहु योग

विवरण: मजबूत बंधन योग (प्रतिबंध)। मानसिक अशांति। अदालत/अस्पताल संबंध। बेचैनी। वकील, चिकित्सक, पुलिस के लिए अच्छा। उपाय: रसोई में भोजन करना। वर्तमान ग्रिड में कानूनी या बंधन संबंधी चुनौतियाँ।

समूह 5: विकर्ण योग (Di)

19. Diagonal 3-7-4 प्रकार: बृहस्पति – केतु – राहु योग

विवरण: शिक्षा में बाधाएँ लेकिन शीर्ष स्थान प्राप्ति। केवल जन्म ग्रिड में कालसर्प दोष। मजबूत आध्यात्मिक-भौतिक तनाव। वर्तमान ग्रिड में बाधाओं के बाद परिवर्तनकारी उन्नति।

20. Diagonal 2-7-9 प्रकार: चंद्र – केतु – मंगल योग

विवरण: जीवन में संघर्ष, परिवार से दूर, परिवार अशांति। जोड़ों में दर्द, मूत्र रोग। साहसी। कालसर्प दोष। वर्तमान ग्रिड में तीव्र भावनात्मक-आध्यात्मिक-शारीरिक चुनौतियाँ।

समूह 6: पूर्ण रेखा / क्षैतिज रेखा योग (IL Horizontal)

21. IL Horizontal 3-1-9 प्रकार: बृहस्पति – सूर्य – मंगल योग

विवरण: मजबूत व्यक्तित्व, आक्रामक, साहसी। खेलकूद में व्यक्ति। विवाह में विलंब। छात्रों/सीखने वालों के लिए उत्कृष्ट। वर्तमान ग्रिड में नेतृत्व और कार्य दौर।

22. IL Horizontal 6-7-5 प्रकार: शुक्र – केतु – बुध योग

विवरण: अत्यधिक विलासपूर्ण जीवन, बड़ा घर, परिवार विकास, उच्च स्तर। व्यवसाय के लिए बहुत अच्छा। वर्तमान ग्रिड में भौतिक और स्तर उन्नति।

23. IL Horizontal 2-8-4 प्रकार: चंद्र – शनि – राहु योग

विवरण: जन्म स्थान से दूर। बड़े उतार-चढ़ाव। क्रोध में वाणी पर नियंत्रण नहीं। दुर्घटना/मृत्यु जोखिम। वर्तमान ग्रिड में उथल-पुथल, स्थानांतरण दौर।

समूह 7: पूर्ण रेखा / लंबवत रेखा योग (IL Vertical)

24. IL Vertical 3-6-2 प्रकार: बृहस्पति – शुक्र – चंद्र योग

विवरण: विवाह में अनिच्छा। विवाह के बाद उन्नति। आकर्षक, संगीत प्रेमी। अच्छी शिक्षा। स्त्री रोग संभव। वर्तमान ग्रिड में संबंध/सामाजिक विकास।

25. IL Vertical 1-7-8 प्रकार: सूर्य – केतु – शनि योग

विवरण: मजबूत अंतर्ज्ञान, सुनहरी वाणी (प्रभावशाली बोलचाल)। तकनीकी ज्ञान। कई आय स्रोत। सहायक लेकिन अक्सर सराहना न मिलना। वर्तमान ग्रिड में अंतर्ज्ञानी-तकनीकी दौर।

26. IL Vertical 9-5-4 प्रकार: मंगल – बुध – राहु योग

विवरण: त्वरित निर्णय/कार्य। स्पष्टवादी। संपत्ति विवाद। वर्तमान ग्रिड में तेज गति, कानूनी/संपत्ति समस्या।

समूह 8: हीरा और बहु संख्या योग

27. Diamond 6-1-8-5 प्रकार: शुक्र – सूर्य – शनि – बुध योग

विवरण: बुद्धिमान, साहसी, लचीला। राज योग। समुदाय और विदेश में नाम-यश। वर्तमान ग्रिड में शक्तिशाली मान्यता दौर।

28. 2+++ (3 या अधिक 2) प्रकार: बहु चंद्र योग

विवरण: चुंबकीय आकर्षण, अत्यधिक रचनात्मक, अत्यधिक देखभाल करने वाला, हमेशा मदद के लिए तैयार। बहुत भावुक, किसी को रोता नहीं देख सकता। वर्तमान ग्रिड में बढ़ी हुई सहानुभूति/आकर्षण।

समूह 9: 4 गायब (4M) योग

29. 4M – 1-4 गायब प्रकार: सूर्य – राहु (केतु, शनि, मंगल, बुध गायब) योग

विवरण: पितृ दोष (जन्म ग्रिड में)। विवाह समस्या, शारीरिक/आर्थिक समस्या, संतान विलंब (खासकर राहु 5वें/9वें में हो तो)। सूर्य, राहु उपाय, अमावस्या अनुष्ठान।

30. 4M – 1-5 गायब प्रकार: सूर्य – बुध (केतु, शनि, मंगल, राहु गायब) योग

विवरण: भाग्य, यश, समृद्धि। नियति बदलने वाला राज योग। तीक्ष्ण, कुशल, साहसी। अद्‌भुत जीवनसाथी। वर्तमान ग्रिड में सौभाग्यपूर्ण परिवर्तन।

31. 4M – 5-8 गायब प्रकार: बुध – शनि (शुक्र, केतु, चंद्र, राहु गायब) योग

विवरण: तीक्ष्ण स्मृति, अच्छा वित्त प्रबंधन। बीमा/वित्त संबंधित कार्य। स्वार्थी। 35 के बाद उन्नति। पिता के लिए अशुभ। त्वचा समस्या।

32. 4M – 3-8 गायब प्रकार: बृहस्पति – शनि (शुक्र, चंद्र, सूर्य, केतु गायब) योग

विवरण: धर्म कर्माधिपति योग। संघर्ष के बाद लक्ष्य प्राप्ति। अच्छा सलाहकार, न्यायाधीश या ज्योतिषी क्षमता।

समूह 10: अन्य विशेष योग

33. मंगल ++ बुध (मंगल + बहु बुध) प्रकार: 9-5+++: मंगल + बार-बार 5 (राहु गायब) योग

विवरण: धोखाधड़ी की प्रवृत्ति (करने या होने)। मजबूत मानसिक स्तर। बुद्धिमान, तीक्ष्ण, चालाक। वर्तमान ग्रिड में उच्च जोखिम वाला बौद्धिक दौर।

34. RY राज योग (सूर्य-चंद्र) प्रकार: 1-2: सूर्य – चंद्र (बृहस्पति, शुक्र गायब) योग

विवरण: छिपे शत्रु, ऋण, स्वास्थ्य समस्या, परिवार अशांति। उतार-चढ़ाव लेकिन निरंतर विकास। राज योग बनाता है। कम से कम एक बार "शून्य" (निम्न बिंदु) का सामना। वर्तमान ग्रिड में लचीलापन-निर्माण दौर।

35. Tr त्रिकोण 3-5-2 प्रकार: बृहस्पति – बुध – चंद्र योग

विवरण: त्वरित निर्णय, बहुकार्य करने वाला। हर काम में हाथ आजमाना, किसी में महारत नहीं। स्पष्टवादी। संपत्ति विवाद। शॉर्टकट विधियाँ। अपनी संपत्ति से सुख की कमी।

36. Tr त्रिकोण 3-8-9 प्रकार: बृहस्पति – शनि – मंगल योग

विवरण: शिक्षा में बाधाएँ। परिवार समस्या। भाई न होना या भाई से मतभेद। हमेशा तर्क। न्यायाधीश/वकील के लिए अच्छा। परिवार अशांति।

37. Tr त्रिकोण 2-1-4 प्रकार: चंद्र – सूर्य – राहु योग

विवरण: ऋण, रोग, शत्रु, परिवार अशांति। सरकारी कार्य में रुकावट। बहन न होना या बहन से मतभेद।

38. Tr त्रिकोण 9-6-4 प्रकार: मंगल – शुक्र – राहु योग

विवरण: अपराध से संबंध (करने या अपराध शाखा में कार्य)। असौहार्दपूर्ण संबंध। जोखिम लेने वाले। दो विवाह संभव।

39. Tr त्रिकोण 7-1-9 प्रकार: केतु – सूर्य – मंगल योग

विवरण: विवाह विलंब, अंतरजातीय विवाह। समग्र रूप से भाग्यशाली। विदेश यात्रा। मांगलिक दोष प्रभाव।

ये 39 योग एक शक्तिशाली निदान परत प्रदान करते हैं। हमेशा मूलांक–भाग्यांक संबंध, दशा समय और उपायों से क्रॉस-चेक करें ताकि पूर्ण सटीकता मिले। वर्तमान ग्रिड में योग वर्तमान दौर के प्रभाव दर्शाते हैं, जबकि जन्म ग्रिड में योग जीवन भर के विषय दिखाते हैं।

परिशिष्ट ५ : कर्मिक ऋण संख्याएँ

Karmic Debt Numbers

ये चार कर्मिक ऋण संख्याएँ (13/4, 14/5, 16/7, 19/1) पिछले जन्मों से लाए गए अधूरे कर्मों या गलत उपयोग की ऊर्जा को दर्शाती हैं। ये तब सक्रिय होती हैं जब आपकी जीवन पथ संख्या, अभिव्यक्ति संख्या या अन्य मुख्य संख्याएँ इनमें से किसी में घटती हैं। ये कोई सजा नहीं हैं, बल्कि आत्मा द्वारा चुने गए गहन सबक हैं जो आपको मजबूत, संतुलित और जागरूक बनाते हैं।

13/4 (कर्मिक ऋण 13)

- पिछले जन्म का विषय: आलस्य, ज़िम्मेदारी से बचना, शॉर्टकट लेना, आसान रास्ता चुनना; कर्तव्यों की उपेक्षा, अविश्वसनीय होना या प्रयास का गलत उपयोग।
- वर्तमान जीवन की चुनौतियाँ: दूसरों से अधिक मेहनत करने की निराशा; परिणाम के लिए लगातार बाधाएँ; कुछ भी आसानी से न मिलना; संगठन, एकाग्रता या कार्य पूरा करने में कठिनाई।
- सबक और उपचार मार्ग: अनुशासन, कड़ी मेहनत, दक्षता और विश्वसनीयता विकसित करें। निरंतर प्रयास से मजबूत आधार बनाएँ। समय के साथ यह महारत, स्थिरता और गहन आत्म-सम्मान लाता है।
- सकारात्मक परिणाम: ऋण चुकाने पर उत्पादकता और ईमानदारी का शक्तिशाली केंद्र बन जाते हैं।

14/5 (कर्मिक ऋण 14)

- पिछले जन्म का विषय: स्वतंत्रता का दुरुपयोग, अधिक भोग, अस्थिरता, अतिरेक (उदाहरण: लत, कामुकता, बिखरे प्रयास या प्रतिबद्धता से बचना)।
- वर्तमान जीवन की चुनौतियाँ: बदलाव/स्वतंत्रता की तीव्र इच्छा जो अराजकता लाती है; संयम या नियमितता में कठिनाई; अचानक उथल-पुथल; अतिरेक की लालसा (भोजन, यौन, नशा, यात्रा); प्रतिबंध या ऊब का भय।
- सबक और उपचार मार्ग: संतुलन, आत्म-नियंत्रण, प्रतिबद्धता और बिना अतिरेक के अनुकूलनशीलता सीखें। स्वतंत्रता को अनुशासन के साथ अपनाएँ, न कि पलायन के रूप में।

- सकारात्मक परिणाम: सच्ची मुक्ति, बहुमुखी प्रतिभा और बदलाव को शालीनता से सहन करने की क्षमता प्राप्त होती है।

16/7 (कर्मिक ऋण 16)

- पिछले जन्म का विषय: शक्ति का दुरुपयोग, अहंकार से प्रेरित कार्य, आध्यात्मिक घमंड, हेरफेर या अहंकार से अचानक पतन; शायद अथॉरिटी या झूठी आध्यात्मिकता से दूसरों को हानि पहुँचाना।
- वर्तमान जीवन की चुनौतियाँ: अचानक हानि, टूटन या "टावर" क्षण (रिश्ते, करियर, अहंकार झटके); विनम्रता की परीक्षा; अलगाव या विश्वासघात का भाव; नाटक या शक्ति संघर्ष में आकर्षण।
- सबक और उपचार मार्ग: विनम्रता, आंतरिक सत्य, वैराग्य और सच्ची आध्यात्मिक अंतर्दृष्टि विकसित करें। दूसरों से सहायता स्वीकार करें; बिना शर्त प्रेम और अहंकार त्याग सीखें।
- सकारात्मक परिणाम: गहन बुद्धि, अंतर्ज्ञान और आध्यात्मिक गहराई विकसित होती है; मार्गदर्शक या उपचारक बनते हैं।

19/1 (कर्मिक ऋण 19)

- पिछले जन्म का विषय: स्वार्थ, स्वतंत्रता का दुरुपयोग, नेतृत्व/अथॉरिटी का गलत उपयोग या अलगाव; शायद दूसरों पर प्रभुत्व या सहयोग से इनकार।
- वर्तमान जीवन की चुनौतियाँ: निर्भरता बनाम स्वतंत्रता में संघर्ष; नियंत्रण, गर्व या मदद माँगने में समस्या; "दुनिया के खिलाफ अकेला" महसूस करना; नेतृत्व या आत्म-मूल्य की परीक्षा।
- सबक और उपचार मार्ग: सहयोग के साथ सच्ची स्वतंत्रता, करुणा और नैतिक नेतृत्व सीखें। स्वार्थ को दूसरों की सेवा से दूर करें।
- सकारात्मक परिणाम: आत्मविश्वासी, नवाचारी नेता बनते हैं जो दूसरों को प्रेरित और उत्थान देते हैं।

महत्वपूर्ण बातें याद रखें

- कर्मिक ऋण तब अधिक मजबूत होते हैं जब जीवन पथ या अभिव्यक्ति संख्या में हों।
- ये कई स्थानों पर दिख सकते हैं, जिससे सबक और तीव्र हो जाता है।
- ऋण जागरूकता, सकारात्मक चुनाव और घटे अंक की ताकतों को अपनाने से कम होता है या "चुकता" होता है (उदाहरण: 13/4 के लिए कड़ी मेहनत)।
- हर किसी के पास ये नहीं होते — इनका अभाव उस क्षेत्र में सुगम ऊर्जा दर्शाता है।
- इन्हें अन्य चार्ट तत्वों से जोड़ें (उदाहरण: 13/4 है लेकिन कहीं मजबूत 4 है, तो ऋण हल्का महसूस हो सकता है)।

ये तब प्रकट होते हैं जब आपकी चार्ट में मध्य योग (एकल अंक में घटने से पहले) इनमें से किसी में हो।

  - अन्य संकेतक: नाम में गायब संख्याएँ (कर्मिक सबक: पिछले जन्म में विकसित न हुई कमजोरियाँ या प्रतिभाएँ) या जीवन पथ का कर्मिक संख्या से घटना।

यह आत्म-चिंतन का साधन है — इसे अंतर्ज्ञान, ध्यान या आध्यात्मिक अभ्यास के साथ जोड़कर गहरी समझ प्राप्त करें।

परिशिष्ट ६ : सार सारणी, पारगमन और परिपक्वता संख्या

Essence, Transit and Maturity Number

यह परिशिष्ट पाइथागोरियन अंक ज्योतिष में तीन प्रमुख समय और नियति संकेतकों की संक्षिप्त लेकिन गहन व्याख्या देता है: सार चक्र (9-वर्षीय ब्लॉक), पारगमन संख्या (प्रत्येक सार ब्लॉक में वार्षिक कंपन), और परिपक्वता संख्या (लगभग 35–45 वर्ष के बाद दीर्घकालिक नियति)।

ये आपके पूर्ण जन्म नाम (सार/पारगमन के लिए) और जन्म तिथि + नाम (परिपक्वता के लिए) से निकाले जाते हैं। ये दिखाते हैं कि आपकी जीवन ऊर्जा समय के साथ कैसे विकसित होती है — समग्र अध्याय (सार), वार्षिक स्वर (पारगमन), और परिपक्व स्वरूप जिसमें आप विकसित होते हैं (परिपक्वता)।

सार चक्र (1–9) – 9-वर्षीय ब्लॉक सार चक्र आपके पूर्ण जन्म नाम के क्रमिक अक्षरों से निकलता है। नाम का प्रत्येक अक्षर एक 9-वर्षीय अवधि को नियंत्रित करता है, जन्म से शुरू होकर। अक्षर की संख्या = उन 9 वर्षों के लिए सार संख्या।

सार 1 – स्वतंत्रता और आत्म-खोज

विषय: नई शुरुआत, आत्म-केंद्रितता, नेतृत्व, पहचान निर्माण, नए आरंभ। अवसर: आत्मविश्वास निर्माण, नई शुरुआत, व्यक्तिगत नवीनीकरण, अलग दिखना। चुनौतियाँ: अहंकार टकराव, एकांत, अधीरता, अज्ञात का भय। जीवन चरण: प्रारंभिक बचपन से 20 के अंत/30 की शुरुआत (पहला ब्लॉक); बाद में नवीनीकरण के लिए दोहराव। संकल्प: "मैं आत्मविश्वास से अपना मार्ग बनाता हूँ और साहस के साथ नए आरंभ अपनाता हूँ।"

सार 2 – सामंजस्य और रिश्ते

विषय: सहयोग, भावनात्मक संतुलन, साझेदारी, अंतर्ज्ञान, धैर्य। अवसर: रिश्तों को गहरा करना, परिवार संबंधों का उपचार, कलात्मक सहयोग, आंतरिक शांति। चुनौतियाँ: मनोदशा उतार-चढ़ाव, निर्भरता, दुविधा, अधिक संवेदनशीलता। जीवन चरण: अक्सर 20 के मध्य से 30 के मध्य या बाद के चक्र संबंधों पर केंद्रित। संकल्प: "मैं प्रेमपूर्ण, सामंजस्यपूर्ण रिश्ते आकर्षित करता हूँ और भावनात्मक संतुलन के प्रवाह पर विश्वास करता हूँ।"

सार 3 – रचनात्मकता और अभिव्यक्ति

विषय: आनंद, आत्म-अभिव्यक्ति, सामाजिकता, आशावाद, विकास, संचार। अवसर: कलात्मक कार्य, शिक्षण, लेखन, सामाजिक सफलता, प्रभाव विस्तार। चुनौतियाँ: बिखरी ऊर्जा, अधिक भोग, सतहीपन, अतिशयोक्ति। जीवन चरण: अक्सर 30–40 या रचनात्मक नवीनीकरण के दौर। संकल्प: "मैं अपनी रचनात्मकता को स्वतंत्र रूप से व्यक्त करता हूँ और आनंद, समृद्धि तथा प्रेरणादायक संबंध आकर्षित करता हूँ।"

सार 4 – ढाँचा और अनुशासन

विषय: कड़ी मेहनत, आधार निर्माण, संगठन, स्थिरता, ज़िम्मेदारी। अवसर: करियर उन्नति, संपत्ति, दीर्घकालिक योजना, प्रयास से महारत। चुनौतियाँ: देरी, प्रतिबंध, फँसा हुआ महसूस होना, भारी ज़िम्मेदारी। जीवन चरण: अक्सर 30–50 — "निर्माण" के दशक। संकल्प: "मैं धैर्य, अनुशासन और ईमानदारी से मजबूत, स्थायी आधार बनाता हूँ।"

सार 5 – बदलाव और स्वतंत्रता

विषय: रोमांच, विविधता, अनुकूलनशीलता, गति, परिवर्तन। अवसर: यात्रा, नए अनुभव, करियर बदलाव, व्यक्तिगत मुक्ति। चुनौतियाँ: बेचैनी, आवेग, अस्थिरता, बिखरा ध्यान। जीवन चरण: मध्य आयु नवीनीकरण या संक्रमण दौर। संकल्प: "मैं लचीलापन, स्वतंत्रता और आनंदपूर्ण जिज्ञासा के साथ बदलाव अपनाता हूँ।"

सार 6 – ज़िम्मेदारी और प्रेम

विषय: परिवार, घर, प्रेम, सेवा, सौंदर्य, उपचार। अवसर: विवाह, घर निर्माण, कलात्मक सफलता, देखभाल पेशे। चुनौतियाँ: अधिक ज़िम्मेदारी, लोगों को खुश करने की आदत, पूर्णतावाद। जीवन चरण: अक्सर 40–50 — परिवार और विरासत फोकस। संकल्प: "मैं प्रेमपूर्ण, सामंजस्यपूर्ण रिश्ते बनाता हूँ और जो मायने रखता है उसकी आनंदपूर्ण ज़िम्मेदारी लेता हूँ।"

सार 7 – आत्म-चिंतन और आध्यात्मिकता

विषय: आंतरिक बुद्धि, एकांत, विश्लेषण, आध्यात्मिक विकास, अनुसंधान। अवसर: गहन सीखना, ध्यान, गूढ़ अध्ययन, व्यक्तिगत सफलता। चुनौतियाँ: अलगाव, संशय, वापसी, अधिक सोचना। जीवन चरण: अक्सर 40–60 —

आंतरिक जागृति दौर। संकल्प: "मैं अपनी आंतरिक मार्गदर्शन पर विश्वास करता हूँ और शांति तथा चिंतन से बुद्धि प्राप्त करता हूँ।"

सार 8 – शक्ति और उपलब्धि

विषय: कर्म, अथॉरिटी, भौतिक सफलता, मान्यता, शक्ति का संतुलन। अवसर: करियर शिखर, वित्तीय पुरस्कार, नेतृत्व, विरासत निर्माण। चुनौतियाँ: शक्ति संघर्ष, देरी, कर्मिक परीक्षा, अधिक कार्य। जीवन चरण: अक्सर 50–60 — शिखर उपलब्धि दौर। संकल्प: "मैं ईमानदारी से शक्ति का उपयोग करता हूँ, समृद्धि आकर्षित करता हूँ और स्थायी सफलता बनाता हूँ।"

सार 9 – समापन और मुक्ति

विषय: अंत, छोड़ना, मानवतावाद, करुणा, परिवर्तन। अवसर: समापन, क्षमा, वैश्विक जागरूकता, निस्वार्थ सेवा। चुनौतियाँ: हानि, अंत, भावनात्मक तीव्रता, अस्थिर महसूस होना। जीवन चरण: अक्सर 60+ — समापन और विरासत दौर। संकल्प: "मैं जो अब उपयोगी नहीं है उसे छोड़ता हूँ और करुणामय समापन अपनाता हूँ।"

पारगमन संख्या (1–9) – सार चक्र में वार्षिक परिष्करण मानक पाइथागोरियन प्रणाली में पारगमन संख्या उस 9-वर्षीय ब्लॉक के लिए सार संख्या के समान होती है — उस अवधि को नियंत्रित करने वाला अक्षर वार्षिक कंपन देता है। (उन्नत प्रणालियाँ मासिक या उप-वार्षिक पारगमन में विभाजित करती हैं, लेकिन वार्षिक पारगमन ब्लॉक के अनुसार निश्चित रहता है।)

- पारगमन 1 → स्वतंत्रता, पहल, आत्म-केंद्रितता (सार 1 को बढ़ाता है या अन्य चक्रों में नए आरंभ जोड़ता है)
- पारगमन 2 → भावनात्मक संतुलन, रिश्ते (तीव्र सार को नरम करता है)
- पारगमन 3 → रचनात्मकता, आनंद, सामाजिक विस्तार (हल्कापन और अभिव्यक्ति जोड़ता है)
- पारगमन 4 → अनुशासन, ढाँचा, कड़ी मेहनत (ग्राउंडिंग और स्थिरता)
- पारगमन 5 → बदलाव, स्वतंत्रता, अनुकूलनशीलता (गति और विविधता लाता है)
- पारगमन 6 → ज़िम्मेदारी, प्रेम, सामंजस्य (परिवार/घर पर फोकस)
- पारगमन 7 → आत्म-चिंतन, आध्यात्मिकता, बुद्धि (गहन आंतरिक कार्य)

- पारगमन 8 → शक्ति, उपलब्धि, कर्म (भौतिक महारत और परीक्षा)
- पारगमन 9 → समापन, मुक्ति, करुणा (छोड़ना और सेवा)

परिपक्वता संख्या (1–9) – दीर्घकालिक नियति (लगभग 35–45 वर्ष के बाद)

परिपक्वता संख्या की गणना इस प्रकार होती है:

जीवन पथ संख्या (जन्म तिथि योग) + प्रारब्ध/अभिव्यक्ति संख्या (पूर्ण नाम योग) → एकल अंक में घटाएँ।

यह 35–45 वर्ष के बाद प्रमुख होती है और दर्शाती है:

  - वह ऊर्जा जिसमें आप विकसित होते हैं
  - आपकी दीर्घकालिक बुद्धि, विरासत और परिपक्व स्वरूप
  - आपके जीवन उद्देश्य की अंतिम अभिव्यक्ति

- परिपक्वता 1 → स्वतंत्र नेता, आत्म-साक्षात्कार, बाद के जीवन में मार्गदर्शक
- परिपक्वता 2 → बुद्धिमान शांति-निर्माता, भावनात्मक उपचारक, संबंध मार्गदर्शक
- परिपक्वता 3 → रचनात्मक बुजुर्ग, शिक्षक, दूसरों के लिए आनंददायक प्रेरणा
- परिपक्वता 4 → स्थिर निर्माता, बुद्धिमान अथॉरिटी, ढाँचे की विरासत
- परिपक्वता 5 → रोमांचक ऋषि, स्वतंत्रता का अनुकूलनशील शिक्षक
- परिपक्वता 6 → प्रेमपूर्ण बुजुर्ग, परिवार/समुदाय उपचारक, सामंजस्यपूर्ण मार्गदर्शक
- परिपक्वता 7 → आध्यात्मिक मेंटर, बुद्धिमान अनुसंधानकर्ता, आंतरिक मार्गदर्शक
- परिपक्वता 8 → शक्तिशाली बुजुर्ग, कर्म समाधानकर्ता, भौतिक/आध्यात्मिक अथॉरिटी
- परिपक्वता 9 → करुणामय मानवतावादी, सार्वभौमिक शिक्षक, सेवा की विरासत

ये तीन संकेतक — सार चक्र (दीर्घकालिक अध्याय), पारगमन संख्या (वार्षिक स्वर), और परिपक्वता संख्या (परिपक्व नियति) — मिलकर आपके जीवन की ऊर्जात्मक विकास की स्पष्ट रूपरेखा बनाते हैं।

परिशिष्ट ७ : नाम ग्रिड प्रभाव और उपाय

मानसिक, शारीरिक, भावनात्मक एवं आध्यात्मिक स्तर

Mental, Physical, Emotional and Spiritual Plane (कुल योग 0–9)

नाम ग्रिड आपके पूर्ण जन्म नाम के अक्षरों को चार स्तरों (मानसिक, शारीरिक, भावनात्मक, आध्यात्मिक) में बाँटकर दिखाता है। प्रत्येक कॉलम (स्तंभ) का कुल योग (एकल अंक 0–9 में घटाकर) उस स्तर की ऊर्जा की ताकत बताता है। नीचे प्रत्येक स्तर के लिए 0 से 9 तक के योग की विस्तृत व्याख्या दी गई है।

- मानसिक एवं बौद्धिक प्रभाव
- भावनात्मक एवं संबंधपरक प्रभाव
- शारीरिक एवं व्यावहारिक प्रभाव
- कर्मिक / जीवन पैटर्न प्रवृत्तियाँ
- सरल, प्रभावी उपाय (रंग, संकल्प वाक्य, जीवनशैली बदलाव, वास्तु सुझाव)

1. मानसिक स्तर Mental Plane

(बुद्धि, विचार, रचनात्मकता, तर्क, संचार, सीखना)

मानसिक स्तर = 0

आप बहस या विचार-विमर्श में योगदान देने में आत्मविश्वास की कमी महसूस करते हैं। जीवन की गहन खोज में रुचि कम रहती है और आप अक्सर असामान्य, विचित्र या अर्थहीन तथ्यों/दर्शन पर विश्वास कर लेते हैं। मानसिक धुंधलापन, एकाग्रता की कमी, विचार व्यक्त करने में कठिनाई, सीखने में रुकावट, बौद्धिक रूप से अदृश्य महसूस होना।

उपाय: गुरुवार को पीला वस्त्र/वस्तु पहनें, "ॐ गुरवे नमः" 108 बार जपें, किताबें/पीला कपड़ा/चना दाल दान करें, उत्तर-पूर्व में पीला स्फटिक रखें, रोज़ पढ़ाई/डायरी लिखना, संकल्प: "मेरा मन स्पष्ट, आत्मविश्वासी और सच्ची बुद्धि के लिए खुला है।"

मानसिक स्तर = 1

आप बातचीत में हावी रहते हैं और अपने विचारों को दृढ़ता से रखते हैं। कभी अहंकारी या जिद्दी दिख सकते हैं। तीक्ष्ण बुद्धि लेकिन निर्णय में धीमे।

उत्साह/प्रतिस्पर्धा के क्षण और ऊब/अधूरे कार्यों के बीच बदलाव। देरी से चिढ़ते हैं। सिरदर्द/बेचैनी आम। मिलनसार, असाधारण, अनोखे। यौन जीवन में स्वतंत्र।

उपाय: रविवार को लाल/नारंगी वस्त्र, माणिक्य या तांबा धारण करें, सूर्योदय पर सूर्य नमस्कार, पिता/अधिकारियों का सम्मान, संकल्प: "मैं अपने विचार स्पष्टता, आत्मविश्वास और सम्मान के साथ व्यक्त करता हूँ।"

मानसिक स्तर = 2

आप विचार/योजना साझा करने से पहले दूसरों की सहमति चाहते हैं। विवरणपरक और ज्ञानी लेकिन विरोध का डर रहता है। सुंदर संगीत, स्मृति चिन्ह, पुरानी वस्तुओं का शौक। संचार में गहरी भावनात्मक संवेदनशीलता। गलती का भय विवरण पर अत्यधिक ध्यान देता है (रूप, कार्य, यौन)। शारीरिक मेहनत से अधिक मानसिक कार्य पसंद।

उपाय: सोमवार को सफेद/चांदी वस्त्र, मोती/चंद्रकांत धारण करें, माता/शिवलिंग को दूध/चावल अर्पित करें, जल के निकट समय बिताएँ, संकल्प: "मैं अपने विचार शांति और आत्मविश्वास से साझा करता हूँ और अपनी आंतरिक आवाज पर भरोसा करता हूँ।"

मानसिक स्तर = 3

आप अपनी उपलब्धियों/योजनाओं का डींग हाँकते हैं। जीवंत कल्पना कभी विचारों को अव्यावहारिक या विवादास्पद बना देती है। मानसिक श्रेष्ठता सिद्ध करने की कोशिश। शारीरिक कार्य से बचना। भ्रम में जीना, विविधता/नयापन की खोज। नियमितता में ईमानदारी/अनुशासन की कमी। रचनात्मक/कलात्मक लेकिन विवरण में कम ध्यान। तीव्र यौन इच्छा, खुली चर्चा।

उपाय: गुरुवार को पीला वस्त्र, पीला पुखराज (परामर्श लें), पीला कपड़ा/किताबें दान करें, रचनात्मक शौक अपनाएँ, संकल्प: "मैं अपनी रचनात्मकता को अनुशासन और व्यावहारिकता के साथ व्यक्त करता हूँ।"

मानसिक स्तर = 4

मजबूत प्रेरणा/दृढ़ता लेकिन सावधानी से प्रगति धीमी। अत्यधिक गंभीरता छोड़ने की आवश्यकता। कार्य प्रबंधन/निष्पादन में उत्कृष्ट। नकारात्मक गुण: जिद्दीपन, संदेह, सफल लोगों से ईर्ष्या। सिरदर्द आम। परिवार/ससुराल का गहरा प्रभाव।

उपाय: शनिवार को नीला/ग्रे वस्त्र, गोमेद (परामर्श लें), ग्राउंडिंग भोजन/व्यायाम, घर में वर्गाकार वस्तुएँ, संकल्प: "मैं धैर्य, लचीलापन और स्थिर आत्मविश्वास के साथ आगे बढ़ता हूँ।"

मानसिक स्तर = 5

उत्साही/प्रतिस्पर्धी, सक्रिय/उत्साहित व्यवहार, लेकिन अक्सर कार्य अधूरे छोड़ देते हैं। निरंतर जिज्ञासु लेकिन अव्यवस्थित। नियमितता से ऊब। दूसरों की सेवा में विश्वास, असामान्य विषयों में रुचि। भावनात्मक रूप से संवेदनशील, लगाव, छोड़ने में कठिनाई। भय प्रदर्शन को प्रभावित करता है।

उपाय: बुधवार को हरा वस्त्र, पन्ना (परामर्श लें), रोज़ नया सीखना, उत्तर में हरे पौधे, संकल्प: "मैं अपनी जिज्ञासा को केंद्रित और अर्थपूर्ण कार्य में बदलता हूँ।"

मानसिक स्तर = 6

बड़े योजनाओं में विश्वसनीय/मूल्यवान टीम सदस्य लेकिन अक्सर अनदेखा महसूस करना। बहुत ज़िम्मेदारी लेना। दूसरों के मामलों में हस्तक्षेप। आलोचना गहराई से प्रभावित करती है। अनचाही भावनात्मक स्थितियाँ। परिवार से गहरा प्रेम, कला में सफलता। रचनात्मक/कलात्मक कार्य। भावनात्मक उतार-चढ़ाव, घबराहट, शारीरिक कमजोरी। यौन संबंध से पहले भावनात्मक जुड़ाव ज़रूरी। यौन में चालाकी/माँग।

उपाय: शुक्रवार को सफेद/गुलाबी वस्त्र, हीरा (परामर्श लें), स्त्रियों/कलाकारों की मदद, संकल्प: "मैं संतुलित ज़िम्मेदारी के साथ सेवा और सामंजस्य बनाता हूँ।"

मानसिक स्तर = 7

अकेलेपन में आराम, स्वयं की संगति पसंद। परिचित होने पर निराशा। अत्यधिक बातूनी। सच्चे सुख/रोमांच की कमी। गंभीरता/तीव्रता आनंद में बाधा। रचनात्मक समापन संभव लेकिन लंबे समय तक क्रोध रखना।

उपाय: मंगलवार/शनिवार को हल्का हरा/ग्रे, लहसुनिया (परामर्श लें), कुत्तों को भोजन, रोज़ ध्यान, संकल्प: "मैं एकांत और आनंदपूर्ण संबंध का संतुलन बनाता हूँ।"

मानसिक स्तर = 8

अत्यधिक महत्वाकांक्षी, भौतिकवादी, उत्कृष्ट योजना/निष्पादन। प्रजनन विषयों में स्वाभाविक रुचि। ध्यानाकर्षण की चाह, मान्यता न मिलने पर निराशा। संगठित लेकिन हमेशा पूरा नहीं करते। कमाई से अधिक खर्च। प्रेम में कार्य पहले।

उपाय: शनिवार को गहरा नीला/काला, नीला नीलम (परामर्श लें), बुजुर्ग/मजदूरों की मदद, संकल्प: "मैं ईमानदारी, संतुलन और उदारता से उपलब्धि प्राप्त करता हूँ।"

मानसिक स्तर = 9

निष्पाप, क्षमाशील, अलग-थलग, अपरंपरागत। मानवता की निस्वार्थ सेवा। अनुशासित, व्यवस्थित, समय पर समापन। वाक्पटु, विविध स्थितियों का प्रबंधन। बेचैन मन उत्तेजना की खोज में।

उपाय: मंगलवार को लाल/क्रिमसन वस्त्र, मूंगा (परामर्श लें), लाल मसूर दाल दान, संकल्प: "मैं करुणा, अनुशासन और समापन के साथ अभिव्यक्ति करता हूँ।"

2. शारीरिक स्तर Physical Plane

(शरीर, भौतिक जगत, कार्य, स्वास्थ्य, व्यावहारिकता)

शारीरिक स्तर = 0

शारीरिक उपलब्धि आपके लिए स्वाभाविक या रोचक नहीं। कार्य से बचने में कुशल (उदाहरण: गंदे हाथों का डर, थकान)। आसानी से ऊब जाना, यौन संबंधों में भावनात्मक अलगाव।

उपाय: भूरे/पीले रंग (पृथ्वी तत्व), ग्राउंडिंग भोजन/व्यायाम, घर में वर्गाकार वस्तुएँ, संख्या 4 के उपाय (शनिवार नीला, गोमेद)।

शारीरिक स्तर = 1

उत्साह/प्रतिस्पर्धा/उच्च सक्रियता के क्षण, लेकिन ऊब से कार्य अधूरे। देरी से चिढ़। सिरदर्द/बेचैनी आम। मिलनसार, असाधारण, सामाजिक रूप से अनोखे। यौन जीवन में साथी की प्रतिक्रिया से स्वतंत्र।

उपाय: रविवार को लाल/नारंगी, माणिक्य, सूर्य नमस्कार, संकल्प: "मैं संतुलित ऊर्जा से कार्य करता हूँ।"

शारीरिक स्तर = 2

गहरी भावनात्मक संवेदनशीलता/सहानुभूति। गहरे लगाव, बेकार/पुरानी वस्तुओं को छोड़ने में कठिनाई। गलती का भय विवरण पर अत्यधिक ध्यान देता है (रूप/कार्य/यौन)। शारीरिक मेहनत से अधिक मानसिक कार्य पसंद।

उपाय: सोमवार को सफेद/चांदी, मोती, जल के निकट समय, संकल्प: "मैं स्थिर और सुरक्षित कार्य करता हूँ।"

शारीरिक स्तर = 3

भ्रम में जीना, विविधता/नयापन की खोज। पूर्ति की कमी से निराशा। नियमितता में ईमानदारी/अनुशासन की कमी। रचनात्मक/कलात्मक लेकिन विवरण में कम ध्यान। तीव्र यौन इच्छा, खुली चर्चा। प्रजनन समस्या संभव। वस्त्र शैली कभी अश्लील लग सकती है।

उपाय: गुरुवार को पीला, पीला पुखराज, रचनात्मक अभिव्यक्ति, संकल्प: "मैं आनंद और व्यावहारिकता से प्रकट करता हूँ।"

शारीरिक स्तर = 4

आविष्कारों का आधार अक्सर उधार। कार्य में अत्यधिक अनुशासित/प्रतिबद्ध। ज़िम्मेदारी लेते हैं लेकिन अनावश्यक विवरण पर ध्यान से समापन में देरी। सरल प्रक्रियाएँ पसंद। कामुक मामलों में परंपरागत दृष्टिकोण साथी की अपेक्षाओं पर खरा नहीं उतर सकता। सुस्ती से अजीब व्यवहार।

उपाय: शनिवार को नीला/ग्रे, गोमेद, ग्राउंडिंग, संकल्प: "मैं धैर्य और दक्षता से कार्य करता हूँ।"

शारीरिक स्तर = 5

हमेशा यात्री, सार्वजनिक इंटरैक्शन (बिक्री/मार्केटिंग) में सफलता। स्वाभाविक प्रबंधक। नियमितता से बेचैनी। दोषों में शामिल (जुआ/नशा/मदिरा/यौन)। यौन इच्छा बढ़ने से विकार संभव।

उपाय: बुधवार को हरा, पन्ना, नया सीखना, संकल्प: "मैं ऊर्जा को रचनात्मक रूप से निर्देशित करता हूँ।"

शारीरिक स्तर = 6

बड़े योजनाओं में शिक्षण/परामर्श की स्वाभाविक प्रतिभा। दूसरों को मूल्यवान महसूस कराना। शारीरिक रूप से सहायक। पृथ्वी तत्व गुण, सेवा का आनंद। वस्त्र/सजावट में खराब स्वाद। रचनात्मक/कलात्मक कार्य। भावनात्मक उतार-चढ़ाव, घबराहट, शारीरिक कमजोरी। यौन संबंध से पहले भावनात्मक जुड़ाव ज़रूरी। यौन में चालाकी/माँग।

उपाय: शुक्रवार को सफेद/गुलाबी, हीरा, स्त्रियों की मदद, संकल्प: "मैं संतुलित ऊर्जा से सेवा करता हूँ।"

शारीरिक स्तर = 7

मित्रों/नौकरियों में चयनात्मक। नेतृत्व/सार्वजनिक भूमिकाओं में आराम। शोर/भीड़ वाली जगहों से बचना। गणित/विज्ञान में रुचि। आत्म-मूल्य/नियंत्रण। अजीब व्यवहार।

उपाय: मंगलवार/शनिवार को हल्का हरा/ग्रे, लहसुनिया, ध्यान, संकल्प: "मैं आंतरिक बुद्धि से कार्य करता हूँ।"

शारीरिक स्तर = 8

प्रेम में कार्य पहले। यौन अपेक्षाएँ स्वप्निल/सिनेमाई। अथॉरिटी/शक्ति की चाह। विशाल परियोजनाओं का प्रबंधन, दूसरों के लिए प्रतिद्वंद्वी। दूसरों के धन से चतुराई। अच्छा खिलाड़ी। यौन में स्पष्टवादी, अधिक रोमांस/पूर्वक्रीड़ा की आवश्यकता। संबंधों में शक्ति खेल।

उपाय: शनिवार को गहरा नीला/काला, नीला नीलम, बुजुर्गों की मदद, संकल्प: "मैं प्रेम के साथ शक्ति का संतुलन करता हूँ।"

शारीरिक स्तर = 9

नाटकीय स्वभाव, संगीत/अभिनय के लिए उपयुक्त। नाटक की प्रवृत्ति अव्यावहारिक बनाती है। अपरंपरागत साथियों की ओर आकर्षण। भावनात्मक यौन साथी। चालाकी की प्रवृत्ति। पिछले मुद्दों से भावनात्मक अलगाव।

उपाय: मंगलवार को लाल/क्रिमसन, मूंगा, संकल्प: "मैं स्थिर करुणा से अभिव्यक्ति करता हूँ।"

3. भावनात्मक स्तर Emotional Plane

(भावनाएँ, रिश्ते, अंतर्ज्ञान, सहानुभूति)

भावनात्मक स्तर = 0

असहिष्णुता, असंवेदनशीलता, ठंडक। कार्य भावनाओं से प्रेरित, मनोदशाग्रस्त। यौन में निष्क्रिय लेकिन तीव्र इच्छा। प्रेम यौन से पहले आवश्यक।

उपाय: सोमवार को सफेद/चांदी, मोती, माता को दूध दान, संकल्प: "मैं भावनात्मक रूप से गर्म और खुला हूँ।"

भावनात्मक स्तर = 1

अनोखा/मौलिक लेकिन घबराहट, अनियमित। बहुकार्य में उत्कृष्ट। ध्यान चाहते हैं बिना जवाबदेही के। स्वार्थी, निष्क्रिय, आत्म-लाड़-प्यार। खेल में प्रतिस्पर्धी।

उपाय: रविवार को लाल/नारंगी, माणिक्य, संकल्प: "मैं संतुलित आत्मविश्वास से जुड़ता हूँ।"

भावनात्मक स्तर = 2

कार्य से पहले सहमति चाहते हैं। विवरणपरक लेकिन विरोध का डर। संगीत/पुरानी वस्तुओं का शौक। गहरे लगाव, छोड़ने में कठिनाई। गलती का भय। मानसिक कार्य पसंद।

उपाय: सोमवार को सफेद/चांदी, मोती, संकल्प: "मैं विश्वास के साथ भावनाएँ व्यक्त करता हूँ।"

भावनात्मक स्तर = 3

स्पष्टवादी, प्रशंसा की चाह। भावनात्मक गतिविधियाँ पसंद (कार्य करते समय संगीत)। चुनाव में अराजकता (वस्त्र/कमरा)।

उपाय: गुरुवार को पीला, पीला पुखराज, संकल्प: "मैं आनंद से अभिव्यक्ति करता हूँ।"

भावनात्मक स्तर = 4

उच्च संगठन/व्यावहारिकता। समय-समय पर विरोध/अधिकारियों से टकराव। क्रोध संबंध जटिल बनाता है। वस्तुओं से लगाव। तिथियाँ भूलना। भावनात्मक जटिलताएँ दम घोंटती हैं।

उपाय: शनिवार को नीला/ग्रे, गोमेद, संकल्प: "मैं धैर्य से संबंध बनाता हूँ।"

भावनात्मक स्तर = 5

दूसरों के प्रति जिज्ञासु लेकिन छिपाते हैं। मित्रवत/दूरस्थ के बीच उतार-चढ़ाव। लोगों को भ्रमित करना। भावनात्मक नकारात्मक विस्फोट। यौन/सुख में जोखिम लेना।

उपाय: बुधवार को हरा, पन्ना, संकल्प: "मैं भावनात्मक स्पष्टता से जुड़ता हूँ।"

भावनात्मक स्तर = 6

परिवार/घरेलू सुरक्षा को प्राथमिकता। ईमानदारी/सत्य मूलभूत। व्यक्तिगत समस्या गहराई से प्रभावित करती है। नैतिकता से समझौता परेशान करता है। दूसरों से समान प्रतिबद्धता की अपेक्षा → विवाद। न्यूरोटिक दिखावट। अतीत की शर्मिंदगी लंबे समय तक रखना। प्रशंसा से आसानी से प्रभावित होना।

उपाय: शुक्रवार को सफेद/गुलाबी, हीरा, संकल्प: "मैं संतुलित प्रेम से पोषण करता हूँ।"

भावनात्मक स्तर = 7

रहस्यमय, चयनात्मक, विचारशील। बेचैनी, अस्वीकृति/ गलतफहमी/ विश्वासघात का भय। खुलना/मित्र बनाना कठिन। सामाजिक समारोहों से बचना। पीछे की पंक्ति पसंद। केवल तब बोलना जब जानकारी/उपस्थिति हो। संबंधों में नियंत्रण/प्रभुत्व की तीव्र इच्छा। शारीरिक स्तर में मजबूत 4 होने पर हिंसक/अत्याचार की संभावना।

उपाय: मंगलवार/शनिवार को हल्का हरा/ग्रे, लहसुनिया, संकल्प: "मैं विश्वास के साथ खुलता हूँ।"

भावनात्मक स्तर = 8

सामान्य करुणा/रोमांस की कमी। जिद्दी, दूसरों की गलतियों पर बहस। अस्थिर क्रोध। हठीला स्वभाव विकास में बाधा। स्वयं का सबसे बड़ा शत्रु बनना। ब्रह्मांड अधिनायकवादी प्रवृत्तियों के अनुसार नहीं चलता। शोषणकारी भूमिकाओं में आकर्षण। रूप महत्वपूर्ण।

उपाय: शनिवार को गहरा नीला/काला, नीला नीलम, संकल्प: "मैं करुणा के साथ संबंध बनाता हूँ।"

भावनात्मक स्तर = 9

शिकायत करने वाला, निष्क्रिय, उदासी ढोना। क्रोध में भी रोना। वंचित से अधिक नाटकीय। बिना कारण मनोदशा बदलना। दुख आमंत्रित करना। भावनाओं पर नियंत्रण → किसी भी करियर में सफलता। प्रशंसा के लिए मंच करियर।

उपाय: मंगलवार को लाल/क्रिमसन, मूंगा, संकल्प: "मैं भावनात्मक परिपक्वता से अभिव्यक्ति करता हूँ।"

4. आध्यात्मिक स्तर Spiritual Plane

(आत्मा, बुद्धि, उच्च उद्देश्य, अंतर्ज्ञान)

आध्यात्मिक स्तर = 0

अंतर्ज्ञान मौजूद लेकिन तर्कवाद से ढका। व्यावहारिक और अंतर्ज्ञानी के बीच संघर्ष। रूढ़िवादी झुकाव। समस्या समाधानक लेकिन गूढ़ विषयों को खारिज करना।

उपाय: मंगलवार/शनिवार को हल्का हरा/ग्रे, लहसुनिया, ध्यान, संकल्प: "मैं अपनी अंतर्ज्ञान पर विश्वास करता हूँ।"

आध्यात्मिक स्तर = 1

अंतर्ज्ञान शक्तिशाली, अचानक झलकियाँ। संघर्ष के बाद सफलता। गलतियों से सीखना। विचारों को रूप देना।

उपाय: रविवार को लाल/नारंगी, माणिक्य, संकल्प: "मैं दैवीय मार्गदर्शन से नेतृत्व करता हूँ।"

आध्यात्मिक स्तर = 2

अंतर्ज्ञान को अपनाना, चिंताओं को छोड़ना। व्यक्तिगत संघर्षों का समाधान। सामंजस्यपूर्ण रिश्ते। खोज के लिए तैयार मानसिक क्षमता। वातावरण से गहरा जुड़ाव।

उपाय: सोमवार को सफेद/चांदी, मोती, संकल्प: "मैं आंतरिक शांति से निर्देशित हूँ।"

आध्यात्मिक स्तर = 3

अंतर्ज्ञान पर पूर्ण विश्वास। आकर्षक, सकारात्मक, दूसरों को प्रेरित करना। धन महत्वहीन। कलात्मक प्रतिभा + वाक्पटुता। गायक/वक्ता के रूप में सफलता। संदेश: लचीलापन अपनाएँ। कार्य अधूरे छोड़ना। यौन जीवन में सजग।

उपाय: गुरुवार को पीला, पीला पुखराज, संकल्प: "मैं दैवीय आनंद व्यक्त करता हूँ।"

आध्यात्मिक स्तर = 4

अंतर्ज्ञान मौजूद लेकिन तर्कवाद से ढका। निरंतर संघर्ष। रूढ़िवादी झुकाव। परंपरा/अनुष्ठानों का सम्मान। व्यावहारिक/दृश्यमान में विश्वास। कुशल समस्या समाधानक। कला में कम ध्यान। मूल चीजें आविष्कार करने की प्राथमिकता।

उपाय: शनिवार को नीला/ग्रे, गोमेद, संकल्प: "मैं अंतर्ज्ञान और व्यावहारिकता का संतुलन बनाता हूँ।"

आध्यात्मिक स्तर = 5

असाधारण रहस्यवाद/अंतर्ज्ञान। अंतर्ज्ञान के बारे में अनिश्चित/संशयी। अंतर्ज्ञानी क्षमताएँ आश्चर्यजनक। अंतर्ज्ञान स्वीकारने में कठोरता। औपचारिक शिक्षा ऊबाती है। अवलोकन/भागीदारी से सीखना। कई विषयों में ज्ञान लेकिन महारत नहीं। मन पढ़ने की कला।

उपाय: बुधवार को हरा, पन्ना, संकल्प: "मैं अपनी अंतर्ज्ञान पर विश्वास और अन्वेषण करता हूँ।"

आध्यात्मिक स्तर = 6

जीवन अंतर्ज्ञान/आध्यात्मिकता से निर्देशित। दूसरों पर सकारात्मक प्रभाव। श्रेष्ठ दृष्टिकोण। असाधारण कार्यों की कोशिश। अव्यावहारिक/पूर्णतावादी प्रवृत्तियाँ प्रकटीकरण में बाधा। नेतृत्व से अधिक संरक्षक भूमिका पसंद। दूसरों को कम विश्वसनीय मानना। त्वरित जुड़ाव लेकिन क्षणिक/तीव्र। अन्याय के प्रति शून्य सहनशीलता। निराशा/विरोध से आहत होना।

उपाय: शुक्रवार को सफेद/गुलाबी, हीरा, संकल्प: "मैं आध्यात्मिक सामंजस्य से सेवा करता हूँ।"

आध्यात्मिक स्तर = 7

जन्मजात मानसिक क्षमताएँ, भविष्य की घटनाएँ जानना। गूढ़ क्षमता (अंक ज्योतिष/ ज्योतिष/ तत्वमीमांसा)। अधिवक्ता/ एकांतवासी/ आविष्कारक/ आध्यात्मिक नेता के लिए उपयुक्त। विषयों का विश्लेषणात्मक समझ। हर चीज़ का सार खोजना। ज्ञान की तीव्र इच्छा।

उपाय: मंगलवार/शनिवार को हल्का हरा/ग्रे, लहसुनिया, संकल्प: "मैं अपनी मानसिक बुद्धि पर विश्वास करता हूँ।"

आध्यात्मिक स्तर = 8

अंतर्ज्ञान मूल्यवान मार्गदर्शक। धार्मिक संगठनों में उत्कृष्टता की क्षमता।

उपाय: शनिवार को गहरा नीला/काला, नीला नीलम, संकल्प: "मैं आध्यात्मिक ईमानदारी से नेतृत्व करता हूँ।"

आध्यात्मिक स्तर = 9

मजबूत आदर्शवाद/लचीलापन/संवेदनशीलता। दिन के सपनों में लिप्त। दूसरों को अर्थपूर्ण कार्य के लिए प्रेरित करना। अवसरों की बहुतायत अगर पकड़े जाएँ।

उपाय: मंगलवार को लाल/क्रिमसन, मूंगा, संकल्प: "मैं आध्यात्मिक करुणा से सेवा करता हूँ।"

इस परिशिष्ट का उपयोग त्वरित संदर्भ के रूप में करें। किसी भी स्तर के योग के लिए प्रभाव पहचानें और मिलान वाले उपायों को लागू करके ऊर्जा को मजबूत या संतुलित करें।

परिशिष्ट ८ : कर्मिक सबक

(नाम में 1 से 9 तक की गायब संख्याएँ)

कर्मिक सबक वे संख्याएँ (1 से 9 तक) हैं जो आपके पूर्ण जन्म नाम (जन्म प्रमाण-पत्र वाली स्पेलिंग) के अक्षरों में बिल्कुल नहीं आतीं। ये गायब संख्याएँ पिछले जन्म की अधूरी सीख या कमी को दर्शाती हैं, जिन्हें आपकी आत्मा ने इस जन्म में जानबूझकर चुनकर पूरा करने का संकल्प लिया है।

ध्यान दें: कर्मिक सबकों का मूल्यांकन करते समय जन्म ग्रिड (जन्म तिथि से) और नाम ग्रिड (नाम से) दोनों को मिलाकर देखना चाहिए।

किसी संख्या का पूरी तरह अनुपस्थित होना एक खास क्षेत्र में अनुभव की कमी, चुनौती या अधिक मुआवजा (अतिरेक व्यवहार) पैदा करता है। यह सजा नहीं है — यह जागरूक विकास का निमंत्रण है। जितनी अधिक संख्याएँ गायब होंगी, उतने गहन सबक आपकी आत्मा ने इस जन्म में चुने हैं।

विशेष स्थिति: कोई कर्मिक सबक नहीं (0 गायब संख्याएँ) यदि आपके नाम में 1 से 9 तक की सभी संख्याएँ कम से कम एक बार आती हैं, तो आप एक असाधारण व्यक्ति हैं! आपका व्यक्तित्व असामान्य रूप से संतुलित है और किसी भी व्यक्तित्व समस्या को अपेक्षाकृत आसानी से हल करने की क्षमता रखता है। आपकी आत्मिक विकास की अवस्था ऐसी है कि आप अब मानव चरित्र को परिष्कृत कर रहे हैं और विश्व की सेवा में बहुत कुछ देने के लिए स्वतंत्र हैं। यह दुर्लभ और अत्यंत सौभाग्यशाली स्थिति है — आपका नाम पहले से ही सामंजस्य और विकास के लिए सभी आवश्यक कंपन रखता है।

गायब संख्या 1

आप निर्णय लेने में दुविधा और महत्वाकांक्षा की कमी महसूस करते हैं। पहल करने से बचते हैं, नेतृत्व के बजाय अनुसरण करना पसंद करते हैं और अपनी व्यक्तिगत पहचान को दृढ़ता से स्थापित करने में संघर्ष करते हैं। आपको अदृश्य या कम मूल्यवान महसूस हो सकता है और अलग दिखने या अपनी राह की ज़िम्मेदारी लेने से डर लगता है। कर्मिक सबक: पिछले जन्म में शक्ति का दुरुपयोग, दूसरों पर अत्यधिक निर्भरता या आत्म-दृढ़ता से बचना।

उपाय: रंग: लाल, नारंगी, सोनेरा (रविवार) । रत्न: माणिक्य (परामर्श लें) । मंत्र: "ॐ सूर्याय नमः" 108 बार रविवार को । दान: गेहूँ, गुड़, तांबा, लाल वस्त्र पिता/बुजुर्गों को । संकल्प वाक्य: "मैं आत्मविश्वास से पहल करता हूँ और साहस व मौलिकता से अपना जीवन संचालित करता हूँ।" जीवनशैली: सूर्योदय पर सूर्य नमस्कार।

गायब संख्या 2

आपमें धैर्य की कमी रहती है और आप अत्यधिक संवेदनशील हो सकते हैं। आपको दूसरों के साथ बेहतर तालमेल, सहयोग और रिश्तों पर विश्वास करना सीखना पड़ता है। भावनात्मक निर्भरता, संघर्ष से भय या दूसरों की भावनाओं को समझने में कठिनाई आम है। कर्मिक सबक: पिछले जन्म में भावनात्मक उपेक्षा, एकांत या अधिक संवेदनशीलता।

उपाय: रंग: सफेद, चांदी, दूधिया रंग (सोमवार) । रत्न: मोती या चंद्रकांत । मंत्र: "ॐ चंद्राय नमः" 108 बार सोमवार को । दान: दूध, चावल, सफेद वस्त्र स्त्रियों/बच्चों को । संकल्प वाक्य: "मैं धैर्यवान, भावनात्मक रूप से संतुलित हूँ और सामंजस्यपूर्ण संबंध बनाता हूँ।" जीवनशैली: जल के निकट समय बिताएँ, सक्रिय श्रवण करें, निकट संबंधों का पोषण करें।

गायब संख्या 3

आपमें आत्मविश्वास की कमी और स्वयं को अभिव्यक्त करने में समस्या रहती है। रचनात्मक या सामाजिक रूप से अवरुद्ध महसूस करना, प्रकाश में आने से बचना या आनंद से संवाद करने में कठिनाई। जनसंपर्क या रचनात्मक माध्यमों से अवरोध दूर हो सकते हैं। कर्मिक सबक: पिछले जन्म में रचनात्मकता, आनंद या आत्म-अभिव्यक्ति का दमन।

उपाय: रंग: पीला, बैंगनी, जामुनी (गुरुवार) । रत्न: पीला पुखराज । मंत्र: "ॐ गुरवे नमः" 108 बार गुरुवार को । दान: पीला वस्त्र, चना दाल, किताबें । संकल्प वाक्य: "मैं आत्मविश्वास और आनंद से स्वयं को अभिव्यक्त करता हूँ।" जीवनशैली: कला/संगीत में भाग लें, सार्वजनिक बोलचाल, सामाजिक गतिविधियाँ।

गायब संख्या 4

आपमें आलस्य, एकाग्रता की कमी और ध्यान केंद्रित करने की प्रवृत्ति से संघर्ष करना पड़ता है। अनुशासन और लक्ष्यों की ओर स्थिर प्रयास से आपका चरित्र

मजबूत होता है। ढाँचा या नियमितता से बचने की आदत आम है। कर्मिक सबक: पिछले जन्म में ज़िम्मेदारी या कड़ी मेहनत से बचना।

उपाय: रंग: इलेक्ट्रिक नीला, धुँधला ग्रे (शनिवार) । रत्न: गोमेद । मंत्र: "ॐ राहवे नमः" 108 बार शनिवार को । दान: काले तिल, सरसों का तेल, नीला वस्त्र । संकल्प वाक्य: "मैं अनुशासन, एकाग्रता और स्थिर आधार निरंतर प्रयास से बनाता हूँ।" जीवनशैली: नियमित दिनचर्या बनाएँ, स्थान व्यवस्थित करें, शारीरिक श्रम/व्यायाम।

गायब संख्या 5

आप अपने जीवन में बदलाव से भयभीत हो सकते हैं और इसीलिए विनाशकारी बदलावों में फँसे दूसरों के प्रति करुणा की कमी महसूस करते है। व्यापक अनुभवों का जीवन आपको बेहतर समझ देगा। आप बदलाव सहन करने की अपनी शक्ति पाएँगे और फिर दूसरों की मदद करेंगे। साथ ही इच्छाओं पर नियंत्रण भी सीखें। कर्मिक सबक: पिछले जन्म में स्वतंत्रता या अधिक भोग का दुरुपयोग।

उपाय: रंग: हरा, पन्ना (बुधवार) । रत्न: पन्ना । मंत्र: "ॐ बुधाय नमः" 108 बार बुधवार को । दान: हरी मूँग दाल, स्टेशनरी, हरा वस्त्र । संकल्प वाक्य: "मैं लचीलापन, करुणा और आत्म-नियंत्रण के साथ बदलाव अपनाता हूँ।" जीवनशैली: यात्रा करें, नई कुशलताएँ सीखें, संयम का अभ्यास करें।

गायब संख्या 6

6 का कर्मिक सबक रिश्तों पर काम करने की आवश्यकता दर्शाता है। आपको दूसरों का आप पर निर्भर होना पड़ सकता है, जिससे परिवार और निकट संबंधों के मूल्य समझने पड़ते हैं। ज़िम्मेदारी, सामंजस्य या सौंदर्य से जुड़ी समस्याएँ उठ सकती हैं। कर्मिक सबक: पिछले जन्म में प्रेम, सौंदर्य या ज़िम्मेदारी का दुरुपयोग।

उपाय: रंग: सफेद, गुलाबी, पेस्टल (शुक्रवार) । रत्न: हीरा । मंत्र: "ॐ शुक्राय नमः" 108 बार शुक्रवार को । दान: सफेद वस्त्र, चीनी, इत्र । संकल्प वाक्य: "मैं स्वस्थ सीमाओं के साथ प्रेमपूर्ण, सामंजस्यपूर्ण रिश्ते बनाता हूँ।" जीवनशैली: स्त्रियों का सम्मान, कला/सौंदर्य की सराहना, परिवार का पोषण।

गायब संख्या 7

7 कर्मिक सबक होने पर आपको बहुत सारे भय और चिंताएँ हो सकती हैं। आपकी चिंता से मुक्ति का मार्ग बुद्धि और आध्यात्मिकता विकसित करना है। संशय, एकांत या अंतर्ज्ञान पर अविश्वास प्रमुख रह सकता है। कर्मिक सबक: पिछले जन्म में आध्यात्मिक घमंड या गूढ़ ज्ञान का दुरुपयोग।

उपाय: रंग: हल्का हरा, धुँधला ग्रे (मंगलवार/शनिवार) । रत्न: लहसुनिया । मंत्र: "ॐ केतवे नमः" 108 बार मंगलवार/शनिवार को । दान: कुत्तों को भोजन, बहुरंगी कंबल । संकल्प वाक्य: "मैं अपनी अंतर्ज्ञान पर विश्वास करता हूँ और आध्यात्मिक बुद्धि में बढ़ता हूँ।" जीवनशैली: ध्यान, एकांत, गूढ़ विषयों का अध्ययन।

गायब संख्या 8

8 कर्मिक सबक होने पर आप महत्वाकांक्षी हैं, लेकिन निर्णय हमेशा सर्वोत्तम नहीं होते। आपको धन के मूल्य और शक्ति के उत्तरदायी उपयोग को समझना होगा। शक्ति संघर्ष, वित्तीय कुप्रबंधन या अथॉरिटी के आसपास कर्मिक परीक्षाएँ आ सकती हैं। कर्मिक सबक: पिछले जन्म में शक्ति या उत्तरदायित्व का दुरुपयोग।

उपाय: रंग: गहरा नीला, काला, गहरा ग्रे (शनिवार) । रत्न: नीला नीलम (पहले परामर्श लें) । मंत्र: "ॐ शनैश्चराय नमः" 108 बार शनिवार को । दान: काली उड़द दाल, लोहा, सरसों का तेल । संकल्प वाक्य: "मैं शक्ति और संसाधनों का ईमानदारी और उत्तरदायित्व से उपयोग करता हूँ।" जीवनशैली: मजदूर/बुजुर्गों की मदद, वित्तीय अनुशासन।

गायब संख्या 9

9 कर्मिक सबक होने पर आप अपनी भावनाओं से दूर रह सकते हैं, अहंकार के कारागार में बंद, जिससे दूसरों से अलग-थलग महसूस होता है। आपका मार्ग भावनाओं को मित्र बनाकर आमंत्रित करना है — उन्हें पूरी तरह अनुभव करना, उचित महत्व देना और सही स्थान पर रखना। कला, मिथक, कहानी, संगीत और चिकित्सा आपके हृदय को खोलने में मदद करेंगे। कर्मिक सबक: पिछले जन्म में करुणा या भावनात्मक अलगाव का दुरुपयोग।

उपाय: रंग: लाल, क्रिमसन (मंगलवार) । रत्न: मूंगा · मंत्र: "ॐ अंगारकाय नमः" या मंगलवार को हनुमान चालीसा । दान: लाल मसूर दाल, मिठाई । संकल्प वाक्य:

"मैं करुणा और भावनात्मक ईमानदारी से हृदय खोलता हूँ।" जीवनशैली: मानवता की सेवा, कला/संगीत में भागीदारी, आवश्यकता पड़ने पर चिकित्सा।

कर्मिक सबकों के लिए सामान्य मार्गदर्शन

- गायब संख्याएँ विकास के निमंत्रण हैं — सजा नहीं।
- जितनी अधिक गायब संख्याएँ, उतने गहन सबक आपकी आत्मा ने इस जन्म में चुने हैं।
- उपाय तब सबसे प्रभावी होते हैं जब लगातार किए जाएँ (कम से कम 40–45 दिन)।

जन्म तिथि संख्याओं (मूलांक/भाग्यांक) से जोड़कर पूरी तस्वीर देखें — उदाहरण: नाम में 2 गायब + मूलांक 2 = भावनात्मक संतुलन विकसित करने का मजबूत सबक।

परिशिष्ट ९ : चुनौती संख्या (Challenge Number)

नीचे प्रत्येक चुनौती संख्या (0–9, जहाँ लागू हो तो संयुक्त रूप सहित) की संक्षिप्त लेकिन गहन व्याख्या दी गई है। इनका उपयोग अपनी कुंडली में करें ताकि मुख्य जीवन सबक पहचान सकें।

चुनौती 1 (या 10) –

दृढ़ता, स्वतंत्रता, आत्मविश्वास जीवन आपको आत्मनिर्भर बनने, अपनी सत्यता पर अडिग रहने और बिना लगातार स्वीकृति माँगे अपने निर्णय पर भरोसा करने के लिए प्रेरित करता है। आपको भीड़ से अलग होने, अपने अधिकारों की रक्षा करने या साहसपूर्वक नेतृत्व करने वाली स्थितियाँ मिलती हैं। बचपन में व्यक्तित्व का दमन या संघर्ष का भय होने पर प्रामाणिक नेतृत्व में देरी हो सकती है। यदि कुंडली में 1 मजबूत हो तो आसान, अन्यथा क्रोध या आक्रामकता के विस्फोट आ सकते हैं जब तक आप अपनी शक्ति को स्वीकार न करें। सबक: स्वतंत्रता को सहयोग के साथ संतुलित करें; अहंकार छोड़ें, प्रेरणादायक नेता बनें।

चुनौती 2 (या 20/21) –

संवेदनशीलता, संतुलन, भावनाएँ आप भावनात्मक महारत सीखते हैं — अधिक संवेदनशीलता, ईर्ष्या या व्यक्तिगत रूप से लेने से बचना। दबी भावनाएँ संकोच या दिखाई देने के भय में बदलती हैं; दूसरों के दर्द के लिए सहानुभूति एक वरदान है, लेकिन सीमाएँ आवश्यक हैं। हीन भावना और लोगों को खुश करने की आदत को आत्मविश्वास और आंतरिक संतुलन से दूर करें। बार-बार 2 होने पर चुनौती तीव्र लेकिन अभ्यास से बहुत फलदायी होती है। सबक: भावनात्मक स्वतंत्रता, स्वस्थ सीमाएँ और आंतरिक आवाज पर विश्वास।

चुनौती 3 (या 30/31) –

आत्म-अभिव्यक्ति, संचार, एकाग्रता जीवन बिखरी ऊर्जा, सतहीपन या रचनात्मकता को दबाने की चुनौती देता है। "सुरक्षित खेलने" के लिए अपनी अनोखी पहचान दबाने से एकांत या अव्यक्त गहराई होती है। सबक: शब्दों को प्रेरणा, आनंद और सत्य के लिए उपयोग करें, न कि गपशप या आलोचना के लिए। प्रतिभाओं पर फोकस करें, कार्य पूरे करें और बाहरी निर्णय से ऊपर अपनी रचनात्मक आवाज को महत्व दें। पूर्णता और प्रामाणिकता लक्ष्य है।

चुनौती 4 (या 40/41) –

अनुशासन, दृढ़ता, निर्माण आप संगठन, धैर्य और व्यावहारिकता की परीक्षा से गुजरते हैं — आलस्य, कल्पना या कठोरता के बीच। परियोजनाएँ पूरी न करना या ढाँचा अपनाने में कठिनाई अस्थिरता लाती है। सबक: विवरणपरक प्रयास, स्वच्छता और प्रतिकूलता में सकारात्मक दृष्टिकोण से मजबूत आधार बनाएँ। अंक ज्योतिष में यह सबसे कठिन चुनौतियों में से एक है, खासकर अगर कुंडली में विषम संख्याएँ अधिक हों। बिना जिद्दीपन के अनुशासन स्थायी सफलता लाता है।

चुनौती 5 (या 50/51) –

स्वतंत्रता, प्रतिबद्धता, संयम सुखों (इंद्रिय, खर्च, बदलाव) में अधिकता को ज़िम्मेदारी और निरंतरता से संतुलित करना पड़ता है। प्रतिबद्धता का भय या निरंतर बेचैनी क्षमता बिखेर देती है। सबक: संयम का अभ्यास करें, लक्ष्य/रिश्तों पर टिकें, विवेकपूर्ण जोखिम लें और पिछले प्रतिबंध छोड़ें। विषम जीवन पथ वाले इसे कम तीव्र महसूस करते हैं; सम संख्या वाले स्वतंत्रता बनाम स्थिरता के बीच अधिक खिंचाव महसूस करते हैं।

चुनौती 6 (या 60/61) –

स्वीकृति, आदर्शवाद, ज़िम्मेदारी अत्यधिक उच्च आदर्श, स्व-न्याय या पूर्णतावाद अंधा कर देते हैं और कृतज्ञता की कमी लाते हैं। आप दूसरों को नियंत्रित या आलोचना कर सकते हैं जबकि आंतरिक विकास की उपेक्षा करते हैं। सबक: स्वयं/दुनिया में अपूर्णता स्वीकारें, कार्यों की पूरी ज़िम्मेदारी लें और देने-लेने का संतुलन बनाएँ। सच्ची सेवा एक वरदान है, लेकिन स्वस्थ सीमाएँ अतिभार रोकती हैं। यदि 6 कर्मिक सबक मौजूद हो तो चुनौती कठिन; कृतज्ञता जीवन की सुंदरता खोलती है।

चुनौती 7 (या 70/71) –

आध्यात्मिकता, विश्वास, आत्म-जागरूकता सतहीपन और संदेह गहन अर्थ को अवरुद्ध करते हैं; तर्कसंगत मन अंतर्ज्ञान या आध्यात्मिक अन्वेषण को दबाता है। एकांत में एकाकीपन या व्यक्तिगत दर्शन की कमी होती है। सबक: विश्वास विकसित करें, आंतरिक मार्गदर्शन पर भरोसा करें और अकेले समय को परिवर्तन

के लिए अपनाएँ। सच्चा सुख भीतर से आता है। मजबूत 7 चुनौती वाले बाद में गहन आध्यात्मिक बन सकते हैं।

चुनौती 8 (या 80/81) –

अहंकार, व्यक्तिगत शक्ति, भौतिकवाद नियंत्रण, धन, मान्यता या शक्ति की इच्छा आध्यात्मिक/मानवीय गुणों पर हावी हो जाती है। धन समस्या या मिडास जैसा एकांत प्रमुख हो सकता है। सबक: भौतिक और आध्यात्मिक जगत का संतुलन बनाएँ, दूसरों पर प्रभुत्व बिना प्रामाणिक शक्ति वापस लें और धन के साथ स्वस्थ संबंध बनाएँ। अहंकार के समर्पण पर वास्तविक पोषण बहता है; 8 जीवन पथ या संबंधित संख्याओं के लिए शक्तिशाली परीक्षा।

चुनौती 9 (या 90/91) –

चुनाव, अवसर, स्वतंत्र इच्छा (सबसे कम माँग वाला) कोई कठोर बाधा नहीं — जीवन भारी कर्म के बिना चुनाव देता है। आप तय करते हैं कि आराम करें या उच्चतम संभावना का पीछा करें। सबक: आदर्शों के प्रति विश्वास बनाए रखें, मानवता की सेवा के अवसर पकड़ें और वैश्विक सहानुभूति से कार्य करें। विकास सचेत निर्णयों से होता है; अक्सर कूटनीति, संरक्षण या मानवतावादी मार्ग से जुड़ा।

ये चुनौती संख्याएँ, जब समझी और पार की जाती हैं, कमजोरियों को ताकत में बदल देती हैं और आपको आत्मा की उच्चतम अभिव्यक्ति के साथ संरेखित करती हैं।

परिशिष्ट १० : नाम अंक ज्योतिष एवं प्रोनोलॉजी

Name Numerology & Pronology

प्रोनोलॉजी में प्रत्येक अक्षर (अंग्रेजी वर्णमाला के) की अपनी वेशिष्ट कंपन आवृत्ति होती है। यह कंपन उसकी ध्वनि (उच्चारण), ग्रह संबंध (चाल्डियन/वैदिक अंक ज्योतिष) और प्रतीकात्मक संरचना से प्रभावित होती है।

अक्षरों की संरचना और प्रतीकात्मक अर्थ (सार्वभौमिक कुंजी):

- **लंबवत विभाजन** — बायाँ भाग: पिछले कर्म, विरासत में मिले पैटर्न, अवचेतन जड़ें। दायाँ भाग: वर्तमान अभिव्यक्ति, सचेत चुनाव, बाहरी प्रकटीकरण।
- **क्षैतिज विभाजन** — निचला भाग: भौतिक/पृथ्वी जगत (शरीर, कार्य, अस्तित्व, संपत्ति, व्यावहारिकता)। ऊपरी भाग: आध्यात्मिक/ आकाशिक जगत (मन, अंतर्ज्ञान, आदर्श, उच्च उद्देश्य, दैवीय संबंध)।

संतुलित अक्षर पिछले/वर्तमान और भौतिक/आध्यात्मिक के बीच सामंजस्य दर्शाते हैं। मजबूत निचला ढाँचा = स्थिर सफलता; ऊँची ऊपरी संरचना = आध्यात्मिक आकांक्षा; खुली आकृतियाँ = स्वतंत्रता/प्रवाह; बंद आकृतियाँ = सुरक्षा/संयम।

A

मुख्य गुण: नेता, दृढ़, उद्यमी, साहसी विवरण: जीवन शक्ति, उत्साह और मार्गदर्शक स्वभाव का विकिरण। दूसरों को प्रेरित करता है लेकिन चिड़चिड़ापन, "नसों" की समस्या, अचानक स्वास्थ्य/आर्थिक उतार-चढ़ाव (अस्थिरता या अधिक महत्वाकांक्षा से)। यात्रा, दूर के स्थानांतरण और साहसिक नए आरंभ आम।

संरचना: मजबूत बायाँ लंबवत (पिछला संकल्प और आंतरिक शक्ति) + खुला दायाँ भाग (वर्तमान नेतृत्व और बाहरी अभिव्यक्ति)। ऊँची चोटी = आध्यात्मिक आकांक्षा और उच्च आदर्श; चौड़ा आधार = स्थिर भौतिक महत्वाकांक्षा और प्रेरणा। सुझाव: साहस को स्थिर अनुप्रयोग में बदलें; बिखरी ऊर्जा से बचें।

B

मुख्य गुण: संवेदनशील, प्रेमपूर्ण, देखभाल करने वाला, लालची विवरण: भावनात्मक गहराई, पोषण, अनुकूलनशीलता। उदारता और सहानुभूति चमकती है, लेकिन लालच या सुरक्षा से अत्यधिक लगाव कलात्मक प्रतिभा को दबा सकता है। असुरक्षा में जिद्दीपन उभरता है।

संरचना: दो बंद लूप (पिछला भावनात्मक संयम + वर्तमान पोषण)। निचला भारी = मजबूत भौतिक/परिवार फोकस; ऊपरी वक्र = आध्यात्मिक संवेदनशीलता। सुझाव: अलगावपूर्ण दान का अभ्यास करें; भावना और व्यावहारिकता का संतुलन बनाएँ।

C

मुख्य गुण: प्रेरक, अत्यधिक आशावादी, रचनात्मक, प्रतिभाशाली, निष्ठावान, बदला लेने वाला विवरण: हृदय से बोलने वाला संचारक; विनोदी, स्पष्टवादी, जीवन का केंद्र। मजबूत संबंध अंतर्ज्ञान, लेकिन विश्वासघात से बदला लेने की प्रवृत्ति।

संरचना: खुला वक्र (पिछला खुलापन + वर्तमान अभिव्यक्तिपूर्ण प्रवाह)। ऊपरी अर्धचंद्र = आध्यात्मिक प्रेरणा; निचला वक्र = भौतिक रचनात्मकता। सुझाव: आशावाद को रचनात्मक रूप से उपयोग करें; द्वेष शीघ्र छोड़ें।

D

मुख्य गुण: अनुशासित, मेहनती, जन्मजात नेता, जिद्दी विवरण: उत्कृष्ट निर्णय और दृढ़ता। सफलता धैर्यपूर्ण प्रयास से आती है, लेकिन कठोरता, बल प्रयोग या लचीलापन की कमी दूसरों को दूर कर सकती है।

संरचना: ठोस लंबवत रीढ़ (पिछला अनुशासन) + गोल दायाँ भाग (वर्तमान स्थिरता)। ऊँची ऊपरी = नेतृत्व आकांक्षा; मजबूत आधार = भौतिक विश्वसनीयता। सुझाव: जिद्दीपन को लचीलापन से संतुलित करें।

E

मुख्य गुण: करुणामय, कल्पनाशील, बौद्धिक, कोमल, अविश्वसनीय, इश्कबाज़ विवरण: गोपनीयता कूटनीतिक बुद्धि और बहुमुखी प्रतिभा में परिपक्व होती है। कल्पना सफलता लाती है; लापरवाही या तर्कहीनता आश्चर्य लाती है।

संरचना: तीन क्षैतिज पट्टियाँ (पिछला-वर्तमान-भविष्य संतुलन) + खुला फ्रेम। ऊपरी विस्तार = बौद्धिक/आध्यात्मिक ऊँचाई; निचली पट्टियाँ = भौतिक आधार। सुझाव: विचारों को वास्तविकता से जोड़ें; प्रतिबद्धताओं का सम्मान करें।

F

मुख्य गुण: छोटे स्वभाव वाला, देखभाल करने वाला, निष्ठावान, परिवार-केंद्रित, रोमांटिक, बदला लेने वाला विवरण: गर्वीला लेकिन न्यायप्रिय; निष्ठावान टीम

खिलाड़ी जिसमें कलात्मक प्रतिभा। घमंड या बदला हानि पहुँचाता है; विश्वास से स्थायी बंधन बनते हैं।

संरचना: बायाँ लंबवत (पिछला निष्ठा) + दायाँ क्रॉसबार (वर्तमान संरक्षण)। ऊपरी हुक = रोमांटिक आदर्शवाद; निचला आधार = परिवार आधार। सुझाव: क्रोध को संरक्षक शक्ति में बदलें।

G

मुख्य गुण: आविष्कारक, पूर्णतावादी, अत्यधिक सक्रिय, सहज, बुद्धिमान विवरण: उदास विचार या उदासीनता स्वयं को नुकसान पहुँचाती है; यथार्थवाद और एकांत से सफलता। धन सावधानी और विवेक चुनौतियों से निपटते हैं।

संरचना: निचला सर्पिल (पिछला सहज) + खुला ऊपरी वक्र (वर्तमान आविष्कार)। ऊपरी लूप = आध्यात्मिक अंतर्दृष्टि; निचला सर्पिल = भौतिक प्रयोग। सुझाव: पूर्णतावाद को यथार्थवादी प्रगति से संतुलित करें।

H

मुख्य गुण: प्रकृति प्रेमी, स्वच्छता प्रिय, व्यावहारिक, अत्यधिक महत्वाकांक्षी, धैर्यवान, संवेदनशील, स्वामित्व बोध विवरण: आदर्शों से सुख; संगीत/कला उपलब्धियों को बढ़ाती है। आलोचना गहराई से आहत करती है; एक प्रतिभा पर फोकस से मान्यता।

संरचना: दो मजबूत लंबवत (पिछला-वर्तमान स्थिरता) + क्रॉसबार पुल। ऊँची ऊपरी = महत्वाकांक्षी आदर्शवाद; चौड़ा आधार = व्यावहारिक महत्वाकांक्षा। सुझाव: स्वामित्व बोध छोड़ें; प्रयास केंद्रित करें।

I

मुख्य गुण: शुद्ध, दयालु, विश्वसनीय, गहन विचारक, तकनीक प्रेमी, आधुनिक विवरण: सामंजस्यपूर्ण पारिवारिक जीवन से पुरस्कार। सहानुभूति पुरस्कार लाती है; कामुकता बनाम आदर्शों से आंतरिक तनाव।

संरचना: एकल लंबवत (पिछला शुद्धता + वर्तमान विश्वसनीयता)। ऊँची ऊपरी बिंदु = आध्यात्मिक अंतर्दृष्टि; निचला बिंदु = भौतिक आधार। सुझाव: आधुनिकता को शाश्वत मूल्यों से जोड़ें।

J

मुख्य गुण: शारीरिक ऊर्जावान, अत्यधिक महत्वाकांक्षी, केंद्रित, अत्यधिक सक्रिय, आत्मनिर्भर विवरण: अंतर्ज्ञान और वाक्पटुता धन आकर्षित करती है; ऊर्जा को दूसरों की सेवा में लगाएँ। अधिक तैयारी से कार्य में देरी।

संरचना: निचला-बायाँ हुक (पिछली ऊर्जा) + दायाँ वक्र (वर्तमान फोकस)। ऊपरी हुक = महत्वाकांक्षी आकांक्षा। सुझाव: योजना के बाद निर्णायक कार्य करें।

K

मुख्य गुण: रोमांटिक, गोपनीय, देखभाल करने वाला, शांति निर्माता, परिवार-केंद्रित विवरण: घरेलू सुरक्षा बनाम स्वतंत्रता का तनाव। हस्तक्षेप कमजोर करता है; संयम स्थिति बनाए रखता है।

संरचना: बायाँ लंबवत (पिछला रोमांस) + कोणीय दायाँ (वर्तमान विवेक)। ऊपरी भुजाएँ = आध्यात्मिक शांति निर्माण; निचला आधार = परिवार आधार। सुझाव: गोपनीयता को विश्वास से संतुलित करें।

L

मुख्य गुण: प्रेमी, विचारक, अनोखा, हास्य बोध, आनंद प्रेमी विवरण: संयम प्रतिभा को बढ़ाता है; इच्छाओं पर नियंत्रण। आध्यात्मिक अध्ययन और बाहरी कार्य समृद्धि लाते हैं।

संरचना: ऊँचा लंबवत (पिछली गहराई) + निचला हुक (वर्तमान आनंद)। ऊपरी ऊँचाई = आध्यात्मिक अनोखापन; निचला वक्र = भौतिक आनंद। सुझाव: संदेह पर विजय पाएँ; आनंद को सच्चाई से व्यक्त करें।

M

मुख्य गुण: निष्ठावान, मेहनती, कार्याहोलिक, आक्रामक, प्रेमपूर्ण भावनात्मक विवरण: शारीरिक सुख और धन प्रमुख। अधिक भोग या जोखिम अस्थिरता लाते हैं; सम्मान और विश्वास शांति बहाल करते हैं।

संरचना: सममित चोटियाँ (पिछला-वर्तमान महत्वाकांक्षा) + चौड़ा आधार। ऊपरी तरंगें = भावनात्मक/आध्यात्मिक गहराई; निचला ठोस = भौतिक प्रेरणा। सुझाव: कार्य को विश्राम और रिश्तों से संतुलित करें।

N

मुख्य गुण: स्वतंत्र, स्वतंत्रता प्रेमी, पूर्णतावादी, अंतर्ज्ञानी, संचारक विवरण: दुविधा शत्रु है। आत्म-विकास से भय पर विजय; आवेग समस्या लाता है।

संरचना: तिरछा दायाँ (पिछला स्वतंत्रता) + बायाँ वक्र (वर्तमान अंतर्ज्ञान)। ऊपरी तरंग = आध्यात्मिक स्वतंत्रता; निचला आधार = भौतिक संचार। सुझाव: अंतर्ज्ञान को कार्य में आधार दें।

O

मुख्य गुण: केंद्रित, नैतिकवादी, अत्यधिक संवेदनशील, करुणामय, महान प्रेमी, विश्वसनीय विवरण: स्थिरता से सुख। बुद्धि हृदय पर हावी; स्वार्थ योजनाएँ नष्ट करती है जब तक संयमित न हो।

संरचना: पूर्ण वृत्त (पिछला-वर्तमान पूर्णता)। संतुलित ऊपरी/निचला = आध्यात्मिक आदर्श और भौतिक भक्ति का सामंजस्य। सुझाव: साथी बुद्धिनानी से चुनें; भ्रम से बचें।

P

मुख्य गुण: बातूनी, हास्यप्रिय, बुद्धिमान, चतुर, जिद्दी, विशेष हास्य बोध विवरण: कलात्मक प्रतिभा से शानदार करियर। व्यावहारिक बोध से वित्तीय पुरस्कार; स्पष्ट प्रतिभाओं पर फोकस।

संरचना: बायाँ लंबवत (पिछली चतुराई) + गोल दायाँ (वर्तमान हास्य)। ऊपरी लूप = आध्यात्मिक विनोद; निचला वक्र = भौतिक आकर्षण। सुझाव: जिद्दीपन को संतुलित करें; प्रतिभाओं पर फोकस।

Q

मुख्य गुण: अकेला, कल्पनाशील, साहसी, रहस्यमयी, निष्ठावान, ईमानदार विवरण: विज्ञान और विवेक से निर्देशित कार्य। चतुराई व्यवसाय में सफलता लाती है; जोखिम भरी योजनाएँ समस्या लाती हैं।

संरचना: वृत्त + नीचे उतरता पूँछ (पिछला रहस्य + वर्तमान साहस)। ऊपरी वृत्त = आध्यात्मिक कल्पना; निचली पूँछ = भौतिक आधार। सुझाव: रहस्य को व्यावहारिकता से संतुलित करें।

R

मुख्य गुण: कार्याहोलिक, मेहनती, बुद्धिमान, जन्मजात उपचारक, छोटे स्वभाव वाला विवरण: प्रभाव डालने से प्रमुखता। चालाक योजनाएँ उल्टी पड़ती हैं; व्यावहारिक आविष्कार सफल होता है।

संरचना: बायाँ लंबवत (पिछली बुद्धि) + वक्र दायाँ (वर्तमान उपचार)। ऊपरी लूप = आध्यात्मिक अंतर्दृष्टि; निचला वक्र = भौतिक ऊर्जा। सुझाव: क्रोध को रचनात्मक कार्य में बदलें।

S

मुख्य गुण: अत्यधिक निष्ठावान, नेता, बहु-प्रतिभाशाली, सफल, प्रसिद्ध विवरण: महान प्रतिभा; इसे लगन से अपनाएँ। बहुमुखी प्रतिभा और निर्भीकता शानदार करियर बनाती है।

संरचना: सर्पिल वक्र (पिछला-वर्तमान प्रवाह)। ऊपरी तरंग = आध्यात्मिक नेतृत्व; निचला वक्र = भौतिक सफलता। सुझाव: ऊर्जा बिखरने से बचें; सलाह लें।

T

मुख्य गुण: आयोजक, मानसिक रूप से मजबूत, शांति निर्माता, निष्पाप, सहायक विवरण: कल्पना सर्वोत्तम प्रतिभा। बेचैनी साथी की तलाश करती है; तथ्यात्मक अध्ययन आधार देता है।

संरचना: लंबवत क्रॉसबार (पिछला-वर्तमान संतुलन)। ऊपरी पट्टी = आध्यात्मिक शांति; निचला लंबवत = भौतिक संगठन। सुझाव: अंतर्ज्ञान को व्यावहारिक रूप से उपयोग करें।

U

मुख्य गुण: कुख्यात, चतुर, चालाक, मेहनती, मजबूत अंतर्ज्ञानी, अव्यवस्थित विवरण: उपलब्धियों पर गर्व; परिवार/घर से आनंद। डींग हाँकना निराश करता है; परोपकार पुरस्कार देता है।

संरचना: खुला U आकार (पिछला अंतर्ज्ञान + वर्तमान प्रवाह)। ऊपरी खुलापन = आध्यात्मिक ग्रहणशीलता; निचला वक्र = भौतिक आधार। सुझाव: अराजकता को व्यवस्थित करें; विनम्र रहें।

V

मुख्य गुण: विजेता, हेरफेर करने वाला, प्रेमपूर्ण, सच्चा, तीक्ष्ण स्मृति, विश्वसनीय विवरण: अपरंपरागत दृष्टिकोण अक्सर सही। भूमि/रियल एस्टेट से समृद्धि; पढ़ाई से अधिक व्यावहारिक।

संरचना: V आकार (पिछला संगम + वर्तमान विजय)। ऊपरी बिंदु = आध्यात्मिक अंतर्दृष्टि; निचला खुलापन = भौतिक ग्रहण। सुझाव: हेरफेर को नैतिक रूप से उपयोग करें; स्थिर रहें।

W

मुख्य गुण: आवेगी, आकर्षक, अहंकारी, महान प्रेमी विवरण: प्रतिभा से धन; उत्कृष्ट व्यवसाय क्षमता लेकिन फोकस की आवश्यकता। सहानुभूति देखभाल पेशों में सहायक।

संरचना: दोहरा V (पिछला-वर्तमान महत्वाकांक्षा)। ऊपरी तरंगें = आध्यात्मिक आकर्षण; निचले बिंदु = भौतिक प्रेरणा। सुझाव: आवेग को नियंत्रित करें; अहंकार को सकारात्मक रूप से उपयोग करें।

X

मुख्य गुण: मेहनती, खतरनाक, साहसी, लालची, अनुशासनहीन विवरण: सामान्य बुद्धि + प्रतिभा = सफलता। व्यापार और कला का संयोजन; इंजीनियरिंग उपयुक्त जब तक विशेष क्षेत्र न मिले।

संरचना: क्रॉसिंग रेखाएँ (पिछला-वर्तमान प्रतिच्छेदन)। संतुलित केंद्र = भौतिक-आध्यात्मिक चौराहा। सुझाव: साहस को अनुशासित करें; लालच से बचें।

Y

मुख्य गुण: स्वतंत्रता प्रेमी, व्यवसायी, धन कमाने वाला, शालीन, बेचैन विवरण: आक्रामकता बिक्री/सफलता में बदलती है। योद्धा स्वभाव इच्छाएँ पूरी करता है; झगड़ों से बचें।

संरचना: लंबवत तना + ऊपरी दोहरी शाखा (पिछला आधार + वर्तमान चुनाव)। ऊपरी दोहरी = आध्यात्मिक द्वैत; निचला तना = भौतिक फोकस। सुझाव: मार्ग बुद्धिमानी से चुनें; प्रतिबद्ध रहें।

Z

मुख्य गुण: बहुत मित्रवत, विनम्र, उच्च इच्छाशक्ति, लक्ष्य-केंद्रित, आशावादी, कूटनीतिक विवरण: आदर्शवादी लेकिन गणनात्मक। घमंड समझौते सीमित करता है; सटीक मूल्यांकन सफलता लाता है।

संरचना: ऊपरी-निचली क्षैतिज + तिरछी (पिछला कूटनीति + वर्तमान प्रेरणा)। ऊपरी पट्टी = आध्यात्मिक आशावाद; निचली पट्टी = भौतिक लक्ष्य। सुझाव: घमंड को सकारात्मक रूप से उपयोग करें; लक्ष्यों का पीछा करें।

प्रोनोलॉजी में अक्षरों की ध्वनि, कंपन और आवृत्ति

प्रोनोलॉजी (नाम की ध्वनि, फोनेटिक्स और ऊर्जा के माध्यम से कंपन विज्ञान) में अंग्रेजी वर्णमाला का प्रत्येक अक्षर एक अनोखी ध्वनि कंपन और आवृत्ति रखता है जो व्यक्ति की आभा, व्यक्तित्व, भावनाओं और नियति को प्रभावित करता है। ये कंपन यादृच्छिक नहीं हैं; ये प्राचीन ध्वनि ज्ञान से आते हैं (वैदिक मंत्र विज्ञान, कब्बलाह अक्षर रहस्यवाद और आधुनिक ध्वनि उपचार सिद्धांतों का मिश्रण), जहाँ प्रत्येक ध्वनि एक विशिष्ट ऊर्जात्मक स्तर पर कंपन करती है।

अक्षर कंपन के मुख्य सिद्धांत

- व्यंजन → बाहरी/कार्य-केंद्रित ऊर्जा दर्शाते हैं: ये तय करते हैं कि दुनिया आपको कैसे देखती है (व्यावहारिक गुण, शारीरिक अभिव्यक्ति, अहंकार/ढाँचा)। ये कंपन में "किनारे" या सीमाएँ बनाते हैं — तीक्ष्ण, परिभाषित, स्थिर। कठोर व्यंजन (k, t, p) बलशाली लगते हैं; नरम (m, n, l) पोषण/प्रवाहपूर्ण।
- **स्वर** → आंतरिक/आत्मा-केंद्रित ऊर्जा दर्शाते हैं (अंक ज्योतिष में आत्मा से आग्रह/हार्ट्स डिज़ायर): ये भावनात्मक, आध्यात्मिक और अंतर्ज्ञानी आवृत्तियाँ ले जाते हैं। स्वर खुले, प्रवाहपूर्ण ध्वनियाँ हैं जो ग्रहणशीलता और उच्च चेतना को बढ़ाते हैं। ये व्यंजनों में "जीवन की साँस" डालते हैं, कठोरता को नरम करते हैं, विस्तार देते हैं या ऊँचा उठाते हैं।

संयोजन प्रभाव → जब स्वर व्यंजन के बाद या चारों ओर आता है (उदाहरण: "Ka" बनाम "K"), स्वर व्यंजन की कच्ची ऊर्जा को संशोधित करता है:

भावनात्मक गहराई/आध्यात्मिक स्वर जोड़ता है।

कठोरता को नरम करता है या कोमलता को बढ़ाता है। चक्र सक्रियण प्रभावित करता है (वैदिक दृष्टि: स्वर प्राण/साँस से जुड़े हैं)।

सहक्रिया बनाता है: सकारात्मक स्वर + व्यंजन = सामंजस्यपूर्ण प्रवाह: असंगत = घर्षण या कर्मिक सबक।

स्वर सामान्यतः आध्यात्मिक रूप से अधिक शक्तिशाली माने जाते हैं (खासकर A, E, I), क्योंकि ये साँस (प्राण) और दैवीय ध्वनि (जैसे ॐ) से जुड़े हैं। नाम में अधिक स्वर होने पर बहिर्मुखी, आध्यात्मिक रूप से ग्रहणशील या प्रभावशाली ऊर्जा दर्शाता है। व्यंजन भौतिक/सांसारिक सफलता पर हावी होते हैं।

प्रत्येक अक्षर की कंपन गुणवत्ता

(अंग्रेजी वर्णमाला A–Z, अनुमानित फोनेटिक आवृत्ति अनुभव, मुख्य गुण और स्वर-व्यंजन संशोधन नोट्स के साथ। आवृत्तियाँ गुणात्मक/गूढ़ हैं, शाब्दिक Hz नहीं, प्रोनोलॉजी, वैदिक ध्वनिविज्ञान और ध्वनि उपचार परंपराओं से ली गई हैं।)

A (आह/ऐ) — खुला, विस्तारपूर्ण, मूल/सृजन आवृत्ति। प्रारंभिक शक्ति (ॐ में मूल ध्वनि की तरह)। स्वर भूमिका: शुद्ध आत्मा कंपन — नेतृत्व, स्वतंत्रता, आध्यात्मिक आकांक्षा। व्यंजनों के साथ: साहस को बढ़ाता है (उदाहरण: "Ra" = तेजस्वी शक्ति; "Ka" = गतिशील कार्य)।

B (बुह) — नरम, पोषण करने वाला, संयमित गूँज। आधार देने वाली, मातृ ऊर्जा। व्यंजन भूमिका: भावनात्मक सुरक्षा, परिवार-केंद्रित, लेकिन लालची/स्वामित्व बोध हो सकता है। स्वरों के साथ: A/E/I से नरम (उदाहरण: "Ba" = प्रेमपूर्ण संरक्षक); O/U से कठोर।

C (सुह/नरम "सी") — तीक्ष्ण, सिसकारी, मानसिक स्पष्टता। बुध जैसी त्वरितता। व्यंजन भूमिका: संचार, बुद्धि, लेकिन आलोचनात्मक या गपशप हो सकता है। स्वरों के साथ: A/I से ऊँचा (रचनात्मक अभिव्यक्ति); O से शांत (व्यावहारिक फोकस)।

D (दुह) — ठोस, अनुशासित, पृथ्वी जैसा धमाका। शनि जैसा ढाँचा। व्यंजन भूमिका: दृढ़ता, नेतृत्व, जिद्दीपन। स्वरों के साथ: E से संतुलित (बौद्धिक अनुशासन); A से तीव्र (महत्वाकांक्षी प्रेरणा)।

E (एह/ई) — ऊँचा, हवादार, विस्तारपूर्ण। कंठ चक्र सक्रियण, बुध/शुक्र प्रवाह। स्वर भूमिका: स्वतंत्रता, अनुकूलनशीलता, अंतर्ज्ञान। व्यंजनों के साथ: कठोर किनारों को नरम करता है (उदाहरण: "Me" = कोमल बुद्धि; "De" = परिष्कृत अनुशासन)।

F (फुह) — प्रवाहपूर्ण, सिसकारी साँस। शुक्र सामंजस्य के साथ किनारा। व्यंजन भूमिका: देखभाल करने वाला, रोमांटिक, छोटे स्वभाव वाला। स्वरों के साथ: A/O से रोमांटिक (उदाहरण: "Fa" = उत्साही); U से आधारित।

G (गुह/जुह) — गले से गहराई या नरम सरकाव। बृहस्पति विस्तार सावधानी के साथ। व्यंजन भूमिका: आविष्कारक, पूर्णतावादी, सहज। स्वरों के साथ: I/E से प्रेरित (प्रतिभा प्रवाह); A से संयमित (व्यावहारिक आविष्कार)।

H (हुह) — जीवन की साँस, प्राण वाहक। सूक्ष्म, आकांक्षी ऊर्जा। व्यंजन भूमिका: महत्वाकांक्षी, धैर्यवान, प्रकृति प्रेमी। स्वरों के साथ: आध्यात्मिक खुलापन बढ़ाता है (उदाहरण: "Ha" = आनंदपूर्ण आकांक्षा)।

I (ई/इह) — भेदक, उच्च-आवृत्ति अंतर्दृष्टि। सौर जाल अग्नि, स्पष्टता। स्वर भूमिका: शुद्ध अंतर्ज्ञान, आदर्शवाद, आध्यात्मिक दृष्टि। व्यंजनों के साथ: फोकस तेज करता है (उदाहरण: "Ri" = तेजस्वी बुद्धि; "Ki" = गतिशील अंतर्ज्ञान)।

J (जुह) — नरम विस्फोटक, बृहस्पति विकास। व्यंजन भूमिका: ऊर्जावान, महत्वाकांक्षी, आत्मनिर्भर। स्वरों के साथ: A/E से ऊँचा (साहसिक कार्य); । से संयमित।

K (कुह) — तीक्ष्ण, गले से रुकावट। मजबूत मंगल/शनि शक्ति — निर्णायक, काटने वाला, प्रभुत्वशाली। व्यंजन भूमिका: शक्ति, अनुशासन, स्वतंत्रता, लेकिन आक्रामक, नियंत्रक या अचानक लग सकता है। मजबूत सीमाएँ और त्वरित प्रभाव बनाता है; नेतृत्व नामों के लिए उत्कृष्ट लेकिन असंतुलित होने पर घर्षण पैदा कर सकता है। स्वरों के साथ: नाटकीय रूप से संशोधित — A/E/I से नरम और आध्यात्मिक (उदाहरण: "Ka" = आध्यात्मिक प्रेरणा के साथ गतिशील कार्य; "Ki" = अंतर्ज्ञानी अथॉरिटी; "Ke" = अनुशासित बुद्धि)। O/U से कठोर या आधारित (उदाहरण: "Ko" = व्यावहारिक शक्ति)। स्वर उपस्थिति कठोरता कम करती है और प्रवाह जोड़ती है। नोट: K सबसे बलशाली कंपनों में से एक है; स्वर

के साथ यह "काटने" से "अनुग्रह के साथ आदेश देने" में बदल जाता है। स्वर समर्थन के बिना ठंडा या अधिनायकवादी लग सकता है।

L (लुह) — तरल प्रवाह, चंद्र पोषण। व्यंजन भूमिका: प्रेमपूर्ण, अनोखा, हास्यप्रिय। स्वरों के साथ: भावनात्मक गहराई (उदाहरण: "La" = प्रेमपूर्ण सामंजस्य)।

M (मुह/म्म्म) — गूँजने वाला अनुनाद, मातृ कोकून। व्यंजन भूमिका: निष्ठावान, भावनात्मक, कार्याहोलिक। स्वरों के साथ: नरम/पोषित (उदाहरण: "Ma" = मातृ करुणा)।

N (नुह) — नाक से निरंतरता, अंतर्ज्ञानी प्रवाह। व्यंजन भूमिका: स्वतंत्र, पूर्णतावादी। स्वरों के साथ: आध्यात्मिक विस्तार (उदाहरण: "Na" = अंतर्ज्ञानी स्वतंत्रता)।

O (ओह/ऊ) — गोल, विस्तारपूर्ण, हृदय चक्र गर्माहट। स्वर भूमिका: समृद्धि, भक्ति, लेकिन आध्यात्मिक रूप से सबसे कम "शुद्ध"। व्यंजनों के साथ: महत्वाकांक्षा को आधार देता है (उदाहरण: "Ro" = स्थिर रोमांस)।

P (पुह) — विस्फोटक धमाका, मंगल जैसी प्रेरणा। व्यंजन भूमिका: बातूनी, चतुर, जिद्दी। स्वरों के साथ: A/I से ऊर्जावान (रचनात्मक चिंगारी)।

Q (कुह) — दुर्लभ, रहस्यमयी मिश्रण (K + W)। व्यंजन भूमिका: कल्पनाशील, साहसी, निष्ठावान। स्वरों के साथ: U से रहस्यमयी (उदाहरण: "Qu" = अनोखी गहराई)।

R (रुह) — लुढ़कती कंपन, सौर अग्नि। व्यंजन भूमिका: बुद्धिमान, उपचारक, छोटे स्वभाव वाला। स्वरों के साथ: A/I से उत्साही वृद्धि (उदाहरण: "Ra" = राजसी ऊर्जा)।

S (sss) — सिसकारी सर्प, परिवर्तनकारी कुंडलिनी। व्यंजन भूमिका: निष्ठावान, बहु-प्रतिभाशाली, नेता। स्वरों के साथ: I/A से आध्यात्मिक (उदाहरण: "Si" = अंतर्ज्ञानी सफलता)।

T (तुह) — तीक्ष्ण रुकावट, अनुशासित कट। व्यंजन भूमिका: आयोजक, शांति निर्माता, मजबूत मन। स्वरों के साथ: E/O से संतुलित (व्यावहारिक शांति)।

U (ऊ/उह) — गहरा, ग्रहणशील, चंद्र रहस्य। स्वर भूमिका: विश्वसनीय, करुणामय। व्यंजनों के साथ: तीव्रता को नरम करता है (उदाहरण: "Ru" = बुद्धिमान गहराई)।

V (वुह) — प्रवाहपूर्ण विजय, शुक्र सामंजस्य। व्यंजन भूमिका: विजेता, प्रेमपूर्ण, विश्वसनीय। स्वरों के साथ: A/I से ऊँचा (सच्ची सफलता)।

W (वुह/ऊ) — दोहरा प्रवाह। व्यंजन भूमिका: आकर्षक, आवेगी, अहंकारी। स्वरों के साथ: A से रोमांटिक वृद्धि (उदाहरण: "Wa" = उत्साही आकर्षण)।

X (क्स/ग्ज़) — दोहरा/क्रॉसिंग ऊर्जा, परिवर्तनकारी। व्यंजन भूमिका: साहसी, मेहनती, लालची। स्वरों के साथ: E/I से संतुलित (नवाचारी किनारा)।

Y (ई/इह/व्हाई) — कभी स्वर (अंतर्ज्ञानी), कभी व्यंजन (चुनाव)। संकर भूमिका: स्वतंत्रता प्रेमी, बेचैन, शालीन। स्वरों के साथ: आध्यात्मिक दोहरी (मार्गों का द्वैत)।

Z (ज़ुह) — गूँजने वाला समापन, विद्युतीय अंत। व्यंजन भूमिका: मित्रवत, कूटनीतिक, लक्ष्य-केंद्रित। स्वरों के साथ: A से आशावादी वृद्धि (उदाहरण: "Za" = शक्तिशाली इच्छाशक्ति)।

स्वरों का व्यंजनों के साथ संयोजन (पुनरावलोकन)

- स्वर आगे (उदाहरण: "Anil" में A) → आत्मा/आध्यात्मिक सार पर बल; नाम खुला, ग्रहणशील, प्रभावशाली लगता है।
- स्वर पीछे (उदाहरण: "Ka") → व्यंजन संशोधित करता है: कठोरता को नरम करता है (A/I प्रेरणा जोड़ते हैं), आधार देता है (O/U स्थिरता जोड़ते हैं)।
- बहु स्वर → भावनात्मक/आध्यात्मिक संवेदनशीलता, बहिर्मुखता, आकर्षण बढ़ाते हैं (प्रोनोलॉजी में अक्सर भाग्यशाली)।
- स्वर-व्यंजन संतुलन → जीवन प्रवाह सामंजस्यपूर्ण; अधिक व्यंजन = कठोर/भौतिक फोकस; अधिक स्वर = स्वप्निल/आध्यात्मिक लेकिन अव्यावहारिक।

ये कंपन आपकी जन्म संख्याओं (मानसिक/नियति) के साथ वैदिक-आधुनिक अंक ज्योतिष में इंटरैक्ट करती हैं। नाम सुधार के लिए सकारात्मक स्वर-व्यंजन सहक्रिया को प्राथमिकता दें ताकि ध्वनि आवृत्ति नियति से संरेखित हो। अक्षरों का सजग जाप व्यक्तिगत ऊर्जा को संनादित करता है।

परिशिष्ट ११ : गैर-अंग्रेजी (Non-English) भाषाएँ Languages

नाम अंक ज्योतिष मूल रूप से ध्वनि कंपन (फोनेटिक्स) और अक्षरों/अक्षरों की ऊर्जा आवृत्ति पर कार्य करता है, न कि लिपि (स्क्रिप्ट) पर। मूल सिद्धांत सभी भाषाओं में समान रहता है: प्रत्येक बोली गई ध्वनि (हिंदी में अक्षर) एक संख्यात्मक मान रखती है, जिसे जोड़कर और घटाकर मुख्य संख्याएँ निकाली जाती हैं।

हिंदी (देवनागरी लिपि) में प्रक्रिया अंग्रेजी से थोड़ी भिन्न है, क्योंकि यहाँ वर्णमाला संरचना (स्वर और व्यंजन) और मात्राएँ (मात्रा – व्यंजन से जुड़ी स्वर चिह्न) होती हैं।

अधिकांश भारतीय अंक ज्योतिषी गैर-अंग्रेजी नामों (हिंदी सहित) के लिए **चाल्डियन अंक ज्योतिष** का उपयोग करते हैं, क्योंकि यह प्राचीन है, कंपन-आधारित है और वैदिक ध्वनि सिद्धांतों (मंत्र शास्त्र) से अच्छी तरह मेल खाता है। पाइथागोरियन प्रणाली हिंदी के लिए कम प्रयोग होती है क्योंकि यह पूरी तरह अंग्रेजी वर्णमाला पर आधारित है।

देवनागरी अक्षर-आधारित (अक्षर = व्यंजन + स्वर मात्रा) है, इसलिए शुद्ध देवनागरी सीधे चाल्डियन (अक्षर-आधारित) से नहीं जुड़ती। फोनेटिक रोमनाइजेशन (उच्चारण के आधार पर रोमन लिपि) इस अंतर को सटीकता से जोड़ता है।

हिंदी के लिए चाल्डियन संख्या आवंटन (सामान्य मैपिंग)

चाल्डियन चार्ट (केवल 1–8; 9 पवित्र है और आवंटित नहीं की जाती):

1 → A, I, J, Q, Y (ध्वनियाँ: अ, इ, ई, य जैसा "या" में)

2 → B, K, R (ध्वनियाँ: ब, क, र)

3 → C, G, L, S (ध्वनियाँ: च, ग, ल, स)

4 → D, M, T (ध्वनियाँ: द, म, त)

5 → E, H, N, X (ध्वनियाँ: ए, ह, न)

6 → U, V, W (ध्वनियाँ: उ, व)

7 → O, Z (ध्वनियाँ: ओ, ज़)

8 → F, P (ध्वनियाँ: फ, प)

हिंदी-विशेष नोट्स

- महाप्राण व्यंजन (जैसे ख, घ, छ, ठ, फ आदि) को उनके मूल ध्वनि + "ह" कंपन के रूप में माना जाता है → आमतौर पर मूल संख्या ही (उदाहरण: ख = K = 2, फ = P/F = 8)।
- संयुक्त ध्वनियाँ जैसे क्ष (ksh), त्र (tr), ज्ञ (gya/jna) → व्यक्तिगत फोनेटिक भागों में तोड़ें (ksh = K + Sh = 2 + 3 = 5)।
- दुर्लभ ध्वनियाँ (जैसे ड़, ढ़) → निकटतम से मिलान (D/R = 4 या 2)।

मात्राओं (स्वर चिह्न) का गणना पर प्रभाव

हिंदी में मूल व्यंजन (व्यंजन) + मात्रा (मात्रा) मिलकर पूर्ण अक्षर बनाते हैं (उदाहरण: क + ा = का)।

वैदिक/भारतीय अंक ज्योतिष में मानक दृष्टिकोण:

- उच्चारित पूर्ण अक्षर को एक इकाई मानें, लेकिन फोनेटिक रोमन अक्षरों के आधार पर गणना करें।
- मात्राएँ स्वर हैं → वे अपनी संख्या (ऊपर स्वर सूची से) जोड़ती हैं और व्यंजन की ऊर्जा को संशोधित करती हैं।
- नियम: व्यंजन की संख्या + मात्रा की संख्या (यदि मौजूद हो) जोड़ें।

उदाहरण

- का (kaa) → K (2) + AA (A = 1) → कुल कंपन प्रभाव 2 + 1 = 3 से प्रभावित।
- कि (ki) → K (2) + I (1) → 3।
- कु (ku) → K (2) + U (6) → 8।

मात्राओं पर विशेष नोट्स

- छोटी मात्रा (ि, ु) → त्वरित, हल्की कंपन (स्वर संख्या को संक्षिप्त रूप से जोड़ें)।
- लंबी मात्रा (ी, ू, ा) → दीर्घकालिक, मजबूत प्रभाव (कुछ उन्नत प्रणालियों में दोगुना वजन)।
- अनुस्वार (ं) / चंद्रबिंदु (ँ) → नासिक्य कंपन → अक्सर 5 (N जैसी) जोड़ें या सूक्ष्म संशोधक मानें।

- विसर्ग (ः) → साँस छोड़ना → 8 या 5 (H जैसी) जोड़ता है।

अंग्रेजी से मुख्य अंतर

हिंदी ध्वन्यात्मक/अक्षर-आधारित है → उच्चारित ध्वनि पर फोकस करें, लिखित रूप पर नहीं। मात्राएँ हर व्यंजन को "स्वरयुक्त" बनाती हैं → हिंदी नामों में अंग्रेजी की तुलना में स्वर ऊर्जा अधिक होती है।

हिंदी नामों के लिए त्वरित सुझाव

यदि नाम हिंदी में लिखा/उपयोग किया जाता है जैसे **दीप्ति सिन्हा**:

- उच्चारण: दीप-ती सिन-हा
- वही फोनेटिक अक्षर → वही चाल्डियन मान और परिणाम।
- मात्राएँ (दीप्ति में ी) पहले से ही लंबे "ee" ध्वनि (E = 5) में शामिल हैं, इसलिए फोनेटिक रोमनाइजेशन करते समय अलग से मात्रा गणना की आवश्यकता नहीं। यदि स्पेलिंग अलग हो (उदाहरण: Deepti Sinhaa या Dipti Sinha), तो कंपन आम उच्चारण रूप के अनुसार बदल सकता है।

परिशिष्ट १२ : शब्दावली - Glossary

यह शब्दावली पुस्तक में प्रयुक्त मुख्य शब्दों की स्पष्ट परिभाषाएँ देती है, जो वैदिक, लो शू, पाइथागोरियन और आधुनिक अंक ज्योतिष प्रणालियों से ली गई हैं। शब्दों को वर्णमाला क्रम में सूचीबद्ध किया गया है ताकि त्वरित संदर्भ मिल सके।

अंक यंत्र – वैदिक जन्म ग्रिड (3×3) जो पूर्ण जन्म तिथि (दिन-माह-वर्ष) के अंकों से बनता है; ग्रह प्रभाव, ताकत, कमजोरियाँ और कर्मिक पैटर्न दिखाता है।

अंतर दशा – विंशोत्तरी दशा प्रणाली में महादशा के अंतर्गत उप-अवधि; साथ ही वार्षिक ग्रिड विधि में वार्षिक उप-अवधि (जन्म तिथि + वर्तमान वर्ष + सप्ताह का दिन से गणना)।

भाग्यांक (Destiny Number / Conductor Number) – पूर्ण जन्म तिथि के सभी अंकों का योग, एकल अंक (1–9) में घटाकर। कर्मिक जीवन पथ, उद्देश्य और दीर्घकालिक नियति दर्शाता है।

कैपस्टोन – पूर्ण नाम के अंतिम अक्षर का संख्यात्मक मान; कार्य, परियोजनाओं या जीवन चक्रों को कैसे समाप्त करते हैं, यह दिखाता है।

कॉर्नरस्टोन – प्रथम नाम के प्रथम अक्षर का संख्यात्मक मान; नई शुरुआत कैसे करते हैं, नई चीजों का दृष्टिकोण दिखाता है।

दशा – वैदिक ज्योतिष/अंक ज्योतिष में ग्रह अवधियाँ (विंशोत्तरी दशा); जीवन के प्रमुख चरण जो ग्रह नियंत्रित करते हैं (महादशा, अंतर दशा, प्रत्यंतर दशा)।

ड्राइवर संख्या– देखें मूलांक।

सार संख्या (Essence Number) – पूर्ण जन्म नाम के क्रमिक अक्षरों से प्राप्त 9-वर्षीय चक्र की कंपन; प्रत्येक 9-वर्षीय ब्लॉक का आत्मा स्तर का विषय दिखाता है।

अभिव्यक्ति संख्या (Expression Number)– देखें भाग्यांक (पूर्ण नाम योग से)।

उपनाम संख्या– उपनाम के प्रथम अक्षर का संख्यात्मक मान; परिवार वंश या विरासत की साझा कंपन दर्शाता है।

पहला स्वर – प्रथम नाम का पहला स्वर ध्वनि; आत्मा की सबसे गहरी अभिव्यक्ति और आंतरिक प्रेरणा को ले जाता है।

कर्मिक लेसन्स (Karmic Lessons) – पूर्ण जन्म नाम के अक्षरों में 1–9 तक की गायब संख्याएँ; पिछले जन्म की कमी या इस जन्म में विकास के क्षेत्र दर्शाती हैं।

कुआ संख्या (Gua Number) – फेंग शुई में व्यक्तिगत संख्या, जन्म वर्ष और लिंग से गणना; नींद, कार्य, अध्ययन आदि के लिए शुभ/अशुभ दिशाएँ तय करती है।

लो शू ग्रिड (Lo Shu Grid) – चीनी/फेंग शुई अंक ज्योतिष में प्रयुक्त 3×3 जादुई वर्ग; जन्म तिथि के अंकों से भरा जाता है, जो स्तर (मन, शरीर, आत्मा), विकर्ण (सिल्वर/गोल्डन) और गायब संख्याएँ दिखाता है।

महादशा – विंशोत्तरी दशा प्रणाली में प्रमुख ग्रह अवधि (उदाहरण: सूर्य 6 वर्ष, चंद्र 10 वर्ष आदि)।

परिपक्वता संख्या (Maturity Number) – जीवन पथ संख्या (जन्म तिथि योग) + अभिव्यक्ति संख्या(पूर्ण नाम योग) का योग; 35–45 वर्ष के बाद प्रनुख होती है, दीर्घकालिक नियति और बुद्धि दर्शाती है।

मूलांक (Root Number / Driver Number) – जन्म दिन के अंकों का योग, एकल अंक (1–9) में घटाकर; सहज व्यक्तित्व, दैनिक प्रवृत्तियाँ और जीवन का मूल दृष्टिकोण दर्शाता है।

नाम ग्रिड (Name Grid) – 4×3 या समान तालिका जो नाम के अक्षरों को झुकाव (प्रेरित, द्वैत, संतुलित) और स्तर (मानसिक, शारीरिक, भावनात्मक, आध्यात्मिक) में वर्गीकृत करती है; कंपन वितरण दिखाती है।

प्रत्यंतर दशा – उप-उप-अवधि; वार्षिक ग्रिड विधि में प्रत्येक व्यक्तिगत वर्ष को 9 प्रत्यंतर अवधियों में बाँटा जाता है, जो 9 ग्रहों के अनुपात में होती हैं।

प्रोनोलॉजी – नाम में ध्वनि और स्वर कंपन का विज्ञान; उच्चारण, लहजा और लय जीवन प्रवाह, आभा और ऊर्जा को कैसे प्रभावित करते हैं, यह अध्ययन करता है।

पिरामिड (Pyramid) संख्या– नाम संख्याओं से बनी प्रगतिशील आकृति; नाम ऊर्जा जीवन के विभिन्न चरणों में कैसे विकसित और परिपक्व होती है, यह दिखाती है।

आत्मा की प्रेरणा (Soul Urge) / हृदय की इच्छा (Heart's Desire) संख्या (Number) – पूर्ण नाम के स्वरों का योग; आत्मा की सबसे गहरी प्रेरणा और इच्छाएँ प्रकट करता है।

पारगमन (Transit) संख्या– प्रत्येक 9-वर्षीय सार चक्र में वार्षिक कंपन; जन्म नाम के क्रमिक अक्षरों से प्राप्त।

विंशोत्तरी दशा – वैदिक ज्योतिष/अंक ज्योतिष में 120 वर्ष की पारंपरिक ग्रह अवधि प्रणाली, जन्म के समय चंद्र नक्षत्र से शुरू।

योग – वैदिक अंक ज्योतिष में शुभ ग्रह/संख्या संयोजन (उदाहरण: मजबूत 1 = राज योग); विशेष आशीर्वाद या ताकत दर्शाता है।

संदर्भ एवं ग्रंथ सूची References & Bibliography

यह पुस्तक मुख्य रूप से मेरी मूल अंग्रेजी पुस्तक **"Numbers That Shape Your LIFE"** पर आधारित है, जिसका यह हिंदी अनुवाद है। पुस्तक में प्रयुक्त सभी गणनाएँ, व्याख्याएँ, योग, उपाय और आधुनिक अनुप्रयोग (मोबाइल, घर, वाहन, नाम आदि) उसी पुस्तक से लिए गए हैं, जिसमें वैदिक, लो शू, पाइथागोरियन और समकालीन भारतीय अंक ज्योतिष का संश्लेषण किया गया है।

मुख्य संदर्भ

- **Numbers That Shape Your LIFE** by Om Prakash Bang (प्रकाशक: Notion Press) उपलब्ध:

  https://notionpress.com/in/read/numbers-that-shape-your-life

  यह पुस्तक मूल स्रोत है, जिसमें सभी गणना विधियाँ, 39 योगों की व्याख्या, कर्मिक ऋण, नाम ग्रिड, मोबाइल/घर/वाहन न्यूमरोलॉजी, प्रोनोलॉजी, और व्यावहारिक उपाय विस्तार से दिए गए हैं।

इस अनुवाद में कोई अतिरिक्त बाहरी ग्रंथों या स्रोतों का संदर्भ नहीं लिया गया है। सामग्री पूरी तरह से मूल पुस्तक पर आधारित है, जिसमें प्राचीन वैदिक ज्ञान (मूलांक, भाग्यांक, दशा, योग), लो शू ग्रिड, पाइथागोरियन प्रणाली और आधुनिक अनुप्रयोगों का मेरे द्वारा किया गया संश्लेषण शामिल है।

नोट: अंक ज्योतिष आत्म-खोज, मार्गदर्शन और सशक्तिकरण का आध्यात्मिक साधन है, न कि चिकित्सा, वित्तीय, कानूनी या व्यक्तिगत मामलों के लिए पेशेवर सलाह का विकल्प। गंभीर मुद्दों के लिए योग्य विशेषज्ञों से परामर्श लें।

Author's Other Works

1. **Jaimini Astrology Handbook – Companion Guide for Parashari** (ISBN: 9798902690108) Advanced precision of Jaimini Jyotisha: karmic timings, soul-level insights, and subtle predictions that complement traditional Parashara methods. Ideal for moving beyond basics to professional-level interpretation.
2. **Cosmic Yantra – Personalized Paths to Planetary Balance and Divine Grace** (ISBN: 9798903195091) Sacred yantras tailored to your planetary energies—simple yet powerful rituals to harmonize doshas, invoke grace, and align with cosmic flow for protection, prosperity, and spiritual elevation.
3. **Panchang and Navatara in Daily Life – The Practitioner's Guide to Precise Auspicious Timing** (ISBN: 9798903199099) Practical application of Panchang elements and Navatara cycles for everyday muhurta—relationships, work, travel, and rituals—so you live in sync with the stars.
4. **Numbers That Shape Your LIFE – Vedic & Modern Numerology Mastery** (ISBN: 9798903199112) Unlock the vibrational power of numbers through Vedic and contemporary lenses—birth date, name, and life path reveal karmic patterns, strengths, and remedies for purposeful living.
5. **Mastering Nadi Astrology – A Professional Guide to Kandams, BNN/Meena/Chandra Kala Techniques, Predictions & Remedies** (ISBN: 9798903199150) In-depth exploration of ancient palm-leaf wisdom: Kandams (life chapters), advanced techniques, accurate predictions, and effective remedies for soul-script destiny readings.
6. **Vedic Stars for Harmonious Bonds – Reviving Ancient Wisdom in a Materialistic World** (ISBN: 978-93-6431-206-6) Reviving Jyotisha's relational wisdom for love, respect, and peace in our fast-paced era.

7. **Karmic Threads – Weaving Ancient Wisdom into Modern Destiny** (ISBN: 978-93-6431-784-9) Foundational exploration of karmic patterns (Saturn, Rahu-Ketu) bridging ancient insights with contemporary challenges.
8. **Unseen Bonds – Karma, Relationships, and the Path to Inner Peace** (ISBN: forthcoming) Discover soul lessons in relationships—tools for awareness, forgiveness, and harmonious living through simplified Vedic wisdom.
9. **Secrets of Lagna – The Ascendant's Hidden Power in Vedic Astrology** (ISBN: forthcoming) A complete guide to determining, interpreting, and strengthening the 12 rising signs with D1, D9, Arudha, and remedies—unveiling the foundation of your chart for clarity, strength, and karmic alignment.
10. **Beyond the Lagna: Secrets of the Sacred Triad** (ISBN: forthcoming) Explores body (Lagna), mind (Moon), soul (Sun) blueprint—multiple dashas, triad-specific transits, blending classical and modern insights.
11. **Beyond the Sacred Triad: Quantitative Tools in Vedic Astrology** (ISBN: forthcoming) Explores Shadbala, Bhavabala, Vimsopaka Bala, Ashtakavarga – Prastaraka, Bhinnahtakavarga, Sarvashtakavarga, Reductions & Shodhya Pinda and more for quantitative insight - planetary strength and house potency.
12. **Beyond Karmic Layers – *Unveiling Life Themes in Vedic Astrology*** (ISBN: forthcoming) D1 to D60 divisional charts revealing specific insights into education, career, health patterns, and deep karmic evolution.
13. **Science of Breath and Cosmic Rhythm (Shiva Swarodaya) - *English Translation*** (ISBN: forthcoming) Faithful English translation of the ancient Tantric scripture—Swara Yoga, breath rhythms (Ida/Pingala/Sushumna), tattvas, nadis, predictive techniques, and daily practices for harmony, longevity, and spiritual realization.

14. **Science of Breath and Cosmic Rhythm (Shiva Swarodaya) – Volume 1:** ***Foundations of Swara Yoga & Daily Swara Rules*** (ISBN: forthcoming) Divine origins of swara, subtle anatomy, Yoga practices, tattva/zodiac cycles, travel directions, protective rituals, and auspicious actions during Ida/Pingala dominance—breath as your daily cosmic compass.
15. **Science of Breath and Cosmic Rhythm (Shiva Swarodaya) – Volume 2:** ***Subtle Practices, Elemental Wisdom, Advanced Predictions & Ultimate Mastery*** (ISBN: forthcoming) Deeper tattva science, health/relationship insights, longevity predictions, conflict resolution, conception guidance, and the path to spiritual liberation.
16. **Panchang and Navatara BASICS – A Simple Guide to Vedic Auspicious Timing** (ISBN: forthcoming) – This Simple Guide is for understanding ancient wisdom – Panchang and Navatara and aligning daily life with cosmic rhythms—through simple, practical Vedic timing.
17. **Align MIND with Cosmic Energy - Bridging Ancient Stars and Modern Minds** - A Guide to Emotional IQ, Planetary Influences, and Holistic Healing in Uncertain Times (ISBN: forthcoming). It reveals how the Moon and planetary transits shape thoughts and actions. How conscious awareness helps overcome challenges. A simple, jargon-free invitation to align your mind with cosmic energy.

These books are my humble offering to everyone on the path of self-discovery and healing. Begin with whichever calls to your heart. Each carries the same gentle intention: to help you transform unseen forces into visible light. With gratitude for sharing this journey,

Om Prakash Bang,
Hyderabad, India, April 2026

www.ingramcontent.com/pod-product-compliance
Lightning Source LLC
LaVergne TN
LVHW101614210926
848480LV00010B/932